NORBERT WALTER (HG.)

WENIGER STAAT MEHR MARKT

NORBERT WALTER (HG.)

WENIGER STAAT MEHR MARKT

WEGE AUS DER KRISE

AKTUELL

Die Deutsche Bibliothek – CIP-Einheitsaufnahme

Weniger Staat – Mehr Markt : Wege aus der Krise / Norbert Walter (Hg.). – München ; Landsberg am Lech : Aktuell ; München : mvg-verl., 1993
ISBN 3-87959-479-1
NE: Walter, Norbert [Hg.]

Redaktionsschluß 31. Januar 1993

Verlag Bonn Aktuell
Mai 1993
ISBN 3-87959-479-1

Vertrieb: mvg-verlag, 8000 München 19

Umschlagentwurf: Gruber & König, Augsburg
Satz: Fotosatz H. Buck, Kumhausen
Druck- und Bindearbeiten: Presse-Druck Augsburg
Printed in Germany

Inhalt

Vorwort des Herausgebers

Deutschland erlebt derzeit einen psychologischen Einbruch. Dies ist teils Reflex auf die dramatisch verschlechterte Wirtschaftslage, die sich in Produktions- und Beschäftigungsrückgängen ausdrückt. Mehr noch aber reflektiert dies die um sich greifende Ratlosigkeit. Es ist als ob dem Boot Paddel und Ruder abhanden gekommen seien.

Der Produktionsstandort Deutschland verliert. „Made in Germany" geht weiter, ja vermehrt „offshore". Höhere Steuern und Abgaben im Höchststeuerland sorgen für das Auswandern der Steuerbasis oder für innere Emigration.

Was tut heute not? Karl Schiller würde sich nur wiederholen müssen: Jäten und säen war und wäre sein Slogan. In diesem Band haben sich elf Autoren aus Wissenschaft und Praxis die Aufgabe gestellt, einige der offensichtlich überwuchernden „Unkräuter" auszureißen und neues Saatgut bereitzustellen. Die Autoren gehören zu einer Gruppe, die Hayek's Warnung gegenüber der „Anmaßung von Wissen" ebenso ernst nimmt, wie die Forderung des schottischen Moralphilosophen Adam Smith, die Offenheit von Märkten und die List der Marktwirtschaft zu sichern und zum Wohlstand der Menschen zu nutzen.

Die Rezession ist nicht die Zeit, durch Lohnsteigerungen die Wettbewerbsfähigkeit weiter zu verschlechtern, durch staatliche Politik die Nachfrage weiter einzuschränken. In Deutschland wird weit über das Notwendige hinaus umverteilt und subventioniert, zu viel reguliert und zu viel vom Staat produziert. Die Folge ist, daß die Abgabenquote in der Bundesrepublik Deutschland noch nie so hoch war wie heute. Dies muß Anlaß sein für einen Fahrplan zur Steuersenkung, die rasche und entschlossene Neufestlegung von Ausgabeprioritäten, eine Entrümpelung unserer zu komplizierten Vorschriften (speziell im Interesse der neuen Bundesländer) und für eine durchgreifende Privatisierung in Deutschland (West) auch, ja vor allem im kommunalen Bereich.

Um Vertrauen in die Lösung der mittelfristigen Probleme insbesondere im sozialen Bereich zu schaffen, müssen jetzt neue Konzepte der Alters-, Arbeitslosen- und Krankenversicherung angestrebt werden. Die kollektiven Systeme, die auf dem Umlageverfahren aufgebaut sind, werden wegen der demographischen Umwälzungen nicht mehr funktionieren. Es bedarf *jetzt* der Weichenstellungen für vermehrte private Vorsorge. Um die Abgabenlasten für die Aktiven erträglicher zu machen, sind Arbeitszeiten differenziert zu erhöhen (Wochenarbeitszeit, Jahresurlaub und Renteneintrittsalter). Notwendig ist, das Versicherungsprinzip auch bei staatlichen Regelungen stärker zu beachten. Leistungseinschränkungen dürfen nicht tabu sein.

Um die Produktion in Deutschland effizienter zu machen, muß der übergroße Anteil staatlich beeinflußter Produktion von Gütern und Diensten durch entschlossene Privatisierung zurückgeführt werden. Dies dürfte auf mittlere Frist auch einen wesentlichen Beitrag zur Finanzierung des Haushaltsdefizits leisten. Auch der Staat sollte in Notzeiten einen Teil des Vermögens zur Erleichterung der finanziellen Schwierigkeiten einsetzen, wie dies die Privaten tun. Die Alternative, noch tiefer in die Taschen der Steuerbürger zu greifen, ist kontraproduktiv.

Die Zeit drängt: Wir brauchen sofort Weichenstellungen in der Lohn- und der Wirtschaftspolitik, die das Vertrauen stärken, daß Preisstabilität, Wettbewerbsfähigkeit und Haushaltsdisziplin bald wieder hergestellt werden.

Deutschland braucht in dieser Krisenzeit eine neue Initiative für ein offenes, ein marktwirtschaftliches Europa. Wir sollten endlich erkennen, daß die wirtschaftliche und politische Zukunft mehr und mehr auf der europäischen Ebene gestaltet wird. Wir sollten Gestalter für das um die EFTA erweiterte Europa sein. Wir sollten Motor sein, daß der europäische Binnenmarkt mit Leben erfüllt wird und daß nach der wohl bis Sommer erfolgten Ratifizierung der Verträge von Maastricht der monetäre Einigungsprozeß mit raschen Konvergenzfortschritten bald wieder als eine realistische und erfolgversprechende Option erkannt wird. Europa braucht uns. Wir brauchen Europa, auch um die deutsche Einigung zu vollenden!

Frankfurt, im März 1993 — Prof. Dr. Norbert Walter

Norbert Leineweber

Zerstört der Staat die Marktwirtschaft?

I. Die öffentliche Meinung zum Markt

So mancher Zeitgenosse wird schon in der Fragestellung die ganz offensichtliche Verdrehung der Tatsachen mühelos erkennen: Ist es nicht der Markt, der den Staat laufend gefährdet? Und muß der Staat nicht alles tun, um die Auswirkungen der Marktwirtschaft zu bändigen, ihre Resultate zu korrigieren? Eine Fülle von weltweit nicht gelösten Problemen, angefangen vom Schutz der Umwelt über die Armut in der Dritten Welt, bis hin zur Arbeitslosigkeit und der Verteilungsgerechtigkeit von Einkommen und Vermögen, um nur einige wenige zu nennen, mögen die „Einsicht" von „intellektuellen" Meinungsführern eindrucksvoll bestätigen – aus ihrer mehr als beschränkten Sichtweise wohlgemerkt.

Diesem weit verbreiteten Vorurteil steht das fundierte Urteil von Ökonomen diametral entgegen. Sie widersprechen den Staatsgläubigen, die aus Unwissenheit dem Markt mißtrauen und deshalb seit jeher Eingriffe jedweder Art gebilligt und gefordert haben, fordern und auch künftig fordern werden. Da die Mitautoren einige der geradezu verhängnisvollen Eingriffe des Staates in den Markt detailliert behandeln, können wir uns auf die mehr generellen Fragen konzentrieren: Wo liegen die Ursachen für ausufernde Staatsausgaben, das Übermaß an Regulierungen und Eingriffen in den Markt? Weshalb ist unser Gemeinwesen nicht in der Lage, die Probleme, die uns ökonomisch auf den Nägeln brennen, adäquat, d.h. ökonomisch sinnvoll, zu lösen?

II. Zu den Grundvoraussetzungen der Sozialen Marktwirtschaft

Vorab, und das mag zum Verständnis aller Beiträge dieses Buches entscheidend beitragen, wäre generell zu klären, unter welchen Rahmenbedingungen Staat und Marktwirtschaft in einer fruchtbaren

Symbiose zum ,,Wohlstand für alle" (Ludwig Erhard) am meisten beitragen können. Gemeint sind die auf einer sinnvollen Ordnungspolitik beruhenden Eckpfeiler der Sozialen Marktwirtschaft, die nach dem Kriege das ,,Deutsche Wirtschaftswunder" herbeigeführt haben.[1]

a) Wettbewerb:

Nur bei freiem Wettbewerb und fehlenden Eingriffen in den Markt kommen jene Preise zustande, die die Knappheit aller Güter richtig signalisieren und die Produktionsfaktoren der optimalen, d.h. der effizientesten Verwendung zuführen. Außerdem zwingt der Wettbewerb zur permanenten Kosteneinsparung und Innovation, da ansonsten Marktanteile verlorengehen oder der Anbieter aus dem Markt ausscheiden muß. Bei Wettbewerb resultieren die Gewinne aus der Leistungskraft der Konkurrenten und nicht etwa aus Marktmacht oder Eingriffen des Staates in das Marktgeschehen. Die gesamtwirtschaftliche Effizienz wird demnach am besten dadurch gesteigert, daß der Markt diese dynamischen Anbieter entsprechend belohnt, und dieser Anreiz keinesfalls beeinträchtigt oder gar ausgeschaltet wird, wie dies bei Markteingriffen und ausufernder Sozialgesetzgebung der Fall ist.

b) Dynamische Unternehmer und eine allgemein hohe Leistungsmotivation:

Dynamische Unternehmer sorgen für eine effizientere Kombination der Produktionsfaktoren, bringen neue Produkte und Produktionsverfahren in den Markt und senken die Kosten. Zu den notwendigen Eigenschaften dynamischer Unternehmer gehören Leistungsbereitschaft und Risikofreudigkeit, vor allem aber die Aufgeschlossenheit gegenüber Neuem, nicht etwa die Konservierung des Althergebrachten. Diese Eigenschaften sind zum einen kultu-

---

[1] Hierzu und im folgenden: Ernst Dürr, Wachstumspolitik. Beiträge zur Wirtschaftspolitik, Band 24, hrsg. von Egon Tuchtfeldt, Bern und Stuttgart 1977, insbes. S. 142 ff.

rell bedingt, sie variieren daher von Land zu Land und nach der Zugehörigkeit zu bestimmten sozialen Gruppen. Zum anderen sind sie vom Zeitgeist geprägt, denn auch er bestimmt das Ansehen, das die unternehmerische Betätigung genießt. Dieses ist maßgeblich dafür, ob ein Land diese knappste aller Ressourcen optimal einsetzen kann oder verkümmern läßt. Kommt die Leistungsfähigkeit und Leistungsbereitschaft der Arbeitskräfte hinzu, gepaart mit dem Willen, den Lebensstandard durch eigene Anstrengung und höhere Leistung zu verbessern, ist mit der höheren Arbeitsproduktivität ein weiterer Grundstein für ein hohes und wachsendes Sozialprodukt gelegt.

c) Flexibilität der Produktionsfaktoren:

Da sich in einer dynamischen Wirtschaft die Präferenzen der Nachfrager und die Wettbewerbsbedingungen auf den Weltmärkten laufend ändern, muß sich auch das Angebot entsprechend anpassen. Den Marktverhältnissen entsprechend muß zum mobilen Faktor Kapital ein mobiler Faktor Arbeit hinzukommen. Die Arbeitskräfte sollten von Betrieb zu Betrieb, von Branche zu Branche und von Region zu Region wechseln. Nur so kann der Arbeitskräftebedarf der Wachstumsbranchen gedeckt werden, der strukturelle Arbeitslosigkeit erst gar nicht entstehen läßt oder zumindest hilft, sie schneller zu überwinden.

d) Konstanz in der Wirtschaftspolitik:

Das Marktrisiko für den Unternehmer ist nicht eben gering und durch den Wettbewerb ständig gegeben. Es darf daher nicht noch zusätzlich durch Belastungen von seiten der Wirtschaftspolitik vergrößert werden. Alle produktiven Investitionen erfordern einen langen Planungshorizont, an dessen Ende ein rentables Ergebnis in Aussicht stehen muß. Eine nicht kalkulierbare Steuerpolitik oder eine überzogene Verteilungspolitik des Staates, gekoppelt mit einer Lohnpolitik, die sich nicht am Produktivitätsfortschritt orientiert, bedeutet ein erhebliches Risiko gerade für jene (privaten) Investitionen, die am meisten zum Wirtschaftswachstum beitragen.

e) Soziale Stabilität:

Ohne eine einigermaßen gerecht empfundene Einkommens- und Vermögensverteilung, ein Mindestmaß an sozialer Sicherheit und die Offenheit der Märkte, die formal Chancengleichheit bietet, kann in einem demokratischen Gemeinwesen das marktwirtschaftliche System nicht uneingeschränkt erhalten bleiben. So ist es die schwierige Aufgabe aller am politischen Entscheidungsprozeß Beteiligten, einen Weg zu finden, der die Effizienz des Marktes nicht beeinträchtigt und gleichwohl dem Bedürfnis nach Gerechtigkeit, Sicherheit und Fairness hinreichend Rechnung trägt. Entscheidend beeinflußt wird diese Gratwanderung von dem Bild, das politische Akteure und Gewerkschaften von einer gerechten Verteilung vermitteln. Es sollte weder die Leistungsanreize noch den Wettbewerb, weder die eigene Anstrengung noch die Bereitschaft, unternehmerische Risiken einzugehen, beeinträchtigen, sondern diese Grundvoraussetzungen für mehr Wohlstand anerkennen und nachdrücklich fördern.

f) Geldwertstabilität:

Inflationäre Prozesse gefährden den Wettbewerb, weil sie die Preisrelationen verzerren, die Kalkulationsgrundlagen der Produzenten verfälschen und sich somit die Lenkung der Produktionsfaktoren an verzerrten Knappheitssignalen orientiert. Von der Lohnseite hervorgerufene Kosteninflation gefährdet die Unternehmen, die dem Lohndruck nicht gewachsen sind – und somit auch die Arbeitsplätze – und erhöht das unternehmerische Risiko beträchtlich. Durch ausufernde Haushaltsdefizite erzeugte Nachfrageinflation vermindert den Konkurrenzdruck und schaltet den Anreiz aus, die Produktion effizienter zu gestalten. Inflation ist stets das Symptom, an dem sich die an anderer Stelle gemachten Fehler der Wirtschaftspolitik offenbaren. Daher kann die Sicherung der Geldwertstabilität nicht allein der Bundesbank überlassen bleiben. Die Finanzpolitik und die Lohnpolitik sind gefordert, den Maßnahmen der Währungshüter flankierend zur Seite zu stehen, anstatt sie laufend zu behindern und zur Lockerung der geldpolitischen Zügel zu nötigen: Schließlich kann man nur so einer Veränderung der Einkommens- und Vermögensverteilung Einhalt gebieten, die zumeist den Vorstellungen von sozialer Gerechtigkeit widerspricht. Denn die Inflation belastet die unteren Einkommensgruppen überproportional, zumal diese kaum über inflationsgeschützte Sachwerte (wie z.B. Grundstücke) verfügen.

III. Wie ist das Anspruchsdenken im Kollektiv zu erklären?

Um zu zeigen, daß die Wirtschaftspolitik mit diesen Anforderungen nicht in Einklang steht, betrachten wir nun den politisch-ökonomischen Entscheidungsprozeß etwas genauer. Denn er ist es, der jene zerstörerischen Kräfte hervorbringt, die die Grundlagen einer effizienten Marktwirtschaft aushöhlen und in der Folge unseren Wohlstand bedrohen.[2]

Die Menge aller vom Staat angebotenen Güter, der Umfang interventionistischer Eingriffe, der Umfang von Korrekturmaßnahmen der Markteinkommen und Vermögen usw., schlicht die Qualität aller wirtschaftspolitischen und speziell finanzpolitischen Entscheidungen sind letztlich das Ergebnis der politisch-institutionalen Rahmenbedingungen, die dem politischen Entscheidungsprozeß zugrunde liegen. Beteiligt sind Wähler und Parteien, Bürgerinitiativen, Gruppenlobbies, die Regierung und das Parlament, die Verwaltung (sprich: die Bürokraten) und schließlich die Medien, die zudem auf alle Entscheidungen meinungsbildend einwirken. Gleichsam überlagert wird der politische Prozeß von ideologischen Grundströmungen, die den Bürgern das Bild einer idealen Gesellschaft vermitteln wollen und (leider auch einseitig) jene Mittel festlegen, die angeblich geeignet sind, einen Idealzustand zu erreichen. Vereinfacht stehen die mehr dem klassischen Liberalismus zuzuordnenden Auffassungen einem eindeutig sozialistisch geprägten Gedankengut gegenüber (auch im sogenannten „bürgerlichen La-

---

[2] Soweit nicht anders zitiert, beziehen sich alle weiteren Ausführungen auf Norbert Leineweber, Das säkulare Wachstum der Staatsausgaben. Eine kritische Analyse, Abhandlungen zu den wirtschaftlichen Staatswissenschaften, hrsg. von H.C. Recktenwald, Göttingen 1988.

ger"). Paradoxerweise setzte (nicht nur in der Bundesrepublik) ein ideologischer Umschwung ein, als sich gegen Ende der sechziger Jahre unsere Volkswirtschaft ein Maximum an Wohlstand erarbeitet hatte und die Geißeln der siebziger Jahre, Arbeitslosigkeit und Inflation, stockendes Wachstum und Verteilungskämpfe, praktisch unbekannt waren. Während in der Aufbauphase nach dem Kriege die Leistungen der Bürger und deren Eigeninitiative im Vordergrund standen, setzte danach ein „Denken" ein, das vor allem auf die Verteilungsgerechtigkeit abzielte. Demnach stand nicht mehr das individuelle Streben des einzelnen im Vordergrund, das eigene Los aus eigener Kraft zu verbessern, sondern die Initiative bestand zunehmend darin, nach dem Staat zu rufen, um ihn zu veranlassen, Einkommen umzuverteilen, erreichte Besitzstände zu wahren und zu verteidigen und gleichzeitig die unternehmerische Tätigkeit im Ansehen herabzusetzen. Ein erster grober Verstoß gleich gegen mehrere Bedingungen einer optimal funktionierenden Marktwirtschaft. Die zunehmenden Eingriffe des Staates konnten schließlich Platz greifen, weil sich jene Gruppen im Gemeinwesen durchsetzen konnten, die, wie naiv, in eine geradezu blinde Gläubigkeit in die Allmacht des Staates verfallen waren. Die Triebfedern dieser Entwicklung sind aus ökonomischer Sicht relativ leicht zu analysieren: Der einzelne Stimmbürger ist zunächst in eine bestehende Rechtsordnung eingebunden, die genauestens regelt, welche Ansprüche befriedigt werden können und welche nicht. Weitere Ansprüche kann er nur dann anmelden, wenn die Leistungsgesetze geändert werden. Weil einzelne kaum in der Lage sind, eine Änderung zu bewirken, bilden Bürger mit gemeinsamen Zielen nicht selten Interessengruppen (auch in Form von Mitgliedschaft bei Gewerkschaften), um den Prozeß der politischen Meinungs- und Entscheidungsbildung gezielt zu beeinflussen. Meistens reicht aber die bloße Mobilisierung der eigenen Klientel noch nicht aus, um spezifische Programme für die Gruppe durchzusetzen, weshalb man zusätzliche Unterstützung und Solidarisierungseffekte zu erreichen versucht. Wenn es dann der Gruppe gelingt, dem Anspruchsdenken den Mantel sogenannter sozialer – also vermeintlich ethischer – Argumente überzustülpen, dürften zumindest alle „sozial" eingestellten Politiker die gestellten Forderungen aufgreifen. Daß sich darüber hinaus beispielsweise die Verbraucher mit den Bauern solidarisieren, oder zumindest gegen deren Subventionierung nichts einzuwenden haben, oder sich ganze Städte und Regionen für die Forderungen der Kohle- und Stahlarbeiter einsetzen, spricht für sich.

Ganz ähnlich verhält es sich bei allen anderen Programmen mit verteilungspolitischem Hintergrund, speziell den staatlichen Transferleistungen. Auch hier wird, wie bei den Subventionen, die Problematik niemals aus der Sicht ökonomisch-ethischer Prinzipien gesehen. Vielmehr bilden sie das Kernstück ideologischer Auseinandersetzungen, die zudem höchst primitiv geführt werden. Vom klassischen Konflikt zwischen Effizienz (des Marktes) und Umverteilung haben die Umverteiler offenbar bis heute noch nichts bemerkt. Andererseits kann man angesichts fehlenden ökonomischen Sachverstandes und der ideologischen Prägung auch nicht erwarten, daß sozialpolitische Argumente über pauschale Vorurteile hinausgehen. So wird die komplexe Wirklichkeit auf höchst vordergründige oder falsche Vorstellungen von einer arbeitnehmerfreundlichen oder arbeitnehmerfeindlichen Regierung oder einer sozialen oder unsozialen Politik reduziert. Schlagworte wie „Politik für die Reichen", „Umverteilung von unten nach oben" und „Politik der sozialen Kälte" beherrschen klangvoll die Diskussion. Zugleich legen sie offen, wie politische Parteien um die Gunst der Wähler konkurrieren: *Das Anbieten von Programmen zum vermeintlichen Nulltarif steht im Mittelpunkt der Auseinandersetzungen*. Von dem optisch kostenlosen Angebot geht auf den Wähler ein massiver Anreiz aus, immer weitergehende Programme zu fordern, deren Realisierung aber stets ein weiteres Problem nach sich zieht: Innerhalb weniger Jahre tritt ein Gewöhnungsprozeß ein und das ausgeweitete Leistungsangebot ist zur Selbstverständlichkeit geworden, was im übrigen belegt, daß der Nutzen von Maßnahmen dem Bürger offensichtlich nur dann umfassend bewußt ist, wenn sie eingeführt werden oder deren Abschaffung zur Diskussion steht. Die Staatsleistungen gewinnen den Status von wohlerworbenen Rechten und erweisen sich später als irreversibel. Im Grunde zeugt ja schon die Art und Weise, Erreichtes als selbstverständlich zu betrachten, von ungeheurem Anspruchsdenken, von den Reaktionen bei geplanten Einschnitten in das Leistungsnetz und den ständigen Forderungen nach mehr einmal ganz zu schweigen. Die Gewöhnungseffekte führen aber nicht nur zur Zementierung des Status quo, sondern sie zwingen die Politiker, nicht selten gleich welcher Couleur, förmlich dazu, noch mehr Programme anzubieten, wollen sie ihr Wählerpotential konservieren und neue Wählerschichten hinzugewinnen. Die politischen Akteure sehen sich also zu einem Verhalten gezwungen, das sich vor allem im Hinblick auf Sozialprogramme durch Vorstoß und Nachziehen charakterisieren läßt. Stillstand bedeutet in einer dynamischen Konkurrenzsituation Rückschritt.

Insofern ist der von Clark geprägte Wettbewerbsbegriff auch auf den politischen Entscheidungsprozeß anwendbar. Doch hat diese Art von Wettbewerb eine geradezu perverse Prägung. Belohnt wird nicht, wie am Markte, wer aus eigenem Antrieb das Neue kreiert, das dem Gemeinwesen Vorteile bringt und ökonomisch nützt, sondern der, der nur noch verteilt, was andere geschaffen haben. Die Dynamik beschränkt sich also auf die Befriedigung eines meist ungezügelten Anspruchsdenkens, das ideologisch mit der Vorstellung verwurzelt ist, der Staat trage die Verantwortung für die gesellschaftspolitischen Ziele und nicht der einzelne, den man somit aus seiner Verantwortung entläßt. Welch ein Gegensatz zum Markt tut sich hier auf! Daß die Ergebnisse interventionistischer Maßnahmen, auch der überzogenen Umverteilungspolitik, hinter den hochgesteckten Erwartungen zurückbleiben müssen, kann schon deshalb nicht verwundern, weil zumeist – wie die Mitautoren zeigen – der Mitteleinsatz falsch gewählt wurde und sich schon von daher kein Erfolg einstellen kann. Doch hofft der besorgte Ökonom vergeblich, die Folgen dieser Politik führten dazu, den eingeschlagenen Weg zu hinterfragen oder gar zu Einsicht und Umdenken. Ganz im Gegenteil sehen die Vertreter dieser Politik in Anbetracht der Folgewirkungen einen noch höheren Interventionsbedarf. Offensichtlich verhindert die ideologische Prägung, ökonomische wie soziale Probleme auch nur im Ansatz rational zu erfassen und zu bewerten. Die fatalen Folgen dieser Tatsache lassen sich nicht nur an den Geschehnissen der Vergangenheit ablesen: Der durch eine verfehlte Wirtschafts- und Finanzpolitik hervorgerufene Leidensdruck muß erst ganz erheblich steigen, bis sich zumindest tendenziell eine Umkehr abzeichnen kann.

Die Wende im Jahr 1983 kann hier ebenso als Beleg gelten, wie die jüngsten Ereignisse, die mit der Wiedervereinigung eingetreten sind. Erst wenn alle Fehler, die theoretisch denkbar sind, konsequent in der Praxis umgesetzt und die Ressourcen unserer Volkswirtschaft bis ins Extrem überfordert sind, wir bildlich gesprochen am Rande des Abgrundes stehen, kann das Anspruchsdenken in Ost und West beschnitten werden, das uns dorthin geführt hat. Leider sprengt es den Rahmen unserer Analyse, hier konkreter zu werden, aber eines ist sicher: Vergleicht man die weit größeren Anstrengungen des Wiederaufbaus nach dem Kriege mit den heute vergleichsweise geringen Erfordernissen im Osten und das jeweils erzielte Ergebnis (insbesondere nach drei Jahren „Aufschwung Ost"), wird es nicht ausbleiben, daß die Wiedervereinigung als klassisches Beispiel in die Lehrbücher der Ökonomie eingehen wird – genauso wie das „Deutsche Wirtschaftswunder". Nur mit umgekehrtem Vorzeichen: Als klassisches Beispiel dafür, daß man beharrlich viele der Fehler begangen hat, die denkbar, aber durchaus vermeidbar waren.

IV. Die Finanzierung staatlicher Leistungen aus kritischer Sicht

1. Wie kommt es zu ausufernder Staatsverschuldung?

Zunächst wollen wir einen Blick auf die Finanzierung der staatlichen Leistungen werfen, der ohne Analyse der historischen Entwicklung allerdings ins Leere ginge. In einem ersten Schritt widmen wir uns dem Problem der ausufernden Staatsverschuldung. Entgegen den meist vordergründigen Argumenten, die die Staatsverschuldung zu legitimieren versuchen, ist die Entwicklung seit den siebziger Jahren ökonomisch mehr als fragwürdig. Die Behauptung, die Höhe der jährlichen Neuverschuldung (Nettokreditaufnahme) sei durch die Investitionen des Staates gedeckt, verkennt die folgenden Argumente: Die in der Finanzstatistik als Investitionen deklarierten Ausgaben für Investitionen haben zu einem nicht unerheblichen Anteil konsumtiven Charakter. Es handelt sich demnach nur teilweise um wachstumsbedingte oder wachstumsnotwendige Investitionsausgaben. Soweit staatliche Investitionen in späteren Perioden nicht einen nachweisbaren Ertrag, d.h. eine volkswirtschaftliche Rendite, die mindestens dem Anleihezins entspricht, abwerfen, ist eine Kreditfinanzierung keinesfalls zu rechtfertigen. Außerdem beinhalten die deklarierten Investitionen sämtliche Ersatzinvestitionen, wohingegen allenfalls rentable Nettoinvestitionen für eine Kreditfinanzierung in Frage kämen. Schon aufgrund dieser beiden Argumente erscheint die hohe Staatsverschuldung mehr als problematisch. In historischer Perspektive verliert sie ihre Legitimation vollends: Denn in der Phase des Wiederaufbaus wurde der öffentliche Kapitalstock aufgebaut, gleichzeitig hat der Staat finanzielle Rücklagen (Juliusturm) gebildet, obwohl zu dieser Zeit die ökonomischen Gründe eine höhere Schuldenfinanzierung hätten rechtfertigen können.

Paradoxerweise hat der Staat die Kapitalmärkte dann in Anspruch genommen, als die staatliche Investitionsquote rückläufig war. Es läßt sich demnach schlicht belegen, daß die Nachkriegsgeneration das Land via Konsumverzicht aufgebaut hat, während es der nachfolgenden Generation plötzlich in den Sinn kam, die zuvor steuerfinanzierten Investitionsausgaben nunmehr über Kredite zu finanzieren. Oder anders ausgedrückt: In Wahrheit hat man die Sozial- und Subventionsprogramme der siebziger Jahre mit Schulden finanziert, was eine Bewegungsbilanz, die zusätzliche Einnahmen und zusätzliche Ausgaben erfassen müßte, klar ans Licht bringen würde.

Inwieweit man einer Generation mit vergleichsweise niedrigem Lebensstandard Konsumverzicht auferlegt, während man sich später bei weitaus höherem Einkommen mit schuldenfinanzierten Sozialprogrammen verwöhnt und die Bürde auf die nachfolgende Generation abwälzt, hat freilich auch eine ethische Dimension. So entpuppt sich die unter dem sozialen Mäntelchen betriebene Politik als höchst ungerechtes, ja asoziales Verhalten. Das weitgehend auf Gruppenegoismus basierende Anspruchsdenken bestraft ex post die Genügsamkeit der alten Generation und verlagert außerdem die Lasten des schuldenfinanzierten Konsums in die Zukunft. Die nachfolgenden Generationen dürfen sich für die aufgebürdete Last bei den bis heute hoch angesehenen Vertretern dieser Politik recht herzlich bedanken.

Die schwere Last, die entsteht, wenn später durch höhere Steuern die Zinsen für die aufgelaufenen Schulden finanziert werden müssen, wird im Kollektiv nur allzu gern verdrängt. Ein Blick in die Finanzstatistik[3] erhellt die Problematik. Selbst wenn man nur die im Haushalt des Bundes anfallenden Zinsen (ohne Treuhand, Fonds Deutsche Einheit etc.) heranzieht, ergibt sich für das Planjahr 1994 mit über 56 Mrd. DM ein Betrag, der in etwa dem Verteidigungsetat der Bundesrepublik Deutschland entspricht. Doch mag dieser banale Vergleich noch harmlos erscheinen, wenn man dagegen Zinslast und Unternehmenssteuern vergleicht: Die für das Jahr 1993 veranschlagten Zinsausgaben in Höhe von mehr als 47 Mrd. DM übersteigen die zu erwartenden Einnahmen aus der Körperschaftsteuer von ca. 31 Mrd. DM um das 1,5-fache. Während Sachverständigenrat, Bundesbank und die Forschungsinstitute auch angesichts der deutlichen Absenkung der Unternehmenssteuern in den mit uns konkurrierenden Volkswirtschaften seit Jahren eine Reform der Unternehmenssteuern anmahnen, steht die Finanzpolitik der Regierung vor nicht lösbaren Finanzierungsproblemen, um, über die Reform der Gewerbesteuer hinaus, auch nur eine Entlastung von ein paar Mrd. DM auf den Weg zu bringen. Da mag der geballte ökonomische Sachverstand zwar die segensreichen Wirkungen einer Unternehmenssteuerreform erkennen, doch beschränken sich die Vorschläge hier allenfalls auf marginale Entlastungen, da die Wissenschaft gegenüber den Argumenten, „mehr sei politisch nicht durchsetzbar" oder „fiskalisch nicht zu verkraften", schlichtweg kapituliert. Und auf die polemischen Angriffe von Opposition und Gewerkschaften in bezug auf solche Steuerpläne einzugehen, erübrigt sich ohnehin.

In welchem Umfang Wachstums- und Beschäftigungswirkungen denkbar sind, liegt doch klar auf der Hand: Wären die Zinsausgaben für die Staatsschuld auch nur halb so hoch, könnte man die Körperschaftsteuer glatt abschaffen; nur ein geradezu winziger Betrag müßte noch durch Einsparungen aufgebracht werden. Ähnlich eindrucksvoll läßt sich der Aberwitz von Erhaltungssubventionen belegen. Allein die Landwirtschaft beansprucht Jahr für Jahr erheblich mehr als das gesamte Körperschaftsteueraufkommen. Man stelle sich das bitte plastisch vor: Die Steuererträge sämtlicher Aktiengesellschaften und GmbH's, d.h. der produktiven und rentablen Produzenten, werden ausschließlich dafür verwendet, um

---

[3] Vgl. Finanzbericht 1993, hrsg. vom Bundesministerium der Finanzen, Bonn 1992, S. 242.

sie in einem gesamtwirtschaftlich gesehen geradezu winzigen Produktionszweig zu stecken, zu dessen Gunsten sogar mehr Subventionen gezahlt werden, als er letztlich netto an Produktionswerten schafft, was die enormen Sickerverluste durch die Agrarbürokratie widerspiegelt. Für die Kohlesubventionen in Höhe von rund 13 Mrd. DM jährlich (ohne die staatlichen Zuschüsse zur knappschaftlichen Rentenversicherung in Höhe von 12 Mrd. DM!) gilt das gleiche Argument. Nimmt man nun die Zinsausgaben und die Subventionen für die Landwirtschaft und die Kohle zusammen, entspricht dies einem Betrag in Höhe aller Unternehmenssteuern (Gewerbesteuer, Körperschaftsteuer, betriebliche Vermögensteuer), d.h. ohne Verschuldung und die Vergeudung von Ressourcen in lediglich einem Teilbereich staatlicher Aktivität wären in der Bundesrepublik zumindest theoretisch Verhältnisse denkbar, die selbst Steueroasen wie Monaco in den Ruin treiben würden. Selbst ein Land der Steuerflüchtlinge wäre dieser Konkurrenz nicht mehr gewachsen. Man stelle sich die ökonomischen Anreize vor, die einen Wachstums- und Beschäftigungsboom ohnegleichen erzwingen würden. Und im Anschluß könnten wir uns die 60 Mrd. DM, die die Arbeitslosigkeit in Form von Mehrausgaben und Mindereinnahmen jährlich kostet (nur im Westen!) – auch noch sparen – oder zumindest zur Lösung anderer sozialer Probleme verwenden.

Mehr als bedenklich stimmt uns übrigens das Messen der Staatsschuld am Bruttosozialprodukt. Erstens stellt der Indikator eine Größe dar, die das Bild deswegen schönt, weil die im BSP enthaltenen Steuern und Abschreibungen keine Finanzierungsgrundlage für zusätzliche Zinslasten sind. Zweitens, weil man über die Beschlüsse von Maastricht suggeriert, daß eine Verschuldung in Höhe von 60 % des BSP doch gar nicht so schlimm sei. 60 Prozent klingen bescheiden, doch sind das schon mehr als das zur Verteilung anstehende Volkseinkommen eines Jahres! Im übrigen empfehlen wir, alternativ einen anderen Indikator heranzuziehen: *Die Ersparnis bzw. das Eigenkapital aller Unternehmen der Bundesrepublik, das in mehr als 40 Jahren gebildet wurde, betrug 1991 rund 500 Mrd. DM.*[4] Mit welchem Recht erhöht der Staat *in nur 4*

[4] Vgl. Monatsberichte der Deutschen Bundesbank, 44. Jg., Nr. 11, 1992, S. 24.

Jahren seinen Schuldenstand um mehr als diesen Betrag, noch dazu, um ihn vorwiegend konsumtiv zu verausgaben? Glaubt man tatsächlich, daß sich im Jahre 1995 die öffentliche Schuld ungestraft auf das Vierfache der Eigenmittel aller Unternehmen erhöhen darf? Und ein Ende dieser Entwicklung ist nicht abzusehen.

2. Die künstliche Trennung von Nutzern und Zahlern und ihre Folgen

Analytisch lassen sich das Finanzgebaren des Staates und die daraus resultierenden Folgen auf eine simple Ursache zurückführen. Wie bereits erwähnt, zielt die Parteienkonkurrenz im Kern darauf ab, das Anspruchsdenken der Bürger mit vermeintlich kostenlosen Leistungen zu befriedigen. Generell ist die Finanzierung von Staatsleistungen von deren Inanspruchnahme abgekoppelt, was im Vergleich zum Markt natürlich geradezu paradoxe Ergebnisse hervorrufen muß. Am Markte kann niemand ein Gut nutzen oder die Nutzung fordern, ohne dafür zu bezahlen. Der Produzent als Anbieter und der Nutzer als Nachfrager entscheiden gemeinsam über das Gut, ohne daß ein am Gut nicht Interessierter auf Angebot und Nachfrage einwirken kann. Beide tauschen unter Knappheit und gewinnen dabei, weil jeder das, was er beim Tausch erhält, höher bewerten muß als das, was er dafür gibt; sonst käme der Tausch nicht zustande. Das bedeutet, daß die Beteiligten stets gezwungen sind, effizient zu produzieren und zu nutzen, wenn sie sich beide wirtschaftlich besser stellen wollen. Bei Staatsleistungen kann freilich jeder etwas fordern, was dann ein anderer bezahlen soll, ein anonymer Steuerzahler. Ein aktuelles Beispiel für Anspruchsdenken bei gleichzeitigen Finanzierungsillusionen ist der Widerstand gegen die sich in der Diskussion befindliche Einführung einer minimalen Studiengebühr von 1 000 DM pro Semester, die freilich aus dem genannten Grund zum Scheitern verurteilt ist, weil eine solche Maßnahme ja angeblich höchst unsozial ist. Und dies, obwohl die von der Allgemeinheit Alimentierten im späteren Berufsleben zu den „Besserverdienern" zählen werden. Gleichwohl ist dieses Beispiel nur die Spitze eines Eisberges, weil Nutzer und Zahler ja nicht nur personal, sondern auch noch räumlich (dazu Rosenschon) und zeitlich (Staatsschuld) voneinander getrennt sind.

3. Die Fiskalillusion verschleiert die wahre Last

Womöglich würde das Anspruchsdenken noch einigermaßen gezügelt, wenn die Wähler erkennen würden, wer letztlich die Staatsleistungen finanzieren muß, wenn auch verzögert oder auf Umwegen. Realiter ist der Bürger jedoch das Opfer einer gigantischen Fiskalillusion, d.h. einer Verschleierung der wahren finanziellen Last der Staatstätigkeit:

a) Nimmt der Staat Kredite auf, um Leistungen zu finanzieren, resultieren aus dem Budgetdefizit Vorteile, nämlich eine um diesen Betrag verminderte Steuerlast bzw. ein entsprechend erhöhtes Angebot staatlicher Leistungen, Effekte also, die der Bürger unmittelbar wahrnehmen kann. Der Bürger müßte aber darüber hinaus auch in der Lage sein, die Auswirkungen auf den Wachstumspfad abzuschätzen und den in der Gegenwart überhöhten Konsum mit den in der Zukunft zu leistenden Annuitäten zu verrechnen, um den Nettoeffekt zu bestimmen – eine Rechnung freilich, die den einzelnen überfordert. Fehlt dieses Kalkül, ist dies eine Quelle für die Illusion der Kostenlosigkeit der angebotenen Programme, weil die wahren Kosten der Kreditaufnahme verschleiert werden, was die Anspruchsmentalität fördert.

b) Eine ganz besondere Art der Illusion findet sich bei der Finanzierung der Sozialversicherungsbeiträge, die auf der Trennung in einen Arbeitgeber- und Arbeitnehmeranteil beruht. Schon der bloße Begriff täuscht den Bürger, weil er glaubt, die Arbeitgeberbeiträge werden zu Lasten des Arbeitgebers einbehalten. Wie soll er denn erkennen, daß sein von den Tarifparteien ausgehandelter Bruttolohn exakt um die Arbeitgeberanteile gekürzt wird? Ganz einfach! Wenn ein Arbeitgeber beispielsweise bereit ist, 40 DM für jede geleistete Arbeitsstunde zu bezahlen, spielt es keine Rolle, ob vorab 18 DM für die Sozialversicherung, den bezahlten Urlaub, die Lohnfortzahlung im Krankheitsfall, das 13. Monatsgehalt etc. etc. einbehalten und nur noch 22 DM brutto die Stunde vergütet werden, oder ob der Arbeitnehmer unmittelbar 40 DM für jede geleistete Arbeitsstunde erhält und daraus alle Sozial- und Zusatzleistungen selbst finanziert. Man kann es drehen und wenden, wie man auch will, letztlich trägt der Arbeitnehmer stets die ganze Soziallast. Wie die uferlosen Diskussionen zur Einführung einer Pflegeversicherung und deren Finanzierung zeigen, hat das freilich keiner der Politiker erkannt, die auf einem Arbeitgeberanteil bestehen, geschweige denn ein einziger Gewerkschaftsführer. Würden die Bürger nicht ständig gezielt von den wahren Lasten vermeintlicher Wohltaten abgelenkt, würden sie wahrscheinlich freiwillig für die Einführung von Karenztagen oder die Streichung eines Feiertages kämpfen, weil sie nicht mehr bereit wären, die verschleierte Last zu tragen. Ganz abgesehen davon können die bloße Erhöhung von Sozialversicherungsbeiträgen oder Lasten aus der Einführung der Pflegeversicherung nicht dazu beitragen, die Zahlungsbereitschaft für den Faktor Arbeit zu erhöhen. Diese hängt ausschließlich vom Stand der Produktivität und dem Produktivitätsfortschritt ab. Es bleibt also nur der Lohnverzicht, es sei denn, der Arbeitnehmer zieht es vor, sich von den Gewerkschaften für das ohnehin schon riesige Heer der lohnsatzbedingten Arbeitslosen rekrutieren zu lassen.

c) Und schließlich ist die Fühlbarkeit von Steuern und Abgaben gleich aus mehreren Gründen deutlich herabgesetzt: Auf den Konsumenten überwälzte Steuern, insbesondere die in einem weitverzweigten und komplexen Steuersystem versteckten indirekten Steuern, bis hin zu Bagatellsteuern und Pfennigabgaben, können in ihrer Gesamtheit gar nicht mehr wahrgenommen werden. Dafür sorgt schon die Steuertechnik, weil der Belastete von der Steuerzahlung selbst nicht berührt wird, oder sich die dauernde Zahlung von kleinen und kleinsten Beträgen, die mit jedem Kaufakt verbunden sind, der Wahrnehmung meist entzieht.

Faßt man nun die drei Argumente zusammen, kann man zweifelsfrei folgern, daß der Bürger die Kosten aller staatlichen Leistungen, insbesondere aber der Sozialleistungen, erheblich unterschätzt.

Widerstände gegen zu hohe Sozialabgaben und Steuern, die bei transparenter Sachlage eine Reduktion der Staatstätigkeit erzwingen könnten, unterbleiben oder sind zumindest erheblich reduziert. *Die Verschleierung der wahren Last trägt demnach dazu bei, daß die Staatsausgaben bei weitem überhöht sind, und sorgt dafür, daß der Staat den privaten Sektor in einem weit höheren Ausmaß belasten kann, als dies volkswirtschaftlich noch vertretbar wäre.*

V. Der Wohlfahrtsstaat – ein ineffektives Instrument der Umverteilung

Mit der Zeit hat sich der Wohlfahrtsstaat selbst ad absurdum geführt. Eine Erkenntnis freilich, die so neu nicht ist, was die entsprechenden wissenschaftlichen Untersuchungen detailliert belegen. Man kann die Verteilungswirkungen des gesamten öffentlichen Haushaltes nämlich relativ genau messen. Dazu ist es erforderlich, alle Einnahmen des Staates (z.B. die einzelnen Steuerarten) und alle Ausgaben (z.B. für Gesundheit, Sozialtransfers wie Wohngeld und Sozialhilfe) den privaten Haushalten nach der Zugehörigkeit zu den jeweiligen Einkommensgruppen zuzuordnen. Konkret bildet man etwa Einkommensdezile von den untersten zehn Prozent bis hin zu den obersten zehn Prozent der Einkommensbezieher, für die man anhand umfangreicher Einkommens- und Verbrauchsstichproben ermittelt, ob eine Einkommensgruppe durch die Einnahmen und Ausgaben des Staates per Saldo begünstigt oder belastet worden ist. Ein Wissenschaftler, der sich seit mehr als zwanzig Jahren mit diesem Forschungsgebiet beschäftigt, hat diese Verteilungswirkungen im Zeitablauf differenziert erfaßt.[5] Ohne auf die Details seiner komplexen und umfassenden Studien einzugehen, mag es genügen, einige der Ergebnisse festzuhalten, die insbesondere ein ein-

---

[5] Karl-Dieter Grüske, Personale Verteilung und Effizienz der Umverteilung, Analyse und Synthese, Abhandlungen zu den Wirtschaftlichen Staatswissenschaften, hrsg. von H.C. Recktenwald, Göttingen 1985.

deutiges Urteil über die Wirkungen der explodierenden Sozialausgaben, vor allem während der 70er Jahre, erlauben:[6]

Obwohl der Anteil des Sozialbudgets an den Gesamtausgaben von 1963 bis 1978 stark gestiegen ist, ergibt sich insgesamt kein erhöhter Umverteilungseffekt. In diesen Jahren hat sich selbst für die untersten 25 Prozent der Einkommensbezieher kein realer Nettozuwachs je Haushalt ergeben!

Vergleicht man die Einkommensentwicklung nach Durchführung aller umverteilenden Maßnahmen, stellt man fest, daß sich das verfügbare Einkommen zwar für alle erhöht hat, daß dies jedoch weniger auf die vermehrten Sozialausgaben zurückzuführen ist, sondern vielmehr auf die allgemeine Einkommensentwicklung. Auch neueste Studien, die die Entwicklung seit 1978 erfassen, haben ergeben, daß sich an diesen Ergebnissen so gut wie nichts verändert hat.[7]

Die Quintessenz der zitierten Forschungsergebnisse: Die Zunahme der Sozialleistungen streut über weite Einkommensbereiche, anstatt zielgerichtet untere Einkommensgruppen zu begünstigen, weil auch obere Einkommensgruppen zunehmend von realen öffentlichen Leistungen profitieren. Hinsichtlich der Finanzierung wurde nachgewiesen, daß die mittleren Einkommensbezieher ihre zusätzlich genutzten öffentlichen Leistungen im Schnitt selbst finanzieren. Der Versuch dieser Gruppe, die daraus resultierende Last den Besserverdienenden aufzubürden, entpuppt sich als Illusion, freilich ohne daß die betroffenen Bürger dies erkennen können. In jüngster Zeit kommt noch hinzu, daß auch Sozialhilfeempfänger, die ärmsten unter den Rentnern und alle anderen, die am Rande des Existenzminimums leben, von einer Steigerung der Umsatzsteuer auf 15 % relativ am stärksten belastet werden, von der zusätzlichen Belastung aller Einkommensbezieher durch erhöhte Sozialabgaben, Tabak- und Mineralölsteuer, einmal ganz abgesehen. Andererseits ist es aus

---

6 Im folgenden zitieren wir Karl-Dieter Grüske, Effektive Umverteilung in der Bundesrepublik Deutschland?, in: Staat und Politische Ökonomie heute, Horst Claus Recktenwald zum 65. Geburtstag, hrsg. von Horst Hanusch u.a., Stuttgart u. New York 1985, S. 347–365, hier S. 363 und 364.

7 Siehe die neuesten Ergebnisse von K.-D. Grüske: Umverteilung im langfristigen Vergleich, unveröffentlichtes Manuskript, Nürnberg 1993, wird demnächst als Forschungsprojekt der Deutschen Forschungsgemeinschaft veröffentlicht.

wachstumspolitischer Sicht höchst kontraproduktiv, wenn man versuchen würde, verstärkt die oberen Einkommensgruppen zu belasten, was wir bereits ausgeführt haben.

Wann wird man wohl beginnen, den Rotstift anzusetzen, um diesem nutzlosen Karussell der Umverteilung von der rechten in die linke Tasche und zur Bedienung von Sonderinteressen Einhalt zu gebieten? Zumal die Tasche Löcher hat, weil ein Heer von umverteilenden Bürokraten immense Kosten verschlingt. Diese müssen auch die Ärmsten der Armen über indirekte Steuern mitfinanzieren.

VI. Zu den zerstörerischen Kräften des Staates im Überblick

Wenn wir alle Argumente noch einmal kurz zusammenfassen, wird erst klar, auf welch vielschichtige Weise der Staat die marktwirtschaftlichen Grundlagen zerstört.

Wie in den siebziger Jahren ist das monetäre Fundament für langfristig günstige Wachstumsbedingungen, der Geldwert, in Gefahr, weil Staat und Gewerkschaften – alimentiert von der stark unter Druck gesetzten Geldpolitik – eine deutlich höhere Inflation erzeugen als in den Jahren bis 1989. Massive Eingriffe des Staates via Subventionen verhindern den Wettbewerb; die immobilen, nicht die dynamischen Unternehmer werden belohnt. Der Anreiz zu mehr Leistung wird durch ein Übermaß an Abgaben gehemmt; das betrifft die Unternehmenssteuern genauso wie die Belastung der Arbeitnehmer mit direkten Abgaben. Belohnt wird dagegen das Aufrechterhalten verkrusteter Strukturen, wobei man die Immobilität des Faktors Arbeit durch soziale Maßnahmen noch nachdrücklich fördert. Eine überzogene Umverteilungspolitik, gekoppelt mit einer verfehlten Lohnpolitik in Ost und West, verschlechtern die Rahmenbedingungen für Investitionen ganz dramatisch. Der Standort Deutschland hat innerhalb weniger Jahre erheblich an Attraktivität eingebüßt. Die drastischen Einschnitte in die inländische Beschäftigung, nicht selten verknüpft mit einem Aufbau von Produktionskapazitäten im Ausland, belegen dies eindrucksvoll. Die Direktinvestitionen deutscher Unternehmen im Ausland haben im Jahr 1990 einen Umfang von rund 33 Mrd. DM jährlich angenommen, während sich das gesamte Ausland bei uns mit mageren 2 Mrd. DM vornehm zurückgehalten hat.[8]

Auf einen gemeinsamen Nenner gebracht, durchlöchern die gezeigten Verhaltensweisen also nicht nur das Wettbewerbsprinzip des Marktes, nein, sie pervertieren es zu einem Wettbewerb um die Erhaltung von sozialen Besitzständen und Pfründen, was die evolutorischen Kräfte ebenfalls nachhaltig schwächt. Damit verliert die Triebfeder unseres Wohlstandes ihre Kraft. Über Jahrzehnte wurde das Anspruchsdenken immer nur belohnt, anstatt es in die Schranken zu verweisen. Auf diese Weise wird deutlich signalisiert: Ansprüche an den Sozialstaat bestehen zu Recht, sie zu erhöhen wird belohnt, sie zurückzuschrauben wäre unklug. Welch ein verhängnisvoller Lernprozeß! So kann es dann auch niemanden verwundern, daß Ausgabekürzungen politisch kaum durchsetzbar sind. Das demokratische Gemeinwesen sitzt in der ökonomischen Falle. Der Amoklauf der ,,sozialen" Politiker und der ach so sozialen Gewerkschaften gegen eine notwendige Umkehr schmälert den Kuchen, den wir bei einer vernünftigen Politik zu verteilen hätten, bereits heute ganz erheblich. Wir könnten also viel sozialer sein, wenn wir auf den Kurs einer konsequenten Wachstumspolitik einschwenken könnten.

Doch scheint die Chance zu schwinden, ja vertan, wie das fruchtlose Geplänkel um einen Solidarpakt zeigt. Das zu erwartende Ergebnis wird sich wohl auf ein bißchen Kosmetik beschränken. Die grundlegenden Probleme lassen sich so aber nicht lösen. Speziell im Osten Deutschlands wird man weiterhin in die Kiste marktinkonformer Instrumente greifen, das fängt bei der Lohnpolitik an und wird bei der sich abzeichnenden Industriepolitik enden. Doch sehen wir in der bedrohlichen Entwicklung hierzulande noch das geringere Problem. Denn es zeichnen sich noch gewichtigere politisch-ökonomische Entscheidungen und eine weltweit zunehmende Staatsgläubigkeit ab, die maßgeblich unsere Zukunft bestimmen werden.

---

8 Ausführlich Winfried Horstmann, Direktinvestitionen – Ein Indikator für die internationale Standort-Wettbewerbsfähigkeit?, in: Wirtschaftsdienst, HWWA – Institut für Wirtschaftsforschung – Hamburg, 72. Jg., September 1992, S. 472–476.

VII. Welche Probleme bringt die Zukunft?

1. Ein Wort zu den Beschlüssen von Maastricht

Das erste Problem, das Bürgern mit ökonomischem Sachverstand am Herzen liegt, sind die Beschlüsse von Maastricht. Im Grunde erübrigt es sich, alle Gegenargumente, die von seiten der Wissenschaft ins Felde geführt werden, an dieser Stelle zu wiederholen[9], da allein die Aufzählung der von der Politik genannten Gründe für Maastricht die ,,Qualität" der Argumente offenlegt. Da finden sich unter anderem die folgenden Parolen:[10] ,,Die Mafia ist gegen Maastricht." ,,Europa sichert den Frieden." Wissen die Maastricht-Gegner nicht, daß sie für die Mafia und für Bürgerkriege statt für den Frieden sind? ,,Umwelt- und Verbraucherschutz europaweit." Weil natürlich nur eine supranationale Bürokratie dafür sorgen kann! ,,Sozialpolitik darf nicht dem Wettbewerb überlassen werden." Schließlich könnte es ja zu ,,Sozialdumping" kommen, weil die ärmeren Mitgliedsstaaten sich doch tatsächlich nur die Löhne und Sozialleistungen leisten könnten, die sie selbst erwirtschaften! ,,Nur ein vereintes Europa kann den Wettlauf mit Japan gewinnen." Das stimmt, aber dann müßte erst einmal unser Subventions-MITI in Brüssel abgeschafft werden, von all den anderen Erfordernissen zur Erhöhung der Wettbewerbsfähigkeit einmal ganz zu schweigen. ,,Je höher das europäische Wohlstandsniveau, desto besser für Deutschland." Das geht aber leider nur mit weniger Bürokratie und mehr Wettbewerb. Das Schlagwort ,,Mehr Demokratie, weniger Bürokratie" wird sich selbst ebenso ad absurdum führen wie der werbende Slogan ,,Europas Währung – stark wie die Mark". Schließlich darf die Inflationsrate eines Beitrittslandes ,,nur" 1,5 Prozent über der Rate der drei stabilsten Mitgliedsländer liegen! Mit 3,0 %, 3,5 % und 4,0 % für die drei stabilsten Län-

---

9 Dazu Holger Schmieding, Maastricht: Dead End of European Integration?, Kieler Diskussionsbeiträge Nr. 192, Kiel 1992, und die dort zitierte Literatur.

10 Dazu ,,10 vernünftige Gründe, die für Maastricht sprechen." Ganzseitige und entsprechend teure Annonce der SPD im Handelsblatt Nr. 245 vom 18. 12. 1992. Ausführlicher informiert der SPD-Parteivorstand, Referat Europa, Ollenhauerstraße 1, 5300 Bonn 1, oder eine ähnliche Anzeigenkampagne der Bundesregierung.

der, im Schnitt also 3,5 %, ist ein Land mit 5,0 % noch voll dabei, ganz abgesehen davon, daß die Kommission darüber hinaus noch Zugeständnisse machen darf. Wie einfach wäre es da gewesen, statt eine Inflationsgemeinschaft zu kreieren, ein wahrhaft hartes Beitrittskriterium zu finden. Wie wäre es mit 2,5 % Inflation im Durchschnitt der letzten drei Jahre vor dem Beitritt?

2. Neo-Keynesianer auf dem Vormarsch

Die andere Bedrohung kommt von der generellen Ausrichtung der Wirtschafts-und Finanzpolitik. Denn schon melden sich weltweit die Neo-Keynesianer zu Wort, darunter Nobelpreisträger wie Samuelson, Tobin und Solow, die nach der Renaissance der angebotsorientierten Wirtschaftspolitik deren Erfolge verkennen und ein aktiveres staatliches Eingreifen fordern. Sinnigerweise wird gleichzeitig auch noch die erfolgreiche restriktive Geldpolitik aufs Korn genommen. So wird zum Beispiel überall der Chefvolkswirt der Weltbank zitiert, der doch tatsächlich behauptet, es gäbe weltweit keinen Mangel an angebotenem (d.h. gebildetem bzw. gespartem) Kapital, vielmehr sei nur die Nachfrage nach Kapital zu gering und für die derzeit weltweite Misere verantwortlich. Heilen kann man seiner Ansicht nach dieses Problem freilich mit einer laxen Geldpolitik. Notenbanken und Regierungen sollten sich also von der Politik des knappen Geldes lossagen.

Die Anzeichen deuten demnach auf eine erneute Wende der weltweiten Wirtschaftspolitik hin. Die Bestrebungen, mit vermehrten Staatsausgaben und einer expansiven Geldpolitik Problemen zu begegnen, die in erster Linie aus der weltweit zu geringen Ersparnis resultieren oder struktureller Art sind, lassen sich nicht nur an Clintons Programmen ablesen, die weitestgehend von den Neo-Keynesianern seines Beraterstabes stammen. Schließlich steht der neue amerikanische Präsident nicht alleine da. Die Briten, ja sogar die Japaner glauben, wieder einmal eine geeignete Medizin gefunden zu haben. Man braucht kein großartiger Prophet zu sein, um vorauszusehen, daß bei all den sich abzeichnenden Programmen zur Vernichtung, Pardon: der Transformation privater Ersparnisse in öffentliche Konsumausgaben der nächste weltweite Aufschwung vergleichsweise kümmerlich ausfallen muß. Und wenn es dann nicht gelingt, die Ruder herumzuwerfen, laufen wir Gefahr, den in den letzten beiden Jahrzehnten auf die Zukunft gezogenen Wechsel begleichen zu müssen, nicht nur in Form von Wachstumseinbußen.

Alfred Boss

Soziale Sicherungssysteme – Reformen überfällig!

Die Sozialversicherung in der Bundesrepublik Deutschland steckt in einer tiefen Krise. Die Rentenversicherung baut ihre – ohnehin geringen – Rücklagen ab, um alle Renten in den alten und in den neuen Bundesländern bezahlen zu können. Spätestens Anfang 1994 wird der Beitragssatz erhöht werden müssen, weil die Bereitschaft zu Ausgabenkürzungen fehlt. Die Krankenversicherung hat 1992 – trotz erheblicher Beitragssatzanhebungen bei vielen Krankenkassen – ein Budgetdefizit von 9 Mrd. DM erwirtschaftet. Die 1989 und 1990 angehäuften Rücklagen sind damit aufgebraucht. 1993 werden die Beitragssätze wohl abermals erhöht, obwohl mit dem sog. Gesundheitsstrukturgesetz Einsparmaßnahmen beschlossen worden sind. Die Arbeitslosenversicherung wird auch 1993 nicht ohne Bundeszuschuß auskommen.

Die aktuelle Finanzlage der Sozialversicherung ist natürlich auch von der ungünstigen konjunkturellen Entwicklung beeinflußt, sie spiegelt aber vor allem grundlegende Konstruktionsmängel des deutschen Systems der Sozialversicherung wider, das im Kern vor mehr als einhundert Jahren von Otto von Bismarck durchgesetzt worden ist. In diesem Beitrag wird dargestellt, wo die Mängel des Systems liegen und welche Reformen im Bereich der Kranken- und der Rentenversicherung notwendig sind, um die Bürger nach marktwirtschaftlichen Prinzipien gegen die Wechselfälle des Lebens mit ihren negativen finanziellen Folgen zu sichern.

A. Gesetzliche Krankenversicherung

1. Worin bestehen die Mängel des Systems?

Die Ausgaben für die Gesundheit, insbesondere jene der Gesetzlichen Krankenversicherung (GKV), steigen seit Jahrzehnten stärker als das Bruttosozialprodukt; im vergangenen Jahrzehnt lag die Rate, mit der die Ausgaben der GKV expandierten, allerdings nur noch wenig über jener des Bruttosozialprodukts. Der Beitragssatz in der GKV wurde immer wieder angehoben; 1950 betrug er 6 vH, 1992 12,7 vH des Bruttoarbeitsentgelts (bis zur Beitragsbemessungsgrenze von monatlich 5 100 DM in den alten bzw. 3 600 DM in den neuen Bundesländern).

Wenn der Anteil der Ausgaben für die Gesundheit mit steigendem Realeinkommen zunimmt, so zeigt dies nicht notwendigerweise wirtschaftspolitischen Handlungsbedarf an. Relativ steigende Gesundheitsaufwendungen könnten den Änderungen in der Nutzeneinschätzung der Bevölkerung ebenso entsprechen wie etwa relativ zunehmende Ausgaben für Auslandsreisen. Der Ausgabenanstieg bei der GKV ist aber bedenklich, weil sie für den weitaus größten Teil der Bevölkerung eine staatliche Zwangsversicherung mit Zwangsbeiträgen ist und weil sich die Preise im Gesundheitsbereich nicht im Wettbewerb nach Angebot und Nachfrage richten, sondern politisch festgesetzt werden; dabei spielt die Absicht, Einkommen umzuverteilen, eine nicht unwesentliche Rolle. Rund 86 vH der Bevölkerung haben als Mitglieder der GKV oder als mitversicherte Familienangehörige Anspruch auf „zweckmäßige und ausreichende Gesundheitsleistungen". Die Krankenkasse kann in der Regel nicht frei gewählt werden. Ferner bewirken „moral hazard" auf der Nachfrageseite und fehlender oder unzureichender Wettbewerb unter den Anbietern von Arztleistungen, Arzneimitteln und Krankenhausdiensten unnötig hohe Kosten. Es gibt gravierende Gründe für Reformen im Bereich der GKV.

2. „Moral hazard"-Verhalten und fehlende Wahlmöglichkeiten der Versicherten – Reformüberlegungen

Wenn ein bestimmtes Risiko über eine Versicherung abgedeckt wird, der Risikofall nicht unabhängig vom Verhalten des Versicherten eintritt und die Versicherungsgesellschaft dessen Verhalten nur unvollkommen beobachten und bei der Prämienfestsetzung berücksichtigen kann, dann gerät der Versicherte in Versuchung, den Risikofall herbeizuführen oder nicht zu vermeiden (Fachbegriff: „moral hazard", moralische Versuchung). Eigene Anstrengungen, sich vor Schadensfällen zu schützen, lohnen sich weniger als bei fehlender Absicherung; die Häufigkeit des Eintretens des Risikofalls nimmt zu. Auch fragen Versicherte im Schadensfall mehr Leistungen nach als sonst. Dies ist das Ergebnis ökonomisch rationalen Verhaltens.

Die Gesamtheit der Versicherten finanziert zwar letztlich über ihre Beiträge bzw. Prämien die Versicherungsleistungen selbst, so daß es im Interesse der Versicherten liegt, daß die Beiträge bzw. Prämien für ein gegebenes Maß an Versicherungsleistungen möglichst niedrig liegen. Der einzelne Versicherte kann aber seinen Nutzen aus der Versicherung dadurch vergrößern, daß er in möglichst hohem Maße Versicherungsleistungen in Anspruch nimmt und damit dem Gruppeninteresse zuwiderhandelt, zumal er nicht sicher sein kann, daß andere nicht verstärkt Leistungen in Anspruch nehmen. Insbesondere in einem großen Kollektiv ist „moral hazard"-Verhalten in diesem Sinne zu vermuten, weil die Ausbeutung der Versicherung durch den einzelnen die künftige Höhe des Beitragssatzes so wenig beeinflußt, daß dies im Kalkül des Individuums vernachlässigt werden kann; die Anonymität des einzelnen Versicherten begünstigt „moral hazard"-Verhalten.

In der privaten Versicherungswirtschaft hat man verschiedene Methoden entwickelt, um „moral hazard"-Verhalten zu begrenzen. So werden die Prämien nach Risikogruppen gestaffelt, um den Versicherten Anreize für prophylaktische Maßnahmen zu geben. Beiträge werden bei Schadensfreiheit rückerstattet, Versicherte werden im Schadensfall in andere Tarifklassen eingestuft (z.B. in der Kraftfahrzeugversicherung). Auch ist eine (absolute oder relative) Selbstbeteiligung an den Kosten im Schadensfall nicht unüblich.

Im System der GKV wird dagegen praktisch darauf verzichtet, einem „moral hazard"-Verhalten entgegenzuwirken. Entsprechende Maßnahmen werden als unvereinbar mit der Zielsetzung sozialer Gerechtigkeit sowie mit der Absicht einer angemessenen Versorgung der Bevölkerung mit medizinischen Leistungen betrachtet. So orientiert sich die Beitragsgestaltung grundsätzlich nicht an bestimmten Risikofaktoren. Die Beiträge hängen bei gleichen Leistungsansprüchen von der Einkommenshöhe ab. Familienangehörige werden mitversichert, ohne daß dies zu höheren Beiträgen führt.

Eine nennenswerte Selbstbeteiligung gibt es nur bei den Ausgaben für Zahnersatz; bei den Kosten der Krankenhausbehandlung oder den Arzneimittelkosten wird der Versicherte nur in sehr geringem Maße beteiligt (Zuzahlung von 10 DM je Tag für die ersten 14 Tage des Krankenhausaufenthalts; Zuzahlung von 3 DM für Arzneimittel, für die keine sog. Festbeträge vereinbart wurden; keine Zuzahlung für „Festbetragsarzneimittel"). Der Patient erfährt in der Regel überhaupt nicht, welche Kosten er durch seine Behandlung verursacht. Unter diesen Umständen verhindert das System eine effiziente Nutzung volkswirtschaftlicher Ressourcen; es führt zu Verschwendung.

Ein grundsätzliches Problem, das auch bei Verwirklichung von Maßnahmen zur Minderung von „moral hazard" nicht gelöst wäre, besteht darin, daß die Krankenkassen der GKV dem Wettbewerb praktisch nicht ausgesetzt sind. Die große Mehrheit der deutschen Bevölkerung wird aufgrund der Regelungen in der GKV wie eine Menge unmündiger Bürger behandelt. So werden Arbeiter und Angestellte, deren Einkommen unterhalb der Versicherungspflichtgrenze liegen, zu einer Mitgliedschaft in der GKV gezwungen. Nicht einmal zwischen den einzelnen Kassen der GKV können die betreffenden Personen in der Regel wählen. Vielmehr verfügen die einzelnen Kassen über Berufs- oder Gebietsmonopole. Die staatliche Bevormundung geht sogar noch weiter. Die Vorschriften hinsichtlich des Ausmaßes, in dem – sehr begrenzt – Selbstbeteiligungsregeln zum Zuge kommen, sind für alle gleich. Die Präferenzen des einzelnen Bürgers werden schlicht ignoriert. Wahlfreiheit besteht – bei gewissen Einschränkungen – für Arbeiter und Angestellte mit höheren Einkommen, für Beamte und für Selbständige. Zwischen den privaten Versicherungsgesellschaften, bei denen sich diese Gruppen in der Regel versichern, besteht Wettbewerb. Der Kreis der Personen mit Wahlfreiheit ist klein. Infolge der hohen Versicherungspflichtgrenze und der Mitversicherung von Familienangehörigen in der GKV sind rund 86 vH der Bevölkerung in der GKV versichert.

Die fehlende Entscheidungsfreiheit bewirkt, daß die Kosten der Kassen der GKV nicht der Kontrolle durch den Wettbewerb unterliegen. Um hier Abhilfe zu schaffen, sollte individuelle Wahlfreiheit zwischen privaten und staatlichen Versicherungen eingeführt werden. Dabei müßten alle Bürger zu einer Mindestabsicherung des Krankheitsrisikos verpflichtet werden; nur so läßt sich nämlich verhindern, daß mindestens einige jegliche Absicherung deshalb unterlassen, weil sie im Krankheitsfall über Sozialhilferegelungen Anspruch auf eine medizinische Versorgung hätten. Eine Versicherungspflicht, was die Mindestabsicherung betrifft, ist erforderlich, um „moral hazard" in diesem Sinne zu vermeiden. Dies sollte aber die einzige Beschränkung der Freiheit des einzelnen Bürgers sein.

Unter Wettbewerbsbedingungen ist jede Krankenkasse nur ein Anbieter unter vielen, die sich auf dem Markt behaupten müssen. Die gesetzlichen Kassen werden dies bei genereller Wahlfreiheit der Versicherten aber nur dann können, wenn sie sich privatwirtschaftlich ausrichten dürfen. Dies würde bedeuten, daß sie die Beiträge nach dem Risiko der Versicherten – u.a. abhängig vom Geschlecht und von der konstitutionellen Verfassung, nicht aber vom Einkommen – bemessen (Äquivalenzprinzip). Alle nicht versicherungsimmanenten Umverteilungselemente würden damit aus der Versicherung gegen Krankheitsfolgen verbannt. Wenn die GKV-Kassen nicht auf Umverteilungsmaßnahmen verzichten, dann verlieren sie die durch diese Regelungen benachteiligten Gruppen als Kunden; die GKV-Kassen werden im Wettbewerb gezwungen, sich risikogerecht zu verhalten.

Einkommensumverteilung müßte freilich trotz einer grundlegenden Reform in diesem Sinne nicht unterbleiben. Sie ließe sich auf andere, den marktwirtschaftlichen Allokationsmechanismus weniger störende Weise verwirklichen, nämlich im Rahmen des Steuer- und Transfersystems. Auch wären bei Bedürftigkeit die Prämien für die Mindestabsicherung des Krankheitsrisikos von der Sozialhilfe ganz oder teilweise zu übernehmen. Dies könnte in einem reformierten System vor allem bei älteren Menschen erforderlich sein, deren (risikogerechte) Versicherungsprämien höher als die jetzigen Krankenversicherungsbeiträge wären. Wirtschaftlich Schwache wären dann geschützt; über marktwirtschaftliche Steuerungsmechanismen würde aber gleichzeitig bei größtmöglicher Handlungs- und Wahlfreiheit des einzelnen Bürgers erreicht, daß knappe Mittel effizient eingesetzt werden.

In einem reformierten System würden viele Versicherte über die vorgeschriebene Mindestsicherung hinaus entsprechend ihren individuellen Wünschen Zusatzleistungen gegen höhere Prämien nachfragen. Wahrscheinlich sind die Präferenzen der Versicherten auch hinsichtlich des Grades an Freiheit bei der Arzt- und Krankenhauswahl unterschiedlich. Dies ergäbe für Krankenversicherungen Anreize, mit Gruppen von Ärzten und Krankenhausträgern auszuhandeln, daß diese für die versicherte Personengruppe zu einem im vorhinein festgelegten Preis die gesamte medizinische Versorgung leisten, unabhängig davon, welches Ausmaß diese letztlich annimmt. Der Versicherer könnte dabei das günstigste Angebot von Ärzten und Krankenhäusern wahrnehmen; die Versicherungsnehmer hätten die Option, darauf zu verzichten, den Arzt bzw. das Krankenhaus frei zu wählen, dafür aber eine bestimmte medizinische Versorgung zu einem niedrigeren Preis zu beanspruchen. Einrichtungen dieser Art gibt es in den USA in Form der Health Maintenance Organization (HMO).

In einem marktwirtschaftlich organisierten System der Krankenversicherung würde das Angebot an Versicherungstarifen auch in anderer Hinsicht wesentlich breiter aufgefächert, als das gegenwärtig der Fall ist. Verschiedene Grade der Selbstbeteiligung würden von privaten Versicherungen bei allen Leistungen angeboten, wobei der Versicherte bei höherer (niedrigerer) Selbstbeteiligung niedrigere (höhere) Prämien zu zahlen hätte. Auch würden Rückerstattungen für den Fall vorgesehen, daß Versicherungsleistungen nicht in Anspruch genommen werden (Schadenfreiheitsrabatte). Rückerstattungen an die Versicherten wären auch dann erforderlich, wenn – wie vorgeschlagen – bei Bedürftigkeit die Prämien ganz oder teilweise von Dritten geleistet werden; andernfalls gäbe es für die betreffenden Personengruppen (ohne Einkommen oder mit sehr niedrigen Einkommen) keine Anreize zu Sparsamkeit.

Mehr Selbstbeteiligung führte nicht – wie oft behauptet – nur zu einer anderen Aufteilung der Kosten auf Versicherer und Versicherte; vielmehr wären die Ausgaben niedriger. Empirische Untersuchungen deuten sogar darauf hin, daß die Ausgaben – auch wegen verstärkter Gesundheitsvorsorge – erheblich geringer wären. Dies besagt, daß die Ausgaben der GKV und damit die Beitragssätze gegenwärtig aufgrund weitgehend fehlender Selbstbeteiligung stark überhöht sind. Welche Formen der Selbstbeteiligung nach einer Reform letztlich überwögen, läßt sich nicht sagen. Viel spricht für die Vermutung, daß sich am Markt vor allem jene Versicherungen durchsetzen würden, die den maximalen Selbstbeteiligungsbetrag jedes Versicherten auf einen bestimmten Anteil seines Jahreseinkommens begrenzen und den Selbstbeteiligungssatz (also den vom Versicherten selbst zu tragenden Anteil der Krankheitskosten) mit zunehmenden Kosten allmählich auf Null absinken lassen.

Bei genereller Wahlfreiheit muß die Entscheidung für eine bestimmte Versicherung im Zeitablauf revidierbar sein. Damit der Versicherungsgeber gewechselt werden kann, ist für jede Versicherungsgesellschaft bzw. für jede im Wettbewerb stehende Krankenkasse eine Verpflichtung vorzuschreiben, daß die für den Altersausgleich angesparten Prämien oder Beiträge (Fachjargon: geschäftsplanmäßige Altersrückstellungen) auf persönlichen Konten ausgewiesen werden; im Falle des Versicherungswechsels sind die angesparten Mittel auf die neue Gesellschaft zu übertragen. Fehlt eine entsprechende Vorschrift, so kann der Wechsel der Versicherung daran scheitern, daß beim Eintritt in eine andere, an sich billigere Versicherung altersbedingt eine höhere Prämie zu zahlen wäre.

3. Unzureichender Wettbewerb zwischen den Anbietern – Ansatzpunkte einer Reform

Die Ressourcenverschwendung im Bereich der GKV würde vermindert, wenn es – wie beschrieben – zu Änderungen auf der Nachfrageseite des Marktes für Gesundheitsgüter und -dienstleistungen käme. Es gibt aber auch auf der Angebotsseite zahlreiche staatliche Regulierungen mit negativen Auswirkungen. Sie betreffen gleichermaßen das Angebot an Arztleistungen, Arzneimitteln und Krankenhausdienstleistungen. Auch hier sind Reformen notwendig.

Arztleistungen

Ärzte haben einen Anspruch auf Ernennung zum Kassenarzt. In dieser Eigenschaft wird der Arzt Mitglied einer kassenärztlichen Vereinigung, eines Zwangskartells, das ihm grundsätzlich die Vergütung jeder einzelnen Leistung zum einheitlichen Preis garantiert. Die Preise werden im wesentlichen in zwei Stufen festgesetzt. Die kassenärztlichen Vereinigungen und die Verbände der Kassen handeln – für längere Zeiträume und für das gesamte Bundesgebiet – ein System relativer Preise für alle kassenärztlichen Leistungen aus. Das jeweilige Niveau der Honorare für Arztleistungen legen die gesetzlichen Kassen als Vertreter der Versicherten und die Kassenärztlichen Vereinigungen – auf Bundesebene oder auf Landesebene – fest. Darüber hinaus ist zwischen den Vereinigungen und den Kassen aber auch vereinbart worden, daß die Entwicklung der Ausgaben für die ärztliche Behandlung im Einklang mit jener der Grundlohnsumme, also der Lohnsumme der Zwangsversicherten (bis zur Beitragsbemessungsgrenze), stehen muß. Übersteigt die Summe der Produkte aus den Mengen der Arztleistungen und den Preisen derselben den Betrag, der sich infolge der Orientierung an der Grundlohnsumme ergibt, so verringert sich das Niveau der Einzelpreise. Der Preis der einzelnen Leistung des Arztes ist damit im vorhinein nicht bekannt.

Diese Regelungen sind nicht sachgerecht. Wie stets bei administrativen Systemen entsprechen die Preise schon zum Zeitpunkt ihrer Festsetzung nicht den relativen Knappheiten. Die Abweichungen werden im Zeitablauf größer, weil sich die Knappheiten ändern. Dies ist im Gesundheitswesen besonders gravierend, weil die betreffenden Honorarvereinbarungen oft lange gelten.

Damit diese Mängel verringert werden, sollten die bestehenden kollektiven Verträge zwischen den jeweiligen kassenärztlichen Vereinigungen und den Verbänden der GKV durch ein System individueller Vertrags- und Koalitionsfreiheit abgelöst werden. Das würde beispielsweise bedeuten, daß die Krankenkassen mit einzelnen preisgünstigen Ärzten Verträge abschließen. Andere Ärzte müßten daraufhin ihre Preisforderungen senken. Ziel sollte es letztlich sein, daß die einzelnen Ärzte mit den Patienten privatrechtliche Behandlungsverträge abschließen können. Wie Unternehmer in anderen Branchen könnten Ärzte – zumindest für Standardleistungen – Preislisten erstellen und die potentiellen Nachfrager ihrer Leistungen über ihre Preise informieren. In Abhängigkeit von der Qualität der Leistung würde sich eine Staffelung der Arztpreise entwickeln. Verbesserungen ergäben sich bei freier Preisgestaltung im Markt wohl auch dadurch, daß bestimmte technische Leistungen weniger von Ärzten als von Institutionen mit Spezialisierungsvorteilen erbracht würden.

Eine Liberalisierung ist auch hinsichtlich der Organisationsformen nötig. So sollten Gruppenpraxen generell und in beliebiger Form zulässig sein. Es dürfte auch nicht mehr untersagt werden, daß im ambulanten Bereich ein Arzt, eine Gruppe von Ärzten oder Unternehmer überhaupt Ärzte unselbständig beschäftigen. Nichts spricht dafür, daß praktisch zwei Organisationsformen dominieren – die Arbeit im Krankenhaus und die freiberufliche Ein-Mann-Praxis. Durch eine Lockerung der strengen Trennung zwischen ambulanter und stationärer Behandlung ließe sich Wettbewerb zwischen niedergelassenen Ärzten und Krankenhäusern schaffen – zum Vorteil der Versicherten.

Darüber hinaus sollten Regelungen, die den Marktzugang erschweren oder verhindern, abgeschafft werden, beispielsweise die kassenärztliche Bedarfsplanung, nach der die Selbstverwaltung von Krankenkassen und Kassenärzten für „erheblich überversorgte Gebiete" Zulassungsbeschränkungen aussprechen kann. Auch dürfte Ärzten aus dem Ausland im Interesse eines intensiven Wettbewerbs der freie Zugang zum heimischen Markt für Arztleistungen nicht verwehrt werden. Niederlassungsfreiheit wäre danach nicht nur für Ärzte aus anderen Ländern der Europäischen Gemeinschaft zu gewähren.

Häufig wird argumentiert, durch staatliche Eingriffe seien eine „ungezügelte Ärzteschwemme" und dadurch bedingte hohe Ausgaben zu verhindern. Während die Bevölkerung abnehme, steige die Zahl der Absolventen der medizinischen Fakultäten oder Fachbereiche der Universitäten. Die Zahl der Einwohner je Arzt nehme deutlich ab. Bei sinkender Patientenzahl je Arzt bestehe die Neigung, die Patienten intensiver zu behandeln und mehr Medikamente zu verschreiben. Die Kosten je Patienten und damit die Krankenversicherungsbeiträge schössen in die Höhe. Diese Argumentation ist falsch. Sie beruht auf den Erfahrungen, die im jetzigen dirigistischen Gesundheitswesen gewonnen wurden. Wenn sich die Preise für Arztleistungen (und Medikamente) frei bilden können und der Patient für seine Behandlung (und für seine Medikamente) aufgrund eines Selbstbehalts (mit-)zahlen muß, dann ist die befürchtete „Kostenexplosion" nicht zu erwarten. Ein steigendes Angebot an Ärzten führt dann dazu, daß die Honorare für Arztleistungen sinken – mit mittelfristigen Wirkungen auf die Zahl der Medizinstudenten.

Der Arzneimittelmarkt ist auf der Hersteller- und der Vertriebsstufe in hohem Maße reguliert. Die meisten Arzneimittel sind apothekenpflichtig, dürfen also nur durch Apotheken an den Verbraucher verkauft werden. Die Abgabe der Medikamente erfolgt in der Regel aufgrund ärztlicher Verschreibung. Medikamente sind vor allem dann verschreibungspflichtig, wenn sie auch bei bestimmungsgemäßem Gebrauch die Gesundheit gefährden können.

Im Apothekengesetz ist prinzipiell die Niederlassungsfreiheit für Apotheker verankert. Der Marktzutritt ist aber dadurch beschränkt, daß es einem Apotheker untersagt ist, mehrere Apotheken zu betreiben. Apotheker können somit nicht die Rationalisierungsvorteile einer Filialkette nutzen. Die Erlaubnis zum Betrieb einer Apotheke verpflichtet zur persönlichen Leitung in eigener Verantwortung (Verbot des Fremdbesitzes). Entsprechend ihrem Berufsbild unterlassen Apotheker in der Regel Werbemaßnahmen; Werbung mit Preissenkungen kann zu Verfahren vor Berufsgerichten führen. Ein Apotheker darf sich nicht verpflichten, bestimmte Arzneimittel ausschließlich oder bevorzugt anzubieten, und er darf sein Angebot nicht auf bestimmte Hersteller oder Händler beschränken.

Bei der Preisgestaltung im Pharmabereich sind die Hersteller frei, der Großhandel und der Einzelhandel aber nicht. Nach der Verordnung über Preisspannen sind für alle apothekenpflichtigen Fertigarzneimittel auf der Großhandelsstufe Höchstzuschläge vorgeschrieben, auf der Apothekenstufe Festzuschläge auf die Summe aus Herstellerabgabepreis und Höchstzuschlag. Es gibt aber seit 1989 auch viele Arzneimittel, für die von sogenannten Fachleuten – Medizinern und Pharmakologen im Bundesausschuß Ärzte/Krankenkassen – die Preise in Form sogenannter Festbeträge festgelegt werden; für diese Arzneimittel müssen die Versicherten nichts zuzahlen.

Arzneimittel sind häufig im Inland teurer als im Ausland. Zur Intensivierung des Wettbewerbs auf dem Arzneimittelmarkt sollten ein freier Warenverkehr und die volle Substituierbarkeit von identischen inländischen und ausländischen Arzneimitteln gewährleistet werden. Fortschritte gibt es hier infolge des – mit der Vollendung des EG-Binnenmarkts – geänderten Verfahrens der Arzneimittelzulassung. Danach dürfen im Ausland zugelassene Arzneimittel in Zukunft mehr und mehr auch im Inland verkauft werden. Auf der Stufe der Apotheken sollte Preiswettbewerb ermöglicht werden, indem die Preisspannenverordnung aufgehoben wird. Dies würde dazu beitragen, daß das Preisgefälle zu anderen Ländern geringer wird. Ferner sollte zugelassen werden, daß nicht verschreibungspflichtige und bisher apothekenpflichtige Medikamente auch außerhalb der Apotheken verkauft werden können. Umgekehrt müßten Apotheker das verkaufen dürfen, was immer sie an „branchenfremden" Produkten verkaufen wollen. Möglich müßte es auch sein, daß Versicherungen oder Krankenkassen Apotheken betreiben. Ferner sollten das Mehrfachbesitz- und das Fremdbesitzverbot für Apotheker aufgehoben werden, damit Rationalisierungsvorteile genutzt werden können.

Krankenhausleistungen

Nach dem Krankenhausfinanzierungsgesetz von 1972 erhielten diejenigen Krankenhäuser, die in den Krankenhausbedarfsplan bzw. das Krankenhausprogramm aufgenommen waren, Zuschüsse des Bundes und der Länder, damit sie ihre investiven Ausgaben finanzieren konnten. Diese Krankenhäuser hatten das Recht, Kassenpatienten behandeln zu dürfen. Die laufenden Kosten wurden über die Pflegesätze gedeckt. Angesichts dieser Regelungen war das Interesse, die Krankenhauskosten niedrig zu halten, gering. Bettenberge und lange Verweildauern im Krankenhaus waren die Folge.

Seit 1985 werden die Mittel für die öffentliche Förderung der Krankenhäuser allein von den Ländern aufgebracht. Der Gestaltungsspielraum der Länder bei der Krankenhausplanung und der Investitionspolitik wurde etwas erweitert. Immer noch können die Krankenhäuser aber eine autonome Investitionspolitik nicht betreiben, sie können nicht flexibel auf Veränderungen des Bedarfs reagieren. Die Krankenversicherungen müssen mit Plankrankenhäusern Verträge schließen und – aufgrund des Anspruchs der Krankenhäuser auf Deckung der Selbstkosten – die Folgen staatlicher Investitionslenkung tragen.

Um hier Abhilfe zu schaffen, sollte zugelassen werden, daß sich die Preise für Leistungen der Krankenhäuser nach Angebot und

Nachfrage richten. Einzelne Krankenhäuser und Krankenversicherungen sollten Preise frei aushandeln dürfen. Insbesondere müßte es generell möglich sein, die Preise nach der Krankheitsart oder der Leistungsart zu differenzieren. Gesundheitsdienstleistungen sind private Güter. Es gibt deshalb keine ökonomischen Gründe dafür, Krankenhäuser anders zu behandeln als die Produzenten beliebiger sonstiger privater Güter. Krankenhäuser sollten sich wie andere Unternehmen im Wettbewerb behaupten müssen. Konkrete Reformschritte könnten darin bestehen, daß Krankenversicherungen in eigener Regie Krankenhäuser betreiben. Auch sollten kommunale oder staatliche Krankenhäuser privatisiert werden. Mindestens sollten die Länder den Krankenhäusern alle Rechts- und Betriebsformen ermöglichen, die Ablösung des öffentlichen Dienstrechts sollte dabei zulässig sein.

4. Das Gesundheitsstrukturgesetz 1993 – Schritt in die falsche Richtung

Das Gesundheitsstrukturgesetz 1993 enthält – gemessen an dem, was notwendig wäre im Interesse einer freiheitlichen und effizienten Krankenversicherung – nur wenige sinnvolle Maßnahmen, dafür aber um so mehr solche, die noch mehr Dirigismus bedeuten. Es trägt den skizzierten Reformvorstellungen in einzelnen Bereichen ansatzweise Rechnung; in vielen anderen Bereichen beinhaltet es aber Schritte in die falsche Richtung.

Die individuellen Entscheidungsspielräume werden durch das Gesetz noch mehr beschränkt. So wird eine sogenannte Positivliste jener Medikamente eingeführt, die auf Kosten der Krankenkassen bzw. ihrer Mitglieder verordnet werden dürfen; einen Vorschlag zur Gestaltung dieser Liste soll ein paritätisch besetztes Institut „Arzneimittel in der gesetzlichen Krankenversicherung" machen. Bestimmte zahnmedizinische Versorgungsformen werden aus dem Leistungskatalog der GKV ausgegrenzt.

Die zahnärztlichen Vergütungen für Zahnersatz werden per Gesetz ebenso gesenkt wie die Arzneimittelpreise auf der Herstellerstufe. Für die Krankenhaus- und die Arztleistungen werden Budgets vorgegeben, die entsprechend der Zunahme der Grundlohnsumme und damit – bei festem Beitragssatz – der Beitragseinnahmen steigen dürfen. Die Regelungen der sogenannten Bedarfsplanung für Kassenärzte werden verschärft; der Berufszugang wird ab 1993 behindert, ab 1999 wird er bestimmten Gruppen wohl ganz verstellt.

Die Selbstbeteiligung bei Arzneimitteln wird tendenziell vergrößert. Gleichzeitig wird ein festes Budget für die Arzneimittelausgaben vorgegeben. Wird dieses aufgrund der unabhängig voneinander erfolgenden Verschreibungen von Medikamenten durch die Ärzte überschritten, so werden zunächst die kassenärztliche Bundesvereinigung und danach die pharmazeutische Industrie in Höhe der Mehrausgaben belastet (durch geringere Vergütungen für ärztliche Leistungen bzw. niedrigere Pharmapreise).

Das Selbstkostendeckungsprinzip für Krankenhäuser wird, was zu begrüßen ist, aufgehoben. Die tagesgleichen Pflegesätze sollen auf mittlere Sicht durch Sonderentgelte und Fallpauschalen ersetzt werden. Das duale System der Krankenhausfinanzierung, nach dem die Länder die Investitionsausgaben und die Kassen die laufenden Kosten tragen, soll, ohne daß konkrete Maßnahmen vorgesehen sind, umgestellt werden auf ein monistisches System (Finanzierung aller Ausgaben über die Pflegesätze).

Insgesamt enthält das Gesetz nur wenige positive Elemente, schafft aber weitere Reglementierungen und bewirkt noch mehr bürokratisch-obrigkeitliche Steuerung der Menschen. Die Chancen einer marktwirtschaftlichen Umgestaltung werden wieder einmal verspielt.

Die alten und die neuen Regulierungen im Gesundheitswesen haben den Nachteil, daß sie bei den Politikern und bei den zuständigen Behörden Wissen voraussetzen, das diese nicht haben und nicht haben können. „Der optimale Versicherungsschutz, die optimale Zahl von Ärzten, Krankenhäusern, Großgeräten und Arzneimitteln und die dazugehörigen Gleichgewichtpreise . . . sind Größen, die sich weder auf wissenschaftlichem noch auf demokratischem Wege feststellen lassen; denn es kommt dabei auf die Präferenzen des einzelnen Bürgers und die Produktionsbedingungen des einzelnen Anbieters von Gesundheits- oder Versicherungsleistungen an. Die Präferenzen des einzelnen kann man nur feststellen, wenn man ihn . . . selbst entscheiden läßt. Die Produktionsbedingungen der einzelnen Anbieter kann man nur feststellen, wenn man sie dem Wettbewerb aussetzt. Die Regulierungsstrategie ist aber ihrem Wesen nach autoritär und daher ineffizient."[1]

B. Gesetzliche Rentenversicherung

1. Wo liegen die Mängel des Systems?

Entscheidend für die gegenwärtige Ausgestaltung der gesetzlichen Rentenversicherung (GRV) ist die Rentenreform von 1957. Damals war die sogenannte dynamische Rente beschlossen worden. Die Renten folgen seitdem der Entwicklung der Löhne. Die meisten Beschäftigten sind zur Mitgliedschaft verpflichtet und müssen einen bestimmten Anteil ihres Bruttolohns an die Rentenversicherung abführen. Sie erhalten dafür einen Anspruch auf eine Altersrente, die grundsätzlich in einem festen Verhältnis zu ihrem durchschnittlichen Lebenseinkommen steht. Der Rentenanspruch ist um so höher, je länger ein Arbeitnehmer erwerbstätig war und Beiträge gezahlt hat; der Anspruch ist bei gegebener Dauer des Erwerbslebens um so größer, je höher das Einkommen und damit der geleistete Rentenversicherungsbeitrag waren.

Die Rentenansprüche sind nicht durch angesammeltes Vermögen gedeckt. Zum Jahresende 1992 existierten lediglich geringfügige finanzielle Reserven (49 Mrd. DM oder reichlich 2 Monatsausgaben der GRV). Es gilt das Umlageverfahren: die jeweiligen Beschäftigten geben Teile ihres Einkommens ab, mit den Beiträgen werden die Renten finanziert.

Die Rücklagen der GRV werden 1993 abnehmen. Die gegenwärtigen finanziellen Engpässe sind aber noch klein im Vergleich zu dem, was auf die Rentenversicherung in den nächsten Jahrzehnten zukommen wird. Dann nimmt die Zahl der Personen im Erwerbsalter stetig ab. Die Anzahl der Personen im Rentenalter wird dagegen deutlich steigen. Der Anteil dieser Personengruppe an der Gesamtbevölkerung wird jahrzehntelang zunehmen.

---

[1] Roland Vaubel, Sozialpolitik für mündige Bürger: Optionen für eine Reform, Baden-Baden 1990, S. 23.

Für die Rentenversicherung bedeutet diese Verschiebung im Altersaufbau, daß entweder – bei gegebenen Leistungsversprechen – der Beitragssatz angehoben oder – bei unverändertem Beitragssatz – die Renten im Verhältnis zu den Löhnen der Beschäftigten gekürzt werden müssen; natürlich ist auch eine Kombination aus beiden Maßnahmen denkbar, beispielsweise eine Verlängerung der Lebensarbeitszeit. Die Rentenversicherung ist in ihrer gegenwärtigen Ausgestaltung prinzipiell auf eine vollständige Bevölkerungsregeneration angewiesen, wenn das Beitrags-Leistungs-Verhältnis beibehalten werden soll.

In den Bilanzen der GRV wird die Finanzmisere nicht sichtbar. Viele Rentner und Versicherte, aber auch Politiker machen sich deshalb Illusionen. Die Verpflichtungen der Rentenversicherung gegenüber den Rentenbeziehern und jenen, die Rentenansprüche angesammelt haben, belaufen sich auf ein Vielfaches des Jahreseinkommens der gesamten Bevölkerung der Bundesrepublik Deutschland (1992: 2 630 Mrd. DM); sie werden aber nicht ausgewiesen. Diesen Verpflichtungen stehen vernachlässigbar geringe finanzielle Reserven gegenüber (49 Mrd. DM). Letztlich ist der Staat verpflichtet, für die Verbindlichkeiten der Rentenversicherung einzustehen. Er kann dies jedoch nur, wenn die Bürger bereit sind, entsprechend hohe Steuern zu zahlen. Die Ansprüche der Versicherten sind daher durch nichts gedeckt als die vage Hoffnung, daß die nachfolgende Generation bereit sein werde, die Alten in der vorgegebenen Höhe zu versorgen. ,,Es handelt sich um eine Ironie der Geschichte: Obwohl die Gesetzliche Rentenversicherung (von Bismarck) gegründet wurde, um sicherzustellen, daß jeder für sein Alter vorsorgt, hat der allmähliche Übergang zum Umlageverfahren bewirkt, daß niemand mehr über die Gesetzliche Rentenversicherung für sein Alter vorsorgt.“[2]

Angesichts einer so desolaten Finanzlage wie in der Rentenversicherung käme es im privatwirtschaftlichen Bereich zum Konkurs. In der Rentenversicherung dagegen herrscht Vermögensillusion. Die existierenden Verbindlichkeiten werden ignoriert; Bilanzwahrheit im ökonomischen Sinne wird vermieden.

---

[2] Vaubel, a.a.O., S. 29.

2. Rentenreform von 1989 – eine Scheinlösung der Probleme

Das 1989 für das frühere Bundesgebiet beschlossene Rentenreformgesetz hat nichts Grundlegendes geändert. Es ist zum 1. 1. 1992 wirksam geworden und sieht vor allem vor, daß die Renten jedes Jahr gemäß dem Anstieg des durchschnittlichen Nettolohns erhöht werden, daß der Bundeszuschuß an die GRV entsprechend dem Anstieg des Beitragsaufkommens angehoben wird und daß Teilrenten zulässig sind. Nach der Jahrtausendwende sollen die Altersgrenzen schrittweise erhöht werden; vom Jahre 2001 an werden die bislang unterschiedlichen Altersgrenzen stufenweise auf die Regelaltersgrenze von 65 Jahren angehoben. Bedeutsam ist auch die eingebaute Automatik zwischen der Änderung des Beitragssatzes und der Höhe des Rentenanstiegs; Ziel ist es, eine feste Relation zwischen Nettolohn und Rente herzustellen.

In den neuen Bundesländern haben sich 1992 durch die volle Übertragung des westdeutschen Rentenrechts wesentliche Änderungen ergeben. Versicherte und Rentner in der ehemaligen DDR werden durch die Rechtsanpassung zum Jahresbeginn 1992 gegenüber dem Recht zuvor begünstigt. Das gilt hinsichtlich der Regeln für die Altersgrenzen und hinsichtlich der Voraussetzungen für den Bezug von Berufs- und Erwerbsunfähigkeitsrenten; es gilt auch für die Hinterbliebenenversorgung.

Die Reformmaßnahmen des Jahres 1989 sind so konzipiert, daß das System der GRV bis zum Jahre 2010 funktioniert; ein Beitragssatz von 21,5 vH soll dann zur Finanzierung aller Renten ausreichen (1993: 17,5 vH). Die größten Probleme infolge der Abnahme der Bevölkerung stellen sich aber erst nach 2010 ein. Die Reform hat also die Probleme der GRV nicht gelöst. Die Probleme sind lediglich in die Zukunft verschoben worden; sie werden in dem Maße entschärft, in dem durch Einwanderungen die Zahl der Beitragszahler steigt.

3. Einkommensumverteilung über die Rentenversicherung unnötig und schädlich – Reformvorschläge

Die Rentenversicherung ist überfrachtet mit Umverteilungsmaßnahmen. Eine Einkommensumverteilung über die Rentenversicherung sollte aber vermieden werden. Wenn – aus welchen Gründen auch immer – eine Umverteilung von Einkommen für erwünscht gehalten wird, dann ist das Steuersystem das geeignete Instrument. Sofern eine Umverteilung von Einkommen beispielsweise zugunsten jener, die als Erwerbstätige sehr geringe Einkommen bezogen haben und daher nur geringe Rentenansprüche haben, gewollt ist, so sollte sie über das Steuersystem und die Sozialhilferegelungen erfolgen. Dann würden nur jene begünstigt, die bedürftig sind und nicht aus anderen Quellen ausreichende Einkünfte beziehen oder über ihre Familie finanziell abgesichert sind.

Eine steuerliche Belastung höherer und mittlerer Einkommen zur Finanzierung von Unterstützungszahlungen an einkommensschwache Personengruppen mindert zwar auch die Leistungsanreize; eine Zwangsmitgliedschaft in der staatlichen Rentenversicherung ist aber dann entbehrlich. Wenn dagegen über die Rentenversicherung Einkommen umverteilt werden, so ist staatlicher Zwang nötig. Ohne daß der Staat die Bürger zur Mitgliedschaft in der staatlichen Rentenversicherung verpflichtet, wird nämlich jeder, der eine Begünstigung nicht erwarten kann, eine Form der Alterssicherung wählen, bei der Leistung und Gegenleistung in einem „fairen" Verhältnis stehen; für die staatliche Rentenversicherung wird er sich nicht entscheiden, weil sie wegen der Einkommensumverteilungsmaßnahmen eine „unfaire" Versicherung ist. Die Freiheitseinbuße für den einzelnen ist also bei einer Einkommensumverteilung über das Steuersystem geringer als bei gleichzeitiger Umverteilung über das Steuersystem und die Rentenversicherung kraft staatlichen Zwanges; zudem sind die allokativen Verzerrungen und damit die Wohlfahrtseinbußen für die Volkswirtschaft geringer und klarer ersichtlich.

In einem reformierten System sollten aus den Beiträgen der Versicherten nur die „Eigenrenten", also jene Renten, die sich aufgrund geleisteter Beiträge der Versicherten ergeben, finanziert werden. Eine eigenständige Altersabsicherung (durch eigene Beiträge oder Prämien) ist auch für nichterwerbstätige Frauen erforderlich.

Jeder sollte – mit Verzinsung – das zurückerhalten, was er als Erwerbstätiger oder – indirekt – als Arbeitsloser eingezahlt hat. Dabei gewinnen natürlich diejenigen, die überdurchschnittlich alt werden. Dies ist aber ein versicherungsimmanenter Vorgang, der mit Einkommensumverteilung nichts zu tun hat. Alle Regelungen, die von vornherein Umverteilung innerhalb der Gesamtheit der Beitragszahler oder der Rentner zum Ziel haben, sollten beseitigt werden. Dies gilt besonders für die Anrechnung beitragsloser Zeiten und die Frühverrentung im Rahmen der flexiblen Altersgrenze in der seit 1973 möglichen Form, aber auch für die Fiktion eines Mindesteinkommens bei Kleinrenten.

Wenn beispielsweise die Jahre des Studiums als Versicherungszeit angerechnet werden, ohne daß Beiträge gezahlt werden müssen, dann beeinflußt dies die individuelle Entscheidung zwischen Studium und Beruf. Die Zahl der Studenten fällt größer aus als ohne diese Subvention, die durchschnittliche Zeit des Studiums wird länger. Volkswirtschaftliche Ressourcen werden verschwendet. Hinzu kommt, daß die Beitragszahler oder die Steuerzahler die Begünstigung der Studenten finanzieren; die Abgabenbelastung fällt also höher aus, Leistungsanreize werden geschwächt.

Die flexible Altersgrenze in der gegenwärtigen Form begünstigt das vorzeitige Ausscheiden aus dem Berufsleben, weil die Rente nicht gekürzt wird, um die längere Dauer des Rentenbezugs zu berücksichtigen. Die individuelle Entscheidung zwischen Erwerbstätigkeit und Rentnerdasein wird verzerrt; das Arbeitsangebot wird künstlich verknappt. Die Kosten tragen die Beitrags- oder die Steuerzahler.

Unterschiedlichen Wünschen hinsichtlich des Renteneintrittsalters sollte durch versicherungsmathematisch zu bestimmende Abschläge oder Zuschläge Rechnung getragen werden. Dies gilt auch für die Fälle, in denen die Rente wegen Arbeitslosigkeit schon vorzeitig bezogen werden darf. Mit der Rentenreform zum Jahresbeginn 1992 sind, was die Entscheidung über das Ausscheiden aus dem Berufsleben betrifft, Schritte hin zu einem System gemacht worden, das den Wünschen der Versicherten nach kürzerer oder längerer Lebensarbeitszeit mehr Rechnung trägt als das bisherige System und das die Umverteilung zugunsten der Frührentner einschränkt.

Rentenansprüche sollten davon unabhängig sein, ob und in welcher Höhe ein Rentner durch „Erwerbstätigkeit im Ruhestand" Einkünfte erzielt, denn sonst werden Leistungsanreize unnötig geschwächt und das Arbeitsangebot beschränkt. Wer die bestehenden Regelungen in Form der Hinzuverdienstgrenzen für nötig hält, um den Arbeitsmarkt zu entlasten und die Arbeitslosenzahl zu verringern, verkennt die entscheidenden Ursachen für eine andauernde unfreiwillige Arbeitslosigkeit: ein zu hohes Lohnniveau und Verzerrungen im Verhältnis der Löhne für bestimmte Tätigkeiten oder der Löhne in verschiedenen Branchen oder Regionen.

Eine Umverteilung von Einkommen gibt es in der Rentenversicherung in vielfältigen anderen Formen. Frauen werden auf Kosten der Männer insofern begünstigt, als sie trotz längerer Lebenserwartung nicht Abschläge von der Rente hinnehmen müssen, sondern im Normalfall sogar schon früher als Männer eine Rente beziehen. Unverheiratete Männer werden diskriminiert, weil verheiratete Männer automatisch ihre Ehefrauen mitversichern, die dann, wenn sie überleben, eine Rente beziehen. All diese Begünstigungen bzw. Diskriminierungen sollten abgeschafft werden.

In der GRV ist der Rentenanspruch unabhängig davon, in welchem Lebensjahr der Beitrag geleistet wurde. In der Rentenformel werden die Relationen des individuellen Lohns zum Durchschnittslohn gemittelt; der Rentenanspruch bleibt also unberührt davon, in welchem Lebensjahr der individuelle Lohn um einen bestimmten Prozentsatz vom Durchschnittslohn abgewichen ist. Bei einer privaten Versicherung auf den Erlebensfall gilt hingegen, daß der für das Alter aufgebaute Rentenanspruch um so höher ist, je früher die Beiträge geleistet wurden. Der höhere Wert der früher geleisteten Beiträge ergibt sich zum einen aus der Verzinsung, zum anderen aus der mit zunehmendem Alter steigenden Wahrscheinlichkeit, daß der Versicherte das Rentenalter, den Versicherungsfall, erleben wird.

4. Kapitaldeckung der Rentenansprüche erforderlich

Die Rentenversicherung beruht auf dem Umlageverfahren; es gibt praktisch keine Rücklagen. Im Vergleich zur Anwendung des Kapitaldeckungsverfahrens fällt die Vermögensbildung in der Volkswirtschaft geringer aus. Viel spricht nämlich dafür, daß der einzelne Versicherte die im Rahmen des Umlageverfahrens entstehenden Ansprüche als Teil seines Vermögens betrachtet und seine private Ersparnis einschränkt, obwohl die über das Umlageverfahren aufgebauten Ansprüche – gesamtwirtschaftlich betrachtet – keine Ersparnis sind; denn die Beiträge dienen zur Finanzierung der Leistungen an die nicht mehr Erwerbstätigen.

Ginge man zur Kapitaldeckung über, so würden Konsumausgaben zugunsten von Ersparnis und Investitionen zurückgedrängt. Letztlich könnten im dadurch ausgelösten Wachstumsprozeß über höhere Realeinkommen alle, Rentner und Aktive, profitieren. Die Einkommensverteilung würde sich zugunsten der Bezieher von Lohneinkommen ändern, denn Kapital wäre weniger knapp, sein relativer Preis also geringer. Das Umlageverfahren im System der Alterssicherung sollte daher aufgegeben, die Altersvorsorge durch Kapitalbildung betrieben werden.

Die Argumentation, daß Vorsorge für das Alter durch Kapitalbildung nicht im erforderlichen Ausmaß möglich sei, weil dies zu einem drastischen Konsumrückgang und zu einer konjunkturellen Verschlechterung führe, übersieht die Anpassungsfähigkeit der Güter- und Kapitalmärkte. Verstärkte Kapitalbildung, also eine verringerte Präferenz für Gegenwartskonsum, führt dazu, daß der Realzins abnimmt. Dies steigert die Attraktivität potentieller Investitionsobjekte. Die Menge rentabler Investitionsmöglichkeiten ist keineswegs, wie das häufig behauptet wird, eine gegebene Größe. Hinzu kommt, daß es Investitionsmöglichkeiten nicht nur innerhalb der Landesgrenzen gibt; die potentiell rentablen Investitionschancen in der gesamten Welt müssen in die Argumentation einbezogen werden. Über Kapitalexport und entsprechende Exportüberschüsse würde (bei höherer Ersparnis der Inländer) den Entwicklungsländern geholfen. Aus den reichen Ländern kämen dann die Ressourcen, die gebraucht werden, um mehrere Hunderte von Millionen potentiell produktiver Arbeitskräfte in der Dritten Welt mit Arbeitsplätzen auszustatten. Später könnten dann die heute Erwerbstätigen von den Zinsen ihrer Kapitalanlagen und von Importüberschüssen leben. Voraussetzung dafür ist, daß die aufzubauenden Forderungen an das Ausland gegen politische Risiken, zum Beispiel gegen entschädigungslose Enteignung, geschützt sind.

5. Freie Entscheidung über die Altersvorsorge nötig

Das wichtigste Argument gegen die gesetzliche Rentenversicherung ist wohl, daß sie die individuelle Freiheit in hohem Maße beeinträchtigt und einem großen Teil der Bevölkerung jeglichen Entscheidungsspielraum nimmt. In Zukunft sollte die Rentenversicherung den individuellen Präferenzen hinsichtlich der Altersvorsorge wesentlich mehr Rechnung tragen.

Man könnte sich auf den Standpunkt stellen, daß der Staat in einer freiheitlich-individualistischen Wirtschaftsordnung die Altersvorsorge ganz dem einzelnen Bürger überlassen sollte. Je nach den individuellen Wünschen würde der einzelne Bürger Vorsorge für das Alter treffen, er würde viel oder wenig sparen, sich in hohem oder geringem Maße über Versicherungsverträge mit privaten Gesellschaften absichern.

Wenn aber die Gesellschaft jedem Bürger bei Bedürftigkeit eine öffentliche Hilfe in Höhe der Sozialhilfe garantiert, dann werden mindestens einige Bürger auf eine eigene Altersvorsorge verzichten und sich auf die staatliche Hilfe verlassen. Um die finanziellen Lasten, die aus dem Hilfsangebot in Form der Sozialhilfe resultieren, gering zu halten, sollte der Staat jeden Bürger zu einer Absicherung in Höhe der staatlichen Unterstützungszahlung verpflichten, die von der Gesellschaft bei Bedürftigkeit garantiert wird (soziales Minimum). Die Ausbeutung der Gesellschaft durch einzelne Mitglieder wird insoweit verhindert.

Der Staat kann dann gegen versicherungsmathematisch berechnete Beiträge jenen Versicherungsschutz anbieten, den er selbst verlangt. Ob die Individuen dieses Angebot annehmen oder ob sie sich bei einer privaten Versicherung (mindestens in Höhe des Minimums) absichern, sollte in ihr Belieben gestellt werden. Ökonomische Rechtfertigungsgründe für staatlichen Zwang gibt es nicht. Es ist auch nicht einzusehen, warum die vorgeschriebene Altersvorsorge mit steigendem Einkommen zunehmen soll. Nur einzelne Gruppen wie Selbständige und die Angehörigen der freien Berufe sind gegenwärtig frei in der Entscheidung über ihre Altersvorsorge. Alle Bürger sollten aber entsprechende Entscheidungsspielräume haben.

6. Reform der Alterssicherung – der radikale Weg

Wer Reformüberlegungen für die Rentenversicherung anstellt, muß sich darüber im klaren sein, daß die bestehenden Rentenansprüche eine Belastung gewaltigen Ausmaßes für die Beitrags- und Steuerzahler bedeuten. Eine Lösung des Rentenproblems, die einer individualistisch-freiheitlichen Wirtschaftsordnung angemessen ist, läßt sich so kennzeichnen: Bestehende Ansprüche an die Rentenversicherung werden respektiert; die Erwartungen der Bürger an die Rentenversicherung werden also nicht enttäuscht. Neue Ansprüche werden jedoch nach grundlegend anderen Regelungen aufgebaut.

Jeder kann wählen, auf welche Weise er seiner Pflicht zur Absicherung des sozialen Minimums gerecht werden will. Ansprüche an die gesetzliche Rentenversicherung entstehen dann nur noch insoweit, als sich Bürger freiwillig für sie und gegen private Versicherungsangebote entscheiden; die Entscheidung des einzelnen Bürgers darf nicht dadurch beeinflußt werden, daß der Staat die gesetzliche Rentenversicherung subventioniert oder steuerlich begünstigt. Die „alten Lasten", die vor der Umstellung des Systems angesammelten Ansprüche, werden gleichmäßig auf alle künftigen Generationen verteilt. Dies könnte in der Weise geschehen, daß indexierte (inflationsgesicherte) Staatsschuldtitel mit unendlicher Laufzeit an jene, die Rentenansprüche haben, ausgegeben werden. Diese Staatsschuldtitel werden marktgerecht verzinst. Sie werden in dem Maße, in dem sie zur Aufrechterhaltung der Mindestabsicherung für das Rentenalter notwendig sind, an die frei wählbare Versicherung transferiert. Die Zinszahlungen auf die ausgegebenen Staatsschuldtitel werden aus dem Steueraufkommen finanziert. Wegen der unendlichen Laufzeit der Schuldtitel werden alle künftigen Generationen an der Belastung durch die bestehenden Rentenansprüche beteiligt. In welchem Ausmaß Zinsen auf die ausgegebenen Schuldverschreibungen gezahlt werden müssen, läßt sich kaum abschätzen. Der Zins für indexierte Schuldverschreibungen ist aber deshalb gering, weil er eine Risikoprämie für die Unsicherheit hinsichtlich der künftigen Inflationsrate nicht enthält.

Eine Reform im skizzierten Sinne bedeutete eine völlige Abkehr von einem einhundert Jahre alten System, das vielfach sogar als vorbildlich für andere Länder gepriesen wird. In der gegenwärtigen Situation, in der die Öffentlichkeit die hohe Staatsverschuldung als gravierendes wirtschaftspolitisches Problem betrachtet, mag es starke Vorbehalte gegen den Reformvorschlag geben. Sie sind aber nicht überzeugend, denn es würde als Staatsverschuldung nur offen ausgewiesen, was ohnehin existiert, wenn man einen Vertrauensschutz für die bestehenden Ansprüche für richtig hält.

Jedem steht es in einem reformierten System frei, über die Mindestabsicherung hinaus freiwillige private Altersvorsorge für sich und seine Familie zu betreiben, Vorsorge, die bisher zwangsweise und einkommensabhängig über die Rentenversicherung betrieben worden ist, dort aber nicht zu einer Kapitalansammlung geführt hat. Wenn ältere Versicherte eine Anschlußversicherung für ihr bisher (über die Rentenversicherung) zusätzlich abgesichertes Einkommensniveau wünschen, dann werden sie diese Absicherung bei privaten Versicherungen nur über eine (im Vergleich zu dem entsprechenden Teil des Beitrages an die Rentenversicherung) hohe Prämie kaufen können. Dies ist ein typisches Beispiel für Härten, die auftreten, wenn man das Rentenversicherungssystem grundlegend umstellt; es ist aber auch ein Beispiel dafür, wie im geltenden System Einkommen umverteilt wird. Es lassen sich allerdings im Rahmen einer Umstellung des Systems der Alterssicherung durchaus Übergangsregeln finden, die „soziale Härten“ mindern.

Wenn die Bürger nach einer Systemumstellung privat oder über Versicherungen Kapital ansammeln, dann muß verhindert werden, daß der Staat die privaten Vermögen durch eine Inflationspolitik entwertet. Auf jeden Fall muß er inflationsgesicherte Anleihen zulassen. Vermutlich wird der Staat bei einer Alterssicherung, die auf Vorsorge durch Sparen beruht, anders als bei einem kollektiven Sicherungssystem von der Mehrheit der Bürger gedrängt, eine Inflationspolitik oder Eingriffe in den Kapitalmarkt zu unterlassen. Denn die Geschädigten sind sonst nahezu alle, auch „der kleine Mann“. Soziale Sicherung, beispielsweise in Form des Generationen-„Vertrages“, baut dagegen Hemmnisse für eine schlechte Wirtschaftspolitik ab.

Bei dem beschriebenen System der Altersvorsorge kommt es darauf an, Vorsorge gegen weitere Risiken zu treffen. Wenn man im Rahmen der Rentenversicherung einen Kapitalstock aufbaut, dann ist dieser dem Zugriff der Politiker ausgesetzt. Immer wieder hat sich gezeigt, daß Politiker nicht in der Lage sind, einen Vermögensbestand zu erhalten; die Erfahrungen in der Bundesrepublik Deutschland zeigen sogar, wie rasch tatsächliche oder vermeintliche finanzielle Reserven für zusätzliche Umverteilungsmaßnahmen verzehrt werden. Staatliche Eingriffe in die Anlagepolitik der Rentenversicherung sollten daher gesetzlich ausgeschlossen werden. Für den Fall, daß private Versicherungen in Konkurs gehen, ist dadurch Vorsorge zu treffen, daß die privaten Versicherungsgesellschaften zu einer Rückversicherung verpflichtet werden.

Eine Reform der Rentenversicherung im skizzierten Sinne bedeutete, daß die Eigenverantwortlichkeit bei der Altersvorsorge weit weniger als bisher eingeschränkt würde. Auch käme es nicht mehr dazu, daß die jetzt lebende Generation Entscheidungen zu Lasten künftiger Generationen trifft, Entscheidungen, von denen man freilich nicht ohne weiteres erwarten darf, daß künftige Generationen sie akzeptieren werden. Das Angebot der staatlichen (Mindest-)Rentenversicherung könnte bei völliger Wahlfreiheit bestehen bleiben, eine Subventionierung der staatlichen Rentenversicherung müßte aber unterbleiben. Die staatliche Rentenversicherung müßte sich im Wettbewerb mit privaten Versicherungsgesellschaften behaupten oder untergehen.

7. Systemimmanente Korrekturen – der falsche Weg

Die öffentliche Diskussion wird geprägt durch andere Reformvorschläge. Beispiele dafür sind die Erhöhung des Beitragssatzes sowie die Differenzierung der Beitragssätze und/oder der Rentenansprüche nach der Kinderzahl.

Ein höherer Beitragssatz würde – angesichts der ohnehin hohen Steuer- und Sozialabgabenbelastung – die Leistungsanreize weiter vermindern. Die Bereitschaft zu Mehrarbeit und die Erwerbsneigung überhaupt würden sinken. Noch mehr wirtschaftliche Aktivitäten würden in die Schattenwirtschaft verlagert, um die Belastung mit Beiträgen und Steuern zu vermeiden. Möglicherweise würde das Beitragsaufkommen sinken und nicht steigen, mit hoher Wahrscheinlichkeit würden die Steuereinnahmen geringer ausfallen als bei niedrigerem Beitragssatz zur Rentenversicherung. Beides würde die Finanzierung der Renten letztendlich erschweren.

Nach einer verbreiteten Ansicht muß es bei einer Reform der Rentenversicherung vor allem darum gehen, das generative Verhalten so zu ändern, daß wieder mehr Kinder geboren werden und die Zahl der Beitragszahler steigt. Als geeignete Maßnahmen werden geringere Beitragssätze und/oder höhere Rentenansprüche für Versicherte mit Kindern vorgeschlagen. Die Bemessung des Rentenanspruchs und die Staffelung des Beitragssatzes in der Weise, daß Versicherte ohne Kinder oder mit nur einem Kind geringere Rentenansprüche erwerben als jene mit mehreren Kindern und gleichzeitig höhere Beiträge zu leisten haben, bedeuteten lediglich eine systemimmanente Reparatur der Rentenversicherung. Den Eingriffen in die individuelle Freiheit bei der Altersvorsorge, die gegenwärtig in großer Zahl vorgenommen werden, folgten weitere Einmischungen des Staates: Er redete bei der Entscheidung, ob jemand heiratet oder nicht, ebenso mit wie bei der Entscheidung über die Kinderzahl. All dies ist zwar konsequent, wenn das Umlageverfahren bejaht wird und die Bevölkerung schrumpft. Erst das Umlageverfahren führt aber dazu, daß die Kinderzahl und damit die Bevölkerungsentwicklung zum Problem des Alterssicherungssystems werden; ohne Umlageverfahren braucht das generative Verhalten der Bevölkerung nicht vom Staate beeinflußt zu werden.

C. Die geplante Pflegefallversicherung – ein Irrweg

Die Bundesregierung will eine auf dem Umlageverfahren basierende Pflegeversicherung unter dem Dach der GKV einführen. Die Leistungen sollen entsprechend dem Grad der Pflegebedürftigkeit gestaffelt werden. Über deren Finanzierung wird noch gestritten; ein Beitragssatz von 1,7 vH des Bruttoarbeitsentgelts (bis zur Beitragsbemessungsgrenze der GKV) wird als ausreichend erachtet.

Es ist keineswegs notwendig, bei der Absicherung des Pflegefallrisikos staatlichen Zwang im Sinne der geplanten Maßnahmen anzuwenden. Ökonomisch läßt sich, um „moral hazard"-Verhalten zu begrenzen, lediglich eine Verpflichtung begründen, das Pflegefallrisiko bei einer frei wählbaren Versicherung zu versichern; diese Verpflichtung muß für alle Bürger bestehen. Andernfalls besteht die Möglichkeit, auf Vorsorge für den Fall der Pflegebedürftigkeit zu verzichten und der Allgemeinheit zur Last zu fallen.

Eine private Absicherung ist möglich. Private Versicherungen werden angeboten, beispielsweise eine Pflegekostenversicherung, bei der bis zu bestimmten Grenzen die bei Pflegebedürftigkeit anfallenden zusätzlichen Kosten übernommen werden, oder eine Pflegetagegeldversicherung. Darüber hinaus bieten Lebensversicherungsgesellschaften Pflegerentenversicherungen an. Diese Angebote werden allerdings deshalb nur wenig in Anspruch genommen, weil Aussicht auf eine staatliche Absicherung – eventuell zum Nulltarif – besteht. Für bereits existierende oder in wenigen Jahren auftretende Pflegefälle sind Übergangslösungen angebracht, wenn das Pflegefallrisiko privat abgesichert werden muß; sonst wären die betreffenden Personen nicht oder nur bei sehr hohen Prämien versicherbar.

Wird – gemäß den Absichten der Bundesregierung – ein Rechtsanspruch auf Pflege im Alter über die GKV eingeräumt, so ist damit zu rechnen, daß die Ausgaben der sozialen Pflegefallversicherung infolge der absehbaren Bevölkerungsentwicklung kräftig steigen werden. Auch ist zu befürchten, daß private Initiativen im Rahmen der Familie, die Nachbarschaftshilfe und durch die Hilfe karitativer Einrichtungen nachlassen werden.

D. Abschließende Bemerkungen

Alle Korrekturen des Kranken- und des Rentenversicherungssystems sollten sich an marktwirtschaftlichen Prinzipien orientieren. Die Erfahrungen in anderen Ländern, beispielsweise in der Schweiz, zeigen, daß marktwirtschaftliche Regelungen für die Krankenversicherung und die Rentenversicherung möglich und nützlich sind. So kennt man in der Schweiz keinen Kassenzwang. Auch werden die Beiträge zur Krankenversicherung grundsätzlich nach Versicherungsprinzipien festgesetzt. In der Alterssicherung wird dort der

Eigenverantwortung mehr Raum gegeben; auch spielt die Kapitalbildung eine große Rolle.

Reformen entsprechend den obigen Überlegungen bedeuteten das Ende der rund einhundert Jahre alten Sozialversicherung. Widerstand gegen solche Reformen ist von denen zu erwarten, die sich – im System gefangen – grundlegende Reformen kaum vorstellen können, und von denen, die – wie beispielsweise die Funktionäre der bestehenden Versicherungsmonopole – vom Status quo profitieren. Gewinner einer grundlegenden Reform der Sicherungssysteme wäre aber die große Mehrheit der Bürger. Mehr Freiheit und mehr Wohlstand wären das Ergebnis marktwirtschaftlicher Regelungen zur Absicherung gegen die Wechselfälle des Lebens.

*Astrid Rosenschon**

Finanzreform 1995 – Steuerpolitischer Wettbewerb geboten

Die Finanzbeziehungen zwischen Bund, Ländern und Gemeinden in der Bundesrepublik Deutschland stehen derzeit auf dem Prüfstand. Nach Artikel 7, Abs. 3 des Einigungsvertrages sollen die neuen Bundesländer ab 1. 1. 1995 in einen gesamtdeutschen Länderfinanzausgleich einbezogen werden. Dies bedeutet, daß die alten Bundesländer stärker als zuvor an den Kosten der Einheit beteiligt werden sollen und der Bund und die neu installierten Schattenhaushalte entlastet werden. Würde man die derzeit gültigen Regeln für regionale Umverteilung von Steuern beibehalten, müßten die alten Bundesländer schätzungsweise knapp 30 Mrd. DM an die neuen zahlen. Heftige Widerstände sind programmiert; Konturen einer politischen Konsenslösung sind bislang noch nicht in Sicht.

Der Zwang, die Finanzbeziehungen zwischen Bund, Ländern und Gemeinden neu zu regeln, sollte Anlaß sein, die für die alte Bundesrepublik gültige Finanzverfassung grundlegend aus ökonomischer Sicht zu bewerten: Sind die Normen, nach denen Steuern auf die Gebietskörperschaften verteilt werden, schädlich für die wirtschaftliche Entwicklung? Würden sich die ärmeren Länder nicht letztlich besserstellen, wenn einnahmepolitisch nicht zu ihren Gunsten interveniert würde? Auf welchen Prinzipien sollte eine ökonomisch rationale Finanzverfassung beruhen? Sind die gegen Finanzautonomie und steuerpolitischen Wettbewerb oft erhobenen Argumente stichhaltig? Wie sollte der Aufholprozeß der neuen Länder gefördert werden?

Im Folgenden wird versucht, diese Fragen zu beantworten. Freilich zwingt der begrenzte Raum dazu, die grundsätzlichen Probleme mit Schwerpunkt abzuhandeln. Die Analyse von Details einschließlich ökonomischer Modellrechnungen bleibt speziellen Studien vorbehalten.

---

* Der Artikel wurde vor den Solidarpakt-Beschlüssen abgeschlossen.

A. Zur Finanzverfassung in der Bundesrepublik – Grundzüge und ökonomische Mängel

I. Der Bund als steuerpolitischer Monopolist

In der Bundesrepublik werden die Steuergesetze fast durchweg auf Bundesebene beschlossen. Zwar schreibt Art. 105 (1) Grundgesetz (GG) eine zentrale Gesetzgebung nur für Zölle und Finanzmonopole vor. Doch hat der Bund von seinem Vorrecht bei der konkurrierenden Gesetzgebung nach Art. 105 (2) Gebrauch gemacht. Dieses hat er, „wenn ihm das Aufkommen dieser Steuern ganz oder zum Teil zusteht oder die Voraussetzungen des Artikels 72 Abs. 2 vorliegen". Nach Art. 72 (2) ist der Bund befugt, nicht aber – wie dies meist falsch behauptet wird – dazu verpflichtet, zentrale Gesetze zu erlassen, sofern ein „Bedürfnis nach bundesgesetzlicher Regelung" zur „Wahrung der Einheitlichkeit der Lebensverhältnisse" besteht. Wichtig ist, daß der Zentralstaat bis heute den Nachweis schuldig geblieben ist, daß ein Bedürfnis nach regional einheitlichem Steuerrecht besteht. Auch kollidiert steuerpolitischer Zentralismus mit zwei Generalklauseln zugunsten der Länder. Nach Art. 30 GG ist „die Ausübung der staatlichen Befugnisse und die Erfüllung der staatlichen Aufgaben . . . Sache der Länder, soweit dieses Grundgesetz keine andere Regelung trifft oder zuläßt". In Art. 70 (1) heißt es: „Die Länder haben das Recht der Gesetzgebung, soweit dieses Grundgesetz nicht dem Bunde Gesetzgebungsbefugnisse verleiht". Nach diesen beiden Normen sollte also Länderautonomie die Regel sein und Zentralismus die Ausnahme. Der Bund hat dieses Verfassungsgebot realiter auf den Kopf gestellt.

Wegen der zentralen Steuergesetzgebung, die keinesfalls aus der Verfassung folgt, können die Länder keine autonome Steuerpolitik betreiben. Der Steuermonopolist legt sowohl die Rechtsgrundlagen der Gemeinschaftsteuern fest – diese fließen nach fixierten Schlüsseln Bund, Ländern und Gemeinden zu – als auch die jener Steuern, deren Ertrag allein den Ländern zusteht. Gemeinschaftsteuern sind die Abgaben auf Einkommen und Umsatz. Sie machen rund drei Viertel des gesamten Steueraufkommens aus. Die Gemeinden können ihre Steuererträge ein wenig beeinflussen. Sie haben ein sogenanntes „Hebesatzrecht" auf den Meßbetrag der Gewerbe- sowie der Grundsteuer. Durch Senkung der Sätze können sie die Attraktivität ihrer Region erhöhen und ihre Finanzen langfristig aufbessern – auch wenn der Amtsjargon suggeriert, daß dies durch das Heben der Sätze möglich sei. Die Steuerbasis selbst ist vom Bund dirigistisch verordnet. Von einer echten Finanzautonomie kann daher auch auf kommunaler Ebene keine Rede sein. Dies sieht man ferner daran, daß nur rund ein Fünftel der kommunalen Gesamteinnahmen aus den Quellen dieser „klassischen" Kommunalsteuern fließen. Die Gemeinden erhalten nämlich in hohem Maße Finanzspritzen von oben, was signalisiert, daß die steuerlichen Ertragskompetenzen nur unzureichend an die föderale Verteilung der Aufgaben und Ausgaben angepaßt sind. Im übrigen haben bei den kommunalen Bagatellsteuern die Länder das Sagen.

Wozu führen nun steuerpolitischer Zentralismus und – spiegelbildlich – fehlende Finanzautonomie auf den nachgelagerten Ebenen? Für die These, daß knappe Mittel verschwendet werden, sprechen mehrere Argumente:

– Wenn Steuerrecht von oben diktiert wird, statt sich im Standortwettbewerb herauszubilden, dann wird die wirtschaftliche Entwicklung beeinträchtigt. Die – wissenschaftlich einhellig kritisierte – Gewerbesteuer, die besonders wachstumshemmend wirkt, hätte wohl kaum das ewige Leben, wenn die Gemeinden die Besteuerungsbasis selbst bestimmen könnten. Es liegt auch auf der Hand, daß bei steuerpolitischem Zentralismus die Steuersätze grundsätzlich höher sind als bei Steuerautonomie und Konkurrenz. Wäre dem Bund während der achtziger Jahre nicht der frische Wind des steuerpolitischen Wettbewerbs vor allem aus den angelsächsischen Ländern ins Gesicht geblasen, wäre es wohl kaum zu der zaghaften Tarifkorrektur gekommen, zu der sogar drei Schritte erforderlich waren. Hinter dem politischen Ziel, die Steuern innerhalb der EG zu harmonisieren, steht letztlich die Furcht vor steuerpolitischer Konkurrenz.

– Steuerrechtszentralismus öffnet Gesetzes„perfektionismus" Tür und Tor. Wo das Steuerrecht als vermeintliches „Allround-Instrument" in den Dienst einer immer breiteren Zielpalette gestellt und so eine galoppierende Gesetzesinflation „produziert" wird, dort sind zunehmende Widersprüche und Zielverfehlungen programmiert. Wie verträgt sich etwa die hinter dem progressiven Einkommensteuertarif stehende „soziale" Gerechtigkeitsphilosophie mit den hohen steuerlichen Alimenten für die „Häuslebauer" und den hohen Abgaben auf Tabak und Branntwein, die die Bezieher unterer Einkommen überproportional belasten? Berücksichtigt man zusätzlich die zum Nulltarif angebotene Universitätsausbildung bei fingierten Beitragszahlungen an die Rentenversicherung, muß man die behauptete Umverteilung von oben nach unten anzweifeln.[1] Fraglich ist z.B. auch, ob steuerpolitische Investitionsförderung die behaupteten positiven Effekte hat, wenn man die wachstumshemmenden Wirkungen ihrer Finanzierung einbezieht. Mit der Steuerrechtsinflation gehen – zusätzlich zu den ohnehin drückend hohen Abgaben selbst – explodierende Folgekosten[2] einher. Der Rechtsvollzug verschlingt immer mehr volkswirtschaftliche Ressourcen. Klar sollte sein, daß steuerpolitisch autonome Regierungen unter Wettbewerb mit einem möglichst einfachen – Folgekosten sparenden – Recht[3] für ihre Region werben müßten, was fiskalisch auch für sie lohnend wäre.

– Wo über Abgaben zentral entschieden wird, sind die regionalen und lokalen Regierungen gebenüber ihren Wählern steuerpolitisch aus dem Obligo. Ihr politischer Erfolg bemißt sich dann nicht am Verhältnis zwischen Leistungen und Kosten, sondern an der Höhe der Ausgaben. Je ausgabefreudiger eine Regierung ist, um so populärer ist sie. Denn die Wähler können keine unmittelbare Verbindung zwischen dem Ausgabegebaren der „öffentlichen Hände" und ihrer persönlichen Steuerlast erkennen.

---

[1] So zeigt Karl-Dieter Grüske, daß mit der Explosion der Sozialausgaben keine Umverteilung von oben nach unten einhergegangen ist. Die Politik ist also dem Ziel, für mehr soziale Gerechtigkeit zu sorgen, um keinen Schritt näher gekommen. Ja, sie hat die Ärmsten der Armen sogar belastet, da diese die Kosten einer wuchernden Umverteilungsbürokratie mittragen müssen. Vgl. Karl-Dieter Grüske, Umverteilung im langfristigen Vergleich, unveröffentlichtes Manuskript, Nürnberg 1993, wird demnächst als Forschungsprojekt der DFG veröffentlicht.

[2] Siehe Gudrun Täuber, Folgekosten der Besteueung, Spardorf 1984.

[3] Gleichwohl wird mitunter argumentiert, eine zentrale Steuergesetzgebung garantiere ein einfaches Steuerrecht. Die Realität führt diese Behauptung ad absurdum.

Aus ihrer Sicht gibt es die staatlichen Wohltaten „umsonst", oder es zahlen ja „die anderen". Die Illusionen werden auch auf Bundesebene geschürt, zumal den Wählern grundsätzlich verschwiegen wird, welche Ausgabe aus welcher Quelle finanziert wird. Im Haushaltsgrundsätzegesetz hat sich der Staat sogar dazu verpflichtet, den Zusammenhang zwischen Mittelherkunft und -verwendung zu verschleiern. Juristen haben hierfür die wertneutrale Vokabel „Nonaffektationsprinzip" kreiert. Erwähnt sei auch, daß durch besondere Erhebungstechniken wie Quellenabzugsverfahren und Eintreiben der Konsumsteuern bei den Produzenten die Spürbarkeit der Steuerlast vermindert wird. Ein solches System muß zwangsläufig eine Ausgabelawine auf allen drei Staatsebenen und ein permanentes Drehen an der Steuerschraube nach sich ziehen. Niemand kann die kollektiven Entscheider daran hindern, die von Privaten erwirtschafteten Mittel zu vergeuden, um ihr eigenes Ansehen zu erhöhen. Auch bewilligen sie sich hohe Honorare (teils nebst Pensionen für Aktive) für die Umschichtung von Einkommen und für die Lähmung der Marktkräfte durch ein Übermaß an bürokratischen Regulationen.[4]

– Die Steuergesetzgebung des Bundes bedarf der Zustimmung des Bundesrates. Daher wirken die Länder indirekt an der zentralistischen Steuerpolitik mit. Ihr Interesse geht dahin, dem Monopolisten Steuererhöhungen argumentativ schmackhaft zu machen, um ihre eigenen Erträge aus den Gemeinschaftssteuern zu erhöhen. Denn sie benötigen möglichst viel Geld, um die ausufernden Wünsche ihrer eigenen Wähler erfüllen zu können. Erzwingt internationaler Wettbewerb eine Steuersenkung, legt die Logik des Systems nahe, daß die Länder ihre Zustimmung im Bundesrat von höheren Anteilen am „Steuerkuchen" oder höheren Zuschüssen des Bundes abhängig machen. Wie sehr die Steuerzahler, die der Last legal kaum ausweichen können, von diesem zentralistischen Kartell ausgebeutet werden, sieht man schon daran, daß staatliche Subventionsgeber im Gebiet der al-

---

[4] Näheres bei Rüdiger Soltwedel et al., Deregulierungspotentiale in der Bundesrepublik, Kieler Studien, 202, Tübingen 1986. Siehe auch: Derselbe, Deregulierung – Wachstumsstrategie zum Nulltarif, in diesem Buch.

ten Bundesrepublik im Jahre 1990 rund 130 Mrd. DM[5] verschenkt haben.

Wie wir gesehen haben, ist durch zentrale Steuergesetzgebung der lange Marsch in den Steuerstaat programmiert. Oft wird der Steuerappetit des Staates durch den Hinweis auf die Entwicklung der Steuerquote – das sind die Steuern in Relation zum Bruttosozialprodukt – verharmlost. Daß die Steuerquote im Jahre 1990 nicht höher war als im Jahre 1970, ist aber keineswegs Indiz für fiskalisches Maßhalten oder gar Großzügigkeit. Es gibt keine wichtige Steuer, die nicht irgendwann – diskretionär oder „automatisch" – erhöht worden ist. In den Zahlen kommt vielmehr zum Ausdruck, daß sich Leistung und Qualifizierung immer weniger lohnen und so immer mehr Menschen nach Erwerbsquellen suchen, bei denen die progressive Einkommensteuer als relativ „mäßig" oder „zumutbar" empfunden wird. Dies spiegelt sich im Rückgang der Selbständigenquote deutlich wider. Wahrscheinlich ist es auch so, daß der Charme der 35-Stunden-Woche teils in der Steuervermeidung liegt. Der Staat fördert ein Streben nach Mittelmäßigkeit oder gar Leistungsverweigerung, was vor dem Hintergrund weltwirtschaftlichen Wettbewerbs besonders fatal ist. Vermutlich wurde die Entwicklung der Steuerquote auch dadurch gedämpft, daß sich wirtschaftende Menschen vor wachsendem Abgabedruck durch vermehrte Nichtdeklaration von Zinseinkünften und Vermögenszuwächsen geschützt haben. Erwähnt sei ferner, daß die Relation zwischen der gesamten Staatsschuld und dem Sozialprodukt im Zuge der deutschen Vereinigung steigt.[6] Weitere Steuererhöhungen sind daher programmiert, wenn es nicht gelingt, die Ausgaben aller öffentlichen Haushalte im westlichen Teil Deutschlands kräftig und nachhaltig zu kürzen.

---

5 Siehe Astrid Rosenschon, Subventionen in den alten Bundesländern, in: Die Weltwirtschaft, Heft 1, Tübingen 1991.

6 Die Schuldenquote des Staates nimmt im Zeitraum 1990 – 1995 um rund 10 Prozentpunkte zu, der Schuldenstand erhöht sich um rund 800 Mrd DM. Vgl. Alfred Boss, Mittelfristige Perspektiven der Finanzpolitik, in: Die Weltwirtschaft, Heft 2, Tübingen 1991.

Tabelle A1: Zahlungen zwischen den Gebietskörperschaften 1989 (Mio. DM)

an / von	Bund[a]		Länder	
Bund[a]	Sonstige Zuweisungen	785[d]	Allgemeine Zuweisungen	15 105[e]
	Sonstiges	–	Sonstige Zuweisungen	3 424
	Insgesamt	785	Zuweisungen für Investitionen	8 179
			Schuldendiensthilfen	64
			Vermögensübertragungen, soweit nicht für Investitionen	278
			Sonstiges	10 682
			Darunter: Erstattung von	
			Verwaltungsausgaben	1 427
			Sonstige Erstattungen	8 160
			Insgesamt	37 732
Länder	Sonstige Zuweisungen	261	Sonstige allgemeine Zuweisungen	3 543
	Zuweisungen für Investitionen	90	Sonstige Zuweisungen	131
	Sonstiges	1 239	Zuweisungen für Investitionen	9
	Darunter:		Sonstiges	176
	Darlehensrückflüsse	626	Darunter:	
	Zinsen	227	Erstattung von Verwaltungsausgaben	91
	Sonstige Erstattungen	368	Sonstige Erstattungen	83
	Insgesamt	1 590	Insgesamt	3 859
Gemeinden[b]	Sonstiges:	256	Sonstige allgemeine Zuweisungen	2 752
	Darunter:		Sonstige Zuweisungen	118
	Zinsen	34	Zuweisungen für Investitionen	938
	Sonstige Erstattungen	205	Sonstiges	1 355
	Darlehensrückflüsse	16	Darunter:	
	Insgesamt	256	Erstattungen von Verwaltungsausgaben	190
			Sonstige Erstattungen	1 012
			Insgesamt	5 163
Krankenhäuser der Länder und Gemeinden[c]		–	Sonstige Zuweisungen	62
			Sonstiges	6
			Insgesamt	68
Insgesamt		2 631		46 822

[a] Einschließlich Lastenausgleichsfonds und ERP-Sondervermögen.
[b] Einschließlich Gemeindeverbände und Zweckverbände.
[c] Einschließlich Hochschulkliniken.
[d] An den Lastenausgleichsfonds.
[e] Darunter: Zuschuß zum Berliner Haushalt: 12 449 Mio. DM.

Quelle: Statistisches Bundesamt, Fachserie 14: Finanzen und Steuern, Reihe 3.1; Rechnungsergebnisse des öffentlichen Gesamthaushalts 1989, Wiesbaden, Januar 1992.

Gemeinden[b]		Krankenhäuser der Länder[c] und Gemeinden		Insgesamt
Zuweisungen für Investitionen	673			
Sonstige allgemeine Zuweisungen	83			
Sonstige Zuweisungen	127			
Schuldendiensthilfen	5			
Sonstiges	2 245		–	
Darunter:				
Darlehen	1 254			
Sonstige Erstattungen	983			
Insgesamt	3 133			
				41 650
Schlüssel- und Bedarfszuweisungen	22 811	Sonstige Zuweisungen	3 519	
Sonstige allgemeine Zuweisungen	5 381	Zuweisungen für Investitionen	2 908	
Zuweisungen für Investitionen	10 701	Sonstiges	–	
Schuldendiensthilfen	188	Insgesamt	6 427	
Sonstige Zuweisungen	4 904			
Sonstiges	4 947			
Darunter:				
Sonstige Erstattungen	4 482			
Darlehen	463			
Insgesamt	48 932			60 808
Allgemeine Umlagen	23 517	Sonstige Zuweisungen	374	
Sonstige allgemeine Zuweisungen	160	Zuweisungen für Investitionen	261	
Sonstige Zuweisungen	2 955	Sonstiges	148	
Schuldendiensthilfen	79	Darunter:		
Zuweisungen für Investitionen	1 262	Darlehen	148	
Sonstiges	7 256	Insgesamt	783	
Darunter:				
Sonstige Erstattungen	7 094			
Insgesamt	35 229			41 431
Zuweisungen für Investitionen	11		–	
Sonstiges	62			
Insgesamt	73			141
	87 364		7 210	144 027

Quelle: Statistisches Bundesamt, Fachserie 14: Finanzen und Steuern, Reihe 3.1; Rechnungsergebnisse des öffentlichen Gesamthaushalts 1989, Wiesbaden, Januar 1992.

Tabelle A2: Einnahmen der Gebietskörperschaften nach Einnahmearten 1989 (Mio. DM)

	Bund[a]			Länder		
	Mio. DM	vH[d]	vH[e]	Mio. DM	vH[d]	vH[e]
Steuern	249 785	90,06	89,81	194 413[f]	74,15	73,07
Steuerähnliche Abgaben	4	0,00	0,00	1 348	0,51	0,51
Einnahmen aus wirtschaftlicher Tätigkeit	11 413	4,12	4,10	5 721	2,18	2,15
Gebühren, sonstige Entgelte	2 521	0,91	0,91	6 636	2,53	2,49
Sonstige laufende Einnahmen	1 966	0,71	0,71	2 025	0,77	0,76
Einnahmen aus Vermögensveräußerung	652	0,23	0,23	1 390	0,53	0,53
Zahlungen von anderen Bereichen[h]	9 157	3,30	3,29	7 693	2,93	2,89
Zinseinnahmen	1 925			770		
Zuschüsse für laufende Zwecke	1 570			4 379		
Schuldendiensthilfen	–			–		
Investitionszuschüsse	14			192		
Sonstige Vermögensübertragungen	6			17		
Darlehensrückflüsse	5 642			2 335		
Unmittelbare Einnahmen	275 498			219 226		
Zahlungen vom öffentlichen Bereich[i]	2 631		0,95	46 822		17,60
Von gleicher Ebene[j, k]	785			3 859		
von anderer Ebene[j]	1 846	0,67		42 963	16,40	
Bruttoeinnahmen	278 129		100,00	266 048		100,00
abzüglich Zahlungen von gleicher Ebene	785			3 859		
Bereinigte Einnahmen	277 344	100,00		262 189	100,00	
abzüglich Zahlungen von anderer Ebene	1 846			42 963		
Nettoeinnahmen	275 498			219 226		

[a] Einschließlich Lastenausgleichfonds und ERP-Sondervermögen. – [b] Einschließlich Gemeindeverbände und Zweckverbände. – [c] Einschließlich Hochschulkliniken. – [d] In vH der bereinigten Einnahmen. – [e] In vH der Bruttoeinnahmen. – [f] Einschließlich der Gemeindesteuern der Stadtstaaten. – [g] Ohne Gemeindesteuern der Stadtstaaten. – [h] Das sind Zahlungen aus dem Unternehmenssektor, Haushaltssektor und dem Ausland. – [i] Ohne Zahlungen der Sozialversicherung. – [j] Siehe dazu die Aufschlüsselung in Tabelle 4. – [k] Die Zahlungen der Länder an Krankenhäuser (einschließlich Hochschulkliniken) der Länder, der Gemeinden an Krankenhäuser der Gemeinden und des Bundes an den Lastenausgleichsfonds und das ERP-Vermögen wurden als Zahlungen von gleicher Ebene erfaßt.

Quelle: Wie Tabelle A1.

Gemeinden[b]			Krankenhäuser der Länder[c] und Gemeinden			Gebietskörperschaften insgesamt		
Mio. DM	vH[d]	vH[e]	Mio. DM	vH[d]	vH[e]	Mio. DM	vH[d]	vH[e]
68 019[g]	39,04	32,47	–			512 217	68,32	64,44
118	0,07	0,06	–			1 470	0,20	0,18
8 488	4,87	4,05	–			25 622	3,42	3,22
22 927	13,16	10,95	30 749	85,53	74,64	62 833	8,38	7,91
3 030	1,74	1,45	2 657	7,39	6,45	9 678	1,29	1,22
5 889	3,38	2,81	164	0,46	0,40	8 095	1,08	1,02
13 612	7,81	6,50	416	1,16	1,01	30 878	4,12	3,89
1 609			–			4 304		
7 132			367			13 448		
29			–			29		
4 205			49			4 460		
–			–			23		
637			–			8 614		
122 083			33 986			650 793		
87 364		41,71	7 210		17,50	144 027		18,12
35 229			5 249			45 119		
52 135	29,93		1 964	5,46		98 908	13,19	
209 447		100,00	41 196		100,00	794 820		100,00
35 229			5 246			45 119		
174 218	100,00		35 950	100,00		749 701	100,00	
52 135			1 964			98 908		
122 083			33 986			650 793		

[a] Einschließlich Lastenausgleichfonds und ERP-Sondervermögen. – [b] Einschließlich Gemeindeverbände und Zweckverbände. – [c] Einschließlich Hochschulkliniken. – [d] In vH der bereinigten Einnahmen. – [e] In vH der Bruttoeinnahmen. – [f] Einschließlich der Gemeindesteuern der Stadtstaaten. – [g] Ohne Gemeindesteuern der Stadtstaaten. – [h] Das sind Zahlungen aus dem Unternehmenssektor, Haushaltssektor und dem Ausland. – [i] Ohne Zahlungen der Sozialversicherung. – [j] Siehe dazu die Aufschlüsselung in Tabelle 4. – [k] Die Zahlungen der Länder an Krankenhäuser (einschließlich Hochschulkliniken) der Länder, der Gemeinden an Krankenhäuser der Gemeinden und des Bundes an den Lastenausgleichsfonds und das ERP-Vermögen wurden als Zahlungen von gleicher Ebene erfaßt.

Quelle: Wie Tabelle A1.

Durch einen ausgeprägten zwischenstaatlichen Zahlungsverkehr wird die Nulltarif-Illusion der Wähler nur noch verstärkt und der Zusammenhang zwischen Ausgaben und Steuern weiter verschleiert, um Protest der Zahler gar nicht erst aufkommen zu lassen. Im Jahre 1989 sind zwischen Bund, Ländern und Gemeinden 144 Mrd. DM in vertikaler wie horizontaler Richtung hin und her geschoben worden. Dies entspricht fast 30 vH der gesamten Steuereinnahmen der Gebietskörperschaften. Nähere Informationen über die föderativen Finanzverflechtungen sind der *Tabelle A 1* zu entnehmen.

Die empfangenen Finanzzuweisungen sind auf den drei föderativen Ebenen unterschiedlich hoch. An den – um horizontale Zahlungen bereinigten – Einnahmen relativiert, ist der vertikale „Subventionsgrad" auf kommunaler Ebene mit knapp 30 vH besonders hoch *(siehe Tabelle A 2)*. Auf Länderebene betrug er immerhin über 16 vH, beim Bund 0,7 vH. Auch auf gleicher Ebene – also zwischen Gemeinden und zwischen Ländern – werden die „ursprünglich" zugewiesenen Steuereinnahmen im Anschluß kräftig hin und her geschoben. In solch einem System weiß niemand mehr, wer – personell wie regional – seine Hand in wessen Portmonnaie hat. Zudem sind permantes Hineinregieren von oben und Lamentieren über „Finanznöte" von unten programmiert, wenn Gemeinden und Länder „Kostgänger" ihrer jeweiligen Zentralen sind.

Bevor wir auf die staatsinternen Zahlungen in Höhe von 144 Mrd. DM näher eingehen – einschließlich Sozialversicherung, die mit 60 Mrd. DM alimentiert worden ist, waren es übrigens 204 Mrd. DM – sei noch erwähnt, daß die Finanzstatistik bestimmte Umverteilungen „buchtechnisch" eliminiert. Dies vermindert das Interesse der Geber an der Frage nach der Effizienz der Mittelverwendung. Zum einen wird die regionale Umverteilung der Steuern vom Umsatz zahlenmäßig nicht ausgewiesen; es wird so getan, als sei die anhand des Kriteriums der Einwohnerzahl umverteilte „Länderportion" (derzeit 35 vH) am „Umsatzsteuerkuchen" der „ursprüngliche" Zustand und nicht die Verteilung des örtlichen Aufkommens. Ebenso wird bei der Verbuchung der kommunalen Einnahmen aus der Lohn- und veranlagten Einkommensteuer – der Anteil aller Gemeinden beträgt 15 vH – verfahren. Seit dem Jahr 1969 sind Gemeinden durch ein Gesetz des Bundes verpflichtet, von ihrem Anteil am örtlichen Aufkommen etwas an finanzschwächere Gemeinden gleicher Größe abzutreten. Wie groß mag diese Umverteilungsmasse wohl sein? Die amtliche Finanzstatistik schweigt sich darüber aus. Hingegen weiß jeder Bürger: Würde er in seiner Steuererklärung jenes Einkommen angeben, das ihm nach der erzwungenen Umverteilung an den Staat verbleibt, so würde er rasch Bekanntschaft mit Steuerfahndern und Strafrichtern machen.

Fragwürdig ist auch die Verbuchung der Gewerbesteuer: Nicht das gesamte Gewerbesteueraufkommen wird den Gemeinden als „ursprüngliches Eigentum" zugeordnet. Vielmehr wird die sogenannte Gewerbesteuerumlage[7], die die Kommunen seit 1970 an Bund und Länder abführen müssen, vom Bruttoaufkommen abgezogen. Freilich wurden damals die Kommunen durch einen höheren Anteil am „Einkommensteuerkuchen" entschädigt – also durch eine zusätzliche Umschichtung von öffentlichen Mitteln, die in der Finanzstatistik auch nicht ausgewiesen wird. Man mag darüber streiten, ob der Tausch von Ertragsanteilen die praktizierte Verbuchungstechnik rechtfertigt oder nicht. Unstrittig ist aber: Dieser „Tausch" vermindert den Steuerwiderstand auf allen drei Ebenen. Auch hätten Verwaltungskosten gespart werden können, wenn man den Kommunen das gesamte Aufkommen aus dieser „klassischen Gemeindesteuer" belassen und die Zuweisungen in Höhe der Gewerbesteuerumlage gekürzt hätte.

Die staatsinternen Zahlungen kann man grob in vier Kategorien unterteilen: in 1) Kostenerstattungen, 2) fiskalisch motivierte Zuweisungen, um eine mangelnde Anpassung der Steuer- an die Aufgaben- und Ausgabenverteilung nachträglich zu korrigieren, 3) Finanzausgleichszahlungen zur räumlichen Umverteilung von Steuern und 4) Zahlungen im Rahmen von Mischfinanzierungsprogrammen. Handeln wir diese vier Gruppen nun kurz ab.

---

[7] Sie beträgt rund 15 vH des Bruttoaufkommens.

1 Kostenerstattungen

Zwischen den Gebietskörperschaften wurden im Jahr 1989 Kosten in Höhe von knapp 24 Mrd. DM erstattet. Fragen wir kurz, wann solche Zahlungen ökonomisch sinnvoll sind. Die Theorie des fiskalischen Föderalismus nennt zwei Standardargumente: Kann, erstens, die dezentrale Instanz eine zentrale Aufgabe (im ökonomischen Sinn) billiger durchführen, empfiehlt sich, diese mit dem Vollzug zu beauftragen und ihr die Kosten zu erstatten. Wenn, zweitens, die Bürger einer Region die öffentlichen Einrichtungen einer anderen mitbenutzen, sollen sie auch dafür zahlen. Denn würden sie kostenlos nutzen – so lautet die Argumentation –, dann würde die Regierung der anderen Region weniger Güter bereitstellen, als dies gesamtwirtschaftlich wünschenswert ist.

Gegen das erste Argument läßt sich theoretisch nichts einwenden. Zu prüfen wäre freilich, ob die Kostenerstattungen in der Realität so begründbar sind. Wo sich die zentrale Instanz in die Angelegenheiten des Unterverbandes einmischt und ihm Kosten erstattet, ist dies nicht der Fall. Dubios ist z.B. die Wahlkampfkostenerstattung des Bundes an die Länder.

Dem zweiten Argument muß widersprochen werden. Denn ihm liegt implizit die unrealistische Annahme einer effizienten Staatswirtschaft zugrunde. Realiter zieht der Staat zu viele Mittel an sich. Daher würde vielmehr der Verzicht auf Kostenbeteiligung eine Allokationsverbesserung bewirken. Inwieweit Kostenerstattungen in der Realität durch den finanziellen Ausgleich sogenannter regionaler „spillovers“ begründet werden, ist eine empirisch offene Frage. Zu prüfen wäre auch, ob in der Praxis räumliche Kompensationszahlungen nach dem Einzelabrechnungsverfahren erfolgen oder ob der Saldo aus allen interregionalen Über- und Unterzahlungen ausgeglichen wird. Die erste Methode wäre mit unnötig hohen Verwaltungskosten verbunden. Am Rande sei bemerkt: Würde man den Nutzern kollektiver Güter kostendeckende Gebühren abverlangen, dann würde sich das Problem der regionalen spillovers erst gar nicht stellen. Die meisten öffentlichen Güter sind gebührenfähig und könnten in der Regel billiger und besser von Privaten angeboten werden.[8]

---

[8] Näheres bei Norbert Walter, Mehr Wachstum durch Privatisierung von Staatsleistungen, in diesem Buch.

2 Fiskalisch motivierte Zuweisungen

Besonders bedeutsam sind die Finanzzuweisungen der Länder an die Gemeinden. Im Jahr 1989 betrugen sie fast 44 Mrd. DM (siehe *Tabelle A 1*). Wäre den Gemeinden ein entsprechend höherer Anteil am Einkommensteueraufkommen eingeräumt worden, bedürfte es dieser „Subventionen" durch die Länder nicht, und die Verwaltungskosten wären niedriger. Auch könnten die Wähler eine engere Verbindung zwischen kommunalen Ausgaben und ihrer Einkommensteuerlast erkennen als in einem System, in dem Zuweisungen der höheren Ebene wie Manna aus dem Himmel fallen. Durch das Zuweisungssystem wird letztlich die Mittelherkunft weiter verschleiert und der Steuerwiderstand gegen überbordende Kommunalausgaben vermindert. Ferner wird Einmischung von oben ermöglicht.

3 Finanzausgleichszahlungen

Durch den Finanzausgleich sollen regionale Unterschiede in der Steuerkraft verringert werden. Beim horizontalen Finanzausgleich müssen reichere Bundesländer an ärmere zahlen (1989: 3,5 Mrd. DM), beim vertikalen zahlt der Bund zusätzlich sogenannte „Ergänzungszuweisungen" (1989: 2,7 Mrd. DM). Die Regeln für die regionale Umverteilung sind im – 1988 novellierten – Finanzausgleichsgesetz verankert. Es schreibt vor, daß die Finanzausstattung je Einwohner in den ärmeren Ländern auf 99 vH des gesamtwirtschaftlichen Durchschnitts anzuheben ist. Den reicheren billigt das Gesetz maximal 10 vH mehr zu, als alle Länder im Durchschnitt haben.

Die ausgeprägte Nivellierung der Steuern hemmt bei Nehmer- wie Geberländern die Anreize, die Struktur ihrer Ausgaben möglichst wachstumsfördernd zu gestalten – also den Schwerpunkt bei den investiven Ausgaben zu setzen. Denn bei einer überdurchschnittlichen Wachstumsrate verliert die Regierung eines ärmeren Landes Zuschüsse, so daß ihre Einnahmen trotz steigender Steuerkraft kaum zunehmen. Wachstumsfördernde Politik ist auch für die Regierung eines relativ reichen Landes nicht lohnend. Denn übersteigt die Steuerkraft den Bundesdurchschnitt um 10 vH, müssen alle Zusatzeinnahmen an die Umverteilungskasse abgeführt werden. Landesregierungen sind daher zu einer vorwiegend konsumtiven und redistributiven Ausgabepolitik (Sozialausgaben, Subventionen) motiviert.

Dies hemmt das Wirtschaftswachstum und kann nicht im Sinne von Bürgern sein, die nach mehr Wohlstand streben. Es ist auch und vor allem nicht im Sinne der neuen Bundesbürger. Sollen diese finanziell begünstigt werden, muß ein Umverteilungsmodell realisiert werden, das das Wirtschaftswachstum – im Osten wie im Westen – möglichst wenig beeinträchtigt.

4 Mischfinanzierungen

Diese sind bei den sogenannten „Gemeinschaftsaufgaben“ von Bund und Ländern bedeutsam. Dazu zählen 1) der Ausbau und Neubau von Hochschulen, 2) die Verbesserung der regionalen Wirtschaftsstruktur und 3) die Verbesserung der Agrarstruktur und des Küstenschutzes. Ferner bezuschußt der Bund im Rahmen der gemeinsamen Bildungs- und Forschungsplanung die Deutsche Forschungsgemeinschaft, Sonderforschungsbereiche und Hochschulen. Auch zahlt er Finanzhilfen an die Länder und Gemeinden zur Förderung des Verkehrswesens, Städtebaus und Sozialwohnungsbaus. Ferner werden manche Sozialausgaben gemischt finanziert, wobei der Bund die Gesetze beschließt. Beispiele sind Wohngeld, BaföG-Zahlungen und der „soziostrukturelle Einkommensausgleich“ (wie der Amtsjargon für diese Agrarsubvention lautet).

Was sind die Folgen von Mischfinanzierungen? Bei zukunftswirksamen Ausgaben wird das Investitionskalkül verzerrt. Die alimentierte Ebene vergleicht dann nicht – sofern sie überhaupt eine Rechnung aufstellt – diskontierte Ertragsströme mit den gesamten, sondern nur mit den auf sie entfallenden Projektkosten. Somit errechnet sich eine interne Verzinsung, die höher ist als die volkswirtschaftliche Ertragsrate. Deshalb kommen auch gesamtwirtschaftlich unrentable Projekte zum Zuge. Hinzu kommt, daß die Kosten für Koordination und Verwaltung höher sind als bei ausschließlicher Verantwortlichkeit des Unterverbandes. Zudem wird die Wirtschaftlichkeitskontrolle erschwert, da unklar ist, ob der Bundes- oder der Landesrechnungshof zuständig ist.

Beschließt der Bund Sozialgesetze und wälzt er die Ausgaben teilweise – bei der Sozialhilfe sogar völlig – auf die unteren Ebenen ab, ist ein Übermaß an Großzügigkeit und Zerstörung der Arbeitsanreize programmiert. Der Bund sollte, wenn er schon in der So-

zialpolitik eine seiner Domänen sieht, alle Sozialausgaben seinen steuerzahlenden Wählern gegenüber verantworten. Er sollte es den mit dem Rechtsvollzug beauftragten Ländern oder Gemeinden freistellen, ob diese noch etwas zuzahlen wollen und ob sie den Empfängern Gegenleistungspflichten (etwa Pflege von Grünanlagen) auferlegen wollen, um so Ausgaben zu sparen.

Nebenbei sei bemerkt, daß Mischfinanzierung – zumindest theoretisch – mit dem Ziel der regionalen Umverteilung, das durch den Finanzausgleich angestrebt wird, kollidieren kann. Wer weiß schon, ob ein regionales Wohlfahrtsgefälle nicht teils vielleicht sogar auf ungleich verteilten Forschungs-, Bildungs- und Verkehrssubventionen des Bundes beruht? Vielleicht ist der Bund Mitverursacher räumlicher Disparitäten. Dies müßte empirisch geprüft werden. Soll vermieden werden, daß die Ausgabepolitik des Bundes dem Ziel der regionalen Umverteilung entgegenwirkt, müssen bei der Ermittlung der Ausgangsverteilung, an der sich der räumliche Ausgleichsbedarf bemißt, die regionalisierten Produktionseffekte der Bundesausgaben einbezogen werden. Es ist vielleicht im Interesse der neuen Bundesländer, eine Studie über die regionale Produktionswirksamkeit der Bundesausgaben anzuregen.

III. Höherer Umsatzsteueranteil durch höhere Ausgaben

Auch die Regeln, nach denen der gemeinsame Umsatzsteuerkuchen auf Bund und Länder verteilt bzw. neu verteilt wird, fördern die Verschwendung. Denn jene Staatsebene, die die Ausgaben relativ zu den Einnahmen am stärksten ausweitet oder am wenigsten senkt, kann eine föderative Umverteilung des Umsatzsteueraufkommens zu ihren Gunsten erzwingen. Wenn eine besondere angespannte Finanzlage durch dauerhafte Zusatzeinnahmen belohnt wird, dann ist das Ausgabeniveau natürlich höher als bei einem unveränderlichen Verteilungsschlüssel. Lockert die eine Ebene die ausgabepolitischen Zügel, gerät die andere – will sie keine dauerhaften Einnahmeverluste hinnehmen – unter Zugzwang. Muß eine Ebene sparen, weil wachsende Zinslasten einen Konsolidierungskurs erzwingen, so tut sie dieses nur halbherzig. Denn ihr Defizit geht weniger stark zurück, als sie die Ausgaben herunterfährt, da die andere

Ebene am Konsolidierungserfolg gleichsam „ertragsbeteiligt" ist. Die Regel stimuliert also die Ausgabefreudigkeit und steht – wie eine Sperrklinge – einem ausgabepolitischen Rückzug des Staates im Wege.

Es ist in diesem Kontext wohl kaum überraschend, daß die Ist-Ausgaben der Länder meist über dem im Finanzplanungsrat vereinbarten Ausgabesoll liegen. Als der Bund – nach dem Regierungswechsel – ab 1983 zu einem Sparkurs gezwungen war, konnten ihm die Länder in den Jahren 1985 und 1986 insgesamt 2 1/2 Prozentpunkte des Umsatzsteueraufkommens „abringen". Danach ist die Ausgabepolitik des Bundes deutlich lockerer geworden. Auffällig ist auch, daß die alten Bundesländer und ihre Kommunen trotz des hohen Kapitalbedarfs im östlichen Teil Deutschlands nicht zum Sparen bereit sind. Man könnte fast vermuten, daß hinter den hohen Ausgabezuwächsen (vor allem im Zeitraum 1990–1992) ein Verteilungskampf um das Umsatzsteueraufkommen steht. Nicht ausgeschlossen ist ferner, daß sich die alten Bundesländer für ihre Lasten aus dem ab 1995 neu zu regelnden Länderfinanzausgleich vom Bund durch einen höheren Umsatzsteueranteil entschädigen lassen.

B. Wo grundlegende Reformen ansetzen sollten

Die Finanzverfassung fördert die Vergeudung knapper Mittel auf breiter Front. Eine Fundamentalkorrektur ist dringend geboten – nicht zuletzt, um den enormen Kapitalhunger des Ostens zu stillen. Bevor erörtert wird, wie der Aufholprozeß der neuen Bundesländer vorangetrieben werden sollte, wird zunächst gefragt: „Was sind die Eckpfeiler einer ökonomisch rationalen Finanzverfassung?" Ein solches System beruht auf folgenden Prinzipien, die – spiegelbildlich – aus der Mängelanalyse ableitbar sind:

- Länder und Gemeinden sollten steuer- wie ausgabepolitisch autonom sein. Bei der Aufgabenverteilung sollte das Subsidiaritätsprinzip strikt eingehalten werden, der Dezentralisierungsgrad sollte also so hoch wie möglich sein. In einem solchen System käme es zu Standortkonkurrenz. Diese würde eine wachstumsorientierte Wirtschaftspolitik und ein einfacheres Rechtssystem

erzwingen. Die Regierungen müßten in einem ,,Markttest" herausfinden, ob die Bürger mehr öffentliche Güter oder niedrigere Steuern bevorzugen. Sie wären auch gezwungen, Rechtsnormen im Hinblick auf ihre ökonomische Zweckmäßigkeit zu überprüfen, Verwaltungskosten einzusparen, die konsumtiven wie kontraproduktiven Ausgaben (z.B. Subventionen) zu kürzen sowie Aufgaben zu privatisieren, die Private billiger und besser erfüllen können. Wachstumspolitik mag zwar für die Politiker unbequemer sein als Umverteilungspolitik. Doch würde die Mühe durch höhere Steuereinnahmen belohnt werden. Berater der Wirtschaft und fähige Steuerbürokraten könnten den Regierungen wachstumspolitischen Rat geben und zudem Märkte über wirtschaftspolitische Fortschritte informieren.

– Finanzautonomie erfordert, das Rechtskonstrukt der Gemeinschaftssteuern abzuschaffen. Nur jener Ebene, die die Rechtsgrundlagen einer Steuer bestimmt, sollte der Ertrag aus dieser zustehen. Sie wäre so den Wählern gegenüber steuerpolitisch im Obligo. Wie sollten die Steuerquellen auf Bund, Länder und Gemeinden verteilt werden? Grundsätzlich sollten dem Bund – er ist ja ein Steuermonopolist, dem die Bürger kaum ausweichen können – nur jene Steuern zustehen, die zwei Kriterien erfüllen: Es muß sich um Abgaben mit möglichst geringer Aufkommenselastizität handeln, die zudem relativ wenig wachstumsfeindlich wirken. Das sind die Steuern vom Umsatz sowie die spezifischen Verbrauchsteuern. Jene Steuern, die am Kriterium der individuellen Belastbarkeit anknüpfen, sollten den Ländern überantwortet werden. Das sind die Steuern auf Einkommen und Vermögen sowie auf Gewerbeertrag und -kapital. Wer über diese wachstumshemmenden Abgaben entscheidet, sollte grundsätzlich unter Wettbewerb stehen. Die Konkurrenz und die mit den Füßen abstimmenden Bürger würden den Regierungen zeigen, wo in den konventionellen Gesetzestexten Korrekturbedarf besteht. Auf lange Sicht würde sich vermutlich eine persönliche Konsumsteuer[9] als ökonomisch überlegene Alleinsteuer durch-

---

[9] In diesem Zusammenhang sei dem Standardargument, eine Konsumsteuer mit gleichem Satz für alle wirke regressiv, widersprochen. Zu dieser Aussage ge-

setzen. Ihr Satz wäre relativ mäßig. Wo man einen progressiven Tarif allgemein als gerecht empfinden würde, dort wäre dieser vermutlich inflations- und wachstumsindexiert, um einen säkularen Anstieg der Steuerlast zu vermeiden. Wahrscheinlich würden die Steuergesetze der Länder nur wenige Seiten betragen. Die Kommunen sollten die Ländersteuer(n) erheben. Es sollte ihnen überlassen bleiben, ob sie auf diese einen Aufschlag erheben oder ob sie sich über eine eigene Kommunalsteuer – etwa eine Kopfsteuer – oder über Gebühren finanzieren.

- Um den Systemwandel voranzutreiben, sollte § 7 des Haushaltsgrundsätzegesetzes ersatzlos gestrichen werden. Statt des dort fixierten Nonaffektationsprinzips sollte das Affektationsprinzip in der Verfassung verankert werden. Regierungen sollten grundsätzlich eine ,,Bewegungsbilanz" aufstellen müssen. Sie sollten verpflichtet sein, bei jedem neuen oder aufgestockten Ausgabetitel Rechenschaft über die Herkunft der Mittel abzulegen. Der Wähler sollte erfahren, ob Mehrausgaben aus der Lohnsteuer, der Körperschaftssteuer, der Gewerbesteuer etc. finanziert worden sind oder ob sich der Staat am Kapitalmarkt bedient hat oder ob er andere Ausgaben gekürzt hat. Zu den Ausgaben zählen natürlich auch – und abweichend von manchen amtlichen Rechengerüsten – die Tilgungen.
- Daß in einem System, das auf Dezentralisierung, Autonomie und Wettbewerb setzt, kein Platz für staatsinterne Finanzzuweisungen ist, versteht sich von selbst. Das gilt zumindest für das Gebiet der alten Bundesrepublik Deutschland.

Fortsetzung Fußnote 9

langt nur jener, der die persönliche Wohlfahrt am Einkommen mißt. Tatsächlich werfen nur Konsum und Freizeit Nutzen ab. Relativiert man die absolute Steuerlast an der Summe aus Konsumausgaben und Freizeitwert, wirkt ein proportionaler Tarif vermutlich progressiv. Um Gerechtigkeitsidealen demokratischer Mehrheiten Rechnung zu tragen, wäre eine zusätzliche Tarifprogression nicht unbedingt erforderlich.

C. Regionales Wohlstandsgefälle in Deutschland – Hinderungsgrund für Finanzautonomie?

Mitunter wird argumentiert, Finanzautonomie sei nicht möglich. Räumliche Umverteilung von Steuern müsse sein, weil sich sonst regionale Disparitäten verschärfen würden. „Infrastruktur“ (Verkehrswege, Schulen, Theater etc.) sei ein wichtiger Faktor im Standortwettbewerb. Könnte ein ärmeres Land wegen unzureichender Finanzausstattung hierbei nicht mithalten, käme es zu Abwanderungen, und das Land würde immer ärmer. Diese Argumentation fußt auf zwei falschen Annahmen: Erstens darauf, daß nur der Staat Infrastruktur anbieten kann. Zweitens wird unterstellt, die Staatswirtschaft sei effizient, es sei daher unmöglich, durch Einsparungen an anderer Stelle Mittel zu gewinnen, um ein Infrastrukturdefizit abzubauen. Tatsächlich kann Infrastruktur meist privat angeboten werden – und zwar billiger und besser. Und tatsächlich sind die Einsparpotentiale in den öffentlichen Haushalten beträchtlich. Ein ärmeres Land ist daher grundsätzlich in der Lage, durch konsequente Reprivatisierungspolitik und wachstumsfördernde Steuerpolitik wirtschaftlich aufzuholen. Dies gilt zumindest für die alten Bundesländer.

Doch auch die neuen Bundesländer hätten bei Finanzautonomie keine Wettbewerbsnachteile zu befürchten. Zwar können die östlichen Landesregierungen Steuersenkungen nicht in dem Maße durch Ausgabekürzungen finanzieren wie die westlichen. Aber der Weltkapitalmarkt ist eine schier unerschöpfliche Finanzierungsquelle für Investitionsprojekte mit relativ hoher Rendite und relativ niedrigem Risiko. Und eine mutige Steuersenkungspolitik hat zweifelsohne den Charakter einer überdurchschnittlich rentablen und risikolosen Investition. Ein – kurzfristig – höheres Defizit wäre vermutlich ohne inländischen Zinsanstieg privat finanzierbar. Denn ausländische wie inländische Kapitalanleger könnten mit Kursgewinnen rechnen – die ersten am Devisenmarkt, die zweiten am Rentenmarkt. Den steuerpolitischen Pionierregierungen würde der fremdfinanzierte Aufschwung kräftige Steuermehreinnahmen bescheren, so daß die Bedienung der Schulden unproblematisch wäre. Ein so initiierter – sich selbst tragender und verstärkender – Aufschwung wäre auch für die Bürger der neuen Bundesländer ein materieller Segen – auch für jene, die keine Markteinkommen beziehen. In diesem Zusammenhang ist zudem wichtig: Je mehr die Steuerpolitik das Wachstum fördert, um so weniger aggressiv wirkt eine gegebene Lohnpolitik und umso weniger Arbeitsplätze zerstört sie. Ferner könnte der Bund beträchtliche Transfers, die zur sozialpolitischen Abfederung des Anpassungsprozesses in den östlichen Teil Deutschlands strömen, einsparen, wenn er die Länder in die Finanzautonomie entließe.

Mit der Finanzautonomie müßte natürlich auch eine Dezentralisierung von Aufgaben einhergehen. Insbesondere die Bürger der neuen Bundesländer dürften ein vitales Interesse daran haben, jene zentralstaatlich verordneten Regeln abzuschütteln, die in der Konsequenz wachstumshemmend wirken. Es sollte den Bürgern und ihren örtlichen Regierungen freigestellt sein, darüber zu entscheiden, ob sie Regulationen wie etwa die Ladenschlußgesetze oder die Handwerksordnung oder die Unabdingbarkeit der Tarifnorm abschaffen wollen oder nicht. Vermutlich käme die ostdeutsche Wirtschaft rasch in Schwung, wenn der Bund den neuen Bundesländern – aber auch den alten – eine Generalvollmacht geben würde, dort von zentralistischen Normen abweichen zu dürfen, wo ihnen dies wirtschaftlich sinnvoll erscheint.

Fassen wir zusammen: Ein Finanzausgleich ist keineswegs nötig, um das Wachstum in den neuen Bundesländern zu stimulieren. Dieses Ziel läßt sich viel besser und billiger durch eine gute Wirtschaftspolitik erreichen, die sich die kurzfristig fehlenden Mittel für produktive Zwecke am Kapitalmarkt leiht. Steht die für 1995 geplante Finanzreform allerdings im Dienste des regionalen Umverteilungsziels, so sollten Techniken gewählt werden, bei denen die wirtschaftliche Entwicklung – im Osten wie im Westen – möglichst wenig gehemmt wird.

D. Vorschläge für die Reform des Finanzausgleichs

Grundsätzlich sei bemerkt: Regionaler Finanzausgleich und Finanzautonomie schließen sich nicht aus. Wenn schon der Finanzausgleich reformiert werden soll, dann sollte gleichzeitig Finanzautonomie als Element einer umfassenden Dezentralisierungspolitik eingeführt werden. Den Ländern sollte im Bereich der konkurrierenden Gesetzgebung das Recht eingeräumt werden, von zentralstaatlichen Normen abzuweichen, wenn ihnen dies sinnvoll erscheint. Die zunehmende Staatsverdrossenheit läßt vermuten, daß ein Bedarf an einer bürgernäheren, dezentralisierten Gesetzgebung besteht. Insbesondere Bürger der neuen Bundesländer beklagen oft, daß ihnen das komplizierte Rechtssystem der alten Bundesrepublik „übergestülpt" worden ist und daß sie hilflos sind. Man fragt sich, wie dies mit Art. 1 und Art. 2 GG – also mit dem staatlich garantierten Schutz der Menschenwürde und dem Recht auf freie Entfaltung – vereinbar ist.

Soll ein Finanzausgleich erfolgen, so sollten Lehren aus den Mängeln des bestehenden Systems gezogen werden. An die Stelle eines unbefristeten Umverteilungs-Automatismus sollte ein einmaliger und begrenzter Ausgleichsfonds treten. Es ist naheliegend, das Fördervolumen an der derzeit bestehenden „Infrastrukturlücke" zu bemessen.

Die einfachste Form der Umverteilung wäre, jedem Bürger der neuen Bundesländer aus diesem Fonds – analog zur „Kopfsteuer" – ein „Kopfgeld" zu zahlen. Sie könnten damit die Gebühren finanzieren, die private Anbieter von Infrastruktur für die Nutzung verlangen. Natürlich könnten sie auch private Güter kaufen, wenn sie diese als wertvoller einstufen als kollektiv genutzte Einrichtungen. Das gesamte Güterangebot wäre besser an die Präferenzen der Bürger angepaßt als in einem System, in dem Regierungen mutmaßen, daß da oder dort ein Versorgungsengpaß besteht, den es durch ein staatliches Angebot zu schließen gilt. Das „Kopfgeld-Modell" wäre überdies mit dem kompatibel, was die demokratische Mehrheit als „sozial gerecht" empfindet: Ein „Armer" würde – auf das Einkommen bezogen – relativ mehr bekommen als ein „Reicher".

Sofern die Politik diesem Modell keinen Charme abgewinnen kann und selbst über die Transfers verfügen möchte, dann sollten die – nach Einwohnerzahlen bemessenen – Mittel den Kommunen zufließen. Denn der Nutzenradius der meisten kollektiven Einrichtungen ist örtlich begrenzt. Und vor Ort läßt sich am besten erkunden, wo Versorgungsengpässe bestehen. Auch hat eine dezentrale Lösung den Vorteil, daß so auf räumliche Unterschiede

Astrid Rosenschon und Norbert Leineweber

Bundesfinanzen – Sparpotentiale vorhanden, Zusatzbelastungen vermeidbar

Derzeit wird wieder über Abgabeerhöhungen diskutiert. Denn im Bundeshaushalt wie in den anderen öffentlichen Haushalten auch schlägt sich die Rezession in Deutschland einnahmedämpfend und ausgabesteigernd nieder. Auch werden zusätzliche Regionaltransfers vom Bund gefordert, da es in Ostdeutschland noch nicht zu einem sich selbst tragenden Aufschwung gekommen ist. Absehbar ist zudem eine Umverteilung des Umsatzsteueraufkommens zu Lasten des Bundes und zu Gunsten der Länder. Denn die alten Bundesländer werden im Bundesrat der Novelle des Finanzausgleichsgesetzes – es sieht eine Einbindung der neuen Länder in den Finanzausgleich ab dem Jahr 1995 vor – wohl nur dann zustimmen, wenn sie der Bund für ihre Transfers teilweise finanziell kompensiert. Ferner hat das Bundesverfassungsgericht entschieden, daß der steuerliche Grundfreibetrag bei der Einkommenbesteuerung anzuheben ist. Schließlich wird bei der Deutschen Bundesbahn – Sondervermögen des Bundes – der Schuldenstand demnächst den Vermögenswert übersteigen. Nicht zuletzt ist zu erwarten, daß Mitgliedsstaaten der GUS mit finanziellen Anliegen an den Bund herantreten werden.

Zu fragen ist daher: Sind Abgabeerhöhungen unvermeidbar? Ein Blick auf die vom Bund gezahlten Zuweisungen läßt Zweifel daran aufkommen, daß kein Weg an zusätzlichen Abgabebelastungen vorbeiführt, weil kaum Sparpotentiale vorhanden seien: Für das Jahr 1992 sieht der Bundeshaushaltsplan Zuweisungen in Höhe von 278 Mrd DM – das sind 66 vH des Ausgabevolumens – vor (Tabelle 1). Sie werden an Unternehmen, private Haushalte, Organisationen ohne Erwerbszweck, öffentliche Haushalte und an das Ausland gezahlt, teils als laufende, teils als vermögenswirksame Leistungen. Die tatsächlichen Zuweisungen des Bundes sind allerdings noch höher. Denn die Zahlungen des Bundes an die EG – für 1992 sind rund 40 Mrd DM geplant – werden nicht als Bundesausga-

Tabelle 1 – Zuweisungen und Zuschüsse des Bundes nach Ministerialbereichen im Jahre 1992 in Mio. DM

Einzelplan	Geschäftsbereich	Zuweisungen und Zuschüsse			Ausgaben	Zuweisungen und Zuschüsse in vH der Ausgaben
		laufende	vermögenswirksame[a]	insgesamt		
01	Bundespräsident, Präsidialamt	3,40	–	3,40	29,55	11,51
02	Deutscher Bundestag	127,32	–	127,32	931,45	13,67
03	Bundesrat	0,25	–	0,25	28,70	0,87
04	Bundeskanzler und Bundeskanzleramt	48,22	–	48,22	599,84	8,04
05	Auswärtiges Amt	1 919,81	3,7	1 923,51	3 423,99	56,18
06	Bundesminister des Inneren	3 937,67	332,95	4 270,62	8 568,79	49,84
07	Bundesminister der Justiz	123,19	–	123,19	713,01	17,28
08	Bundesminister der Finanzen	843,63	217,54	1 061,17	5 784,03	18,35
09	Bundesminister für Wirtschaft	6 908,02	7 447,86	14 355,88	15 436,54	93,00
10	Bundesminister für Ernährung, Landwirtschaft und Forsten	11 530,81	1 776,88	13 307,69	13 939,17	95,47
11	Bundesminister für Arbeit und Sozialordnung	90 582,40	400,40	90 982,80	91 344,78	99,60
12	Bundesminister für Verkehr	12 936,76	13 468,94	26 405,70	39 974,02	66,06
13	Bundesminister für Post und Telekommunikation	31,40	0,70	32,10	540,77	5,94
14	Bundesminister der Verteidigung	2 105,96	66,16	2 172,12	52 123,80	4,17
15	Bundesminister für Gesundheit	485,68	37,32	523,00	1 050,31	49,79
16	Bundesminister für Umwelt, Naturschutz und Reaktorsicherheit	100,02	466,75	566,77	1 422,05	39,86
17	Bundesminister für Frauen und Jugend	1 270,81	30,55	1 301,36	2 596,22	50,13
18	Bundesminister für Familie und Senioren	31 873,65	27,53	31 901,18	31 940,04	99,88
19	Bundesverfassungsgericht	–	–	–	23,17	–
20	Bundesrechnungshof	0,02	–	0,02	63,66	0,03
23	Bundesminister für wirtschaftliche Zusammenarbeit	1 578,37	6 618,95	8 197,32	8 272,61	99,09
25	Bundesminister für Raumordnung, Bauwesen und Städtebau	4 531,63	3 250,82	7 782,45	8 185,62	95,07

Einzel-plan	Geschäftsbereich	Zuweisungen und Zuschüsse			Ausgaben	Zuweisungen und Zuschüsse in vH der Ausgaben
		laufende	vermögens-wirksame[a]	insgesamt		
30	Bundesminister für Forschung und Technologie	6 721,32[b]	2 581,71[b]	9 303,03[b]	9 254,00[c]	100,53[c]
31	Bundesminister für Bildung und Wissenschaft	3 477,32	2 936,12	6 413,44	6 451,06	99,42
32	Bundesschuld	6 350,17	3 600,00	9 950,17	55 099,73	18,06
33	Versorgung	2 614,92[d]	–	2 614,92	12 039,11	21,72
35	Verteidigungslasten im Zusammenhang mit dem Aufenthalt ausländischer Streitkräfte	169,85	24,00	193,85	1 430,88	24,12
36	Zivile Verteidigung	119,88	150,00	269,88	937,38	28,79
60	Allgemeine Finanzverwaltung	36 232,53	7 922,57	44 155,10	49 895,75	88,49
Insgesamt		226 625,00	51 361,48	277 986,48	422 100,03	65,86

Nachrichtlich: Mittelzuweisungen an die EG: 39 720 Mio DM, Zuweisungen von der EG im Rahmen der Marktordnungsausgaben: 15 455 Mio DM. Pensionszahlungen des Bundes (ohne Pensionszuschüsse an die Deutsche Bundesbahn): 9 424 Mio DM

[a] Einschließlich Darlehen und Kapitalzuführungen. – [b] Ohne Abzug der globalen Minderausgabe (182 Mio DM). – [c] Nach Abzug der globalen Minderausgabe (182 Mio DM). – Einschließlich Pensionszahlungen: 12 039 Mio DM.

Quelle: Bundeshaushaltsplan 1992.

ben verbucht, sondern von den Einnahmen abgezogen. Durch diese Saldierung sind die Bürger weniger gut über die fiskalischen Kosten der Agrar-, Regional- und Strukturpolitik der EG informiert als bei einem Bruttoausweis. Einschließlich dieser Zahlungen beträgt das Zuweisungsvolumen des Bundes 318 Mrd DM. Erwähnenswert ist in diesem Zusammenhang auch, daß im Bundeshaushalt Zuweisungen für Wehrforschung (2,7 Mrd DM) als Beschaffungskäufe und Pensionszahlungen (9,4 Mrd DM) als Personalausgaben klassifiziert werden.

Alles in allem ist die finanzpolitische Aktivität des Bundes vorwiegend darauf gerichtet, finanzielle Mittel umzuschichten. Zudem bedient sich der Bund anderer Haushalte, um umverteilungspolitische Ziele zu verfolgen. Beispiele sind die an die Gemeinden abgewälzten Sozialhilfeausgaben oder die Länderanteile bei mischfinanzierten Agrarsubventionen oder Zuschüsse zugunsten des Steinkohlebergbaus, die über einen Sonderfonds abgewickelt und von Stromverbrauchern finanziert werden müssen. Berücksichtigt werden muß auch, daß ein Teil der Personalausgaben und des laufenden Sachaufwandes des Bundes (insgesamt 85 Mrd DM; ohne Verteidigung: 34,7 Mrd DM) nicht auf Produktionsleistungen, sondern auf der Umverteilung finanzieller Mittel beruht. Diese Zusatzkosten des Interventionismus, die wohl über 30 Mrd DM betragen dürften, exakt zu schätzen bleibt einer separaten Studie vorbehalten. Nicht zuletzt zählen auch die hohen und steigenden Zinslasten des Bundes (1992: rund 45 Mrd DM) dazu.

Rein rechnerisch verzehren die interventionsbedingten Ausgaben des Bundes in etwa das gesamte Aufkommen an Lohn-, Einkommen-, Körperschaft-, Vermögen- und Gewerbesteuer der Bundesrepublik Deutschland. Man kann über den wirtschaftlichen Aufschwung und den Abbau von Arbeitslosigkeit nur spekulieren, den eine kräftige Senkung dieser besonders wachstumshemmenden Abgaben zur Folge hätten.

Würden die Interventionsausgaben des Bundes tatsächlich Marktversagen korrigieren, wäre ein Mehr an ,,sozialer Gerechtigkeit" oder ,,sozialem Frieden" tatsächlich ein Produktionsfaktor, würde die Begünstigung bestimmter Gruppen wie der Landwirte, Bergleute, Staatsbahnbediensteten, Ruheständler oder Berliner tatsächlich von der breiten Masse der Zahler befürwortet, dann müßte sich die Politik eigentlich Gedanken über die Verwendung interventionsbedingter Mehreinnahmen machen. Tatsächlich aber ist die Finanznot des Bundes chronisch. Sein Schuldenstand steigt seit Anfang der siebziger Jahre stärker als die gesamtwirtschaftliche Leistung, und rein rechnerisch wird derzeit schon das gesamte Gewerbesteueraufkommen der Bundesrepublik aufgezehrt, damit der Bund seine Zinsen bezahlen kann.

Aufgrund dieser Fakten müssen jene Übertragungsausgaben, die im Bundeshaushalt als ,,investiv" klassifiziert werden und die ihm so Zugang zum Kapitalmarkt verschaffen, als Fehlinvestitionen eingestuft werden. Dieser Sachverhalt sollte eigentlich eine Revision der im Grundgesetz verankerten Verschuldungsgrenze für den Bund zur Folge haben. Dringend geboten wäre zudem eine deutliche Kürzung der laufenden Übertragungszahlungen. Denn auch diese hemmen – zumindest über ihre Finanzierung – das Wirtschaftswachstum und schmälern so die langfristige Basis für soziales Handeln.

Beschließt die Bundesregierung hingegen ,,einnahmeverbessernde Maßnahmen", programmiert sie die Finanznöte der Zukunft. Denn ein weiteres Drehen an der Abgabeschraube führt zu einer weiteren Erosion der staatlichen Finanzquellen. Die Bürger werden nämlich – wie in der Vergangenheit auch – steigenden Abgabesätzen ausweichen. In einem Europa ohne Grenzen zählt dieses Argument um so mehr. Ferner lehrt die Erfahrung, daß ausgabepolitische Begehrlichkeiten geweckt werden, wenn die Einnahmen vorübergehend steigen. Dies führt zu einem dauerhaft höheren Ausgabeniveau bei mittel- und langfristig gedämpfter Einnahmeentwicklung. Wird dann weiter einnahmepolitisch interveniert, um so vermeintlich das Defizitproblem in Griff zu bekommen, ist eine Abgabespirale die Folge, die schließlich in die Unfinanzierbarkeit des Wohlfahrtsstaates einmündet. Letztlich führt kein Weg an der Einsicht vorbei, daß die Staatsfinanzen nur saniert werden können, wenn die Ausgaben gekürzt werden.

Wo liegen nun Sparpotentiale? Besonders ,,kürzungsverdächtig" sind alle Zuweisungen und Zuschüsse, zumal so auch Verwaltungskosten gespart werden könnten. Freilich kann man nicht alle Zuweisungskategorien ökonomisch über einen Kamm scheren. So sind etwa der Beitrag der Bundesrepublik an die NATO oder ein Zuschuß an ein Atomforschungszentrum ökonomisch begründbar (durch Bereitstellung öffentlicher Güter und Internalisierung externer Effekte), während dies bei Zahlungen an Junglandwirte zur Existenzgründung oder bei der Wahlkampfkostenerstattung des Bundes an die Länder nicht der Fall ist. Erste Anhaltspunkte für ein gezieltes Sparkonzept des Bundes erhält man bei einer Zuordnung der Zuweisungen und Zuschüsse auf die Ministerialbereiche bzw. Haushaltskapitel (Tabelle 1). Anschließend ist zu fragen, welche einzelnen Ausgaben sich hinter den Globalbeträgen verbergen.

Relativ wenig Zuweisungen werden aus den *Einzelplänen 01 bis 04 – Bundespräsident und Präsidialamt, Deutscher Bundestag, Bundesrat, Bundeskanzler und Bundeskanzleramt* – gezahlt. Bedeutsam sind die Zuschüsse an die Fraktionen des Deutschen Bundestages in Höhe von 109 Mio DM im Einzelplan 02. Die restlichen Zuweisungen verteilen sich auf verschiedene Haushaltstitel mit „Bagatellbeträgen", die sich jedoch summieren. Bei einer Suche nach Sparpotentialen sollten diese daher nicht ausgenommen werden. Beispiele sind die Zuschüsse an die Restaurants und Kantinen des Deutschen Bundestages (2,5 Mio DM) oder Ausgaben für die Einladung „publizistisch und kulturpolitisch wichtiger Persönlichkeiten des Auslandes" (12 Mio DM).

In den *Einzelplan 05 – Auswärtiges Amt* – sind Zuweisungen in Höhe von 1,9 Mrd DM eingestellt. Für viele der einzelnen Ausgabearten mögen prima facie ökonomische oder humanitäre Gründe sprechen, so etwa für die Zahlungen an die NATO, UNESCO oder für Katastrophenhilfe oder für die Umschulung und Ausbildung sowjetischer Militärangehöriger nach dem deutsch-sowjetischen Überleitungsvertrag oder für Sprachinstitute. Gleichwohl sollte jeder einzelne Haushaltstitel auf Sparmöglichkeiten hin überprüft werden, insbesondere im Bereich des Unterkapitels „Pflege kultureller Beziehungen zum Ausland". So erstaunt auf den ersten Blick beispielsweise schon, daß der Zuschuß an das Goethe-Institut von 188 Mio DM im Jahre 1990 auf 232 Mio DM im Jahre 1992 aufgestockt worden ist, obwohl dem Bund Zusatzlasten aufgrund der Vereinigung entstanden sind. Die Schaffung von günstigen Investitionsbedingungen und rentablen Arbeitsplätzen in Ostdeutschland sollte derzeit Priorität haben gegenüber z.B. verstärkter Sprachförderung im Ausland. Auch wenn letztere – isoliert betrachtet – als „produktiv" gewertet wird, gilt zu beachten, daß die Mittel grundsätzlich knapp sind. Ökonomisch geht es daher darum, aus verschiedenen produktiven Alternativen die produktivste auszuwählen – nicht zuletzt deshalb, um auf lange Sicht Dinge finanzieren zu können, die die Politik als „förderungwürdig" einstuft.

Der *Einzelplan 06 – Geschäftsbereich des Bundesministers des Inneren* – sieht Zuweisungen in Höhe von 4,3 Mrd DM vor. Darunter befinden sich: Globalzuschüsse zur gesellschaftspolitischen und demokratischen Bildungsarbeit (209 Mio DM), Kassenhilfe an die Rundfunkanstalten „Deutsche Welle" und „Deutschlandfunk" (535 Mio DM), Leistungen an RIAS (215 Mio DM), Sportförderung (268 Mio DM), Förderung des ehemaligen Zonenrandgebiets (100 Mio DM), Förderung der deutschen Volksgruppe in Nordschleswig (20 Mio DM), Erstattungen an das Land Berlin für die Deutsche Dienststelle für die Benachrichtigung der nächsten Angehörigen von Gefallenen der ehemaligen Deutschen Wehrmacht (40 Mio DM), Zinsverbilligung für Einrichtungsdarlehen an Aussiedler (100 Mio DM), Entschädigungen an ehemalige Kriegsgefangene (150 Mio DM), Eingliederungshilfen für ehemalige politische Häftlinge (295 Mio DM), Förderung der historischen Siedlungsgebiete in Ostmittel-, Ost- und Südosteuropa (36 Mio DM), Leistungen im Zusammenhang mit dem Aufbau der Republik der Deutschen an der Wolga (100 Mio DM), Substanzerhaltung und Förderung der kulturellen Infrastruktur im Beitrittsgebiet (600 Mio DM), Sicherung von Kulturdenkmälern im Beitrittsgebiet (50 Mio DM), Zuschuß des Bundes an die Stiftung „Kulturfonds" (16 Mio DM), Musikförderung (27 Mio DM), Beitrag an die „Deutsche Bibliothek" in Frankfurt am Main und Leipzig (58 Mio DM), Zuwendungen an die „Kunst- und Ausstellungshalle der Bundesrepublik Deutschland GmbH" (28 Mio DM), Zuwendungen an die Stiftung „Haus der Geschichte der Bundesrepublik Deutschland" (10 Mio DM), laufende Zuweisungen an die Stiftung „Preußischer Kulturbesitz" (194 Mio DM), Zuwendungen an die „Deutsches Historisches Museum GmbH" (27 Mio DM), Zuwendungen an die Nationalen Forschungs- und Gedenkstätten der klassischen deutschen Literatur in Weimar (12 Mio DM), Zuwendungen an „Staatliche Schlösser und Gärten Potsdam-Sanssouci" (20 Mio DM), pauschalierter Zuschuß an repräsentative kulturelle Einrichtungen in Berlin (74 Mio DM), Neubau für die Deutsche Bibliothek in Frankfurt (20 Mio DM), Ersteinrichtung der Kunst- und Ausstellungshalle der Bundesrepublik Deutschland (12 Mio DM), Erhaltung und Wiederaufbau von unbeweglichen Kulturdenkmälern mit besonderer nationaler kultureller Bedeutung (18 Mio DM), Zuschuß des Bundes für Bauinvestitionen der Stiftung ,,Preußischer Kulturbesitz'' (41 Mio DM). Diese Ausgaben sollten gekürzt werden, zumal sie weitgehend konsumtiven Zwecken dienen. Auch ist es ökonomisch ohnehin fragwürdig, daß der Zentralstaat Einrichtungen mit regional begrenztem Nutzen oder Ertrag finanziert. Vor Ort kann besser beurteilt werden, ob Nutzen oder Ertrag (auch in Form von zusätzlichen Tourismuseinnahmen) die Kosten übersteigen oder nicht. Zudem würde Dezentralisierung von Kompetenzen für mehr Kostenkontrolle sorgen.

Die Zuweisungen im *Geschäftsbereich des Bundesministers für Justiz – Einzelplan 07* – (123 Mio DM) dienen weitgehend dem Aufbau des Rechtsstaates im Gebiet der ehemaligen DDR. Gleichwohl sollte geprüft werden, ob diese Ausgaben bei einer gründlichen Rechtsvereinfachung nicht teils vermeidbar wären, zumal dies auch zu Mehreinnahmen führen würde. Denn im Grunde ist es die Kompliziertheit des Rechts, die zum Mangel an ,,administrativer Infrastruktur'' in den neuen Bundesländern geführt hat.

Wichtige Zuweisungen innerhalb des *Einzelplans 08 – Geschäftsbereich des Bundesministers der Finanzen* – sind die Kapitalzuführungen an die Kreditanstalt für Wiederaufbau (100 Mio DM) und an die Deutsche Ausgleichsbank (45 Mio DM). Diese Kreditanstalten mit Sonderaufgaben im Sondervermögen des Bundes vergeben zinsverbilligte Kredite. Neben verschiedenen steuerlichen Investitionsfördermaßnahmen zugunsten der neuen Bundesländer soll der Investitionsmotor dort auch durch Zinssubventionen (im Einzelplan 09 und 60 verbucht) und Investitionszuschüsse angekurbelt werden. Letztere Maßnahmen führen grundsätzlich zu einer Verzerrung des Investitionskalküls und somit zu Kapitalverschwendung. Die Gegenbuchung zu einem erhöhten Investitionsvolumen ist eine verminderte Kapitalproduktivität. Es wäre besser, wenn der Bund auf den Einsatz solcher Instrumente, die nur an Symptomen kurieren, statt die Ursachen zu beseitigen, verzichten würde. Daß zuwenig investiert wird, liegt vor allem am Überhang der Löhne über die Produktivität. Auch steht Monopolschutz einem zügigen Aufbau der Infrastruktur sowie einer Senkung von Vorleistungskosten im Wege. Zudem hemmt das Steuersystem die Kapitalbildung. Nicht zuletzt erschweren oder verhindern vielfältige Regulationen den Sprung in die Selbständigkeit und verursachen den Unternehmen hohe Folgekosten. Es liegt durchaus in der Macht des Bundes, ursachenorientierte Reformen durchzuführen, um die Investitionslücke zu schließen.

Weitere Subventionen innerhalb des Einzelplans 08 sind Zuschüsse an die Saarbergwerke AG (21 Mio DM) und an die Bundesmonopolverwaltung für Branntwein (343 Mio DM). Sie gleichen den Wettbewerbsnachteil inländischer Produzenten aus. Ordnungspolitisch fragwürdig ist auch die Kapitalzuführung an Unternehmen des industriellen Bundesvermögens (50 Mio DM). Ferner erstattet der Bund den Ländern Kosten in Höhe von 470 Mio DM für die Verwaltung von Bundesvermögens- und -bauangelegenheiten (wie z.B. die Unterhaltung von Autobahnen und Bundesfernstraßen). Auch hier ist zu fragen, ob die Leistungen zu minimalen Kosten erbracht werden. Denn ein System der Kostenerstattung ohne straffe Wirtschaftlichkeitskontrolle lädt zu überhöhten Kosten ein – nach dem Zitat von Hicks: „Der beste Monopolgewinn ist ein ruhiges Leben".

Der Zuschußanteil des *Einzelplans 09 – Geschäftsbereich des Bundesministers für Wirtschaft* – liegt bei 95 vH, das absolute Fördervolumen beträgt knapp 14,5 Mrd DM. Freilich sind Zahlungen an die ehemalige UdSSR in Höhe von rund 3,5 Mrd DM darunter; knapp 2,3 Mrd DM davon entfallen auf das Wohnungsbauprogramm im Zusammenhang mit dem Truppenabzug aus dem Gebiet der ehemaligen DDR. Diese einmaligen Zuschüsse waren wohl kaum vermeidbar. Weitere Positionen sind Anschubfinanzierung für die Leipziger Messe (60 Mio DM), Maßnahmen zugunsten des Steinkohlenbergbaus (3,3 Mrd DM; 5,5 Mrd DM werden über den Ausgleichsfonds zur Sicherung des Steinkohleneinsatzes finanziert, 1,7 Mrd DM muß das Land Nordrhein-Westfalen tragen; hinzu kommen 12,5 Mrd DM Bundeszuschüsse an die knappschaftliche Rentenversicherung), Maßnahmen zur Sicherung der Mineralölversorgung (41 Mio DM), Maßnahmen zur Förderung der Energieeinsparung (29 Mio DM), Zuschüsse zur Stützung des Forschungs-

und Entwicklungspotentials in kleinen und mittleren Unternehmen im Beitrittsgebiet (49 Mio DM), Förderung des Technologietransfers zugunsten kleiner und mittlerer Unternehmen (35 Mio DM), Zuschuß an das Rationalisierungskuratorium der deutschen Wirtschaft (19 Mio), Innovationsförderung in kleinen und mittleren Unternehmen im Beitrittsgebiet (30 Mio DM), Förderung der Leistungs- und Wettbewerbsfähigkeit kleiner und mittlerer Unternehmen (1,1 Mrd DM), Zinszuschüsse im Rahmen des Eigenkapitalhilfeprogramms zur Gründung selbständiger Existenzen (678 Mio DM), Förderung der Leistungssteigerung im Handwerk (170 Mio DM), Förderung der beruflichen Bildung im Handwerk (60 Mio DM), Förderung der Leistungssteigerung im Handel (34 Mio DM), Förderung der Leistungssteigerung in kleinen und mittleren Unternehmen (74 Mio DM), Förderung der beruflichen Qualifizierung im Beitrittsgebiet (70 Mio DM), Förderung der Beratung von Existenzgründern (17 Mio DM), Ansparzuschüsse zur Förderung der Gründung selbständiger Existenzen (20 Mio DM), Verbraucherunterrichtungen und Verbrauchervertretung (36 Mio DM), Zuwendungen an die Deutsche Zentrale für Tourismus (43 Mio DM), Pflege der Wirtschaftsbeziehungen mit dem Ausland (68 Mio DM), Förderung der Luftfahrttechnik (982 Mio DM), Hilfen für die Werftindustrie (517 Mio DM), Bundesanteil an der Gemeinschaftsaufgabe „Verbesserung der regionalen Wirtschaftsstruktur" (3 Mrd DM), Maßnahmen zur Vorbereitung kleiner und mittlerer Unternehmen für den Binnenmarkt (19 Mio DM), Ausgaben für die Rechtsnachfolger der SDAG Wismut (1,2 Mrd DM).

Der Einzelplan 09 ist weitgehend ein Subventionshaushalt. Es wäre wachstumsfördernd, wenn der Bund auf selektive Unternehmensförderung verzichten und statt dessen Unternehmenssteuern senken würde. Soll den im Steinkohlenbergbau und Schiffbau Beschäftigten geholfen werden, sind einmalige Umschulungsbeihilfen billiger als Dauersubventionen zu Lasten anonymer Zahler. Bedenkt man, daß im Jahre 1990 jeder Arbeitsplatz im Steinkohlenbergbau – ohne die Bundeszuschüsse zur knappschaftlichen Rentenversicherung von rund 11 Mrd DM im Jahr 1990 gerechnet – mit rund 60 000 DM subventioniert worden ist, dürfte dies auch nicht zu einem kurzfristigen Anstieg der Ausgaben und des Defizits führen.

Wenn Arbeitsplätze in strukturschwachen Branchen erhalten bleiben sollen, ist zudem primär die Lohnpolitik gefordert.

Das *Bundesministerium für Ernährung, Landwirtschaft und Forsten – Einzelplan 10* – zahlt Subventionen in Höhe von 13,3 Mrd DM (die Länderanteile von Mischfinanzierungsprogrammen – rund 3 Mrd DM – nicht mitgerechnet). Hinzu kommen Steuervergünstigungen in Höhe von 2,9 Mrd DM sowie die Marktordnungsausgaben der EG (Soll: 15,5 Mrd DM). Der vorliegende Artikel hätte wohl den doppelten Umfang, wenn die einzelnen Maßnahmen aufgezählt werden würden, weshalb hier darauf verzichtet wird. Es gibt wohl kaum einen Politikbereich, in dem die Instrumente so widersprüchlich und die Fördertechniken so kostenträchtig sind, wie dies in der Agrarpolitik der Fall ist. So regt man einerseits durch staatliche Garantiepreise, die über den Marktpreisen liegen, die Produktion an, andererseits werden Flächenstillegungsprogamme aufgelegt und Prämien gezahlt, damit Magermilchpulver wieder dem Tierfutter beigemischt wird. Die fiskalischen Aufwendungen betragen ein Mehrfaches der interventionsbedingten Einkommenszuwächse der Landwirte. Zudem dürfte die Verteilung dieser Zuwächse mit dem Ziel, den bäuerlichen Familienbetrieb zu begünstigen, kollidieren: Denn vom Preisdifferential zwischen staatlichen Mindest- und Marktpreisen profitieren jene Landwirte oder Pächter am meisten, die mit den niedrigsten Kosten produzieren. Das sind nicht die bäuerlichen Familienbetriebe, sondern Anbieter mit wirtschaftlich überlegenen Betriebsgrößen und eng begrenzter Angebotspalette, die Spezialisierungsvorteile eröffnet. In der Agrarpolitik ist eine Wende auch schon deshalb dringend geboten, weil der Protektionismus der Vertiefung der internationalen Arbeitsteilung und Intensivierung des Welthandels im Wege steht und ein gravierendes Entwicklungshemmnis für ärmere Drittländer darstellt.

Die Übertragungszahlungen des *Einzelplans 11 – Geschäftsbereich des Bundesministers für Arbeit und Sozialordnung* – betragen 91 Mrd DM. Dies entspricht fast 40 vH des Lohnsteueraufkommens. Die Rentenversicherungen werden – ohne die im Einzelplan 10 verbuchten Ausgaben für landwirtschaftliche Agrarpolitik – mit über 60 Mrd DM bezuschußt, knapp 9 Mrd DM davon fließen in die neuen Bundesländer. Angesichts der angespannten

Finanzlage des Bundes sollte es kein Tabu sein, eine verzögerte Anpassung der Renten (sowie aller übrigen Sozialtransfers) zu erwägen und den Bundeszuschuß entsprechend herunterzufahren. Dies wäre keine Abkehr vom Prinzip des beitragsbezogenen Ruhegeldes. Vielmehr würde die massive Umverteilung zwischen den Generationen insbesondere während der siebziger Jahre korrigiert. Dies würde auch die künftige Finanzlage der Rentenversicherung entspannen und die Aktiven zu vermehrtem Sparen anregen, was das Wachstum stimulieren würde. Eine nominale Nullrunde würde für alle öffentlichen Haushalte Minderausgaben in Höhe von rund 10 Mrd DM bedeuten. Klar sollte sein: Wer statt der Kürzung von Sozialleistungen für eine zusätzliche Belastung der Aktiven plädiert, verschont die Leistungsempfänger zwar kurzfristig vor einem Einkommensverzicht – allerdings um den Preis eines dauerhaft niedrigeren Einkommensanstiegs. Das dürfte wohl kaum in deren Sinne sein.

Sparpotentiale liegen ferner bei den Lohnsubventionen – auch jenen, die die Bundesanstalt für Arbeit finanziert. Es liegt nämlich nicht in der Macht der Bundesregierung, sondern im Verantwortungsbereich der Lohn- und Tarifpolitik, für einen hohen Beschäftigungsgrad zu sorgen. Der Versuch, Arbeitslosigkeit kurzfristig durch Lohnsubventionen zu kaschieren, provoziert letztlich lohnpolitische Ungeduld und verursacht so hohe Dauerarbeitslosigkeit. Ökonomisch fragwürdig – wenngleich irreversibel – war es auch, einen Teil des Arbeitskräfteangebotes durch Vorruhestandsgelder bzw. Altersübergangsgelder in Höhe von 4,8 Mrd DM aus dem Markt „herauszukaufen“, um die Arbeitslosenstatistik zu „verbessern“. Dadurch ist Humankapital entwertet worden, was den Aufschwung dämpft.

Die Übertragungen des *Einzelplans 12 – Geschäftsbereich des Bundesministers für Verkehr* – belaufen sich auf 26,4 Mrd DM. Das sind knapp 67 vH des Ausgabevolumens. Die wichtigsten Zahlungen sind Seeschiffahrtshilfen (50 Mio DM), Darlehen an Flughafengesellschaften, an denen der Bund beteiligt ist (130 Mio DM), Finanzhilfen an Länder für kommunalen Straßenbau (2,4 Mrd DM), Finanzhilfen an Länder für Investitionsvorhaben des öffentlichen Personennahverkehrs (1,8 Mrd DM), Investitionszuschüsse für Vorhaben des öffentlichen Personennahverkehrs an die Deutsche Bundesbahn und Deutsche Reichsbahn (566 Mio DM), erfolgswirksame Zuweisungen an die Deutsche Reichsbahn (2,6 Mrd DM), Investitionshilfen und Kapitalzuführungen an die Deutsche Reichsbahn (5,8 Mrd DM; zusätzliche 1,6 Mrd DM werden aus dem Einzelplan 60 gezahlt), erfolgswirksame Zuweisungen an die Deutsche Bundesbahn (9,8 Mrd DM), Investitionshilfen und Kapitalzuführungen an die Deutsche Bundesbahn (2,4 Mrd DM).

Trotz der hohen Dauersubventionen konnte die Deutsche Bundesbahn das verkehrspolitische Ziel, die Nachfrage von der Straße auf die Schiene umzulenken, nicht erreichen. Im Güter- wie im Personenverkehr hat sie kontinuierlich Marktanteile verloren. Sollen die Straßen entlastet und die Umwelt geschont werden, muß die Eisenbahn gegenüber konkurrierenden Verkehrsträgern an Wettbewerbsfähigkeit gewinnen. Es wäre verfehlt, die relativen Preise durch zusätzliche Besteuerung des Individualverkehrs oder zusätzliche Subventionierung der Staatsbahn korrigieren zu wollen. Denn die Abgabebelastung ist ohnehin schon drückend hoch. Vor allem aber sind gerade Zuschüsse und legales Betriebsmonopol ursächlich für überhöhte Kosten und Wettbewerbsnachteile. Das legale Monopol ist auch sozialpolitisch fragwürdig, können ihm doch gerade jene nicht ausweichen, die sich kein Auto leisten können. Letztlich führt kein Weg an der Einsicht vorbei, daß Wettbewerb auf der Schiene die einzige Strategie ist, um die Konkurrenzfähigkeit der Eisenbahn zu verbessern, die Staatsfinanzen langfristig zu entlasten, die Umwelt zu schonen und dem befürchteten Verkehrsinfarkt vorzubeugen. Eine zügige Privatisierung und die Etablierung von Wettbewerb sind geboten, weil mittlerweile – trotz der hohen Dauersubventionen – der Schuldenstand der Deutschen Bundesbahn (60 Mrd DM) fast dem Vermögen entspricht. Privatisierung ohne Wettbewerb ist keine erfolgversprechende Konsolidierungsstrategie.

Die Staatsfinanzen würden bei einer Bahnreform freilich erst mittelfristig entlastet werden. Dies sollte aber kein Grund sein, diese hinauszuzögern. Altlasten und kräftiger Personalabbau werfen Übergangsprobleme auf, zumal der Bund an beamtenrechtliche Normen und den Grundsatz des Vertrauensschutzes gebunden ist. Er müßte die Differenz zwischen Pensionen und aufgelösten Pensionsrückstellungen ausgleichen. Die Pensionsfonds der privaten

Nachfolgeunternehmen wären wegen des Personalabbaus natürlich niedriger als zuvor. Um die Ausgleichszahlungen zu begrenzen, ist eine Absenkung des Pensionsniveaus ebenso zu erwägen wie Lohnzurückhaltung. Letztere würde den privaten Anbietern ermöglichen, die Pensionsrückstellungen aufzustocken. Übergangslasten sollten vor allem jenen aufgebürdet werden, die bislang Nettonutzen aus dem System gezogen haben, nicht den anonymen Steuerzahlern.

Bahnbedienstete, die von den Nachfolgeunternehmen nicht übernommen worden sind, sollten umgeschult werden. Beamte könnten sich für frei werdende Planstellen requalifizieren. Den Behörden sollte zur Auflage gemacht werden, bei Neubesetzungen mit Vorrang auf diesen Personalstock zurückzugreifen. Gezielte Umschulung von Bahnarbeitern wäre auch ein Beitrag zum Abbau des Facharbeitermangels. Dies würde das Wirtschaftswachstum stimulieren. Denn die Facharbeiterlücke – nicht zuletzt Folge falscher bildungspolitischer Weichenstellungen, überproportionaler Tarifanhebung bei den untersten Lohngruppen und der Leistungsfeindlichkeit des Tarifverlaufs bei der Einkommensteuer – ist ein Entwicklungsengpaß. Für diese Qualifizierungsoffensive könnte sich der Bund Mittel bei seinen Kreditanstalten mit Sonderaufgaben beschaffen. Diese müßten natürlich ihre Ausleihungen an Private entsprechend herunterfahren. Dadurch würden auch Allokationsverzerrungen und Kapitalverschwendung auf Grund von Zinssubventionen reduziert.

Die Zuweisungen des Bundes an die Länder sollten ebenfalls zur Disposition stehen. Damit müßte Finanzautonomie einhergehen. Nach der ökonomischen Theorie des Föderalismus sollen Nutzer-, Zahler- und Entscheiderkollektive grundsätzlich miteinander verbunden sein. Sind sie es nicht und erfolgen ,,Finanzspritzen von oben'', besteht grundsätzlich die Gefahr eines Überangebots oder Angebots an falscher Stelle, einer Übernachfrage und überhöhter Produktions- und Unterhaltungskosten.

Das Zuweisungsvolumen des *Einzelplans 13 – Geschäftsbereich des Bundesministers für Post und Telekommunikation* – ist mit knapp 6 vH bzw. 32 Mio DM zwar relativ niedrig. Dies bedeutet aber nicht, daß hier kein Handlungsbedarf besteht, um das Staatsbudget durch ein höheres Wirtschaftswachstum zu entlasten. Bei der Deutschen Bundespost bzw. ihren drei Unterabteilungen sind die Kosten ebenfalls überhöht. Denn sie ist vom frischen Wind des Wettbewerbs weitgehend abgeschirmt. Daß daraus – im Gegensatz zur Staatsbahn, die zumindest unter Substitutionskonkurrenz steht – kein Defizitproblem resultiert, liegt an der Preispolitik nach dem Vorbild des Cournot'schen Lehrbuchmonopolisten. Je länger der Bund die Liberalisierung des Nachrichtensektors hinauszögert, um so angespannter wird seine künftige Finanzlage ausfallen. Denn der Mangel an Telekommunikationsinfrastruktur behindert den wirtschaftlichen Aufschwung in Ostdeutschland. Wird der Engpaß nicht rasch durch Marktöffnung für private Anbieter beseitigt, fallen die gesamtwirtschaftlichen Schäden und budgetären Lasten aufgrund lohnpolitischer Ungeduld höher aus als bei einem sofortigen Ergreifen produktivitätssteigernder Maßnahmen. Marktöffnung bedeutete auch höhere Steuereinnahmen: Denn private Anbieter müßten – im Gegensatz zur Deutschen Bundespost – ihre Gewinne vermutlich versteuern. Auch würden wettbewerbsbedingte Preissenkungen für Telekommunikationsdienste zu einem höheren Wirtschaftswachstum und somit auch zu mehr Staatseinnahmen führen.

Wichtige Übertragungen innerhalb des *Einzelplans 14 – Geschäftsbereich des Bundesministers der Verteidigung* – sind: Zuschuß an den Verband der Reservisten der Deutschen Bundeswehr e.V. (26 Mio DM), Zuweisungen an die Deutsche Forschungsanstalt für Luft- und Raumfahrt (62 Mio DM), Zuweisungen an die Fraunhofer-Gesellschaft (59 Mio DM), Zuweisungen an die Forschungsgesellschaft für angewandte Naturwissenschaften (44 Mio DM), Zuweisungen an das deutsch-französische Forschungsinstitut St. Louis (40 Mio DM). Allerdings kommen noch Ausgaben für Wehrforschung in Höhe von 2,7 Mrd DM hinzu, die Forschungsinstituten und Lieferfirmen zufließen. Sie werden nicht als Übertragungen, sondern als Beschaffungen klassifiziert.

Der *Einzelplan 15 – Geschäftsbereich des Bundesministers für Gesundheit* – sieht Übertragungen in Höhe von 523 Mio DM vor. An Haushaltstiteln sind vor allem zu nennen: Erstattungen der Aufwendungen für Leistungen der Krankenkassen an Aussiedler (33 Mio DM), Leistungen des Bundes nach dem Mutterschutzgesetz (220 Mio DM), Maßnahmen zur besseren Versorgung von Krebspatienten (39 Mio DM), Maßnahmen auf dem Gebiet der Psychiatrie und Psychohygiene (40 Mio DM), Ausgaben für internationales Gesundheitswesen (63 Mio DM), Förderung von Einrichtungen der wissenschaftlichen Forschung von überregionaler Bedeutung (41 Mio DM), Ausgaben für AIDS-Bekämpfung (50 Mio DM). Sparpotentiale liegen hier vor allem bei den Haushaltstransfers.

Was die Ausgaben für medizinische Forschung anbelangt, so wären eine grundlegende Liberalisierung des Gesundheitswesens, weniger staatliche Restriktionen in der Gentechnologie und mehr Wettbewerb zwischen Universitäten vermutlich bessere Instrumente, um den medizinischen Fortschritt voranzutreiben und langfristig die Kosten der Gesetzlichen Krankenversicherung zu senken. Im staatlich organisierten Gesundheitswesen dürfte die symptomorientierte „Pflege" chronischer Krankheiten bedeutsamer sein als die Suche nach ursacheorientierten Therapien. Denn wegen der chronischen Finanznot der Kassen wird die Finanzierung neuer Techniken in der Regel mit dem Verweis, es handle sich um „Außenseitermethoden", abgelehnt. Dadurch werden Innovationen behindert. Auch werden Heilverfahren bevorzugt, die billig, also nur kurzfristig ausgabesparend, sind. Langfristig führt dies aber zu höheren Ausgaben. Denn Preisvorteilen stehen Qualitätsnachteile in Form eines geringeren Wirksamkeitsgrades oder höherer Nebenwirkungen gegenüber. Zudem setzt der Staat bei der Gentechnologie auf „absolute Sicherheit". Dadurch wird auf Chancen verzichtet, die dieser neue Forschungszweig böte. Man kann darüber nur spekulieren, ob ohne diese hoheitlichen Innovationshemmnisse nicht vielleicht schon der Durchbruch in der Krebs- oder AIDS-Forschung gelungen wäre. Sicher dürfte sein, daß Forschungsteams auswandern, wenn geplante Forschungsvorhaben wie die Reaktivierung der körpereigenen Insulinproduktion bei Zuckerkranken noch länger an hoheitlichen Widerständen scheitern und wenn es illegal ist, Krebszellen im Labor zu synthetisieren, um systematisch und experimentell nach Mitteln zu ihrer Bekämpfung zu suchen. Ökonomisch fragwürdig ist zudem, daß sich die ministeriellen Verantwortlichkeiten für die Förderung der medizinischen Forschung überlappen. Denn solche Zahlungen werden auch aus dem Haushaltskapitel 30 geleistet.

Im *Einzelplan 16 – Geschäftsbereich des Bundesministers für Umwelt, Naturschutz und Reaktorsicherheit* – sind Zuschüsse in

Höhe von 567 Mio DM vorgesehen. Zu nennen sind insbesondere Investitionszuschüsse zur Verminderung von Umweltbelastung (345 Mio DM), Zuweisungen zur Errichtung und Sicherung schutzwürdiger Teile von Natur und Landschaft (40 Mio DM), Zuschüsse für Erprobungs- und Entwicklungsvorhaben auf dem Gebiet des Naturschutzes (17 Mio DM) und Pauschalzahlungen an Niedersachsen im Zusammenhang mit der geplanten nuklearen Versorgung (30 Mio DM). Ob diese Ausgaben zu einer spürbaren Verbesserung der Umweltqualität führen, muß bezweifelt werden. Denn es handelt sich um Mittel, die an Symptomen kurieren, statt Ursachen zu beheben. Diese liegen in Lücken in der Eigentumsordnung. Es wäre Aufgabe der Rechtspolitik, den gesetzlichen Rahmen für handelbare Umweltnutzungszertifikate zu schaffen. Damit gingen Anreize einher, umweltschonende Technologien zu entwickeln. Fragwürdig ist die Methode, den Unternehmen Umweltstandards nach dem „neuesten Stand" der Technik vorzuschreiben. Dies beeinträchtigt nicht nur die Wettbewerbsfähigkeit mancher Unternehmen und gefährdet so Arbeitsplätze. Es behindert auch und vor allem die Suche nach umweltsparendem technischen Fortschritt, weil dem Innovator ausschließlich zusätzliche Kosten entstünden und weil so der technologische Status quo zementiert wird. Auch sind firmenspezifische Problemlösungen standardisierten Technologien grundsätzlich überlegen. In der Umweltpolitik sind also weniger Dirigismus und mehr marktwirtschaftliche Steuerungsmechanismen erforderlich, soll umweltsparender technischer Fortschritt stimuliert werden. Auch wäre die schon erwähnte Abschaffung des Betriebsmonopols der Staatsbahnen ebenso ein umweltpolitischer Beitrag wie die Kürzung von Subventionen für Straßenbau – freilich verbunden mit Finanzautonomie der nachgelagerten Staatsebenen.

Die *Einzelpläne 17 und 18 – Geschäftsbereich des Bundesministers für Frauen und Jugend und Geschäftsbereich des Bundesministers für Familie und Senioren* – sehen vor allem Transfers an Haushalte und Zuschüsse an Wohlfahrtsverbände sowie sonstige Organisationen ohne Erwerbszweck in Höhe von insgesamt 33,2 Mrd DM vor. Davon entfallen 2,3 Mrd DM auf „Bagatellausgaben". Angesichts der Fülle an Einzelpositionen sei hier auf eine ausführliche Aufzählung verzichtet. Als repräsentative Ausgabeart für die zahlreichen Ausgabetitel mit relativ niedrigen Beträgen sei hier nur die Zinsvergünstigung für Eheleute im Beitrittsgebiet (80 Mio DM) genannt. Dies sind rund 5 DM je Jahr und je Einwohner der neuen Bundesländer. Während es somit zweifelhaft ist, ob mit solchen Mitteln „soziale Not" gelindert wird, ist es sicher, daß die Fülle gutgemeinter Zuschüsse wachstumshemmend und somit letztlich unsozial wirkt: Die „Bagatellausgaben" dieser Ministerialbereiche absorbieren rein rechnerisch 40 vH des Aufkommens aus der Vermögenssteuer, die die Kapitalbildung hemmt und somit der Zunahme des allgemeinen Wohlstands im Wege steht. Zudem hat der Zentralstaat beim Aufspüren tatsächlicher individueller Not keine Vorteile. Entsprechende Kompetenzen sind wohl eher vor Ort, also auf möglichst dezentraler Ebene zu vermuten. Zu bedenken ist auch, daß staatlich protegierte Organisationen ohne Erwerbscharakter oft keinem anderen Zweck dienen, als Berufspolitikern zu zusätzlichen Einkünften zu verhelfen.

Bei den Transferzahlungen fallen das Kindergeld (22,8 Mrd DM) und das Erziehungsgeld (8,1 Mrd DM) quantitativ besonders ins Gewicht. Ob jene Maßnahmen dazu führen, daß die Geburtenrate höher ist, als sie es sonst wäre, und somit die Sozialversicherungshaushalte entlastet werden, ist zweifelhaft. Vermutlich dominieren die Mitnahmeeffekte. Denn eine auf 18 Monate begrenzte Zahlung von 600 DM im Monat sowie progressiv gestaffeltes Kindergeld – beginnend mit 70 DM für das erste und endend mit 240 DM für das vierte und jedes weitere Kind – sind kaum wirksamer Anreiz für eine Familienausweitung, zumal sich der Staat über die Besteuerung bei den Begünstigten refinanziert. Erstens verursacht ein zusätzliches Kind dauerhaft zusätzliche Kosten, so daß ein vorübergehend „großzügiger" Zuschuß des Staates wohl kaum das langfristige Kosten-Nutzen-Kalkül bei der Familienplanung beeinflussen kann. Zweitens geben Eltern in der Regel für das erste Kind wohl deutlich mehr aus als 70 DM pro Monat. Drittens ist der tatsächliche Kostenverlauf bei zunehmender Kinderzahl nicht progressiv, sondern regressiv. Dies läßt vermuten, daß zusätzliche Kinder vor allem dort geboren werden, wo die staatlichen Alimente das Budget spürbar aufbessern und kurzfristiges Denken vorherrscht. Dies ist vor allem bei Sozialhilfeempfängern zu erwarten. So initiierte Erfolge der Familienpolitik sollten allerdings nicht mit verbesserten Finanzperspektiven für die Sozialhaushalte gleichgesetzt werden. Im Gegenteil. Zudem dürften Geburten bei jenen Personen zurückgedrängt werden, denen das System eine Nettozahllast aufbürdet.

Vermutlich führen auch die zusammen mit dem Erziehungsgeld beschlossenen Maßnahmen zu einer verschlechterten Finanzlage der Sozialhaushalte. Denn wenn beim Erziehungsgeld die Mitnahmeeffekte dominieren, fehlen die zusätzlichen Beitragszahler, die nötig wären, um die „Geburtsprämien" für die Müttergeneration im Rahmen der Rentenberechnung abgabesatzneutral finanzieren zu können. Vermutlich werden künftige Generationen diesen zusätzlichen Mehrbelastungen ausweichen. In diesem Kontext ist auch zu bedenken: Der in Verbindung mit dem Erziehungsurlaub beschlossene Kündigungsschutz wirkt für junge Frauen als Einstellungsbarriere. Fehlen aber die Mittel, die nötig wären, um – verantwortlich – eine Familie gründen zu können, wird der Mangel an zahlendem Nachwuchs nur noch verstärkt. Daß zudem die Wohnungspolitik letztlich geburtenhemmend wirkt, wird weiter unten begründet.

Der *Einzelplan 23 – Geschäftsbereich des Bundesministers für wirtschaftliche Zusammenarbeit* – sieht Zuschüsse an unterentwickelte Länder in Höhe von 8,2 Mrd DM vor. Auch hier sei wegen der Vielfalt einzelner Positionen auf eine ausführliche Auflistung verzichtet. Grundsätzlich ist zu dem entwicklungspolitischen Engagement der Bundesregierung zu sagen: Es verbessert wohl kaum die wirtschaftlichen Perspektiven der Bevölkerung ärmerer Länder, wenn die finanziellen Hilfen – direkt oder indirekt – Staatshaushalte entlasten. Denn dadurch werden nötige Reformen nur verzögert. Außenhandelsliberalisierung – insbesondere im Agrarsektor und bei Textilien – wäre entwicklungsfördernder als die Alimentierung von Regierungen, die oft undemokratisch und marktfeindlich sind. Freilich sprechen humanitäre Gründe dafür, bei Naturkatastrophen und Kriegen zu helfen, um Mangel an Nahrung, Kleidung, Medikamenten, ärztlicher Betreuung und Notunterkünften zu vermindern.

Die aus dem *Einzelplan 25 – Geschäftsbereich des Bundesministers für Raumordnung, Bauwesen und Städtebau* – gezahlten Zuschüsse belaufen sich auf 7,8 Mrd DM. Das sind 95 vH der Ausgaben insgesamt. Die wichtigsten Ausgabetitel sind: Zuweisungen an Länder zur Verbilligung von Zinskosten (50 Mio DM), Zuweisungen an Länder für Kapitaldienstkosten zur Entschuldung von Wohnungsunternehmen im Beitrittsgebiet (15 Mio DM), Wohngeld nach dem Wohngeldgesetz (3,6 Mrd DM), Prämien nach dem Wohnungsbauprämiengesetz und nach der Verordnung zur Einführung des Bausparens im Beitrittsgebiet (650 Mio DM), Zahlungen an Länder für städtebauliche Sanierungs- und Entwicklungsmaßnahmen (674 Mio DM), Förderung des sozialen Wohnungsbaus (2,4 Mrd DM), Schaffung von Wohnraum für Angehörige der Bundeswehr etc. (90 Mio DM), experimenteller Wohnungs- und Städtbau (21 Mio DM), Sonderprogramm zur Belebung des sozialen Wohnungsbaus (98 Mio DM), Förderung der Modernisierung und Instandsetzung von Wohnungen (11 Mio DM), Leistungen an die Stadt Bonn (145 Mio DM).

Die Zuschüsse für Städtebauförderung verzerren grundsätzlich das Investitionskalkül der alimentierten Ebene und führen so zu Kapitalverschwendung. Sie sollten heruntergefahren werden, was freilich mit Finanzautonomie für Länder und Gemeinden zu verknüpfen wäre. Zu fragen ist auch, ob die Ausgaben für sozialen Wohnungsbau ärmeren Personen zu billigerem Wohnen verhelfen bzw. ob dieses Ziel zu teuer erreicht wird. Tatsächlich sind die Kostenmieten im sozialen Wohnungsbau deutlich höher als jene im frei finanzierten Wohnungsbau. Die Objektförderung kommt also den Produzenten zugute, so daß nochmals hohe Zusatzsubventionen erforderlich sind, um die Mieten auf das als sozial tolerabel erachtete Niveau herunterzuschleusen. Zudem zeigen die hohen Fehlbelegungen, daß diese Fördermethode sozialpolitisch nicht treffsicher ist. Es ist ökonomisch besser, direkt Wohngeld zu zahlen (Subjektförderung).

Die Ursachen für Wohnungsmangel und hohes Mietpreisniveau liegen in Politikversagen begründet. Die zahlreichen – mit Mieterschutz begründeten – Regulationen haben dazu geführt, daß das Angebot an Mietwohnungen niedriger ist, als es sonst wäre. Deshalb müssen Wohnungssuchende hohe Knappheitsrenten zahlen, um zum Zuge zu kommen. Letztlich müssen sie – bis zur Höhe der Knappheitsrenten – die Alimente finanzieren, die der Gesetzgeber ihren Vormietern zu Lasten der Vermieter eingeräumt hat.

Das System diskriminiert somit zwischen Altersjahrgängen. Auch ist die Eingangsmiete deshalb relativ hoch, weil die Mietanpassung in der Zukunft begrenzt ist. Das System beeinträchtigt so zum einen die regionale Mobilität, da Wohnungswechsel meist mit Mieterhöhung verbunden ist. Zum andern dämpft es letztlich die Geburtenrate. Denn junge Familien, die erstmals eine Wohnung suchen, müssen aus einem relativ niedrigen Einkommen eine relativ hohe Miete finanzieren. Ebenso dürfte die Wohneigentumförderung wohlhabendere junge Familien an der Familienausweitung hindern. Denn die Kehrseite der steuerlichen Alimente ist eine verschlechterte Liquidität in den ersten Jahren des Vorhabens.

Zudem weisen die Kommunen im Umfeld von Ballungszentren nur sehr zögerlich neues Baugelände aus. Denn ein Einwohnerzuwachs ist zunächst mit hohen Zusatzausgaben für Infrastruktur verknüpft, denen langfristig freilich höhere Einnahmen gegenüberstünden. Diesen fiskalischen Gewinn können die Kommunen aber nicht realisieren, weil der Zentralstaat die kommunale Verschuldung eng begrenzt hat. Wenn die Kommunen neues Baugelände erschließen, wird meist der Einfamilien- oder Doppelhausbau bevorzugt. Denn bei der Ansiedlung von wenigen relativ wohlhabenden Bürgern stehen relativ hohen Steuermehreinnahmen relativ niedrige Zusatzausgaben gegenüber. Bedeutsam ist in diesem Kontext auch, daß Landwirte Grund und Boden in der Regel nur an Landwirte veräußern dürfen. Eine Abkehr von diesem Prinzip würde sowohl die Immobilienpreise entlasten als auch den Abbau von Agrarsubventionen erleichtern. Zudem dürfte auch die Subventionspolitik ballungsfördernd wirken (Zuschüsse für den ÖPNV, Theater, Museen, Sportstätten, Kindergärten etc.), was sich in Mietpreissteigerungen niederschlägt. Nicht zuletzt behindert der Bund indirekt private Bauaktivität durch die hohe Abgabebelastung, die steuerliche Diskriminierung des Sparens sowie durch die zinserhöhende Verschuldungspolitik. Die hohen Steuerpriviliegien bei Eigentumserwerb (8,6 Mrd DM) dürften letztlich den Wohnungsmarkt kaum wirksam entlasten. Auch werden so besonders bodenintensive Formen des Wohnens gefördert. Zudem sind sie verteilungspolitisch fragwürdig. Denn sie werden letztlich aus den Verbrauchsteuern jener mitfinanziert, denen der Staat Anspruch auf Wohngeld oder auf eine Sozialwohnung einräumt.

Aus dem *Einzelplan 30 – Geschäftsbereich des Bundesministers für Forschung und Technologie* – werden Zuweisungen in Höhe von insgesamt 9,2 Mrd DM gezahlt. Forschungssubventionen sind dann ökonomisch begründbar, wenn die Markterlöse niedriger sind als der gesamtwirtschaftliche Wertzuwachs aufgrund von Forschungsaktivitäten, weil Trittbrettfahrerverhalten möglich ist. Würde die Differenz zwischen dem volkswirtschaftlichen Ertrag des Forschens und dem zu niedrigen Markthonorar nicht durch staatliche Zuschüsse ausgeglichen, würde zuwenig geforscht. Mit diesem Argument können Zuweisungen für Grundlagenforschung – etwa an die Max-Planck-Gesellschaft, die Fraunhofer-Gesellschaft oder das Kernforschungszentrum Karlsruhe – ökonomisch begründet werden. Fragwürdig sind jedoch Zahlungen an Unternehmen für anwendungsorientierte Forschung. Hier sind die Chancen auf verwertbare Ergebnisse grundsätzlich höher als bei der Grundlagenforschung. Auch sind die Forschungsanreize wohl kaum reduziert, wo Patentschutz besteht und Wettbewerb ohnehin die Suche nach Neuem erzwingt. Vermutlich führt es kaum zu zusätzlichen Forschungaktivitäten, wenn der Bund Unternehmen alimentiert. Dies wäre wohl eher zu erwarten, wenn die Unternehmensteuern kräftig gesenkt werden würden. Zudem verzerrt der Bund die Wirtschaftsstruktur, wenn er bestimmte Unternehmen mehr begünstigt als andere. Vieler Mittelstandshilfen bedürfte es vermutlich nicht, wenn die Forschungssubventionen betriebsgrößen- und sektorneutral wären. Marktinkonform sind zudem Verwendungsauflagen. Dadurch beeinflußt der Staat die Richtung der Forschung. Im Grunde wäre der „Wettbewerb als Entdeckungsverfahren" (v. Hayek) überflüssig, wenn staatliche Planer besser wüßten als private Investoren, was zukunftsträchtig sein wird. Dieses höhere Wissen muß schon deshalb bezweifelt werden, weil Fehlentscheidungen in der Politik weniger hart sanktioniert werden als am Markt.

Innerhalb des Einzelplans 30 sollten ferner die Zuschüsse des Bundes für die Universitäten der Länder im Rahmen von Mischfinanzierungsprogrammen zur Disposition stehen. Die Kürzung müßte allerdings mit Finanzautonomie einhergehen, da die Zuweisungen letztlich signalisieren, daß die Einnahmekompetenzen der Länder nur unzureichend an die Aufgabe- und Ausgabekompetenzen angepaßt sind.

Somit sind vor allem bei folgenden Ausgabetiteln Sparpotentiale zu vermuten: Allgemeine mittelstandsbezogene Innovationsförderung (164 Mio DM), Förderung von F.u.E. zur Verbesserung der Arbeitsbedingungen (89 Mio DM), Förderung der Bauforschung und -technik (41 Mio DM), Förderung von F.u.E. auf dem Gebiet der Qualitätssicherung (138 Mio DM), Förderung der Informations- und Kommunikationstechnik (135 Mio DM), Förderung von F.u.E. auf dem Gebiet der Informationsverarbeitung (87 Mio DM), Förderung der F.u.E. auf dem Gebiet der Elektronik (308 Mio DM), Zuweisungen an die Gesellschaft für Mathematik und Datenverarbeitung (112 Mio DM), Förderung der Fachinformation (46 Mio DM), Förderung erneuerbarer Energien und rationeller Energieverwendung (313 Mio DM), Förderung im Bereich Kohle und anderer fossiler Energieträger (113 Mio DM), Förderung der Luftfahrtforschung und der Hyperschalltechnologie (104 Mio DM), Förderung der Materialforschung und Metallurgie (132 Mio DM), Förderung von Forschung und Entwicklung in ausgewählten physikalischen und chemischen Technologien einschließlich Lasertechnik (170 Mio DM), Förderung der Forschung und Entwicklung für bodengebundenen Transport und Verkehr (168 Mio DM), Programm zur Sicherung der Leistungsfähigkeit in Hochschulen, insbesondere zur Förderung des wissenschaftlichen Nachwuchses (49 Mio DM), institutionelle Förderung nach Art. 9b GG im Beitrittsgebiet (337 Mio DM).

Überprüft werden müßte ferner, ob durch organisatorischen Fortschritt und verbesserte Koordination und Kontrolle Zuschüsse an Großforschungszentren – sie sind quantitativ besonders bedeutsam – einsparbar sind. Denn wo es an Wettbewerb mangelt, ist grundsätzlich die Gefahr überhöhter Produktionskosten gegeben. Auffallend ist in diesem Kontext schon, daß das häufig vorgetragene Argument, Forschung müsse aus einzelnen Unternehmen ausgelagert werden, um unnötige Parallelforschung zu vermeiden, für den Bund wenig bedeutsam zu sein schient. So finanziert der Bund z.B. verschiedene Kernforschungszentren. Zudem stellt sich die Frage, was neue Erkenntnisse auf diesem Gebiet nutzen, wenn die Verwertbarkeit durch energiepolitische Restriktionen eingeengt wird.

Zu überprüfen wäre auch, ob und in welchem Maße der Bund seine Großforschungszentren für aktive Industriepolitik einsetzt.

Dies wäre eine Alimentierung anwendungsorientierter Forschung, die ökonomisch nicht begründbar ist. Gibt der Bund seinen Großforschungszentren beispielsweise den Auftrag, in der Mikrochiptechnologie gegenüber Japan aufzuholen, beeinträchtigt dies die Suche nach neuem Wissen, verursacht also Opportunitätskosten. Diese sind vermutlich höher als die direkten Erträge, die sich Industriepolitiker von ihren Interventionen erhoffen. Denn es ist relativ aussichtslos, ein Land mit know-how-Vorsprung bei einer bestimmten Technologie überholen zu wollen, zumal solche Förderoffensiven rasch in einen internationalen Subventionswettlauf einmünden. Besser wäre es, überlegene Technologien zu importieren, statt zu imitieren, und die freigesetzten Kapazitäten für die Suche nach Erkenntnissen einzusetzen, die im weltwirtschaftlichen Maßstab neu sind.

Das Subventionsvolumen des *Einzelplans 31 – Geschäftsbereich des Bundesministers für Bildung und Wissenschaft* – beträgt 6,4 Mrd DM. Ausgabepositionen sind vor allem: Förderung von Versuchs- und Modelleinrichtungen im Bildungswesen (15 Mio DM), Forschung im Bereich des Bildungswesens (17 Mio DM), Förderung der Zusammenarbeit mit anderen Staaten (17 Mio DM), Förderung der Weiterbildung (30 Mio DM), Förderung der beruflichen Eingliederung von deutschen Aussiedlern mit Hochschulabschluß (23 Mio DM), Zuschüsse an Mittlerorganisationen für die Vergabe von Stipendien für den Auslandsaufenthalt deutscher Hochschulabsolventen und Studenten (47 Mio DM), Zahlungen nach dem Bundesausbildungsförderungsgesetz (2,7 Mrd DM), Begabtenförderung in der beruflichen Bildung (18 Mio DM), Zuweisungen an das Bundesinstitut für Berufsbildung (42 Mio DM), Förderung der beruflichen Bildung im Beitrittsgebiet (175 Mio DM), Qualifizierung von Personal der beruflichen Bildung im Beitrittsgebiet (25 Mio DM), Förderung überbetrieblicher Ausbildungsstätten (130 Mio DM), Programm zur Sicherung der Leistungsfähigkeit der Hochschulen in besonders belasteten Fachrichtungen (150 Mio DM), Programm zur Sicherung der Leistungsfähigkeit der Hochschulen, insbesondere zur Förderung des wissenschaftlichen Nachwuchses (166 Mio DM), Ausbau und Neubau von Hochschulen (1,6 Mrd DM), Studentenwohnraumförderung (200 Mio DM), Förderung von Wissenschaftlern in Sonderfällen (21 Mio DM), Zuschüsse an die Deutsche Forschungsgemeinschaft (800 Mio DM).

Um Wettbewerb im Hochschulwesen zu stimulieren und Fehlsteuerungen aufgrund von Zentralismus sowie ,,Kompetenzverwässerung" abzubauen, sollte sich der Bund aus der Hochschulpolitik zurückziehen und diese voll den Ländern überantworten. Sie sollten frei darüber entscheiden, ob sie die Richtung von Forschung und Lehre lenken möchten oder ob sie mehr auf marktwirtschaftliche Regulative sowie auf die Freiheit des Forschens setzen. Das überlegene System würde sich im regionalen Wettbewerb herausstellen. Freilich müßte den Ländern Finanzautonomie eingeräumt werden. In diesem Kontext sei erwähnt, daß die beklagte Überlastung der Hochschulen Folge staatlicher Bildungswerbung und finanzpolitischer Alimentierung des Studiums ist (Gebührenfreiheit, fiktive Anrechnungen von Beitragszeiten bei der Rentenversicherung, Zinssubventionen bei der Darlehensrückzahlung). Die Gegenbuchung sind Nettobelastungen anderer Bevölkerungsgruppen. Der so erzeugte ,,Studentenberg" geht zu Lasten des Ausbildungsniveaus, drängt Forschung zurück und führt zu Arbeitskräftemangel in anderen Berufszweigen. Letztlich wird also nicht einmal Bildung gefördert – der höheren Quantität steht eine verminderte Qualität gegenüber – und zudem ein Engpaß für die wirtschaftliche Entwicklung erzeugt. Der Staat sollte sich darauf beschränken, sich für mittellose Nachwuchstalente, die sonst kein Darlehen bekommen hätten, zu verbürgen. Darüber kann aber wohl auf möglichst dezentraler Staatsebene am besten befunden werden.

Aufgabe des Bundes kann es auch nicht sein, die überbetriebliche Ausbildung zu fördern. Diese zu organisieren, sollte Sache der Unternehmen sein. Wenn sich diese auf diesem Gebiet nicht engagieren, so ist das kein ,,Marktversagen", sondern liegt am Angebot zum optischen Nulltarif. Ökonomisch fragwürdig ist auch, daß verschiedene staatliche Institutionen die überbetriebliche Ausbildung fördern: nämlich die Bundesanstalt für Arbeit, die Kommunen, die Länder, das Bundesministerium für Arbeit und Sozialordnung, das Bundesministerium für Wirtschaft, das Bundesministerium für Bildung und Wissenschaft sowie die EG. Man fragt sich, ob ein solches System der Ausbildungsförderung dient oder der Wohlfahrtssteigerung geschützter Produzenten, für die die Kriterien der Praxisrelevanz und der möglichst raschen Wissensvermittlung nicht unbedingt vorrangig sind.

Der *Einzelplan 32 – Bundesschuld* – sieht Übertragungen in Höhe von knapp 10 Mrd DM vor. Insbesondere werden gezahlt: Bedienungsmäßige Entschädigung aus Bürgschaften, Garantien oder sonstigen Gewährleistungen; Zahlungen zur Abwendung oder Minderung von Schäden; Kosten der Gewährleistungen und Umschuldungen (3,6 Mrd DM) und Erstattungen an den Kreditabwicklungsfonds (6 Mrd DM). Verbürgt sich der Staat für Unternehmen, so ist eine relativ ,,lockere" Rentabilitätsprüfung durch die Banken die Folge. Denn bei einem Bürgen, der die Macht hat, Steuern zu erhöhen, besteht kein Insolvenzrisiko (von Währungsreformen abgesehen). Dadurch wird der Selektionsmechanismus am Kreditmarkt beeinträchtigt. Denn letztlich verdrängen die staatlich protegierten Projekte andere mit höherer interner Verzinsung. Es wäre besser, wenn sich der Bund aus diesem Engagement zurückziehen würde, zumal er sich meist nicht aus ökonomischen, sondern aus politischen Gründen für bestimmte Unternehmen verbürgt.

Die Leistungen des Bundes an den Kreditabwicklungsfonds sind zwar kein Sparpotential. Erwähnt sei aber, daß ein Teil der Ausgaben auf die Währungsunion mit der ehemaligen DDR bei sozial motivierten Umstellungskursen zurückgeht. Letztere übersteigen allerdings die Zahlungsfähigkeit der ärmeren Partnerländer des ehemaligen Ostblocks, wenn diese Güter aus den neuen Bundesländern importieren möchten.

Kürzungspotentiale sind auch im *Einzelplan 33 – Versorgung* – zu vermuten. Das Ausgabevolumen beträgt 12 Mrd DM. Bei einer nominalen ,,Nullrunde" würde der Bund also rund 400 Mio DM einsparen. Klar sollte sein: Eine langfristige Sanierung der Finanzen des Bundes ist unmöglich, wenn die Ausgaben unantastbar sind. Auch wäre es langfristig weder ein positiver Beitrag zur Haushaltskonsolidierung noch zur Versorgung von Pensionären, wenn Opferbereitschaft – oder besser: Zahlungsfähigkeit – vorzugsweise bei der aktiven Generation und dort vor allem bei den ,,Besserverdienern" vermutet wird.

Das Zuweisungsvolumen der *Einzelpläne 35 und 36 – Verteidigungslasten im Zusammenhang mit dem Aufenthalt ausländischer Streitkräfte sowie Zivile Verteidigung* – beträgt insgesamt 464 Mio DM. Geleistet werden vor allem Entschädigungen an Private sowie Zuschüsse an Organisationen ohne Erwerbszweck für den Einsatz Zivildienstleistender.

Der *Einzelplan 60 – Allgemeine Finanzverwaltung* – sieht Zuschüsse in Höhe von 44,2 Mrd DM vor. Rechnet man allerdings die Ausgaben des Bundes für den Ausbau von Bundesfernstraßen im Beitrittsgebiet (1,5 Mrd. DM) hinzu, betragen die Zuweisungen insgesamt 45,7 Mrd DM. Zudem hat der Bund für den Erwerb von Grundstücken für Zwecke des Bundes in Berlin 200 Mio DM ausgegeben. Zu den Zuweisungen zählen insbesondere: Kosten für die Durchführung des Gesetzes über die politischen Parteien (102 Mio DM), Kosten zur Durchführung des Gesetzes über die Wahl der Abgeordneten des Europäischen Parlamentes aus der Bundesrepublik Deutschland (45 Mio DM), Zahlungen an die Volkswagenstiftung (36 Mio DM), Ausgleichsmaßnahmen Wackersdorf (68 Mio DM), Zahlungen an die Länder nach dem Ersten Gesetz zur Bereinigung von SED-Unrecht (100 Mio DM), Erstattungen an Rentenversicherungsträger gemäß § 290 a des Sechsten Buches Sozialgesetzbuch (in Verbindung mit dem Überleitungsgesetz) (215 Mio DM), Zinszuschüsse im Rahmen des Wohnungsmodernisierungs- und Instandsetzungsprogramms der Kreditanstalt für Wiederaufbau für das in Artikel 3 des Einigungsvertrags genannte Gebiet (10 Mio DM), einmaliger Pauschalausgleich für einigungsbedingte Sonderlasten der Kirchen (100 Mio DM), Erstattung an die Bundesanstalt für Arbeit für Entschädigungsrenten an Opfer des Nationalsozialismus in der ehemaligen DDR (170 Mio DM), Erstattungen von Leistungen an ausländische Arbeitnehmer bei vorzeitiger Beendigung der Arbeitsverhältnisse in dem in Artikel 3 des Einigungsvertrages genannten Gebiets (50 Mio DM), Zuschüsse an den Entschädigungsfonds zur Befriedigung von Ansprüchen auf Entschädigung nach dem Gesetz zur Regelung offener Vermögensfragen (insbesondere § 9) (100 Mio DM), Zuschüsse zur Finanzierung des Fonds „Deutsche Einheit" (15 Mrd DM), Ausgleichsleistungen an Gemeinden und Gemeindeverbände im Raum Bonn wegen des Verlustes von Parlamentssitz und Regierungsfunktion (81 Mio DM), Zuschüsse an den Ausgleichsfonds (770 Mio DM), Zuschuß an die Pensionskasse Deutscher Eisenbahnen und Straßenbahnen (55 Mio DM; aus dem Einzelplan 12 werden 5,3 Mrd DM Zuschüsse für die Versorgung von Staatsbahnbediensteten gezahlt), Zinszuschüsse im Rahmen des Gemeindeprogramms der Kreditanstalt für Wiederaufbau (300 Mio DM), Zinszuschüsse im Rahmen des Wohnungsbauprogramms der Kreditanstalt für Wiederaufbau (120 Mio DM), Übernahme von Kosten der Kreditanstalt im Zusammenhang mit der Errichtung eines Stabilisierungsfonds in Polen (27 Mio DM), Übernahme von Kosten der Kreditanstalt für Wiederaufbau im Zusammenhang mit der Gewährung eines Finanzkredits an die Bank Handllowy w Warszawie S.A. (23 Mio DM), Zuschüsse an die Stiftung für deutsch-polnische Aussöhnung (150 Mio DM), Leistungen auf Grund des Allgemeinen Kriegsfolgengesetzes im bisherigen Bundesgebiet und gleichartige Leistungen in dem in Art. 3 des Einigungsvertrages genannten Gebiet (222 Mio DM), Entschädigung für Opfer der nationalsozialistischen Verfolgung (864 Mio DM), Kosten im Zusammenhang mit dem Aufenthalt und dem Abzug der Westgruppe der sowjetischen Streitkräfte in bzw. aus dem in Artikel 3 des Einigungsvertrages genannten Gebiet (2,2 Mrd DM), Bundeszuschuß zum Berliner Haushaltsplan (13,1 Mrd DM), Darlehen an ein Berliner Verkehrsunternehmen (79 Mio DM), Erhöhung des Kapitalanteils an der Europäischen Investitionsbank (62 Mio DM), Beteiligungen am Grundkapital der Europäischen Bank für Wiederaufbau und Entwicklung (105 Mio DM), Zahlungen im Rahmen des „Gemeinschaftswerk Aufschwung Ost“ (11,4 Mrd DM).

Einzelpositionen des „Gemeinschaftswerk Aufschwung Ost“ sind: Erneuerungsprogramm für Hochschule und Forschung (299 Mio DM), Zuschüsse an Seeschiffahrtsunternehmen (25 Mio DM), Förderungen von Projekten bei wirtschaftsnahen Forschungseinrichtungen (180 Mio DM), Instandsetzungen am Gebäudebestand des Bundes (150 Mio DM), Sonderprogramm im Rahmen der Gemeinschaftsaufgabe „Verbesserung der regionalen Wirtschaftsstruktur“ (600 Mio DM), Umweltschutzsofortmaßnahmen (400 Mio DM), Instandsetzung und Bestandssicherung von Hochschulen (200 Mio DM), Förderung und Sanierung von Fernwärmeanlagen (150 Mio DM), Werfthilfen (260 Mio DM), Baumaßnahmen der Kirchen (80 Mio DM), Zuschüsse im Rahmen von Arbeitsbeschaffungsmaßnahmen (3 Mrd DM), Bau von Bundesfernstraßen (1,5 Mrd DM), Förderung des öffentlichen Personennahverkehrs (400 Mio DM), Förderung des kommunalen Straßenbaus (1,4 Mrd

DM), Förderung von Investitionsvorhaben der Deutschen Reichsbahn (1,6 Mrd DM), Förderung des Wohnungs- und Städtebaus (1,1 Mrd DM).

Diese Ausgaben wirken nur kurzfristig; für eine dauerhafte wirtschaftliche Aufwärtsentwicklung ist ein marktkonformes Instrumentarium nötig (wie etwa Senkung der Unternehmenssteuern, Handelbarkeit steuerlicher Verlustvorträge, Öffnungsklauseln am Arbeitsmarkt, Politikwettbewerb zwischen Regionen).

Insgesamt scheint auch im Einzelplan 60 der Fächer an Sparmöglichkeiten recht breit zu sein. Kürzungspotentiale liegen vor allem bei den Zins-, Lohn- und sektorspezifischen Subventionen, dem Zuschuß zum Berliner Haushaltsplan, den staatlichen Konsumausgaben, den Zuweisungen an Organisationen ohne Erwerbszweck sowie den Sozialausgaben. Der Abbau von Lohnsubventionen sollte mit der Einräumung des Rechts, von tarifvertraglichen Normen abweichen zu dürfen, verknüpft werden, um für Reintegrationschancen und – allgemein – für mehr lohnpolitische Disziplin zu sorgen.

Rüdiger Soltwedel

Deregulierung – Wachstumsstrategie zum Nulltarif

A. Warum Wachstum, warum Deregulierung?

Wirtschaftliches Wachstum ist kein Selbstzweck. Es ist ein Mittel, um bestimmte individuelle und gesellschaftspolitische Zielsetzungen zu erreichen. Während es vor zwei Jahrzehnten zeitweise modisch geworden war, davon zu sprechen, daß sich Sättigungstendenzen im privaten Konsum ausbreiten würden, und daher Nullwachstum zu propagieren, um dem Raubbau an der Umwelt Einhalt zu gebieten, bestehen demgegenüber heutzutage kaum Zweifel daran, daß Wachstum wünschenswert ist: Zahlreiche individuelle Wünsche sind noch offen, auch in den reichen Staaten gibt es noch viele drängende soziale Probleme, die der Lösung harren, und – brechen wir aus unserer Nabelschau aus – um uns herum gibt es so viel Hunger und Elend, daß es augenfällig ist, daß Wachstum dringend geboten ist.

Was hat nun Wachstum mit Deregulierung zu tun? Wirtschaftliches Wachstum ist das Ergebnis eines komplexen Zusammenspiels von Fähigkeiten – in erster Linie des Humankapitals und des physischen Kapitalstocks –, Anreizen und Institutionen. Wie effizient das Kapital genutzt wird und welche Anstrengungen unternommen werden, die Sachkapazitäten zu erweitern und das Humankapital zu mehren, wird weitgehend von den Anreizen bestimmt. Diese werden wiederum stark von dem institutionellen Rahmen beeinflußt, der die Spielregeln festlegt und auch direkt in das Spiel eingreift. Wie und wie dicht also der Staat reguliert, hat ein gerüttelt Maß an Bedeutung für den Wirtschaftsprozeß.

In den meisten Industrieländern sind vor allem während der siebziger Jahre die Funktionsbedingungen der Märkte erheblich beeinträchtigt worden durch nachhaltige Eingriffe in Gütermärkte (protektionistische Maßnahmen und direkte Subventionen). Dies hat die Preissignale verzerrt und einzelne Unternehmen, ganze Industriebranchen oder Regionen künstlich gegen den Druck des Wettbewerbs abgeschirmt; ja, der Staat hat vielfach selbst essentiell unternehmerische Aufgaben übernommen, indem er vermeintlich erfolgversprechende Aktivitätsfelder begünstigt hat, vornehmlich im Bereich der ‚high-tech'-Industrien. Vor allem in Europa sind die Arbeitsmärkte durch Staat und Tarifpartner mehr und mehr reglementiert worden. Immer dichter werdende Regulierungen und erdrückende Steuerlast haben die Schattenwirtschaft zum Erblühen gebracht.

Kurzum, auf breiter Front waren strukturpolitische Wege eingeschlagen worden, die die Anreize beeinträchtigt, und die die Effizienz auf Güter und Faktormärkten vermindert haben mit dem Ergebnis, daß die Wachstumskräfte erlahmt sind und die Anpassungsfähigkeit an externe und interne Schocks verlorengegangen ist.

Das Fehlschlagen makroökonomischer Ankurbelungsmaßnahmen gegen Ende der siebziger Jahre nahmen dann viele Industrieländer, allen voran die Vereinigten Staaten und das Vereinigte Königreich, zum Anlaß, schrittweise auf einen stärker marktwirtschaftlich orientierten Kurs einzuschwenken, um den Sand aus dem Getriebe der Märkte herauszublasen. Die Reformprogramme zielten darauf ab, den Wettbewerb auf den Gütermärkten zu erhöhen, den Arbeitsmarkt anpassungsfähiger zu machen, die Trennungslinie zwischen privater und staatlicher Tätigkeit zu überprüfen und insgesamt die Effizienz des staatlichen Handelns zu erhöhen. Bei diesem Versuch, das System der Anreize wieder auf Wachstumskurs zu trimmen, kam der Deregulierung eine zentrale Bedeutung zu.

Unter Deregulierung verstehen wir den Abbau jener staatlichen oder sonstigen hoheitlichen Beschränkungen, die die Gewerbe- und Vertragsfreiheit blockieren. Das Motto dafür ist nicht einfach „weniger Staat" – wirtschaftliche Freiheit kann ohne einen Ordnungsrahmen gar nicht bestehen. Es geht vielmehr um den wohlbegründeten Abbau jener Rechtsnormen, die das Herzstück der Marktwirtschaft, den Wettbewerb, zu ersticken drohen. Der Wettbewerb ist der Motor des Fortschritts, ein „Entdeckungsverfahren" (Hayek), das Informationen beschafft, die ohne ihn unbekannt bleiben oder zumindest nicht genutzt werden. Dieser innovative Wettbewerbsprozeß der Unternehmen ist zugleich ein Prozeß der „schöpferischen Zerstörung" (Schumpeter), auf dem die Effizienz des marktwirtschaftlichen Systems beruht. Klar definierte Eigentumsrechte, freier Marktzutritt und Marktaustritt sowie Vertragsfreiheit sind dabei entscheidende Voraussetzungen für seine Funktionsfähigkeit.

Warum ist der freie Marktzutritt eigentlich so wichtig? Der stete Zutritt auch noch so kleiner Unternehmen ist das Salz in der Suppe des Wettbewerbsprozesses; diese kleinen Unternehmen knabbern am Marktanteil augenscheinlich unbezwingbarer Riesen mit monopolähnlicher Marktdominanz wie z.B. auf dem Computer-Markt. Durch Produktinnovationen, die den neuen Kleinen oft viel schneller gelingen als den weniger flexiblen Großen, und durch aggressive Preispolitik erleben einige wenige von ihnen ein explosionsartiges Wachstum – teils durch reine Marktanteilsgewinne, teils durch Marktausweitung. Die Großen geraten so unter Druck, sich vermehrt um die Gunst der Verbraucher zu bemühen. Die Marktwirtschaft braucht den fortwährenden Anstoß, das Aufrütteln durch innovative, freche Eindringlinge in die Claims der etablierten Anbieter. Genau das verhindert eine überzogene Regulierung. Die „schwere Hand des Staates“ (M. Weidenbaum) vermindert die Anreize, drängt das unternehmerische Potential ab und schwächt die Wettbewerbsmentalität in der Wirtschaft.

Auf den Punkt gebracht[1]: Das Dickicht spezieller Marktregulierung verursacht hohe gesamtwirtschaftliche Kosten, weil

– die Waren und Dienstleistungen der regulierten Bereiche oft zu teuer und nicht gut genug sind;
– potentielle Chancen für Verfahrensinnovationen und für Produktinnovationen ungenutzt bleiben;
– manche Idee einer Unternehmensgründung aufgegeben wird;
– sich die Erwerbschancen für den Einzelnen verschlechtern;
– Rechtsunsicherheit entsteht mit unkalkulierbaren Risiken für Investoren und Arbeitgeber.

[1] Juergen B. Donges, Deregulierung und wirtschaftliche Dynamik. Kieler Vorträge. Kiel 1991, N.F. 120, S. 11.

B. Warum wird überhaupt reguliert?

Der Grundpfeiler, auf den sich Staatseingriffe in die Gewerbe- und Vertragsfreiheit gründen, ist die Behauptung, das freie Spiel der Marktkräfte führe nicht zu den bestmöglichen Ergebnissen, weil der Markt versage, oder weil die Ergebnisse sozial nicht akzeptabel seien. Wir wollen zunächst das Argument des Marktversagens beleuchten, bevor das Problem der sozialen Akzeptanz angesprochen wird.

1. Marktversagen

Zwei Aspekte des Marktversagens, die aus wirtschaftlicher Sicht durchaus Eingriffe des Staates rechtfertigen, stehen hier im Mittelpunkt: (i) unter bestimmten Bedingungen gibt es keine Wettbewerbslösung, es liegt statt dessen ein „natürliches" Monopol vor; (ii) zwar gibt es Wettbewerb, aber er führt nicht zu effizienten Ergebnissen, weil externe Effekte vorliegen, weil es sich um öffentliche Güter handelt oder weil Anbieter Verbrauchern gegenüber einen Informationsvorteil haben (asymmetrische Information). In diesen Fällen hielt man es lange Zeit nicht nur für gerechtfertigt, sondern sogar für unabdingbar, daß der Staat durch Regulierung das Marktversagen heilt.

a) Natürliches Monopol

Ein natürliches Monopol liegt dann vor, wenn die technischen Produktionsbedingungen in einem Wirtschaftszweig es mit sich bringen, daß die gesamte Marktnachfrage am kostengünstigsten von einem einzigen Unternehmen erstellt werden kann. Handelt es sich um ein einzelnes Produkt, müssen bedeutsame Unteilbarkeiten in den Produktionsanlagen eine Rolle spielen (Skalenerträge); handelt es sich um mehrere Produkte, liegen Verbundvorteile vor, d.h. es ist billiger, das gesamte Güterbündel von einem Unternehmen produzieren zu lassen, statt jedes einzelne von einem anderen.

Man hat lange geglaubt, daß natürliche Monopole insbesondere dort auftreten, wo der Produktionsprozeß in starkem Maße leitungsgebunden ist; die Bereitstellung dieser Netzwerke oder Leitungen ist gleichbedeutend mit einer hohen Fixkostenbelastung. Da die Netzwerke zudem kaum eine alternative Verwendung haben, sind die Kosten gleichsam „versenkt“ – bei einem Marktaustritt erlösen sie kaum etwas; dadurch werden potentielle Konkurrenten abgeschreckt, die – wenn sie den Marktzutritt wagen wollen – ja die Netzinfrastruktur erst einmal erstellen und finanzieren müssen. Solche Produktionsbedingungen findet man im Bereich der Elektrizitätswirtschaft, der Gas- und Wasserversorgung, bei Eisenbahnen und in der Telekommunikation. Die überkommene Meinung war: Wettbewerb würde nur zur verschwenderischen Duplizierung der notwendigen Infrastruktur führen – Marktzutritt, Marktaustritt, Preise und oft auch Kapazitäten müßten daher reguliert werden.

b) Externe Effekte

Externe Effekte liegen vor, wenn durch die Produktion oder den Konsum eines Gutes Nachteile oder Vorteile für unbeteiligte Dritte entstehen, die bei der Preisbildung für das Gut unberücksichtigt bleiben. Am deutlichsten zeigen sich solche (negativen) Effekte im Umweltbereich z.B. in Form von Schadstoffemission und Lärm; hier entstehen Kosten, die nicht in das Kalkül der Produzenten eingehen, die Gemeinschaft aber gleichwohl erheblich belasten.

Bei negativen externen Effekten wird zuviel von dem schädlichen Gut produziert, bei positiven externen Effekten produzieren die privaten Anbieter zuwenig von dem erwünschten Gut. Wenn es bei bestimmten Gütern gar nicht möglich (oder zu teuer) ist, von den Nutzern Preise einzufordern, und wenn es keine zusätzlichen Kosten verursacht, daß neue Nutzer hinzutreten, kommt unter Umständen gar kein privates Angebot zustande; hier sprechen wir von öffentlichen Gütern.

c) Informationsasymmetrien

Wettbewerbsmärkte implizieren in gewisser Weise einen ausbalancierten Informationsstand zwischen Käufer und Verkäufer. Dies ist jedoch dann nicht der Fall, wenn z.B. bestimmte Güter und Dienstleistungen einen hohen Informationsgehalt haben (wie etwa Rechtsberatung, medizinische Beratung) oder nur sehr unregelmäßig gekauft werden, wenn zwischen Vertragsabschluß und vereinbarter Leistung eine lange Zeit verstreichen kann (wie bei Versicherungen). Hier müsse – so die traditionelle Sicht – der Nachfrager besonders geschützt werden. Aus ordnungspolitischer Warte gelte es zu verhindern, daß seriöse Anbieter, deren Leistungen vergleichsweise teuer sind, von unseriösen, aber billigeren, verdrängt werden (negative Auslese).

2. Außerökonomische Ziele

Viele Regulierungen werden nicht primär mit ökonomischen Argumenten, sondern damit begründet, daß die Ergebnisse des Wettbewerbs gesellschaftlich unerwünscht seien. Der Katalog der Ziele reicht von sicherheits- und versorgungspolitischen Interessen über regional- und strukturpolitische Ziele bis hin zu allgemeinen sozialpolitischen Forderungen.

3. Wie wird reguliert?

Die Kontrolle des Geschehens auf den Märkten, denen Marktversagen angelastet wird, läuft zunächst einmal über Instrumente, die die Struktur der Märkte regeln, also die Zahl der Anbieter kontrollieren durch Markteintritts- und Marktaustrittsbeschränkungen über Lizenzen, Konzessionen oder gar öffentliches Eigentum an Unternehmen. Dadurch sollen Überkapazitäten vermieden werden ebenso wie das ,,Rosinenpicken'' seitens privater Konkurrenten. Dies ist in Bereichen wahrscheinlich, in denen ein Mehrprodukt-Unternehmen unrentable durch rentable Produkte subventioniert oder – unabhängig von den Kosten – das Ziel der Tarifgleichheit im Raum verfolgt. Ersteres trifft z.B. auf die graue Post zu, die die gelbe Post vor dem Gang zum Konkursrichter bewahrt hat (wäre letztere denn konkursfähig gewesen). Das Zweite bezieht sich etwa auf den einheitlichen km-Tarif bei der Deutschen Bundesbahn, der topographische Unterschiede ausgleichen soll. Darüber hinaus werden natürlich auch Verhaltensparameter gegängelt: auf die Preisbildung wird Einfluß genommen, Mengen, Qualitäten und Betriebszeiten (z.B. im Ladenschlußgesetz, Nachtbackverbot) festgeschrieben.

In den Instrumenten gibt es zum Teil erhebliche Unterschiede: so finden sich in den Vereinigten Staaten im Vergleich zu Europa wenig Unternehmen in öffentlicher Hand, es gibt kaum staatliche Monopole; statt dessen hat man hier die privaten Unternehmen in ihrem Marktverhalten zu beeinflussen versucht. Die Art und Weise staatlicher Beteiligung an Unternehmen, die in Europa vorherrscht, variiert sehr stark zwischen und auch innerhalb von Staaten; die Spannbreite reicht von öffentlichen Aktivitäten, die direkt in Ministerien verankert sind, zu rechtlich selbständigen Unternehmen, bei denen der Staat ein mehr oder weniger passiver Anteilseigner ist. Öffentliches Eigentum an Unternehmen macht es leichter – so ein häufig vorgebrachtes Argument –, über den Tellerrand enger betriebswirtschaftlicher Rentabilitätserwägungen hinauszuschauen und gesellschaftlich wünschenswerte, aber leider unrentable Aktivitäten aufrechtzuerhalten.

C. Sind denn die Eingriffe wirklich gerechtfertigt?

Um das Ergebnis gleich vorwegzunehmen: nein, sie sind es in der Regel nicht! Und dort, wo Anlaß besteht, einzugreifen, hat man sich meist in der Wahl des Instruments vergriffen.

1. Marktversagen

Die ökonomischen Argumente zugunsten einer Regulierung erweisen sich bei näherem Hinsehen nicht als überzeugend: Es waren besonders drei Gründe, die Anlaß gaben, die bisherigen Regulierungskonzepte grundlegend in Frage zu stellen: (a) das zunehmende Bewußtsein um Art und Ausmaß des Regulierungs- oder (Staats-)versagens, (b) technologischer Fortschritt und (c) ein besseres

Verständnis vom Wesen der Märkte und von den menschlichen Verhaltensweisen in Abhängigkeit von unterschiedlichen Systembedingungen.

a) Staatsversagen

In der traditionellen Theorie der Regulierung herrschte die Meinung vor, daß es bei gleichgeschalteten Zielsetzungen der staatlichen Regulierungsinstanzen und der regulierten Unternehmen gar nicht zu einem Versagen der Regulierung kommen könne. Doch es wurde offensichtlich, daß es heroisch war anzunehmen, den Managern öffentlicher oder regulierter Unternehmen Handeln im „öffentlichen Interesse" zu unterstellen, zumal ein ruhiges Leben der beste Monopolgewinn ist (Hicks). Zudem sind die nichtökonomischen Zielsetzungen so vielfältig und so vage und die Schwierigkeiten so groß, das sozial wünschenswerte Niveau bestimmter Leistungen zu bestimmen, daß ein effizientes Management gar nicht möglich ist. Ferner weichen die Zielsetzungen von Regulierungsbehörden und regulierten Managern in der Regel voneinander ab. Da die Regulierungsbehörden aber von den Informationen des regulierten Unternehmens abhängen, kann und wird die regulierte Unternehmung auf die Behörde Einfluß nehmen, zu seinen eigenen Gunsten und zu Lasten der Wirtschaftlichkeit. Vor allem in den Vereinigten Staaten haben empirische Untersuchungen ergeben (und dadurch die Deregulierungswelle ausgelöst), daß sich die Regulierungsinstanzen – für den Luftverkehr, die Telekommunikation, die Eisenbahnen, den Güterfernverkehr – als nicht erfolgreich erwiesen haben. Allgemein setzte sich die Überzeugung durch, daß es vor allem die fehlende Konkursfähigkeit und der fehlende Wettbewerb sind, die aus regulierten und öffentlichen Unternehmen gigantische Schluckmonster von Steuergeldern machen – ein ganz besonders drastisches Beispiel hierfür sind staatliche Eisenbahnen.

b) Technologische Innovationen

Ein natürliches Monopol ist durch die oben erwähnten spezifischen Produktionsbedingungen gekennzeichnet. Lassen wir es dahingestellt, ob in allen Fällen, in denen es behauptet wurde, tatsächlich ein natürliches Monopol vorlag; selbst für die ersten Jahre der Eisenbahnen mag dies mit Fug und Recht bezweifelt werden. Wichtiger ist, daß sich die Produktionsbedingungen im Zeitablauf verändern. Daher ist es vom Grundsatz her falsch zu insistieren: einmal natürlicher Monopolist, immer natürlicher Monopolist. Natürliche Monopole sind im Marktprozeß aufgrund des technischen Fortschritts und ökonomischer Innovationen angreifbar. In erster Linie sind hier natürlich die Veränderungen im Bereich der Mikroelektronik und der Telekommunikation zu nennen, die zu einer grundlegenden Neueinschätzung von Art und Ausmaß des vermeintlichen Marktversagens geführt haben: Vor der Digitalisierung und Kurzwellenübertragung war es für einen potentiellen Neuanbieter erforderlich, ein weitgehend identisches Kabelnetz zu verlegen – nicht nur von den Kosten her abschreckend, sondern auch von der Nachfrage her eigentlich nicht unbedingt erforderlich; insofern mag damals einiges für die Monopoleigenschaft gesprochen haben. Nunmehr erlauben es sowohl Kosten- als auch Nachfrageentwicklung, daß alternative Netzwerke effizient nebeneinander betrieben werden können und wirksam mit dem bestehenden System in Konkurrenz treten können, zunächst im internationalen und im überregionalen Verkehr, möglicherweise aber in wenigen Jahren auch schon im lokalen Verkehr. Eine ähnliche Geschichte ließe sich über die Rundfunk- und Fernsehübertragung erzählen, bei der das natürliche Monopol auf die knappen verfügbaren Wellenlängen zurückzuführen ist; mit der Entwicklung von Kabel- und Satellitenübertragung ist Wettbewerb effektiv möglich geworden.

c) Marktstruktur und Organisation

Ein weiterer Anlaß, Regulierungskonventionen in Frage zu stellen, ergab sich aus einer kritischen Analyse von Marktverflechtungen in Bereichen, die traditionell den natürlichen Monopolen zugerechnet wurden wie zum Beispiel die Elektrizitätswirtschaft. Früher hegte man die Vermutung, ein Industriebereich mit partiellen Monopoleigenschaften sei rundum ein Monopol. In Wirklichkeit ist aber z.B. potentieller Wettbewerb in der Energieerzeugung durchaus möglich, während wegen der Leitungsgebundenheit ein natürliches Monopol im Transport bestehen mag. Es ist daher nicht gerechtfertigt, die gesamte vertikale Struktur gegen Wettbewerb zu schützen.

Aber selbst dann, wenn tatsächlich die Bedingungen für ein (regionales) natürliches Monopol bestehen und Wettbewerb *im* Markt zu Verschwendung führen würde, ließe sich ein Wettbewerb *um* den Markt institutionalisieren (z.B. durch zeitlich befristete Konzessionen). Dann kann sich der Monopolist seiner eigenen Position nicht auf Dauer sicher sein; er muß sich daher auch ohne ständige Überwachung um zufriedene Kunden und wettbewerbsfähige Produkte bemühen.

Selbst auf jenen Märkten, auf denen Nachfrager gegenüber den Anbietern erhebliche Informationsdefizite haben, führen Regulierungen oft dazu, daß innovative Marktlösungen, die gerade darauf hinwirken könnten, dieses ,,Marktversagen" zu vermindern, unterdrückt werden. Beispiel: Ein Hamburger Rechtsanwalt wollte darauf verzichten, selbst als Anwalt tätig zu werden; vielmehr wollte er sich darauf spezialisieren, dem rechtsunkundigen Publikum als Anwaltvermittler die Suche nach dem auf den jeweiligen Fall spezialisierten Anwalt zu erleichtern – in einer Stadt mit mehr als viertausend Anwälten eine sicherlich ertragreiche Spezialisierung. Sie erschien jedoch der Anwaltkammer als standeswidrig und wurde verhindert.[2]

---

[2] Jürgen Basedow, Deregulierungspolitik und Deregulierungspflichten – vom Zwang zur Marktöffnung in der EG. In: Staatswissenschaften und Staatspraxis. Rechts-, wirtschafts- und sozialwissenschaftliche Beiträge zum staatlichen Handeln. 2. Jg., H. 2, 1991, S. 155.

2. *Außerökonomische Gründe*

Politisch vorgegebene Ziele lassen sich – ähnlich wie individuelle Präferenzen – aus ökonomischer Sicht nicht grundsätzlich in Frage stellen. Unterstellt man den Politikern (und ihren Wählern), daß sie wissen, was sie tun, so richtet sich die Kritik des Ökonomen darauf, daß diese Ziele durch direkte Eingriffe in das Marktgeschehen verfolgt werden statt über Steuern und Transfers (was weniger anreizmindernd wäre). Besonders eklatant sind die negativen Folgen von Eingriffen in den Lenkungsmechanismus der relativen Preise auf dem Arbeitsmarkt und in der Landwirtschaft, wo hohe Mindestvergütungen einen Angebotsüberschuß erzeugen, und auf dem Wohnungsmarkt, wo Höchstpreise dazu führen, daß das Angebot im Vergleich zur Nachfrage nicht ausreichend ist. Auch wenn die Zielsetzungen selbst letztlich nicht durch Effizienzüberlegungen in Frage gestellt werden können: Bei der Wahl der Instrumente sollte sich die Politik in jedem Falle dem Wirtschaftlichkeitsprinzip beugen. Dies ist jedoch meist nicht der Fall. Ein weiteres ist wichtig: Letztlich geht es dabei um verteilungspolitische Vergünstigungen, von denen in der Regel eine kleine, wohl organisierte Gruppe besonders profitiert, während die Kosten dafür von einer sehr viel zahlreicheren (und deshalb auch schwerer zu organisierenden) Gruppe aufgebracht werden müssen, die sich zudem dieser Kosten oft gar nicht bewußt ist.

3. *Fazit*

In summa ergibt sich die Schlußfolgerung, daß staatliche Eingriffe oft auf falschen Vorstellungen über den Marktprozeß und seine Ergebnisse beruhen. Daher fehlt den Regulierungsmaßnahmen häufig das ökonomische Fundament, so daß sie letztlich den Wohlstand vermindern. Gerade bei vermeintlichen natürlichen Monopolen sind Beschränkungen des Marktzutritts für potentielle Konkurrenten oft gleichbedeutend mit dem Verzicht auf billigere, bessere und neue Produkte.

D. Ausländische Erfahrungen mit der Deregulierung

Im Rahmen dieses Beitrages kann nicht detailliert auf alle ausländischen Erfahrungen eingegangen werden. Dazu ist das Bild viel zu differenziert, in den OECD-Ländern waren Muster und Geschwindigkeit der mikroökoomischen Reformen sehr unterschiedlich. Dabei war eine Vielzahl von Wirtschaftszweigen involviert, das Gewicht der Reformen lag vor allem im Bereich der Energiewirtschaft (Erdöl, Gas und Elektrizität), dem Verkehrssektor, Post- und Telekommunikation, im Bankwesen und bei Versicherungen sowie bei audiovisueller Kommunikation. Statt einer eklektischen Aufzählung wollen wir in diesem Abschnitt in erster Linie auf die Wirkungen der Deregulierungsmaßahmen eingehen und versuchen, einige zusammenfassende Schlußfolgerungen zu ziehen; dabei werden auch die Fälle erörtert, in denen sich Deregulierung angeblich nicht bewährt hat.

1. Zu den Wirkungen der Deregulierung

Wir wollen hier den Blick vor allem auf die Vereinigten Staaten und das Vereinigte Königreich richten. In den USA lag der Schwerpunkt der Deregulierung im Fernmeldewesen, im Verkehrsgewerbe und in der Energiewirtschaft; besonders weitreichend war sie im Inlandsluftverkehr und in der Telekommunikation. Die Auswirkungen waren überwiegend positiv: geringere Kosten und Preise, eine starke Zunahme der wirtschaftlichen Aktivität in den vormals regulierten Bereichen, beschleunigte Innovationstätigkeit. Nach dem Urteil der Deregulierungskommission hat die Deregulierung in den Vereinigten Staaten dazu beigetragen, daß in den achtziger Jahren der Produktivitätsfortschritt lebhafter und die wirtschaftliche Dynamik kraftvoller geworden ist.[3]

Im Vereinigten Königreich hat die „Thatcher-Revolution" grundlegende strukturpolitische Reformen (Deregulierung, Privatisierung und Gewerkschaftsreform) mit sich gebracht. Gerade diese Mi-

---

3 Deregulierungskommission, Marktöffnung und Wettbewerb, Stuttgart 1991.

schung aus institutionellen Änderungen, Eigentumswechsel und mehr Wettbewerb kann Vorbildfunktion für Europa – und natürlich auch für Deutschland – haben, denn hier sind – im Vergleich zu den Vereinigten Staaten – Staatseigentum und Gewerkschaftsmacht viel bedeutsamer. Der konsequent marktwirtschaftliche Kurs hat sich ausgezahlt in Form flexiblerer Märkte, geringerer Streikanfälligkeit, einer größeren Attraktivität als Standort für ausländisches Kapital, im Dienstleistungsbereich – aber auch in anderen Wirtschaftssektoren – kam es zu erheblichen Produktivitätssteigerungen.

2. Lehren aus ausländischen Erfahrungen

Aus dem Nebeneinander von komplexen Marktverhältnissen – überwiegend öffentliche Unternehmen ohne Konkurrenz, mit Konkurrenz, privatisierte Unternehmen ohne nennenswerten Wettbewerbsdruck, Märkte mit intensivem Wettbewerb – hat man eine Reihe von wettbewerbspolitisch wichtigen Schlüssen ziehen können: So belegen die britischen Erfahrungen, daß Privatisierung ohne gleichzeitige Deregulierung nicht immer dazu geführt hat, daß Monopolrenten nachhaltig vermindert worden sind; wenn private Unternehmen nicht im Wettbewerb stehen, sind sie nicht notwendigerweise effizienter als staatlich geführte. Bei intensivem Wettbewerb sind sowohl private als auch öffentliche Unternehmen effizienter als bei eingeschränktem Wettbewerb. Dort, wo die Deregulierung umfassend war, gab es erhebliche Effizienzgewinne. Letztlich ist also beides erforderlich, mehr Privateigentum und mehr Wettbewerb, um die erwünschten Effekte zu erzielen, denn auf lange Sicht können private Firmen kaum gegen nicht konkursfähige öffentliche Unternehmen konkurrieren. Und wo der Wettbewerb unvollkommen ist, sollte sich die nach wie vor praktizierte Regulierung darauf richten, den Wettbewerb zu stabilisieren und die Unvollkommenheiten zu vermindern.

Mit der Wiederentdeckung der freien Marktkräfte sind auch, scheint es, in der Folge der Deregulierung neue Probleme aufgetaucht, die oft – nach dem Motto: da seht ihr's – dem nunmehr stärkeren Wettbewerb angehängt werden, oft in der Absicht, das

Mehr an Freiheit wieder zurücknehmen zu wollen. Die Beispiele des Luftverkehrs und der Spar- und Darlehenskassen in den USA sollen die Problematik verdeutlichen.[4]

a) Der Luftverkehr in den USA

Stau, weniger Komfort und zunehmende Preisdiskriminierung werden als erhebliche negative Konsequenzen der Deregulierung des Luftverkehrs in den USA angesehen. Natürlich sind die Verspätungen im Luftverkehr wegen überlasteten Luftraums nicht nur ärgerlich, sie sind auch teuer: schon Mitte der achtziger Jahre schätzte die Federal Aviation Administration die zusätzlichen Ausgaben der Fluggesellschaften auf rd. 1,8 Mrd. US $ je Jahr, den Wert der verlorenen Zeit der Fluggäste auf 3,2 Mrd. $; die IATA veranschlagt diese Staukosten auf europäischen Flughäfen auf 5 Mrd.$ zu Beginn der neunziger Jahre und befürchtet, wenn nichts geschieht, doppelt so hohe Kosten um die Jahrtausendwende.[5]

Eigentlich sind die vermehrten Staus im Luftverkehr – und selbst die engeren Sitze in den Maschinen – ein unmittelbarer Ausdruck des Erfolgs der Deregulierung, sind sie doch Zeichen des dramatischen Anstiegs der Nachfrage, der unter dem neuen Regime möglich wurde. Wurde zuvor der Preiswettbewerb systematisch unterdrückt – und damit die Nachfrage nach Flugreisen vermindert, der Wettbewerb auf teureres Essen und breitere Sitze umgelenkt –, hat die Deregulierung mit diesen Verzerrungen aufgeräumt. Nicht Regulatoren oder Ökonomen, sondern die millionenfachen Entscheidungen von Fluggästen entscheiden allein darüber, welche Qualitäts/Preis-Relation bei den Konsumenten zum Zuge kommen sollen: ,,In a market economy the majority of dollar votes rules, at the necessary expense of minority preferences, when the two can-

---

4 Alfred Kahn, Deregulation: Looking Backward and Looking Ahead. In: Yale Journal on Regulation, 1990, Vol. 7, No. 2, S. 344 ff.

5 Zu den Zahlen vgl. OECD, Forum for the Future, Infrastructure Policies for the 1990s, Main Issues. Paris 1993 (erscheint demnächst).

not be reconciled"[6]. Die teuren Verspätungen sind ein Zeichen dafür, daß die Expansion des Luftverkehrsmarktes nicht antizipiert worden ist; und es ist nicht gelungen, schrittweise die komplementäre Infrastruktur zu entwickeln und die knappen Start- und Landerechte mit Knappheitspreisen zu bewerten. Diese Fehlentwicklungen sprechen mithin nicht gegen die Deregulierung schlechthin, sondern sie machen die Nachteile einer nur partiellen Deregulierung deutlich, die die Flughäfen und das Luftverkehrskontrollsystem hätte einbeziehen müssen. Der vermeintliche Mißerfolg der Deregulierung entpuppt sich also bei näherem Hinsehen als Kombination aus unerwartet hohem Erfolg der getroffenen Maßnahmen und zu zaghaftem politischen Deregulierungswillen.

Auch die stark zunehmende Preisdiskriminierung im Luftverkehr wird als anschauliches Beispiel dafür genannt, daß Deregulierung ein Schritt in die falsche Richtung gewesen sei: Der regulär buchende Reisende sitzt neben jemandem, der für einen Bruchteil des Preises in der letzten Minute mitgekommen ist. Das weckt Neidgefühle, wird als schreiend ungerecht empfunden. Dem ist aber entgegenzuhalten: Sicherheit hat ihren Preis; ein Flug mit einem im vorhinein gesicherten Platz ist ein anderes Gut als jener, dem die Panik oder Gleichgültigkeit darüber vorangeht, überhaupt noch mitzukommen. Die zunehmende Preisdiskriminierung in den Flugtarifen wird zum Teil als Indiz für monopolistische Ausbeutung der Konsumenten interpretiert, die darauf abzielt, die Konsumentenrente weitgehend abzuschöpfen; zunehmende Preisdifferenzierung sei also ein Zeichen für verminderten Wettbewerb. Man kann daraus allerdings auch auf einen verschärften Wettbewerb schließen, bei dem jedes Unternehmen darauf angewiesen ist, auch noch den letzten Platz zu einem Preis zu verkaufen, den es gerade noch als akzeptabel erachtet. Unter Wettbewerbsbedingungen dürfte wohl die zweite Sichtweise realistischer sein. Zudem: Die Freiheit der Preisgestaltung wieder einengen zu wollen hieße, sich erneut dem System der staatlich verordneten Mindestpreise anzunähern, das vor der Deregulierung so nachhaltig die nachgefragte Menge beschnitten hat.

---

[6] Kahn, a.a.O., S. 346.

b) Das Sparkassenwesen in den USA

Ein weiteres Beispiel dafür, daß Deregulierung ein konsistentes Gesamtkonzept braucht, liefert die Liberalisierung des amerikanischen Sparkassenwesens. Der amerikanische Steuerzahler muß Hunderte Milliarden Dollar dafür bezahlen, daß den Sparkassen die Freiheit gewährt wurde, die Einlagenzinsen frei festzusetzen und das Darlehens- und Investitionsgeschäft auf Bereiche auszudehnen, die ihnen zuvor verschlossen waren. Riskante spekulative Geschäfte mit ungeheuren Verlusten waren die Folge. Man hat es nicht für nötig erachtet (vielleicht um die Einleger zu schützen), die bundesstaatliche Einlagenversicherung zu beschränken. Dies wäre aber nötig gewesen, um ein Rennen der Spekulanten oder gar blanken Betrug zu verhindern - ganz zwangsläufige Folgen eines Systems, das die Freiheit stärkt, nicht aber die Verantwortlichkeit. Wenn die riskanten Operationen gelingen, winkt hoher Gewinn, schlagen sie fehl, springt doch die Federal Savings and Loan Deposit Insurance Company in die Bresche. Dies ist ein nahezu klassischer Fall von Staatsversagen: Deregulierung im Bankenbereich kann doch nicht heißen, auf Bonitätsprüfungen und adäquate Eigenkapitalerfordernisse zu verzichten, und dann noch zu signalisieren: „wir hauen euch da raus“, als lender of last resort – „deregulation cannot mean firing the police force“[7].

3. *Wie geht's jetzt weiter?*

Wenn man vom Rathaus kommt, ist man schlauer, sagt der Volksmund. Manchmal lernt man es tatsächlich erst nach bestimmten Maßnahmen, daß dies nur eine ineffiziente partielle Deregulierung war. (Im Savings-and-Loan-Fall erscheint es allerdings kaum glaubhaft, daß man das Desaster nicht hat kommen sehen.) Daraus folgt jedoch nicht, daß man das Rad der Geschichte zurückdrehen muß. Es ist im Gegenteil der Fingerzeig, in welche Richtung man voran-

[7] Kahn, a.a.O., S. 349.

schreiten muß, nämlich mehr Freiheit in mehr Verantwortlichkeit einzubinden und von Beginn an Sekundäreffekte einzubeziehen.

Es ist überdies zweifelhaft, ob das Rad überhaupt wieder zurückgedreht werden kann. Kahn[8] hat deutlich gemacht, daß es gerade in den deregulierten Industrien nunmehr „vested interests" gibt, mit der Liberalisierung voranzuschreiten. So wie es – von Mises[9] wieder und wieder beschrieben – eine Interventionsspirale gibt, scheint es also auch den symmetrischen Fall zu geben: einmal in Gang gesetzt, entwickelt die Deregulierung eine Eigendynamik.

Besonders eindrucksvoll ist dies auf den internationalen und nationalen Finanzmärkten zu verfolgen: Die Telematics-Revolution hat die Informations- und Transaktionskosten dramatisch reduziert und die internationalen Finanzmärkte enger miteinander verknüpft; und der verschärfte internationale Wettbewerb auf den Weltfinanzmärkten erhöhte den Druck auf die nationalen Behörden, das nationale Finanzsystem zu modernisieren, den regulatorischen Rahmen dem intensiveren Wettbewerb anzupassen und wettbewerbsfähigere Strukturen zu schaffen. Wer als Mitspieler noch im regulatorischen Netz verfangen ist, also weniger Freiheiten als seine Konkurrenten hat, um sich im Wettbewerb zu behaupten, wird darauf drängen, daß gleiche Bedingungen geschaffen werden; und wer sich in dem neuen Freiraum erfolgreich bewegt, wird es nicht zulassen, daß dieser wieder eingeengt wird – es sei denn, dies würde ihm durch staatliche Bestechungsgelder in Form von Subventionen versüßt. Die leeren öffentlichen Kassen in den meisten Industrieländern – mögen sie's noch lange bleiben! – lassen dem Staat letztlich kaum eine andere Möglichkeit, als das Richtige zu tun, nämlich mit der Deregulierung fortzufahren. Häufig wird sogar gesagt, daß der bisherige Deregulierungsprozeß nicht nur nicht mehr umkehrbar ist, sondern daß selbst dort, wo – z.B. wegen des Fortbestehens von Monopolen – noch reguliert werde, dies mit Blick auf mehr und nicht auf weniger Wettbewerb geschehe.

---

[8] Kahn, a.a.O., S. 331 ff.

[9] Ludwig von Mises, Interventionismus. In: Archiv für Sozialwissenschaft und Sozialpolitik, 56. Bd., 1926, S. 610–653 sowie Ludwig von Mises, Kritik des Interventionismus. Jena 1929.

Allerdings darf man nicht die Augen davor verschließen, daß in Zeiten dramatischer Wirtschaftskrisen Politiker dazu tendieren, sich wieder auf ihren „animal spirit" als Retter zu verlassen: es ist kein Zufall, daß die meisten der die Wirtschaft lähmenden Regulierungssysteme während und nach der Großen Depression in den dreißiger Jahren eingeführt worden waren. „The public's enthusiasm for free competition varies inversely with the unemployment rate"[10]. Dies scheint der Tatsache zu widersprechen, daß die rechte Bewegung in die Deregulierungsdebatte erst nach dem drastischen Ansteigen der Arbeitslosenzahlen Mitte der siebziger Jahre in Gang gekommen ist, aber letztlich ist etwas Wahres dran: Wenn es so richtig schlecht geht, dann kommt der „New Deal".

E. Deregulierung in der Bundesrepublik

1. Deregulierung als Programm

Im Geburtsland der Ordnungspolitik scheint heutzutage seit Ende der goldenen sechziger Jahre der Glaube vorzuherrschen, daß in schwierigen Zeiten pragmatisches Handeln gefordert ist und nicht eine Grundsatzdiskussion um tiefgreifende Reformen. Lang ist es her, daß Erhard tiefgreifende Reformen gerade wegen der schwierigen Zeiten durchgeführt hat.[11] Die Deregulierungskommission weist in ihrem Bericht zwar darauf hin, daß man die Erfahrungen mit der Deregulierung der westdeutschen Nachkriegswirtschaft durch Ludwig Erhard nicht heranziehen wird, um die segensreichen Wirkungen zu erfassen, die eine Politik der Deregulierung heute in der Bundesrepublik zu erwarten erlaubt; zu groß seien die Abstände in der Ausgangssituation. „Aber sich davon inspirieren lassen darf man durchaus. Denn es sind Unterschiede des Grades, nicht der Art, um die es hier geht".[12]

---

10 Kahn, a.a.O., S. 339.

11 Zum Wandel des Zeitgeistes seit dem Wirtschaftswunder vgl. Herbert Giersch, Karl-Heinz Paqué, Holger Schmieding, The Fading Miracle. Four decades of market economy in Germany. Cambridge 1992.

12 Deregulierungskommission, a.a.O.

Zweifellos ist seit den frühen achtziger Jahren, als neben dem Subventionsabbau auch die Deregulierung als zentrales Anliegen in die Wahlprogramme der Regierungsparteien und in die Regierungserklärungen hineingeschrieben wurde, einiges in Gang gekommen:

- Das Beschäftigungsförderungsgesetz ließ mehr Freiheit für befristete Arbeitsverträge und Leiharbeitsverhältnisse zu, erleichterte Teilzeitarbeit.
- Es wurde ein Zweitregister für die deutsche Hochseeflotte eingerichtet, um dem Ausflaggen zu begegnen.
- Im Bereich der Finanzmärkte wurde der Zugang zur Börse erleichtert, eine Terminbörse geschaffen, und es wurden Anlagemöglichkeiten für institutionelle Anleger vergrößert. Im Versicherungswesen wurde das Großrisikengeschäft liberalisiert.
- Im Post- und Fernmeldewesen begann der Reformprozeß mit einer Neustrukturierung in drei voneinander unabhängige Bereiche (Brief- und Paketpost, Telekommunikation, Postbankdienste), die Marktzulassungsbeschränkungen im Bereich der Telekommunikation wurden gelockert: in der Satellitenkommunikation und im Mobilfunk wie im Endgerätemarkt gibt es großen Freiraum für private Anbieter.
- Im Einzelhandel wurden mit der Einführung des ,,Dienstleistungsabends" die Ladenschlußzeiten in sehr begrenztem Umfang ausgeweitet.
- Im Bereich der Deutschen Bundesbahn wird mittlerweile die Reformbedürftigkeit erkannt, erste Schritte in Richtung einer Organisationsreform sind sichtbar, weitreichendere Änderungen auf der Grundlage des Berichts der Reformkommission sind in der Diskussion.

Alles in allem ist die Bundesrepublik aber im Vergleich zu wichtigen Partnerländern ein Nachzügler im Deregulierungsprozeß. Dies wird auch deutlich im Bericht der Deregulierungskommission, der die umfassendste und konkreteste Agenda für die Deregulierung aufstellt, die bisher in der Bundesrepublik vorgelegt wurde. Es ist nicht möglich, im Rahmen dieses Beitrages die Fülle ihrer Vorschläge auch nur näherungsweise darzustellen. Detailliert werden die Handlungserfordernisse für viele Bereiche dargelegt, die bislang weitgehend vor Wettbewerb geschützt worden waren. Dabei handelt es sich um das Versicherungswesen, das Verkehrswesen, die Stromwirtschaft, Freie Berufe wie das technische Prüfungs- und Sachverständigenwesen, Rechtsberatung und Wirtschaftsberatung und den Arbeitsmarkt. Der Bericht ergänzt damit andere Entwürfe für eine grundlegende Reform der Wirtschaftspolitik in der Bundesrepublik[13].

Allen diesen Arbeiten ist gemeinsam, daß Deregulierung nicht als ein einmaliger Akt angesehen wird, als eine Kraftanstrengung, nach der man sich zurücklehnen und sagen kann: nun ist es geschafft! Nein, Deregulierung – oder besser: Angebotspolitik – ist ein (keineswegs neuer) Denkansatz, ein permanentes Programm, um Wettbewerb zu intensivieren und gegen die immer bestehenden Kräfte zur Kartellierung und Monopolisierung anzukämpfen.

Eine ganz besondere Rolle für diese Herausforderung spielt dabei der Arbeitsmarkt, denn viele der Regulierungen zielen letztlich darauf, Beschäftigung und Einkommen der Arbeitnehmer zu sichern. Arbeitsmärkte zu deregulieren ist der wohl kontroverseste Teil der notwendigen Reformen, deshalb soll hier explizit darauf eingegangen werden.

2. Zur Deregulierung des Arbeitsmarktes

Das Dilemma staatlicher Interventionen am Arbeitsmarkt besteht darin, daß bei marktwidrigen Regulierungen mit immer weitergehenden Eingriffen zu rechnen ist (Interventionsspirale). Dies vertieft und verstärkt die Spaltung der Arbeitsmärkte. Das Übermaß an Regulierung trifft vor allem jene, die eigentlich begünstigt werden sollen; es entsteht ein „Drinnen-Draußen-Problem". Deregulierungen, die für ein Mehr an freiwilligen (individuellen) Vereinbarungen sorgen, sind im Grunde nichts anderes als das Wiederherstellen von bürgerlichen Freiheiten auf dem bisher kollektiv be-

---

13 Herbert Giersch (Hrsg.), Wie es zu schaffen ist. Agenda für die deutsche Wirtschaftspolitik. Stuttgart 1983; Roland Vaubel, Hans D. Barbier (Hrsg.), Handbuch Marktwirtschaft. Pfullingen 1986. Rüdiger Soltwedel et al., Deregulierungspotentiale in der Bundesrepublik. Kieler Studien Nr. 202. Tübingen 1986.

stimmten Arbeitsmarkt, der die Freiheitsrechte der Außenseiter – der Arbeitslosen also – zugunsten der Einkommens- und Schutzinteressen der Insider massiv beschneidet[14].

Wenn das kollektive Arbeitsrecht durch Elemente der individuellen Vertragsfreiheit ergänzt werden würde, drohte kein Rückfall in ,,frühkapitalistische Verhältnisse". Mehr Markt am Arbeitsmarkt zielt auch nicht darauf ab, die Tarifautonomie der Tarifvertragsparteien aufzuheben. Allerdings sollte es gefährdeten Arbeitnehmern überlassen bleiben, ob sie sich der Einbindung in das Kollektiv entziehen; ihnen sollte gestattet werden, aus dem Lohndiktat der kollektiven Tarifvertragsparteien, Arbeitgeberverbände und Gewerkschaften, auszubrechen, wenn die Existenz ihrer Arbeitsplätze gefährdet ist. Es kommt darauf an, die Anpassungskosten an veränderte Nachfrage- und Angebotsbedingungen möglichst gering zu halten, die regulierungsbedingt geringe Durchlässigkeit des Beschäftigungssystems zu erhöhen, d.h. die Marktspaltung abzubauen. Auf offenen Märkten werden sich auch wenig qualifizierten Arbeitskräften bessere Beschäftigungsmöglichkeiten bieten als bisher.

F. Deregulierung – kostenlose Wachstumsstrategie

In unserer zahlengläubigen Zeit wäre es am eindrucksvollsten, könnte man die Wirkungen umfassender Deregulierungsexperimente in anderen Ländern auf deren gesamtwirtschaftliches Wachstum quantitativ exakt bestimmen oder die Effekte der für die Bundesrepublik vorgeschlagenen Maßnahmen in Simulationsrechnungen vor Augen führen. Dies dürfte kaum gelingen. Es liegt im Wesen des Übergangs von der Regulierung zur verantwortlichen Freiheit, daß er Überraschungen bringt, die in Art und Ausmaß nicht antizipiert werden können, gleichwohl bestehen keine Zweifel, daß es diese positiven Wirkungen gibt. Und es ist der Deregulierungskommission zuzustimmen, wenn sie darauf hinweist, daß

---

[14] Zu den detaillierten Deregulierungsvorschlägen vgl. Rüdiger, Soltwedel et al., Regulierung auf dem Arbeitsmarkt der Bundesrepublik. Kieler Studien Nr. 233. Tübingen 1990 sowie Deregulierungskommission, a.a.O.

die positiven Wirkungen einer breit angelegten Deregulierungspolitik größer sein werden als die Summe der Wirkungen der Einzelmaßnahmen. Man muß sich nur vor Augen führen, daß der größte Deregulierungsbedarf den Bereich der Dienstleistungen betrifft – Verkehr, Versicherungen, Banken, Freie Berufe, Energie, Handwerk – und den Arbeitsmarkt, um zu erkennen, daß dies die Angebotsbedingungen in der gesamten Volkswirtschaft verbessern wird. Die Durchführung des Deregulierungsprogramms wird uns dem näher bringen, was das wohl wichtigste Anliegen Ludwig Erhards war: Wohlstand für alle.

Dies bedarf der Präzisierung: Natürlich kann kein Zweifel daran bestehen, daß jene – Unternehmer wie Arbeitnehmer –, die bisher von dem Schutzzaun gegen Wettbewerb profitiert haben, unter Druck geraten werden und unter Umständen erhebliche Einbußen werden hinnehmen, oder gar aus dem Markt ausscheiden müssen, wenn sie diesen Druck nicht in verstärkte Anstrengungen umsetzen. Vor allem die Verbände der betroffenen Wirtschaftszweige haben, als die Deregulierungskommission sich anschickte, das zu tun, wofür sie eingesetzt worden war, massive Bestandsschutzinteressen artikuliert und auf die Fragebögen der Deregulierungskommission zum Teil mit der unverblümten Forderung nach Auflösung dieser Kommission reagiert.[16] Produzenten, die nur unter Protektion bestehen können und die neuen Freiräume des Marktes nicht gewinnbringend umsetzen können, vermindern aber die Wahlmöglichkeiten und das Budget der Konsumenten insgesamt und schmälern das Staatssäckel; sie machen alle außer sich selbst ärmer. Eine Bestandsgarantie für solche Unternehmen kann es in einer Marktwirtschaft selbstverständlich nicht geben.

Die große Macht, die Interessengruppen auf Politiker ausüben können, macht deutlich, daß der Prozeß der Deregulierung einen starken Staat erfordert, der sich mit Erfolg der Macht der Interessenverbände entgegenstemmen kann. Rückenstärkung für diese Syslphusaufgabe könnte der Staat aus zwei Quellen ziehen: dem Bin-

---

15 "The profession deserver at best a **B** – on its ability to forecast the details of deregulation, despite deserving an **A** on predicting the overall effects." Dennis C. Mueller, "Symposium: Deregulation in Retrospect", in: Southern Economic Journal, Vol. 59, Number 3, January 1993, S. 436

16 Basedow, a.a.O., 157.

nenmarktprogramm der Europäischen Gemeinschaft und dem Zwang zur Konsolidierung der öffentlichen Finanzen:

- Das Binnenmarktprogramm gestattet es den nationalen Regierungen, den Schwarzen Peter der EG-Kommission und dem Europäischen Gerichtshof zuzuschieben, wenn sie ihren Hätschelkindern die Privilegien wegnehmen muß. Die größte Schubkraft für die Deregulierung geht von der Verbürgung der Dienstleistungsfreiheit in Art. 59 EWGV aus. Sie neutralisiert den blockierenden Einfluß der mächtigsten Interessengruppen und gibt Regierung und Parlament den politischen Spielraum zurück, dessen sie bedürfen, um die Wettbewerbsordnung gegen die Bestandsschutzinteressen der regulierten Branchen auszubauen (ohne den Druck der EG wäre in die Regulierungskulisse z.B. des deutschen Verkehrsmarktes wohl kaum Bewegung gekommen). Allerdings heißt es auch hier, wachsam zu sein: es geht Gefahr von jenen Bestimmungen des EWGV aus, die eine Neuregulierung auf europäischer Ebene gestatten; dafür bieten sich nämlich die allgemeine Ermächtigung zur Rechtsangleichung in Art. 100a EWGV an[17] und ebenfalls der Art. 235 EWGV, der dem Rat die Möglichkeit gibt, Rechtsbereiche an sich zu ziehen, weil dies angeblich für den Integrationsprozeß erforderlich ist, obwohl nach dem Prinzip der Subsidiarität diese Bereiche in die Kompetenz der Mitgliedstaaten gehören.[18]
- Leere öffentliche Kassen üben einen heilsamen Sanierungszwang aus – den Hätschelkindern kann nicht mehr so viel zugesteckt werden wie bisher. Und die Aussicht, mit einem umfassenden Deregulierungsprogramm die Wachstumskräfte – und damit die Steuerbasis – zu stärken, könnte vielleicht manchen Bundestagsabgeordneten davon abhalten, für eine Einnahmeverbesserung durch höhere Steuersätze zu votieren, die letztlich darauf hinwirken würde, die Wachstumskräfte nachhaltig zu schwächen.

---

[17] Basedow, a.a.O., S. 165.

[18] Claus-Friedrich Laaser, Rüdiger Soltwedel et al., Gesamteuropäische Integration und ihre Auswirkungen auf die nationale Wirtschaftspolitik. Endbericht zu einem Forschungsauftrag des Bundesministers für Wirtschaft. Kiel 1992 (erscheint demnächst als Kieler Studie).

Ein umfassendes Deregulierungsprogramm trägt den Keim für einen circulus virtuosus in sich. Die Politiker sind gefordert, es umzusetzen. Anderenfalls stehen sie unter Rechtfertigungszwang, warum sie Möglichkeiten auslassen, das Wohl der Bevölkerung zu verbessern.

Norbert Walter

Mehr Wachstum durch Privatisierung von Staatsleistungen

I. Privatisierung – noch immer ohne Priorität?

Es gibt Themen, die immer die zweite Geige spielen. Das Thema Privatisierung scheint zu dieser Kategorie zu zählen. Dies verblüfft. Der ordnungspolitische Neubeginn für die Marktwirtschaft nach dem Fall der Mauer und der Öffnung des Eisernen Vorhangs hätte ebenso für entschlossene Privatisierung gesprochen wie der akute, ja chronisch zu werden drohende Finanzmangel der öffentlichen Hand. Jeder Private, dem die laufenden Ausgaben deutlich gegenüber den Einnahmen davonlaufen, erwägt, Teile des Vermögens zu veräußern, um die Überschuldung zu vermeiden. Nicht so beim Staat. Er hält sich schadlos beim Bürger; er sattelt drauf und erhöht die bereits hohen Steuern und Abgaben.

Wie ist die Geringschätzung der Privatisierung zu erklären? Da ist zuerst das Gerede davon, daß man das Tafelsilber besser nicht angreife. Der Privatisierung wird also von den Gegnern das Etikett „nicht seriös" angeheftet. Der Staat, der einen Teil seines Vermögens an Private verkauft, wird bewußt in die Nähe jener gerückt, die den Pfandleiher brauchen. Dies stellt jedoch die Dinge auf den Kopf. Es mag auch sein, daß kaum jemandem bewußt ist, wie umfangreich das staatliche Vermögen ist. Ganz sicher ist das gesamte Wirtschaftsvermögen des Staates mit über 2 Billionen DM höher als die staatlichen Schulden (1.6 Billionen Ende 1992). Dem Staat gehören nicht nur Ländereien und Forste, Bahn und Post, Industriebetriebe, sondern eben auch Krankenhäuser, Schlachthöfe und Reisebüros. Nicht zu vergessen: Es gehören ihm die Hälfte der deutschen Banken.

Daß Privatisierung in der (west)deutschen Wirtschaftspolitik einen so bescheidenen Rang einnimmt, wirkt angesichts der Privatisierung im Schnellzugverfahren in den neuen Bundesländern fast grotesk. Diese gespaltene deutsche Mentalität macht ökonomisch, politisch und gesellschaftlich keinen Sinn. Sie scheint so gar nicht zu deutscher Gründlichkeit zu passen. Was sind die Gründe für das häufige Beharren auf staatlichen Lösungen? Welche Traditionen erklären die Beharrlichkeit der Staatswirtschaft im prinzipiell marktwirtschaftlichen Westen?

II. Wie kam es zu Staatsbetrieben?

,,Es gab niemals eine dauerhafte Periode geistiger und politischer Freiheit, wenn ein Apparat, der politische und ökonomische Macht verband, etabliert war. Deshalb haben wir alle Grund, Montesquieu's These ernst zu nehmen, daß sich Freiheit nur dort entwickeln kann, wo Macht geteilt ist. Selbst ökonomische Macht muß dezentralisiert werden, wissen wir doch, wie entscheidend politische Freiheit von ökonomischer Unabhängigkeit abhängt.'' (Alfred Müller Armack, Wirtschaftslenkung und Marktwirtschaft, 2. Auflage 1978, Hamburg, S. 63.).

Im Mittelalter waren die staatlichen Betriebe vor allem Einrichtungen zur Beschaffung von Staatseinnahmen. Zuerst handelte es sich dabei um landwirtschaftliche Güter und Forstbetriebe. In der beginnenden Neuzeit wurden staatliche Einrichtungen mit der Absicht geschaffen, Modelle für die private Wirtschaft zu entwickeln. Hierzu zählten Handwerksbetriebe mit neuen Techniken (z.B. Porzellanmanufakturen) oder grenzüberschreitende Handelsbetriebe. Neben der Förderung der wirtschaftlichen Entwicklung spielte auch die Begrenzung privater (Monopol-)Macht für die Etablierung staatlicher Unternehmen eine bedeutende Rolle. Dies zeigt sich in der Schaffung von Zentralbanken, Post- und Telegraphenbehörden. Mit der zunehmenden Bedeutung des Verkehrs entstanden immer mehr staatliche Verkehrsbetriebe von der Eisenbahn über den kommunalen Nahverkehr bis hin zur Luftfahrt. Ebenfalls wegen der zentralen Bedeutung nahm der Staat die Wasser- und die Stromversorgung sowie die Entsorgung von Abwasser und Müll als unternehmerische Aufgabe in eigene Regie. Daneben haben besondere Sicherheitsinteressen zu einem Engagement des Staates im Rohstoffbereich geführt: Hierbei reicht die Palette von Bergwerken bis zur Erzeugung militärischer Produkte. Die jüngste Begründung für staatliche unternehmerische Betätigung ist die Übernahme von wirtschaftlich gefährdeten Betrieben. Dies geschah zumeist aus sozialen und regionalen Erwägungen. Seit dem New Deal in den 30er Jahren, als man überwiegend glaubte, der private Sektor sei von Natur aus instabil, wird die staatliche unternehmerische Tätigkeit als Mittel zur Globalsteuerung, zur strukturellen Beeinflussung und zur Korrektur der Einkommensverteilung angesehen.

Die in der DDR und vielen anderen sozialistischen Staaten durchgeführte umfassende Verstaatlichung half sich kaum mit so vielfältigen Erklärungen. Die marxistische Ideologie gibt einen vollkommenen Begründungszusammenhang dafür, daß die Produktionsmittel nicht in der Hand von Privaten bleiben können. Die Privaten ruinieren nach dieser Ideologie die Basis des Wirtschaftens. Nur die Verstaatlichung ermöglicht es danach, den Kollaps des Systems zu vermeiden.

Wachstumsverluste durch Staatsbetriebe

Privatisierung wäre kein so bedeutendes Thema geworden, wenn sich die Vorstellungen über die Wirkungsweise staatlicher Einrichtungen, die zu ihrer Etablierung führten, als zutreffend erwiesen hätten. Bevor hier auf die Begründungen im einzelnen eingegangen wird, erscheinen einige wenige Bemerkungen zu den Grundvorstellungen über das Verhältnis von Staat und Privaten angemessen.

Ein betreuender Staat, der Einkommen umverteilt, die Wirtschaftsstruktur lenkt, die Nachfrage stabilisiert, die Infrastruktur umfassend bereitstellt und die Entwicklung vorantreibt, ist um so eher ein wünschenswertes und erfolgversprechendes Modell, je größer die Abstände zwischen moralischer und fachlicher Qualifikation zwischen der regierenden Elite und den Bürgern sind. Um es auf die Spitze zu treiben: Sind die Regierenden allwissend und vollkommen altruistisch und die Wirtschaftssubjekte uninformiert, unausgebildet, unzivilisiert und roh, so erscheint der patriarchalische Staat und in ihm der Staatsbetrieb als eine sachgerechte Lösung. Ist aber zu vermuten, daß die moralische und fachliche Qualität von Regierenden und Regierten gleich ist, so spricht vieles für eine

Wirtschaftsordnung, in der möglichst viele Einzelentscheidungen einschließlich der unternehmerischen in die Verantwortlichkeit der Wirtschaftssubjekte gegeben werden. In einer solchen Ordnung sorgt das Eigeninteresse für eine effiziente Nutzung von Ressourcen. Die individuelle Motivation wird besser genutzt als bei jeder Alternative. Der Staat hat hierbei die Rolle, den Wettbewerb zu sichern, was vor allem heißt, die Märkte offenzuhalten. Dieses Prinzip der Koordination über den Markt, kontrolliert durch den Wettbewerb, ist um so eher effizient und gerecht, je verantwortlicher und informierter die Bürger sind.

Förderung des Wettbewerbs und niedrige Preise

Wenn Staatsbetriebe deshalb geschaffen wurden, um Wettbewerb zu sichern und niedrige Preise zu fördern, so kann das Experiment getrost ein Desaster genannt werden. Alle Länder mit hohem Staatsanteil in Verkehr, Post und Fernmeldewesen, bei Energie und Banken haben im internationalen Vergleich hohe Kosten, Gebühren bzw. Preise für solche Leistungen. Das gilt, obwohl viele dieser Firmen kräftige Verluste einfahren, die den Steuerzahlern aufgebürdet werden. Der Wettbewerb wird in solchen Sektoren vor allem dadurch behindert, daß man neue Konkurrenten nicht zuläßt. Aber die öffentlichen Unternehmen sind oft selbst Ursache für Konzentrationsprozesse. Beispielsweise waren öffentliche Banken – für bestimmte Aufgaben ohnehin mit Gebietsmonopolen ausgestattet – aggressiver bei Übernahmen als private. Auch im Energiebereich sind solche Verhaltensweisen nicht untypisch. Ausländische Konkurrenz wurde ebenso zurückgeschlagen wie privater inländischer Initiative wenig Raum gelassen wurde.

Stabilisierung und Effizienzsteigerung der Investitionsaktivität

Die Vorstellung, der Staat und seine Unternehmen würden die Investitionstätigkeit im Zeitablauf stabilisieren, ist offenkundig unzutreffend. Faktisch haben staatliche Investitionen zyklisch stärker geschwankt als private. Gewisse Stabilisierungsansätze bei der

Post haben zwar zu einem Stau bei Kundenwünschen (Wartezeiten auf Telefon- oder Kabelanschlüsse) geführt, per Saldo aber nicht zu einer Konjunkturstabilisierung. Vielmehr hat gerade die oft prozyklische Anpassung der Investitionen der Gemeinden (Investitionen stark, falls reichlich Steuereinnahmen und vice versa) die Konjunkturschwankungen verstärkt.

Die Effekte auf die Effizienz von Investitionsentscheidungen durch Staatsbetriebe werden recht kontrovers diskutiert. Manche definieren Effizienz so, daß die staatliche Entscheidung prinzipiell überlegen sei. Überläßt man das Urteil dem Bürger, so zeigt sich, daß die Einschätzung gerechtfertigt erscheint, daß alle Investoren, private wie staatliche, Fehler machen, aber daß private in der Regel ihre Fehler früher korrigieren. In der Folge führt die Existenz staatlicher Betriebe zu niedriger Kapitalproduktivität und damit letztlich zu Wachstumsverlust.

Gerade im Kontext von Industriepolitik und Förderung von hightech-Produkten wird argumentiert, daß es staatlicher Betriebe bedürfe, um die wirklich risikoreichen Investitionen auszulösen. Deshalb sei der Staat gefordert, sich im Bereich der Schlüsselindustrien zu engagieren. Diese Argumentation ist nicht stichhaltig. Erstens gibt es andere Methoden zur Förderung solcher Produkte und Produktionsverfahren als die Einrichtung von Staatsbetrieben. Zweitens lehrt die Erfahrung, daß eine solche Investitionslenkung einer Volkswirtschaft keinen nachhaltigen Wohlstand verschafft, insbesondere dann nicht, wenn es außerhalb der Regierung weitsichtige und kluge Investoren gibt und die Kapitalmärkte funktionieren. Da die Versuche, mit Staatsbetrieben Technologie voranzubringen, in letzter Zeit häufig fehlschlugen, sollte dieses Argument entschlossener Privatisierung nicht im Wege stehen.

Bessere Beschäftigungsbedingungen

Die Erhaltung industrieller Kerne in den neuen Bundesländern und auch das staatliche Engagement in strukturell gefährdeten Bereichen in Westdeutschland (Kohle/Stahl) hat oft mit dem Erhalt von Arbeitsplätzen zu tun. Ganz sicher hat staatliche Betätigung hier zu einer zeitweisen Sicherung der Beschäftigung in bestimmten Sektoren und Regionen beigetragen. Während diese kurzfristigen direkten Beschäftigungsgewinne herausgestellt werden, bleiben die negativen Effekte auf die Arbeitsplätze in anderen Bereichen und Landesteilen außer Acht, also höhere Steuern und höhere Zinsen. Darüber hinaus bleibt unbeachtet, daß auf mittlere und lange Sicht auch in den Bereichen, in denen sich die staatlichen oder halbstaatlichen Betriebe konzentrieren, die Beschäftigungschancen als Folge überhöhter Arbeitskosten bzw. unterproportionaler Effizienz sinken – in der Regel sogar überproportional. Wenn diese Wettbewerbsschwäche offensichtlich wird, bedient sich der Staat oftmals protektionistischer Maßnahmen. Die Abwehr von Importen aus dem früheren Ostblock ist lediglich das letzte Glied einer langen Kette solcher Beispiele.

Im Interesse der Staatsbediensteten

Privatisierung erscheint vielen als ein stark ideologisierter Begriff. Sozialisten und Interventionisten sind dagegen und Marktwirtschaftler dafür. Diese Charakterisierung reflektiert möglicherweise den Diskurs zum Thema, nicht aber seinen Alltag. Hier zeigt sich, daß kaum eine etablierte Regierung große Initiative für die Privatisierung entfaltet. Offenkundig ist das Interesse von Konservativen, Liberalen und Sozialdemokraten in Bezug auf staatliche Unternehmen weitgehend gleich. Man ist mit dem Macht- und Einkommenszuwachs sehr zufrieden, den diese den dort tätigen (ehemals) Staatsbediensteten gewähren, und denkt nicht daran, diesen Zustand zu verändern.

Neue Grenzlinien zwischen staatlicher und privater Tätigkeit

Die Forderung nach einer konsequenten Privatisierung staatlicher Leistungen leitet sich nicht allein aus der angespannten Finanzlage der öffentlichen Haushalte und der Vielzahl offenkundiger Fälle des Staatsversagens ab. Zu bedenken ist auch, daß der Staat in einem sich rasch wandelnden Umfeld agiert, daß seine Rolle durch neue Technologien, durch Veränderungen in der internationalen

Arbeitsteilung und durch den verschärften Wettbewerb zwischen den Industrienationen herausgefordert ist.

Neue Technologien, insbesondere die mit den revolutionären Fortschritten in der Mikroelektronik verbundenen Neuerungen, haben theoretische Begründungen für staatliches Engagement, die gestern noch plausibel waren, fast über Nacht nichtig gemacht und herkömmliche Grenzen zwischen staatlicher und privater Tätigkeit, wie sie in älteren Lehrbüchern zur Theorie öffentlicher Güter gezogen werden, zugunsten des Privatsektors verschoben. So sticht bei manchen Gütern heute das Argument nicht mehr, sie müßten deshalb vom Staat bereitgestellt werden, weil die Intensität ihrer Nutzung durch die Bürger nicht erfaßt werden könne und damit die Basis für eine leistungsgerechte Preissetzung fehle und/oder weil der Ausschluß zahlungsunwilliger Nutzer einen unverhältnismäßig hohen Aufwand erfordern würde. Das wohl wichtigste Beispiel in diesem Zusammenhang sind Straßen.

Als unzeitgemäß erweisen sich auch Monopolstellungen, die der Staat besetzt hält, um der Gefahr der Vorherrschaft einzelner privater Unternehmen entgegenzuwirken. Eine solche Gefahr besteht nicht mehr. Dank offener Grenzen, niedriger Kommunikations- und Transportkosten sowie des technischen Fortschritts im Produktionsbereich, der für eine permanente Erweiterung des Güterangebots sorgt, gehören Produkte, zu denen es keine Alternative gibt und die etwa wegen sinkender Grenzkosten nur von einem Anbieter auf den Markt gebracht werden (natürliche Monopole), der Vergangenheit an. Kein privates Unternehmen hat heute Aussicht auf eine dauerhafte Monopolstellung – es sei denn, es wird vom Staat geschützt. Auch staatliche Monopole im Bereich der netzgebundenen Dienstleistungen sind obsolet geworden. Mittels neuer Technologien könnten die Leitungsnetze der Post und der Stromversorger sowie das Schienennetz der Bahn heute problemlos nicht mehr nur von einem, sondern von vielen Dienstleistern genutzt werden. Deshalb hat der Staat hier das Feld zu räumen.

Weitgehend überholt ist ferner das ohnehin zweifelhafte Argument, der Staat müsse Güter, die zu Marktpreisen nach staatlichem Verständnis nur unzureichend nachgefragt würden (sogenannte meritorische Güter), zu günstigen Preisen oder gar umsonst bereitstellen. Wenn der Staat als Produzent und Anbieter auftritt, kommt es nach aller Erfahrung zu Verschwendung auf allen Ebenen. So werden Produktionskapazitäten zu groß dimensioniert und es wird zu teuer produziert. Zudem gehen die Bürger mit Gütern und Diensten, die ihnen sehr günstig oder gar zum Nulltarif überlassen werden, meist nicht sehr sorgsam um, und sie fragen davon weit mehr nach, als letztlich nach gesamtwirtschaftlichen Maßstäben sinnvoll ist. All dies geht zu Lasten der Steuerzahler, die das staatliche Angebot finanzieren müssen. Ein weiteres kommt hinzu: Wenn der Staat von der Allgemeinheit finanzierte Güter preiswert anbietet, haben private Anbieter keine Chance. Das günstige Angebot bildet eine kaum zu überwindende Marktzutrittsbarriere. Der Staat erhält damit faktisch eine Monopolstellung, was ihm nicht zuletzt auch ermöglicht, die Bürger zu bevormunden. Eine solche Bevormundung ist aber – wie bereits erwähnt – längst nicht mehr zeitgemäß. Weniger Staat ist folglich auch in Bereichen wie dem Gesundheitswesen, im Erziehungs- und im Kulturbereich, insbesondere auch bei Rundfunk und Fernsehen, angezeigt.

III. Formen der Privatisierung

Materielle Privatisierung

Die Veräußerung von staatlichen Unternehmen bzw. Beteiligungen an Private ist die klassische Form der Privatisierung. Diese sogenannte materielle Privatisierung ist zugleich auch die radikalste Form. Mit einem solchen Schritt verabschiedet sich der Staat ganz als Anbieter aus dem Markt – sofern er konsequent alle Beteiligungen in einem Wirtschaftsbereich aufgibt. Sie ist zweifellos überall dort geboten, wo Wettbewerb herrscht und das staatliche Engagement auch nicht durch sonstige wichtige öffentliche Interessen gerechtfertigt ist.

Für diese Form der Privatisierung spricht, daß Staatsbetriebe und staatlich kontrollierte Betriebe den Erwartungen, die in sie gesetzt wurden, nicht gerecht geworden sind. Wachstum, Beschäftigung und sozialer Fortschritt wurden mit diesem Instrument nicht erreicht, wie sich im Verlauf der letzten Jahrzehnte – und nun besonders augenfällig nach dem Kollaps des Sozialismus – gezeigt hat. Meist erweist sich eine konsequente Privatisierung auch für die betroffenen Betriebe als vorteilhaft. Von staatlichen Fesseln befreit, gewinnen sie an Flexibilität in allen betrieblichen Bereichen von der Beschaffungs- über die Personal- bis zur Produktions- und Absatzpolitik. Für den Staat schließlich lohnt es sich in jedem Fall, Beteiligungen zu veräußern – zumindest in finanzieller Hinsicht. Offenkundig gilt dies, wenn der Staat einen „Zuschußbetrieb" – sprich: eine Beteiligung, aus der nur Verluste resultieren – an Private abgibt, damit sie als die besseren Unternehmer den Betrieb sanieren und rentabel weiterführen. Auf längere Sicht gesehen wird der Staat dabei selbst dann Kosten sparen, wenn er den privaten Interessenten einen Zuschuß als Starthilfe gewähren muß. Aber auch durch Privatisierung eines rentablen öffentlichen Betriebes stellt sich der Staat besser. Denn in Höhe der Privatisierungserlöse vermindert sich im Vergleich zum status quo die öffentliche Verschuldung. Die Zinszahlungen, die dadurch eingespart werden können, dürften jedoch meist höher liegen als die ursprünglichen Beteiligungserträge, so daß auch in diesem Fall die Staatskasse per Saldo entlastet wird.

Übertragung öffentlicher Dienstleistungen auf Private: das Betreibermodell und das Konzessionsmodell

Privatisierung darf nicht nur unter dem Aspekt der Veräußerung von Beteiligungsbesitz betrachtet werden. Erforderlich ist eine grundlegende Reform der Aufgabenteilung zwischen Staat und Privatwirtschaft. Nach wie vor gilt für viele bei der Daseinsvorsorge eine Zuständigkeitsvermutung zugunsten des Staates. Diese ist jedoch nicht mehr zeitgemäß. Die Bürger haben sich emanzipiert. Viele verfügen über beträchtliche Vermögen. Mehr Selbstvorsorge der Bürger ist möglich und notwendig. Die hohen Kosten der staatlichen Leistungen sind nicht mehr tragbar.

Ein Rückzug des Staates auf breiter Front ist deshalb dringend erforderlich. Zum einen heißt dies, den Umfang der staatlichen Leistungen auf das wirklich Notwendige zu begrenzen. Zum anderen muß der Staat dort, wo es sinnvolle Aufgaben für ihn gibt, neue Wege beschreiten. Derzeit bietet der Staat in vielen Bereichen als

Monopolist den Bürgern entgeltlich oder unentgeltlich Leistungen an, die von ihm selbst oder zumindest unter staatlicher Regie produziert werden. Dieses ineffiziente Zwangssystem der staatlichen Zuteilung von Sachleistungen gilt es, soweit wie möglich durch Marktprozesse zu ersetzen. Einen ersten Schritt auf diesem Weg stellt die Übertragung staatlicher Dienstleitungen an Private dar (contracting out). Dafür gibt es mehrere Modelle. Zwei davon, das Betreibermodell und das Konzessionsmodell, werden im folgenden kurz skizziert.

Die Grundidee des *Betreibermodells* ist, daß staatliche Institutionen öffentliche Dienstleistungen, zu deren Bereitstellung sie per Gesetz verpflichtet sind, nicht notwendig in eigener Regie erbringen müssen. Das heißt, sie können sich zur Erfüllung ihrer Leistungspflichten Dritter – also auch privater Unternehmen – bedienen. Die Leistungen, um die es dabei geht, werden vorzugsweise von Kommunen erbracht und umfassen etwa den Abwasserbereich, die Trinkwasserversorgung, Bäder, Deponien, Krankenhäuser, Altenheime etc.

Das Betreibermodell eröffnet somit einen Weg zur Privatisierung kommunaler Dienstleistungen. Private Anbieter können die Dienstleistung vollständig übernehmen, d.h. Planung, Finanzierung, Bau und Betrieb von kommunalen Anlagen durchführen. Welcher Anbieter zum Zuge kommt, wird über eine Ausschreibung ermittelt.

Aus juristischer Sicht bleibt die Kommune in der Pflicht. Sie ist unverändert Vertragspartner der Leistungsempfänger, und in dieser Eigenschaft werden von ihr Beiträge und Gebühren für die von dem privaten Betreiber erbrachten Leistungen festgesetzt und erhoben. Der private Investor (oder Betreiber) unterhält keinerlei Vertragsbeziehungen zu den Leistungsempfängern. Sein Kontraktpartner ist die Gemeinde, von der er privatwirtschaftliches Entgelt für seine Leistungen bezieht.

Der Betreiber übernimmt von der Kommune die Bauherreneigenschaft und wird Eigentümer der von ihm errichteten Anlagen. Die Laufzeit des Konzessionsvertrages mit der Gemeinde richtet sich nach der üblichen Lebensdauer der Anlage, bei Abwasserreinigungsanlagen sind dies 20 bis 30 Jahre. Für diese Zeit verpflichtet sich der Betreiber zum Betrieb der Anlage auf eigenes Risiko. Die erforderlichen Grundstücke dürfte die Gemeinde in der Regel auf dem

Wege des Erbbaurechts zur Verfügung stellen. Darüber hinaus dürfte sich die Gemeinde vertraglich bestimmte Einfluß- und Kontrollrechte über die Leistungserstellung sichern. Für den Fall, daß der Betreiber seinen Verpflichtungen nicht voll nachkommt, wird sie sich ein Heimfallrecht ausbedingen. Zweck ist die volle Verfügungsgewalt über die betreffende Anlage, um eventuelle Leistungsstörungen zu minimieren.

Die Kostenvorteile privater Betreiber lassen sich durchaus erklären: So können private Unternehmer deutlich mehr Expertise akkumulieren als eine Kommune, die solche Projekte maximal einmal im Zeitraum von 30 Jahren durchführt. Ein privates Unternehmen verfügt dagegen über Markttransparenz auf der Lieferantenseite, es hat jeden Anreiz, kostenminimierend zu arbeiten, es bezahlt seine Ingenieure nicht nach den Kosten des Projekts, und es steht im Gegensatz zur Kommune unter dem permanenten Druck, die Kosten zu senken. Im Zweifelsfall wird es Anlagen errichten, die sich an anderer Stelle bereits bewährt haben, und dabei die zwischenzeitlich gemachten Erfahrungen auf technischem und wirtschaftlichem Gebiet in entsprechende Modifikationen umsetzen. Zudem kann ein privates Unternehmen schneller agieren, weil es zum einen ein unmittelbares Eigeninteresse an einer zügigen Fertigstellung hat und weil es zum anderen nicht an die Bestimmungen für die Vergabe von öffentlichen Aufträgen gebunden ist.

Auch die Kommunen selbst können beachtliche Vorteile realisieren: Sie vermeiden eine Kreditaufnahme und entlasten damit ihr Budget. Mitarbeiter und Planungskapazitäten werden nicht in zeit- und arbeitsintensiven Projekten gebunden. Die Projekte lassen sich privat in aller Regel schneller realisieren als unter öffentlicher Regie; dieses Argument dürfte besonders in den neuen Bundesländern von ausschlaggebender Bedeutung sein. Alles in allem verbessert sich die Standortattraktivität einer Kommune, wenn öffentliche Leistungen auf qualitativ hohem Niveau schnell, preiswert und bedarfsgerecht erbracht werden.

Bei dem *Konzessionsmodell* handelt es sich wie beim Betreibermodell im Kern um eine private Projektfinanzierung. Die Zielsetzungen dieses Finanzierungsmodells sind:

– Einsparung von Planungs- und Bauzeiten;

- Schonung öffentlicher Haushaltsmittel und Planungskapazitäten;
- Nutzung privatwirtschaftlicher Effizienzvorteile;
- transparente Finanzierungskosten;
- Finanzierungskosten, die in der Nähe der Konditionen für die öffentliche Hand liegen.

Beim Konzessionsmodell nimmt die Projektgesellschaft die für eine Infrastrukturinvestition benötigten Finanzmittel im eigenen Namen auf. Als einziges Aktivum bilanziert sie die entgeltlich erworbene Konzession für den Bau und die Nutzung der betreffenden Investition. Das eigentliche Anlagevermögen wird nicht benötigt, es kann unmittelbar nach Abschluß der Bauarbeiten in das Eigentum der öffentlichen Hand übergehen.

Die Projektgesellschaft schaltet ihrerseits einen erfahrenen Generalunternehmer ein, der für die spezifikations-, zeit- und kostengerechte Ausführung aller Arbeiten Sorge zu tragen hat. Damit können Effizienzgewinne erzielt und die nicht unüblichen Budgetüberschreitungen bei Eigenregie der öffentlichen Hand verhindert werden.

Die Investitionskosten der Projektgesellschaft werden durch nutzungsunabhängige Entgeltzahlungen der öffentlichen Hand abgegolten. Diese Entgelte werden für einen festen Zeitraum (z.B. 30 Jahre) vertraglich vereinbart und sind – wie gesagt – unabhängig von der tatsächlichen Inanspruchnahme des Infrastrukturprojekts zu entrichten. Die privaten Finanziers gehen deshalb nur ein „Kreditrisiko öffentliche Hand" ein; entsprechend günstig sind die Finanzierungskonditionen.

Für die öffentliche Hand ergeben sich folgende Vorteile: Zum einen erfolgt bis Fertigstellung eine vollständige Vorfinanzierung durch die private Seite, so daß bis zu diesem Zeitpunkt die öffentliche Hand von allen Zahlungen freigestellt ist. Zum anderen erfolgt eine Entlastung des Haushalts, weil bei entsprechender Vertragsgestaltung nur die jeweiligen „Raten" im Haushalt erscheinen (anstelle des Barwerts oder der Summe aller künftigen Zahlungen). Die Gesamtkosten einer Investition werden folglich abschreibungskonform über die Jahre verteilt. Diesen fixen Zahlungsverpflichtungen der öffentlichen Hand sind natürlich eventuelle Nutzungsentgelte – wie z.B. Abwassergebühren, Ticketerlöse oder Straßenbenutzungsgebühren – gegenzurechnen.

Gutscheinsystem statt Sachleistungsprinzip

Beim oben skizzierten contracting out tritt der Staat weiterhin als Monopolanbieter auf. Monopole leisten jedoch keine optimale Versorgung. Die von ihnen angebotenen Leistungen sind zu teuer und nicht von bester Qualität, da der Wettbewerb als Garant höchstmöglicher Effizienz ausgeschaltet ist. Wo Monopole verzichtbar sind, sollte der Staat noch einen weiteren Schritt in Richtung Markt gehen. Als stärker marktorientierte Alternative zum Sachleistungsprinzip bietet sich ein Gutscheinsystem an. Anstelle von Sachleistungen erhalten die Bürger dabei Gutscheine, die sie bei den Anbietern der betreffenden Leistungen einlösen können. Die Anbieter wiederum reichen die Gutscheine an den Staat weiter und werden von diesem durch ein Entgelt für die Bereitstellung der Leistung entlohnt. Für den Staat hat dieses System mehrere Vorteile. Zum einen kann er einzelne Personen oder Bevölkerungsgruppen gezielt dadurch unterstützen, daß diese die Gutscheine kostenlos oder zu günstigen Bedingungen erhalten. Zum anderen kann er sich als Anbieter weitgehend zurückhalten und das Feld den Privaten überlassen. Durch den Rückzug des Staates entsteht Raum für Wettbewerb. Damit ist ein kostengünstigeres Angebot gewährleistet. Obgleich der Staat die Bereitstellung der Leistungen getrost den Privaten überlassen kann, behält er dennoch auch auf der Angebotsseite große Einflußmöglichkeiten. Denn er kann Bedingungen definieren, welche die Anbieter erfüllen müssen, wenn sie am Gutscheinsystem teilnehmen wollen. Ein solches System eignet sich deshalb für all jene Bereiche, in denen eine gewisse staatliche Einflußnahme sowohl auf der Nachfrage- wie auch auf der Angebotsseite sinnvoll erscheint. Dazu gehören etwa das Gesundheitswesen oder der Bildungsbereich.

Wo immer möglich, sollten private Anbieter ganz von staatlichen Fesseln befreit werden, damit sich die Marktkräfte ungestört entfalten können. Durch direkte Einkommenstransfers an bedürftige Nachfrager, die Marktpreise nicht bezahlen können, kann der

Staat die Verteilung von Gütern auch beeinflussen, ohne auf der Angebotsseite mitzumischen. So sollte in der Bundesrepublik insbesondere der kontraproduktive soziale Wohnungsbau durch Mietbeihilfen ersetzt werden.

IV. Umfang der Staatstätigkeit in der Bundesrepublik

Bei Gründung der Bundesrepublik übernahmen Bund und Länder den Nachlaß des Deutschen Reiches bzw. der früheren Länder; die Kommunen behielten weitgehend ihren Besitz. Wichtige Bereiche der Volkswirtschaft, vor allem im Verkehrswesen (Bahn, Luftfahrt), in der Kommunikation (Post, Rundfunk), in der Kreditwirtschaft (Sparkassen, Landesbanken/Girozentralen, Spezialkreditinstitute) und in der Versorgungswirtschaft (Elektrizitäts- und Gasversorgung) sowie Teile der Industrie blieben damit einer teilweise langen Tradition entsprechend in öffentlicher Hand. Allerdings fanden in der Bundesrepublik in der Nachkriegszeit anders als in Frankreich und Großbritannien keine größeren Verstaatlichungen statt.

Insbesondere der Bund erhielt umfangreiche Vermögenswerte aus dem Besitz des ehemaligen Deutschen Reiches und des früheren Landes Preußen. Dazu gehörten unter anderem große Industrieunternehmen wie die Vereinigte Industrieunternehmungen AG (VIAG), der VEBA-Konzern mit seinen weit verzweigten Beteiligungen in der Energiewirtschaft sowie als bedeutendste Beteiligung die Howaldswerke Kiel und Hamburg sowie das Volkswagenwerk. Hinzu kamen die Deutsche Bundesbahn und die Bundespost, die als Sondervermögen geführt wurden. Vor allem in den fünfziger Jahren gründete der Bund auch neue Unternehmungen. An erster Stelle wären hier verschiedene Banken (Kreditanstalt für Wiederaufbau, Deutsche Bau und Bodenbank AG, Deutsche Pfandbriefanstalt, Deutsche Siedlungs- und Landesrentenbank u.a.) zu nennen. Diese Spezialbanken sollten zum Wiederaufbau der Industrie, zur Förderung des Wohnungsbaus, zur Eingliederung von Flüchtlingen und Vertriebenen sowie zur Förderung des ländlichen Raumes beitragen. Freilich blieben diese Institute, selbst als ihre ursprünglichen Aufgaben erledigt waren und sie mehr und mehr in Konkurrenz zu den privaten Banken traten, noch lange Zeit im Bundesbesitz.

Auch in späteren Jahren ging der Bund noch Beteiligungen ein. Dabei standen strukturpolitische Motive im Vordergrund – auf der einen Seite etwa die Absicht, Zukunftstechnologien zu fördern (Beteiligungen des Forschungsministeriums) und auf der anderen Seite bedrohte Arbeitsplätze zu erhalten (Mehrheitsbeteiligung an der Saarbergwerke AG). Der Idee staatlicher Planung und Wirtschaftslenkung war vor allem die erste sozialliberale Bundesregierung zugeneigt. Sie wollte die Bundesbeteiligungen als Instrument dafür einsetzen. Allerdings scheiterte die zu diesem Zweck geplante Bundesholding an wettbewerbsrechtlichen Bedenken. Dennoch weitete sich der Beteiligungsbesitz des Bundes in den siebziger Jahren aus, da die großen ganz oder teilweise in Bundesbesitz befindlichen Konzerne während dieser Zeit eine offensive Expansionsstrategie verfolgten und dabei nicht zuletzt durch Unternehmensaufkäufe ihre Tätigkeit mehr und mehr diversifizierten. So stieg die Zahl der Beteiligungen des Bundes in den siebziger Jahren um knapp 30 % auf 899 im Jahr 1980 und erreichte zum Ende der sozialliberalen Regierungszeit im Jahr 1982 mit 958 einen absoluten Höchststand. Das Bestreben, in der Wirtschaft mitzumischen, verursachte hohe Kosten. Von 1970 bis 1982 erbrachten die Beteiligungen dem Bund 2,36 Mrd DM. Dem standen Kapitalzuführungen in Höhe von 6,58 Mrd DM gegenüber. Für den Steuerzahler wäre es folglich günstiger gewesen, die Regierung Brandt hätte zu Beginn ihrer Amtszeit alle Bundesbeteiligungen an Private verschenkt (es sei denn, es wären sinnvolle Investitionen getätigt worden, die sich heute in entsprechenden Kursgewinnen niederschlagen müßten).

Im Vergleich zum Bund war der industrielle Beteiligungsbesitz der Länder in der jungen Bundesrepublik eher bescheiden. Allerdings übernahmen einige Länder Mit-Beteiligungen an Bundesunternehmen, etwa Niedersachsen am Volkswagenwerk (20 %) oder Schleswig-Holstein an der Howaldtswerke – Deutsche Werft AG (25,1 %). Zu den größeren Beteiligungen, welche die Länder später erwarben – primär um Arbeitsplätze zu sichern –, gehören u.a. jene des Saarlandes an der Saarbergwerke AG sowie jene des Freistaates Bayern an der Maxhütte.

Der Schwerpunkt der wirtschaftlichen Betätigung der Länder (und der Kommunen) lag und liegt im Dienstleistungsbereich, insbesondere im Kreditwesen. Die regionalen öffentlichen Kreditinstitute, die kommunalen Sparkassen und die von diesen gemeinsam mit den Ländern getragenen Landesbanken/Girozentralen nahmen bereits im Jahr 1945 ihr Geschäft wieder auf. In den Jahren des Wiederaufbaus, als das Netz privater Bankstellen in der Bundesrepublik noch weitmaschig war, übten die Sparkassen eine wichtige Funktion als Kapitalsammelstellen aus. Als Spitzeninstitute für die Sparkassen ihres Bereiches leiteten die Landesbanken/Girokassen die Spargelder vorwiegend über den Geldmarkt weiter und übernahmen andere Zentralfunktionen, wie die Abwicklung des Auslandszahlungsverkehrs. Zudem fungierten sie als Hausbanken der Länder. Neben diesen ursprünglichen Aufgaben haben die Girozentralen seit den sechziger Jahren ihr ursprünglich eng begrenztes Betätigungsfeld jedoch stark ausgeweitet und sich zunehmend dem industriellen Großgeschäft und dem Auslandsgeschäft zugewandt. Auch in den letzten Jahren sind Sparkassen und Landesbanken allen wichtigen Trends im Bankgeschäft gefolgt, beispielsweise dem zur Allfinanz. Gemessen an der Bilanzsumme haben die regionalen öffentlichen Kreditinstitute in der Bundesrepublik noch immer einen Anteil von 36 % am allgemeinen Bankgeschäft.

Aber auch in der Versicherungswirtschaft sind die Länder traditionell stark engagiert. Von der Gebäudebrandschutz- über die Kranken- bis zur Unfallversicherung bieten ganz oder überwiegend in Landesbesitz befindliche Versicherungen eine breite Palette von Leistungen an. Des weiteren haben Beteiligungen in der Energiewirtschaft in einigen Bundesländern seit jeher erhebliches Gewicht. Ferner verwalten die Länder Beteiligungen an Flug- und Seehäfen, an Kur- und Heilbädern, an Lotteriegesellschaften, an Messegesellschaften, an Verkehrsbetrieben, an Unternehmen der Wohnungswirtschaft u.a., und sie unterhalten land- und forstwirtschaftliche Domänen, Gastronomiebetriebe und Weingüter.

Wie sich der Beteiligungsbesitz der Länder insgesamt entwickelt hat, läßt sich weniger gut nachvollziehen, da es an umfassenden Studien zu diesem Thema mangelt. Verschiedene Untersuchungen deuten jedoch darauf hin, daß diese Körperschaften heute an einer weit größeren Zahl von Unternehmen beteiligt sind als in den fünfziger Jahren.

Die Kommunen sind traditionell nicht nur – wie bereits erwähnt – an den Sparkassen sondern auch an einer Vielzahl anderer Unternehmungen beteiligt. Gemessen am Umfang und an der volkswirtschaftlichen Bedeutung stehen hierbei die Beteiligungen an Versorgungsunternehmen (Elektrizität, Gas, Wasser) und Verkehrsbetrieben obenan. Zum bunten Strauß kommunaler Unternehmungen gehören ferner Brauereien, Gasthäuser, Gärtnereien, Schlachthöfe, Schwimmbäder, Stadthallen, Reisebüros, Wäschereien usw.

Der Beteiligungs- und Vermögensbesitz der Gebietskörperschaften reicht jedoch als Gradmesser für deren Wirtschaftstätigkeit nicht aus. Dies gilt insbesondere für die Länder und die Kommunen. Im föderalen System der Bundesrepublik liegt die staatliche Verwaltung weitgehend in deren Händen. Der Bund hingegen ist vor allem gesetzgeberisch tätig und nimmt – von hoheitlichen Bereichen, wie Militär und Außenbeziehungen, sowie seinen Sondervermögen abgesehen – grundsätzlich keine Verwaltungsaufgaben wahr. Bei den von den staatlichen Verwaltungen erbrachten Dienstleistungen handelt es sich in vielen Fällen um marktfähige Leistungen, die grundsätzlich privatisierungsfähig sind und nicht nur aus Effizienzgründen auch privat angeboten werden sollten. Dies gilt für Tätigkeiten der Leistungsverwaltung (wie Müllbeseitigung, Abwasserentsorgung oder Personennahverkehr) ebenso wie für solche im Rahmen der Eingriffsverwaltung (wie Bauleitplanung, medizinische und technische Überwachung u.a.). Der Umfang dieser Tätigkeiten ist seit Mitte der sechziger Jahre immens gewachsen. Dafür gibt es gute, sachliche Gründe, wie das Wachstum von Wohlstand und Bevölkerung, die Expansion im Bildungswesen oder die gestiegene Bedeutung des Umweltschutzes. Ursachen sind aber auch zu suchen im Mentalitätswandel der Bevölkerung – weg vom Bewußtsein für Eigenverantwortlichkeit hin zum Anspruchsdenken – und dem damit verbundenen Ausbau des Sozialstaates sowie in der stark gewachsenen und teilweise übersteigerten Furcht der Bundesbürger vor den Risiken technischer Neuerungen. Zudem dürften die beteiligten Verwaltungen selbst darauf hingewirkt haben, daß ihr Tätigkeitsfeld ausgeweitet wird, konnten sie sich davon doch mehr Macht und Prestige erhoffen. Der übertriebene Ausbau der Eingriffsverwaltung steht nicht zuletzt in engem Zusammenhang mit der vor allem in den siebziger Jahren erfolgten Regulierung der deutschen Wirtschaft. Die zwangsläufige Folge solcher Interventionen besteht nicht nur in der Lähmung privatwirtschaftlicher Aktivitäten, vielmehr wird dadurch auch der staatliche Kontroll- und Überwachungsapparat aufgebläht. Deshalb muß die Privatisierung von einer Deregulierungsoffensive begleitet sein.

V. Privatisierung in der Bundesrepublik – kein Beispiel deutscher Gründlichkeit

Der Bund privatisierte erstmalig in den Jahren von 1959 bis 1965 Teile seines Industriebesitzes. Dieser war in den dynamischen Wiederaufbaujahren zunehmend in Widerspruch zur erfolgreichen Betätigung privater Unternehmen in der Sozialen Marktwirtschaft geraten. Durch Teilprivatisierung der Bundesunternehmen Preußag (1959), Volkswagenwerk (1961) und VEBA (1965) sollten den Privaten weitere Betätigungsmöglichkeiten eröffnet und so zusätzliche Wachstumskräfte freigesetzt werden. Mehr jedoch waren diese Maßnahmen vom Bestreben der damaligen Regierungen geleitet, die Vermögensbildung in Arbeitnehmerhand zu fördern und eine ausgewogenere Vermögensverteilung herbeizuführen. Obgleich die Privatisierungsaktion zunächst sehr erfolgreich verlief, wurde dieses Ziel letztlich aber weitgehend verfehlt, weil viele Kleinsparer ihre zu günstigen Kursen erworbenen Anteile an den Bundesunternehmen (Volksaktien) schon bald wieder verkauften. Als sich die Rezession von 1966/67 im Jahr 1965 mit sinkenden Börsenkursen ankündigte, gerieten die Volksaktien in Mißkredit. Damit verschwand auch das Thema Privatisierung für lange Zeit von der Tagesordnung der Bonner Wirtschaftspolitik.

Dies änderte sich erst mit der politischen Wende im Jahr 1982. Die Regierung Kohl, die unter dem Motto weniger Staat und mehr persönliche Freiheit angetreten war, legte 1985 ein „Gesamtkonzept für die Privatisierungs- und Beteiligungspolitik des Bundes" vor. Im Mittelpunkt des Konzeptes standen erstens der Abbau von Verlusten und die Konsolidierung der Unternehmungen mit Bundesbeteiligung, zweitens die Überprüfung und Straffung der mittelbaren Beteiligungen der Bundesunternehmen und drittens – ordnungspolitisch besonders bedeutsam – die Veräußerung oder Teil-privatisierung jener Unternehmen, bei denen eine Bundesbeteiligung nicht mehr gerechtfertigt war.

Bei der Verwirklichung dieser Ziele hat der Bund zweifellos eine Reihe von Erfolgen aufzuweisen. So wurden in der zweiten Hälfte der achtziger Jahre vier von sechs großen Unternehmensbeteiligungen im Bereich der Industrie vollständig aufgegeben: die Veba AG (1984 und 1987), die Volkswagen AG (1986 und 1988), die VIAG AG (1986 und 1988) und die Salzgitter AG (1989). Auch im Bereich der Kreditwirtschaft begann in den letzten Jahren der Rückzug. So trennte sich der Bund 1991 von der Deutschen Pfandbrief- und Hypothekenbank AG und zuletzt 1992 von der Berliner Industriebank AG, die allerdings teilweise von der Berliner Landesbank – also einem anderen öffentlichen Institut – übernommen wurde. Von den Privatisierungsaktivitäten auf anderen Gebieten sind vor allem die Verminderung des Bundesanteils an der Deutschen Lufthansa AG von knapp 70 % auf 51 % sowie der Verkauf des Transportunternehmens Schenker & Co. (1991) erwähnenswert.

Insgesamt konnte die Zahl der unmittelbaren und mittelbaren Beteiligungen des Bundes in den Jahren 1982 bis 1990 um knapp 60 % – von 958 auf 411 (Bund und Sondervermögen) – vermindert werden. Der Gesamterlös, der in diesem Zeitraum veräußerten Beteiligungen belief sich auf über 10 Mrd DM. Damit fand eine nicht unwesentliche Korrektur der Entwicklung der 60er und 70er Jahre statt.

Eine weitere Privatisierungsetappe begann im vergangenen Jahr. Dabei geht es zum einen darum, bereits begonnene Privatisierungen weiterzuführen. So dürften 1993 die derzeit noch im Bundesbesitz befindlichen Anteile an der Industrieverwaltungs AG (IVG) veräußert werden. Zur alsbaldigen vollständigen Privatisierung vorgesehen ist zudem die 1989 teilprivatisierte Deutsche Siedlungs- und Landesrentenbank (DSL-Bank). Des weiteren soll der Bundesanteil an der Deutschen Lufthansa AG in den kommenden Jahren weiter reduziert werden. Allerdings will der Bund in Anbetracht noch bestehender Staatsbeteiligungen an wichtigen europäischen Fluggesellschaften vorerst eine Sperrminorität von 25,1 % behalten. Zum anderen beabsichtigt die Bundesregierung, in den nächsten Jahren verstärkt kleinere Unternehmen und Beteiligungen wie etwa die Gesellschaft für Nebenbetriebe der Bundesautobahnen mbH zu privatisieren. Ferner sollen die Liegenschaften des Bundes, der Bundesbahn und der Reichsbahn veräußert werden. Vor allem aber will die Bundesregierung mit der Privatisierung der Deutschen Bundespost Telekom, der Deutschen Bundesbahn, der Reichsbahn und der Bundesautobahnen große und wichtige Aufgaben in Angriff nehmen.

An den Bemühungen des Bundes gemessen, haben die elf alten Länder und die Gemeinden erheblichen Nachholbedarf bei der Privatisierung. Dies gilt insbesondere im Hinblick auf den Beteiligungsbesitz. Zwar haben einige Bundesländer in den achtziger Jahren die Zahl ihrer Beteiligungen teilweise deutlich reduziert – Niedersachsen zum Beispiel um knapp ein Drittel. Nicht selten handelte es sich dabei aber um wertmäßig kleine und kleinste Engagements. Folglich dürfte der Wert des Ländervermögens in der vergangenen Dekade sogar noch deutlich gestiegen sein. Ferner wurde ein Teil der veräußerten Vermögenswerte nicht an Private, sondern an andere öffentliche Institutionen abgegeben. Beispielsweise verkaufte Hamburg 1988 seinen Anteil an der Hamburger Gaswerke AG an die Hamburgischen Elektricitäts-Werke AG, an denen der Stadtstaat aber wiederum die Aktienmehrheit hält. In jüngster Zeit waren solche Scheinprivatisierungen, die den Gebietskörperschaften vorrangig zur Liquiditätsbeschaffung dienen, insbesondere im Finanzbereich beliebt. So haben sich Hessen und Rheinland-Pfalz von ihren Beteiligungen an den jeweiligen Landesbanken getrennt. Diese blieben jedoch innerhalb der öffentlichen Kreditwirtschaft, da die Landesanteile im einen Fall an den hessischen Sparkassen- und Giroverband und im anderen an die Westdeutsche Landesbank gingen. Nennenswerte „echte“ Privatisierungen hatten somit bislang Seltenheitswert.

Die unbefriedigende Bilanz rührt vor allem daher, daß potentielle Vorreiter, die in den achtziger Jahren von Konservativen regierten Länder mit beträchtlichem Vermögen, wie Bayern, Baden-Württemberg und Niedersachsen, damals eine mehr oder minder merkantilistische Wirtschaftspolitik verfolgten. In jüngster Zeit hat insbesondere Baden-Württemberg neue Privatisierungsvorhaben angekündigt. Diese betreffen vor allem solche Bereiche, die unwirtschaftlich arbeiten und dem Land Verluste bringen, wie die Staatsbäder. In einem anderen Fall, bei den staatlichen Gebäudebrandversicherungen in Württemberg und Baden, ist das Land aufgrund von EG-Bestimmungen gezwungen zu handeln. Perlen wie die in Landesbesitz befindliche Badische Staatsbrauerei Rothaus AG, werden hingegen nicht privatisiert.

In einigen Bundesländern ist das Beziehungsgeflecht zwischen Staat und Wirtschaft durch wachsende indirekte Beteiligungen jüngst sogar noch enger geworden. Dies trifft insbesondere für Nordrhein-Westfalen und Bayern zu. In Nordrhein-Westfalen weiten Banken in öffentlicher Trägerschaft ihre Beteiligungsportefeuilles seit längerem stark aus. In Bayern wächst der mittelbare Beteiligungsbesitz vor allem als Folge des Expansionsdrangs des Stromversorgungsunternehmens Bayernwerk, an dem der Freistaat die Aktienmehrheit hält.

Auch bei der Privatisierung öffentlicher Aufgaben stehen die Länder erst am Anfang. Dies liegt vor allem in ideologischen Barrieren begründet. Vielerorts mißtraut man den Privaten, insbesondere wenn es um Dienstleitungen im Sozial-, im Erziehungs- oder im Gesundheitswesen geht. Dabei lehrt die Erfahrung, daß private Anbieter oder freie Träger in diesen Bereichen Leistungen in der Regel nicht nur wesentlich effizienter erbringen, sondern oft auch mehr Menschlichkeit zeigen als staatliche Behörden. Freilich scheinen viele Landesregierungen dies noch anders zu sehen. Tendenzen, private oder gemeinnützige Anbieter aus den genannten Bereichen zu verdrängen bzw. sie von dort fernzuhalten, wie sie in den siebziger Jahren zu beobachten waren, gibt es heute zwar kaum mehr. Ein eindeutiger Trend weg vom Staat ist aber noch nicht erkennbar. So haben die Länder z.B. im Hochschulbereich zwar kein Monopol mehr, eine Landesuniversität wurde aber nirgendwo privatisiert. Im Gesundheitswesen wurden in einigen Ländern einzelne Einrichtungen, etwa Krankenhäuser oder Rettungsdienste privatisiert. Von einer Länder-Initiative für mehr Markt im Gesundheitswesen mit dem Ziel, das Gros der in Kommunal- und Landesbesitz befindlichen Kliniken in private Hände überführen zu können, ist aber nichts zu vernehmen. Auch bei der Privatisierung von Sozialeinrichtungen und -diensten üben die meisten Länder Zurückhaltung. Eine Ausnahme bildet hier beispielsweise Baden-Württemberg. Dort wird das private Engagement etwa im Bereich der Pflege gezielt gefördert.

Etwas günstiger mag es in anderen Bereichen aussehen. Beispielsweise werden die sogenannten Annextätigkeiten, d.h. die Versorgung durch eigene Reinigungsdienste, Wäschereien, Hausdruckereien usw., mehr und mehr an den Privatsektor übertragen. Niedersachsen, Rheinland-Pfalz und Baden-Württemberg konnten sich sogar dazu entschließen, Teile der Aufgaben der Leistungsverwaltung, etwa Labor- und Vermessungsarbeiten sowie Planungsaufgaben für Hoch- und Tiefbauprojekte, Privaten anzuvertrauen. Allerdings werden die Privatisierungsbemühungen bedingt durch Regierungswechsel heute mancherorts nicht mehr ernsthaft weitergeführt. Die positiven Ansätze können zudem nicht darüber hinwegtäuschen, daß eine systematische Überprüfung und Durchforstung der öffentlichen Aufgaben auf Länderebene bislang noch nicht stattgefunden hat. Vom Ziel einer schlanken Verwaltung, wie es etwa der Finanzminister von Baden-Württemberg formuliert hat, ist man selbst in diesem Bundesland, das sich derzeit mehr als andere der Privatisierung annimmt, noch weit entfernt.

Wie die Länder haben sich auch die Kommunen bislang noch kaum von ihren gewinnbringenden Engagements (Kreditwirtschaft und Energieversorgung) getrennt, obgleich in vielen Rathäusern seit langem Finanznot herrscht. Freilich sind Kreise, Städte und Gemeinden auch kaum bereit, notorische Verlustbringer, wie Bäder, Museen oder Theater, die – wie verschiedene Beispiele (Erlebnisbäder) zeigen – von Privaten rentabel betrieben werden können, abzugeben. Positive Gegenbeispiele, etwa die weithin erfolgte Privatisierung der Schlachthöfe und der Müllbeseitigung, markieren die Richtung, in die es weiter zu gehen gilt.

Offenkundig hat das Thema Privatisierung bei Ländern und Gemeinden aber keine Lobby. Dafür gibt es verschiedene Gründe. In zentralen Bereichen ihrer Tätigkeit, in der Energieversorgung, bei der Entsorgung, oft auch in verschiedenen Segmenten des Kulturbereiches sowie bei den Verwaltungsdienstleistungen, haben diese Gebietskörperschaften eine Monopolstellung, folglich gibt es keine privaten Wettbewerber, die den Rückzug des Staates einfordern könnten. Die Steuer- und Gebührenzahler, die die staatlichen Leistungen finanzieren müssen, sind in der Regel nicht organisiert, so daß auch von dieser Seite kein Handlungsdruck ausgeht. Privatisierungsgegner – Verwaltungsbeamte, die den Verlust von Macht und Karrieremöglichkeiten fürchten oder Beschäftigte staatlicher Betriebe, die (oft zu unrecht) meinen, sich in einem privatisierten Betrieb schlechter zu stellen – haben es daher relativ leicht, erfolgreich gegen Privatisierungsbemühungen zu opponieren.

VI. Wachstumspolitisch relevante Privatisierungspotentiale

Elektrizitätswirtschaft

Obgleich die marktwirtschaftliche Ordnung grundsätzlich Leitbild für die Energiewirtschaft ist, hegt der Staat in diesem Bereich traditionell Mißtrauen gegen die Privaten. Das Mißtrauen schlägt sich in einer weitreichenden Regulierung der Branche nieder. Die staatlichen Interventionen zielen darauf ab, eine sichere und preisgünstige Energieversorgung zu gewährleisten. Mit dieser im Energiewirtschaftsgesetz festgelegten Begründung rechtfertigt die öffentliche Hand auch ihre Beteiligungen an den Elektrizitätsversorgungsunternehmen.

Im Hinblick auf die energiepolitischen Ziele sind die Strukturen der Elektrizitätswirtschaft freilich kontraproduktiv. Die Stromversorger verfügen über Gebietsmonopole und müssen sich daher nicht gegen Konkurrenz bewähren. Durch das staatliche Engagement wird dieser Mangel nicht aufgehoben. Vielmehr dürften die Steuerungsdefizite dadurch noch verstärkt werden. In dem Bemühen, die Energieversorgung zu sichern, haben die Stromerzeuger unter staatlicher Regie in den letzten Jahren gigantische Fehlinvestitionen getätigt. Dafür stehen die Namen Kalkar, Wackersdorf und Hamm-Uentrop. Die Folgen solcher Flops tragen die Stromverbraucher (und die Steuerzahler, mit deren Geld die Projekte teilweise subventioniert wurden). Auf lokaler Ebene leidet die Effizienz der Elektrizitätswirtschaft unter dem Bestreben vieler Städte, die Stromversorgung in eigener Regie sicherzustellen. Denn die Kapazitäten der städtischen Kraftwerke sind oft nicht optimal dimensioniert, so daß eine preisgünstige Versorgung nicht möglich ist. Hinzu kommt, daß die kommunalen Stromversorger nicht selten hohe Konzessionsabgaben an die Trägergemeinden abführen müssen. Diese Abgaben – letztlich verdeckte Gewinnabführungen – gehen voll zu Lasten der Stromverbraucher, die auf diese Weise die städtischen Haushalte subventionieren. Bei all dem kann es kaum überraschen, daß die Strompreise in Deutschland deutlich höher liegen als in vielen anderen Industrieländern. Für die deutsche Industrie, die 30 % ihres Energiebedarfes durch Elektrizität deckt, erwächst daraus ein Wettbewerbsnachteil.

Einer Privatisierung der Elektrizitätswirtschaft steht nichts entgegen. Insbesondere die großen Verbundunternehmen, die das überregionale Stromverbundnetz und die Mehrzahl der Kraftwerke, vor allem die Großkraftwerke, betreiben, ließen sich problemlos privatisieren. Bei diesen Unternehmen handelt es sich ausnahmslos um Aktiengesellschaften. Länder und Gemeinden müßten sich nur dazu entschließen, ihre Beteiligungen an diesen Unternehmen zu veräußern. Dadurch würden viele Milliarden vor allem in die Kassen der Länder fließen. So ist beispielsweise die Beteiligung Bayerns am Bayernwerk gut drei Milliarden DM wert. Eine Privatisierung der zahlreichen als kommunale Eigen- oder Regiebetriebe geführten städtischen Elektrizitätswerke wäre zwar nicht ganz so einfach zu bewerkstelligen. So müßten diese Betriebe in eine andere Rechtsform überführt werden. Zudem müßten für die nach kommunalen Dienstrecht beschäftigten Arbeitnehmer andere Arbeitsplätze gesucht werden – sofern die betreffenden Arbeitnehmer nicht zum Verzicht auf ihre Sonderrechte bereit wären. Die Erfahrungen, die in anderen Bereichen bei der Übertragung kommunaler Dienstleistungen bereits gesammelt wurden, zeigen jedoch, daß diese Probleme lösbar sind.

Kreditwirtschaft

In wohl kaum einem anderen Bereich ist die Betätigung des Staates so unzeitgemäß wie in der Kreditwirtschaft. Während der Bund dies offenkundig bereits erkannt und auch schon entsprechend gehandelt hat (siehe oben), beharren Länder und Gemeinden weiterhin auf ihrem Engagement in der Kreditwirtschaft. Die Privatisierung der kommunalen Sparkassen und der Landesbanken/Girozentralen ist nach wie vor ein Tabuthema. Dies ist bedauerlich, denn durch den Verkauf dieser Institute könnten die regionalen Gebietskörperschaften enorme Einnahmen erzielen. Es wird geschätzt, daß die gesamten öffentlichen Kreditinstitute mehr als 100 Milliarden DM wert sind.

Die Privatisierung der Sparkassen und Landesbanken ist nicht nur von dem Hintergrund der hohen Schulden der westdeutschen Länder und Kommunen (Schuldenstand Ende Juni 1992 rund 483 Mrd DM) geboten, sondern auch aus ordnungspolitischen Gründen. Die gängigen Argumente, die zur Rechtfertigung der Tätigkeit dieser Institute immer wieder angeführt werden – daß sie zur Förderung der Ersparnisbildung und der regionalen Kreditversorgung sowie als „Wettbewerbskorrektiv" unentbehrlich seien – sind längst nicht mehr haltbar. Die Bundesrepublik verfügt schon seit Jahren über eines der weltweit dichtesten Bankstellennetze. Spezieller staatlicher Kapitalsammelstellen bedarf es schon lange nicht mehr. Die privaten Kreditinstitute bieten den Sparwilligen, den Kleinanlegern wie den vermögenden Kunden, heute eine breite Palette lukrativer Anlagemöglichkeiten. Ebensowenig gibt es Lücken im Aktivgeschäft der nichtstaatlichen Banken, die das Engagement der Länder und Kommunen rechtfertigen würden. Überholt ist auch das Argument, daß es ohne die staatlichen Kreditinstitute keinen funktionsfähigen Wettbewerb im Bankenbereich geben würde. Heute haben wir einen EG-weit liberalisierten Bankenmarkt. Eine Bank, die in einem EG-Land zugelassen ist, kann in jedem anderen Land der Gemeinschaft entweder grenzüberschreitend oder durch eigene Filialen vor Ort Bankprodukte vertreiben. Auch steht der EG-Markt Anbietern aus Drittländern grundsätzlich offen. In den kommenden Jahren ist daher in Europa, insbesondere auf dem deutschen Markt, mit einem harten Konkurrenzkampf zu rechnen. Als Wettbewerbskorrektiv sind die staatlichen Kreditinstitute folglich überflüssig – ganz abgesehen davon, daß der Staat zum Schutz des Wettbewerbs andere, bessere Instrumente (Fusionskontrolle u.a.) hat.

Mehr noch: Wegen der Gewährsträgerhaftung des Staates verfügen die öffentlich-rechtlichen Kreditinstitute über nicht zu unterschätzende Wettbewerbsvorteile. So sichert die Gewährsträgerhaftung ein erstklassiges Rating, das ihnen trotz mangelnder eigener Stärke die Refinanzierung zu günstigen Konditionen erlaubt. Zudem stellt die Haftung der öffentlichen Hand die Sparkassen und Landesbanken von Beiträgen zu Sicherungseinrichtungen (Einlagensicherungsfonds) frei. (Problemfälle wie seinerzeit die Helaba oder jüngst die Sparkasse Halle sind allerdings von der Sparkassenorganisation aus eigener Kraft aufgefangen worden.)

Ungeachtet der Vorteile der Gewährsträgerhaftung wäre eine Privatisierung letztlich aber auch im Interesse der Sparkassen und Landesbanken selbst. Als private Institute könnten sie sich leichter Eigenkapital am Markt beschaffen. Ferner wären sie nicht mehr an das Regionalprinzip gebunden, wonach sie Zweigstellen nur auf dem Gebiet ihres Anstaltsträgers unterhalten dürfen.

Zu den noch in Bundesbesitz befindlichen Kreditinstituten, deren Privatisierung geboten ist, zählt die Postbank. Auch sie hat keinen öffentlichen Auftrag mehr zu erfüllen. Anders stellt sich dies etwa bei der Kreditanstalt für Wiederaufbau dar, die insbesondere in den neuen Bundesländern wichtige Aufgaben wahrnimmt. Solange sich dieses Institut auf seine eigentliche Aufgabe beschränkt, spricht nichts gegen eine Bundesbeteiligung, die freilich durch Aufnahme privater Gesellschafter verringert werden könnte.

Telekommunikation

Priorität muß der in den nächsten Jahren geplanten Privatisierung der Deutschen Bundespost Telekom eingeräumt werden. Die Bundespost steht vor der größten Herausforderung ihrer über 500jährigen Geschichte. Sie muß auf mehrere fundamentale Veränderungen reagieren: den beschleunigten technischen Wandel, die deutsche Einheit, den EG-Binnenmarkt, die Öffnung der Ostmärkte, die Intensivierung des Standortwettbewerbs, das rasante Wachstum des Telekommunikationssektors, die Erosion staatlicher Monopole und zukunftsweisende Postreformen im Ausland. In ihrer derzeitigen Struktur kann die Post diesen Aufgaben nicht gerecht werden. Die Postreform von 1989 hat zwar gewisse organisatorische Verbesserungen gebracht. Bekanntlich wurde damals der hoheitliche Bereich (Regulierung, internationale Abkommen) vom geschäftlichen Bereich abgetrennt und dieser in die Sparten Telekom, Postbank und Postdienst aufgeteilt. Als Sondervermögen des Bundes blieben die drei Postsparten jedoch weitgehend staatlich. Eingezwängt in das Korsett der öffentlichen Verwaltung fehlen den Postunternehmen die Handlungsspielräume, um im nationalen wie im internationalen Wettbewerb bestehen zu können. Der Staat als Eigentümer kann den Unternehmen kaum das erforderliche Eigenkapital zur Verfügung stellen; das öffentliche Dienstrecht steht einer leistungsfähigen Gehaltsstruktur im Weg und behindert damit insbesondere die Beschäftigung hochqualifizierter Spezialisten. Bevor beispielsweise Beschlüsse des Telekom-Managements den Kunden erreichen, müssen sie bis zu 14 Hierarchiestufen überwinden und zuvor unter Umständen erst von Aufsichtsrat, Infrastrukturrat und Bundespostminister abgesegnet werden.

Hinzu kommt, daß die Post insbesondere im Telekommunikationsbereich, einem der bedeutendsten Wachstumssektoren der Zukunft, wichtige Monopolstellungen behielt, etwa für das Fernmeldenetz und die Sprachübermittlung per Telefon (mit Ausnahme des drahtlosen Mobil- und Satellitenfunks). Von der Effizienz dieses Bereichs wird die Kostenstruktur aller kommunikationsintensiven Dienstleistungsunternehmen wesentlich beeinflußt. Die übrigen Dienstleistungen wurden zwar für private Anbieter geöffnet und der Markt für Endgeräte wurde völlig liberalisiert. Jedoch gibt es auf diesen Märkten erhebliche Wettbewerbsverzerrungen, weil Hoheits- und Unternehmensaufgaben nicht überall klar getrennt sind und Telekom Möglichkeiten der Quersubventionierung offenstehen. Quersubventionierung findet auch spartenübergreifend statt. So hat die Telekom, deren Erträge zu rund 90 % aus dem Monopol auf Sprachübermittlung resultieren, in den vergangenen Jahren erhebliche Summen (1990 und 1991 insgesamt rund 4 Mrd DM) an die Schwesterunternehmen Postdienst und Postbank überwiesen. Das Zwangskollektiv der Telefonkunden fördert somit – vereinfacht ausgedrückt – den Absatz von Postsparbüchern, obwohl eine solche Förderung angesichts der reichlich vorhandenen Marktalternativen nicht gerechtfertigt ist.

Durch die Privatisierung der Post würden diese Mißstände beseitigt. Sie bietet sich auch als Ausweg aus dem Dilemma zwischen öffentlicher Verwaltung und Markterfordernissen an. Im Ausland ist die private Rechtsform heute schon eher die Regel. In Deutschland stehen ihr derzeit noch zwei große Hürden im Weg. Die erste stellt Artikel 87 Absatz 1 des Grundgesetzes dar, demzufolge die Bundespost (und die Bahn) in bundeseigener Verwaltung geführt werden. Die Postgewerkschaft und Teile der Opposition im Bundestag haben sich bereits gegen eine Änderung dieser Verfassungsnorm ausgesprochen. Es ist jedoch zu hoffen, daß sich in Bonn dennoch eine Koalition der Vernunft mit Zwei-Drittel-Mehrheit zusammenfindet, welche die verfassungsrechtlichen Voraussetzungen für eine Privatisierung der Post schafft. Dann könnte auch das zweite Hindernis angegangen werden: Rund 320 000 der insgesamt gut 500 000 Postmitarbeiter genießen Beamtenstatus. Sie werden kaum freiwillig auf ihre Rechte (Pensionsanspruch, Unkündbarkeit) verzichten. Kompensationszahlungen könnten hier ein möglicher Ausweg sein. Ferner wird vorgeschlagen, die bestehenden Beamtenverhältnisse unverändert zu lassen und die Beamten auf privatrechtlicher Basis an die privatisierten Postunternehmen „auszuleihen". Selbst wenn es vorerst nicht gelingen sollte, diese Hürden zu nehmen, besitzt die Politik aber kein Alibi für Untätigkeit. Denn wichtige Schritte in Richtung Privatisierung der Post können selbst ohne Änderung des Grundgesetzes erfolgen. Eine Grundgesetzänderung ist weder erforderlich, um die Monopole der Telekom zu beseitigen noch um die vielfältige Quersubventionierung einzuschränken bzw. zu beenden.

Verkehrswesen

Der anhaltende Bevölkerungszuwachs in den alten Bundesländern, die Reorientierung der Verkehrsströme im geeinten Deutschland, das in den nächsten Jahren wieder beschleunigte Wirtschaftswachstum, die immer intensivere Arbeitsteilung sowohl national als auch international, die Liberalisierung der Verkehrsmärkte in der EG und schließlich die weiter wachsenden Mobilitätsbedürfnisse der Bürger lassen in den kommenden Jahren ein steiles Wachstum des Verkehrsaufkommens erwarten. Schon heute zeigen sich jedoch bei fast allen Verkehrsträgern Engpässe. Der Verkehrssektor könnte somit zum Engpaß für die wirtschaftliche Entwicklung in Deutschland werden. Zur Vermeidung des drohenden Verkehrsinfarktes und vor dem Hintergrund ökologischer Probleme sind neue Methoden und Ideen in der Verkehrspolitik erforderlich. Notwendig ist nicht nur ein Ausbau der Verkehrsinfrastruktur insbesondere in den neuen Bundesländern, sondern auch eine effizientere Nutzung der bestehenden Einrichtungen. Der Rückzug des Staates und damit mehr Markt im Verkehrswesen könnte dazu einen wichtigen Beitrag leisten.

Ohne weiteres Zögern sollte der Staat zunächst mit der Privatisierung der Lufthansa fortfahren. Es ist nicht einzusehen, warum dort eine Sperrminorität erhalten bleiben soll. Im internationalen Luftverkehr gibt es ein engmaschiges Streckennetz, auf dem in vielen Regionen erheblicher Wettbewerb herrscht. Mit dem Start des EG-Binnenmarktes am 1. Januar 1993 hat sich in Europa der Konkurrenzkampf weiter verschärft. Für eine staatliche Einflußnahme auf die Unternehmenspolitik der Lufthansa, sei es auf das Streckenangebot oder die Tarifgestaltung gibt es folglich keine Rechtfertigung mehr. Auch der Hinweis auf staatliche Beteiligungen in anderen EG-Ländern vermag nicht zu überzeugen – zumal die britische Luftfahrtgesellschaft British Airways bereits vollständig privatisiert wurde. Gerade diese Gesellschaft konnte jedoch die schweren Turbulenzen, in welche die internationale Luftfahrt als Folge des Golfkrieges und weltweiter Überkapazitäten geraten ist, bislang weit besser meistern als ihre staatlichen und halbstaatlichen Konkurrenten. Sie hat entschlossen und flexibel auf die veränderte Marktlage reagiert. Eine noch offene Frage bei der Privatisierung der Lufthansa ist, wer die Abgeltung der Ansprüche (insgesamt ca. 3 Mrd DM) übernimmt, die deren Mitarbeiter bei der Versorgungsanstalt des Bundes und der Länder (VLB) erworben haben. Der Rückzug des Staates sollte daran jedoch nicht scheitern.

In Zeiten weltweiter Liberalisierung im Luftverkehr gehören auch die deutschen Flughäfen in private Hände. Diese Forderung richtet sich an den Bund, der an mehreren Flughafengesellschaften beteiligt ist, und an die Länder, die alle mehr oder minder hoch an den auf ihren Gebieten liegenden großen Flughäfen beteiligt sind sowie an die Städte wie Frankfurt (Beteiligung an der Frankfurt Main Flughafen AG). Die Bonner Regierung hat angekündigt, die Bundesanteile auf 26 % zu verringern. Dabei soll es vorerst aber bleiben, weil nach ihrer Ansicht aus der Vereinigung Deutschlands und der europäischen Einigung neue Aufgaben für die Flughäfen erwachsen, die noch der Einflußnahme des Bundes bedürfen. Die Lage auf den Airports, wo es mitunter zu langen Wartezeiten für die Passagiere kommt, die Sicherheitsmaßnahmen aber dennoch nicht optimal erscheinen, und die teilweise erheblichen Verluste der Betreibergesellschaften sprechen freilich gegen die staatliche Regie. Ein Anachronismus sind auch die staatlichen Beteiligungen an See- und Binnenhäfen.

Auch bei der Bahn gilt es, konsequent auf den Rückzug des Staates hinzuarbeiten. Allerdings liegt bei der Bahn eine materielle Privatisierung im Sinne einer Veräußerung an Private noch in einiger Ferne. Sie setzt eine tiefgreifende Strukturreform voraus, die Sanierungsmaßnahmen miteinschließt. Hauptaufgabe einer solchen Reform wäre, die Bahn zu entpolitisieren und sie so zu strukturieren, daß sie leistungsfähiger wird und wie ein modernes Unternehmen nach betriebswirtschaftlichen Gesichtspunkten geführt werden kann. Parallel dazu sollte Raum für Wettbewerb im Schienenverkehr geschaffen werden. Um diese Ziele zu erreichen, ist zum einen ein Wechsel der Rechtsform und damit impliziert ebenso die Abkehr vom öffentlichen Dienstrecht erforderlich. Zum anderen sollte die Bahn – nach dem Zusammenschluß von Bundesbahn und Reichsbahn – aufgeteilt werden in eine Gesellschaft, die das Streckennetz unterhält, und in eine Gesellschaft für den Bahnbetrieb. Die Betriebsgesellschaft würde die eigentliche Transportleistung erbringen. Dafür, daß ihre Züge die Schienenwege in Anspruch nehmen, müßte sie dem Netzeigner ein Entgelt zahlen. Jedoch wäre sie entlastet von den enormen Ausgaben, die in den kommenden Jahren erforderlich sind, um das Hochgeschwindigkeitsnetz in Deutschland auszubauen und die Schienenwege in den neuen Bundesländern zu sanieren. Käme der Bund zudem noch für die Altschulden auf, so wäre die Voraussetzung dafür gegeben, daß die Bahn in eine bessere Zukunft fahren könnte. Solange die Bahn aber noch verpflichtet ist, unrentable Verbindungen in dünnbesiedelten Regionen zu bedienen und sozialmotivierte Sondertarife für bestimmte Bevölkerungsgruppen zu gewähren, hat sie aber kaum Chancen, ihre hohen Betriebsverluste (derzeit 14 – 15 Mrd DM p.a.) nachhaltig zu verringern. Deshalb ist zu fordern, daß die Bahn solche verlustbringenden Leistungen künftig nur dann noch erbringt, wenn die daran interessierten Regional- oder Kommunalbehörden die vollen Kosten dafür tragen.

Mit der Privatisierung bei der Bahn darf nicht erst nach einer erfolgreichen Umstrukturierung begonnen werden. Schon heute wäre es möglich, nicht-betriebsnotwendige Teile aus dem Sondervermögen Bahn auszugliedern und an Private zu verkaufen. Dies gilt beispielsweise für Teile des umfangreichen Immobilienbesitzes, insbesondere die bahneigenen Wohnungen, und die Bahnbeteiligungen an Touristikunternehmen. Desweiteren sollten private Anbieter viel früher schon – spätestens nach der Aufspaltung der Bahn – das Recht erhalten, das Streckennetz zu – nicht diskrimminierenden – Preisen zu nutzen. Die Zulassung privater Betreibergesellschaften würde im Bahnbereich für Wettbewerb sorgen. Die Bahn würde damit an Effizienz und Attraktivität gewinnen und könnte so einen wichtigen Beitrag zur Entlastung der Straßen und zur Vermeidung des drohenden Verkehrsinfarktes leisten.

Als Langfristziel strebt auch die Bundesregierung eine Privatisierung der Bahn an. Allerdings schafft die Bahnreform, die der Bundesverkehrsminister jüngst angekündigt hat, nicht in allen Punkten gute Voraussetzungen für weniger Staat im Bahnverkehr. Eine zentrale Schwachstelle des Reformprogramms, das auf Vorschlägen der von der Bundesregierung eingesetzten Bahnkommission beruht, ist die unzureichende Trennung von Streckennetz und Betrieb. So ist zwar geplant, die Anfang 1994 zu gründende Deutsche Eisenbahn AG (DEAG), in der Bundesbahn und Reichsbahn aufgehen, 1997 in die drei Unternehmenssparten Personenverkehr, Güterverkehr und Fahrweg aufzuspalten. Solange diese drei Unternehmen jedoch noch unter dem Dach der DEAG vereint sein werden – die Gründung dreier getrennter, eigenständiger Aktiengesellschaften soll erst nach der Jahrtausendwende vollzogen werden – dürfte es schwerfallen, Dritten den Zugang zum Fahrweg zu gleichen Bedingungen einzuräumen wie ihren eigenen Betriebsgesellschaften. Da die DEAG hier gleichzeitig als Spieler und Schiedsrichter fungieren wird, könnten private Betreiber das Risiko langfristiger Investitionen scheuen. Deshalb wäre es nicht überraschend, wenn sich der auch von der Bundesregierung erwünschte Wettbewerb erst verzögert einstellen würde.

Unter dem Eindruck der schwer lastenden Haushaltsprobleme – gerade auch im Hinblick auf die anstehende Bahnreform – hat sich die Bundesregierung grundsätzlich auf eine Teil-Privatisierung (49,9 %) des deutschen Autobahnnetzes in der zweiten Hälfte der neunziger Jahre verständigt. Ziel ist, die Ausgaben für Autobahnen aus dem Verkehrsetat des Bundes herauszunehmen und die freiwerdenden öffentlichen Mittel für den Zins- und Tilgungsdienst der Bahn-Altschulden (rund 70 Mrd DM) bereitzustellen. In diesem Zusammenhang wird die Gründung einer nach privatwirtschaftlichen Grundsätzen betriebenen Autobahngesellschaft und die Erhebung von Benutzungsgebühren angestrebt.

Die beabsichtigte Autobahnprivatisierung ist positiv zu werten. Ungeachtet des Fortgangs der Bahnreform werden Pkw und Lkw die wichtigsten Verkehrsträger bleiben. Für die Zukunft des Standorts Deutschland hängt deshalb viel davon ab, daß die Engpässe im Straßenverkehr möglichst bald beseitigt werden. Angesichts ihrer Finanzprobleme wäre die öffentliche Hand nicht in der Lage, die dafür notwendigen Investitionen zu tätigen – für den Zeitraum 1992 bis 2010 werden die Kosten des erforderlichen Ausbaus und der Erhaltung des deutschen Autobahnnetzes auf rund 100 Mrd DM geschätzt. Die Übertragung der Autobahnen auf eine private Betreibergesellschaft wird die öffentlichen Haushalte entlasten und darüber hinaus bei Planung, Bau und Finanzierung neuer Strecken merkliche Zeitersparnisse sowie spürbare Effizienzvorteile gegenüber den bisherigen staatlichen Varianten erbringen.

Zu begrüßen ist ferner die geplante Einführung von Straßenbenutzungspreisen. Sie sind nicht nur Voraussetzung dafür, daß Erträge erwirtschaftet werden können, wodurch der Betrieb von Autobahnen für Private erst interessant wird, sondern sie ermöglichen auch eine marktähnliche Steuerung der Verkehrsströme. Straßenbenutzungspreise können je nach Verkehrsaufkommen regional und zeitlich flexibel angepaßt werden. Durch entsprechende Preisgestaltung läßt sich folglich der Verkehr in Übereinstimmung mit den letztlich doch begrenzten Straßenkapazitäten bringen. Neben der Vermeidung überflüssiger Fahrten ist hierbei besonders an eine Verlagerung in verkehrsärmere Zeiten gedacht. Diese positiven verkehrslenkenden Effekte entfallen allerdings bei einer pauschalen nutzungsunabhängigen Gebühr (Vignette), wie sie für die Übergangszeit ab 1994 im Gespräch ist. Da es nicht sicher ist, ob eine solche rein fiskalischen Zwecken dienende Vignette nach der Teil-Privatisierung der Autobahnen wieder abgeschafft wird, sollte sie besser erst gar nicht eingeführt werden.

VII. Privatisierung in den neuen Bundesländern

Als der Treuhandanstalt (THA) im Einigungsvertrag vom 31. August 1990 der Auftrag zugewiesen wurde, als bundesunmittelbare Anstalt des öffentlichen Rechts die früheren volkseigenen Betriebe in der ehemaligen DDR wettbewerblich zu strukturieren und zu privatisieren, zweifelten viele daran, daß eine staatliche Behörde diese enorme Aufgabe in einer angemessenen Frist leisten könne. Heute, zweieinhalb Jahre später, kann die Treuhandanstalt auf eine durchaus erfolgreiche Privatisierungstätigkeit zurückblicken. Ein Ende der bislang größten Privatisierungsaktion der Geschichte ist in Sichtweite. Bis Ende 1993 soll die THA ihr operatives Geschäft abgeschlossen haben. Den ersten vier THA-Niederlassungen (Berlin, Halle, Neubrandenburg und Schwerin) ist das bereits gelungen.

Bis Ende Januar 1993 hat die THA von ihrem durch Entflechtung auf 12 700 Unternehmen angewachsenen Gesamtbestand über 11 000 Einheiten oder vier Fünftel privatisiert, davon knapp 2 000 durch Management-buy-out. 5 000 Unternehmen wurden vollständig privatisiert. 5 400 waren Unternehmens*teil*-Privatisierungen und mehr als 300 Verkäufe entfielen auf Bergwerksrechte. Außerdem privatisierte die THA rund 28 000 ha landwirtschaftliche Nutzfläche und 13 100 Liegenschaften.

Die Privatisierungserlöse waren weitaus niedriger als zu Beginn der Tätigkeit der THA angenommen. Sie summierten sich Ende Januar 1993 auf insgesamt gut 40 Mrd DM. Mit den Käufern hatte die THA Investitionszusagen für 172 Mrd DM und Arbeitsplatzgarantien für 1,41 Millionen Arbeitnehmer vertraglich vereinbart. Erste Überprüfungen der Verträge aus den Jahren 1990/91 haben ergeben, daß die Zusicherungen in der Regel auch eingehalten wurden. Erst in jüngster Zeit kam es vereinzelt zu Nachverhandlungen aufgrund der verschlechterten wirtschaftlichen Situation einiger privatisierter Unternehmen.

Besonders weit fortgeschritten ist die Privatisierung (gemessen an der Zahl der Betriebe) in den regional orientierten Teilen des verarbeitenden Gewerbes – wie beispielsweise in den Sparten Nahrungs- und Genußmittelindustrie (90 %), Steine und Erden (85 %) –, im Baugewerbe (über 85 %) sowie im Handels- und Dienstleistungssektor (90 %). Das Handwerk ist bereits vollständig privatisiert. Äußerst schwierig hingegen gestaltete sich der Verkauf in den Industriebranchen, die mit starker westdeutscher und internationaler Konkurrenz zu kämpfen haben. Hierzu zählen u.a. der Maschinen- und Anlagenbau, die Elektrotechnik, die Leder-, Textil- und Bekleidungsindustrie sowie der Bergbau. Manche dieser Betriebe befinden sich im übrigen in einem Zustand, der nur noch eine Liquidation zuläßt.

Von den anfangs gut 4 Millionen Beschäftigten unter dem Dach der THA waren Ende Januar 1993 noch 435 158 Arbeitnehmer in THA-Betrieben tätig. Damit ist der Anteil der THA-Beschäftigten an der Erwerbstätigenzahl in Ostdeutschland von etwa 40 % auf deutlich unter 10 % zurückgegangen. Über zwei Drittel der verbleibenden Arbeitsplätze entfallen auf das verarbeitende Gewerbe. In der Chemischen Industrie sind nur noch etwa ein Drittel der Unternehmen der THA zuzurechnen, jedoch beläuft sich der Anteil der Arbeitsplätze in diesen Unternehmen auf rund drei Viertel der Gesamtbeschäftigten in dieser Branche. Die THA-Betriebe wollen 1993 einen weiteren Personalabbau von im Durchschnitt etwa 10 % vornehmen.

Nach wie vor lehnt die THA jegliche künstliche Erhaltung von Industriestrukturen und damit Bestandsgarantien ab. Sie will den bisherigen Primat der Privatisierung treu bleiben. Die Sanierung eines Unternehmens kommt für sie nur in Frage, wenn es „ökonomisch" vertretbar ist. Diese Haltung ist zu begrüßen. In der Privatisierungspolitik der THA sind grundsätzliche Änderungen kaum noch praktikabel, da sehr viele, weit in die Zukunft reichende Festlegungen unwiderruflich erfolgt sind. Daher bleibt gültig: Privatisierung so schnell wie möglich, auch wenn es im Einzelfall kurzfristig viel Geld kostet. Sie ist die beste Form der Sanierung und ordnungspolitisch der einzig vertretbare Weg. Längerfristig dürfte die schnelle Privatisierung für den Steuerzahler die billigere Lösung sein und mehr Erfolg versprechen als eine Sanierung unter Staatsregie.

Staatliche Unternehmen wieder loszuwerden, erwies sich stets als schwierig und langwierig. Der viel beschworene „Erhalt industrieller Kerne" hat nur dann eine Chance, wenn neues Leben aus den Industrieruinen entspringt oder neue Kerne gebildet werden.

Deshalb muß der wachsenden Neigung des Staates entgegengetreten werden, nicht sanierungsfähige Unternehmen in den neuen Bundesländern durch nichtmarktwirtschaftliche Maßnahmen künstlich am Leben zu halten. Die Hauptgefahr einer vorrangigen staatlichen Sanierung liegt nicht im Risiko des Mißerfolges, sondern darin, daß staatliche Stellen, die unter Sanierungsauftrag stehen, eine erfolglose Sanierung nicht rechtzeitig abbrechen, sondern sie zu lange und zu kostenreich fortsetzen. Dafür gibt es nicht wenige Beispiele in der alten Bundesrepublik. Insbesondere in der Stahlindustrie hat der Versuch, industrielle Kerne zu erhalten, den Steuerzahler bereits viele Milliarden gekostet und ein Bundesland – das Saarland – an den Rand des finanziellen Ruins gebracht – ohne daß die Probleme der Branche gelöst worden wären.

VIII. Internationaler Standortwettbewerb erfordert konsequentes Handeln

Privatisierung muß auf allen staatlichen Ebenen zu einem Hauptthema der kommenden Jahre werden. Für den Bund heißt das, Kurs halten und die geplanten Privatisierungen in den volkswirtschaftlichen Schlüsselbereichen konsequent durchführen. Kurs halten, diese Forderung gilt vor allem auch im Hinblick auf die Privatisierungspolitik in den neuen Bundesländern. Dort fällt dem Bund die Aufgabe zu, sich jenen zu widersetzen, die unter dem Motto „Erhaltung industrieller Kerne" eine Renaissance der Staatswirtschaft fordern. Länder und Gemeinden in Westdeutschland sind aufgerufen, von ihrem merkantilistischen Gebaren Abstand zu nehmen und unverzüglich eine breitangelegte Privatisierungsoffensive zu starten. Die ostdeutschen Länder und Gemeinden schließlich sollten sich nicht am Umfang der Wirtschaftstätigkeit der Gebietskörperschaften in Westdeutschland orientieren, wie dies bedauerlicherweise im Bereich der Energieversorgung geschieht, sondern etwa am Beispiel der Stadt Rostock, die die Trinkwasserversorgung privatisiert. Auch ein Blick über die nationalen Grenzen wäre lehrreich, beispielsweise nach Großbritannien, wo seit 1979 staatliche Leistungen stark eingeschränkt und zahlreiche ehemalige Staatsbetriebe privatisiert wurden.

Umfang und Tempo der Privatisierung werden wesentlich darüber entscheiden, ob Deutschland seine führende Stellung auf den Weltmärkten als Exportland Nummer zwei (hinter den USA) behalten und sich als Industriestandort behaupten wird. Vor dem Hintergrund des wachsenden Wettbewerbsdrucks auf dem EG-Binnenmarkt und in der Triade ist eine Privatisierungsoffensive in dreierlei Hinsicht erforderlich.

Erstens geht es darum, die demotivierende Abgabenlast zu vermindern. Leistung muß sich hierzulande wieder lohnen. Vieles deutet darauf hin, daß die Deutschen angesichts der hohen Belastung ihrer Einkommen mit Steuern und Sozialabgaben nicht mehr jenes Maß an Einsatz am offiziellen Arbeitsplatz zeigen, das notwendig ist, um unsere Spitzenposition in der Weltwirtschaft zu sichern.

Zweitens werden die deutschen Unternehmen im internationalen Konkurrenzkampf nur dann bestehen können, wenn der Anstieg der Produktionskosten eingedämmt wird. Auch dazu kann lean government einen wichtigen Beitrag leisten. Wegen der umfangreichen Staatstätigkeit ist Deutschland Höchststeuerland, und die hohen Sozialabgaben sind mit dafür verantwortlich, daß deutsche Unternehmen weltweit die höchsten Lohnnebenkosten zu tragen haben. Darüber hinaus ist die Produktion von Gütern und Dienstleistungen am Standort Deutschland durch teuere Energie und Telekommunikationsdienste erschwert. Erfahrungen aus den USA, Großbritannien und Japan zeigen, daß diese Güter unter Wettbewerbsbedingungen erheblich billiger angeboten werden können.

Drittens gilt es, durch weniger Staat die Innovationsfähigkeit der Wirtschaft zu stärken. Auch die Risiko- und Forschungsbereitschaft wird durch drückende Abgaben geschwächt. Denn die Unternehmen werden ihrer Funktion, neue Möglichkeiten aufzuspüren bzw. zu kreieren und auszunutzen, nur nachkommen, wenn Chancen und Risiken von Neuerungen in einem für sie akzeptablen Verhältnis stehen. Ist dies nicht der Fall, weil Erträge übermäßig besteuert werden, so unterbleiben vor allem risikobehaftete Investitionen. Ganz unmittelbar wird der „Wettbewerb als Entdeckungsverfahren" (von Hayek) durch staatliche Monopole blockiert. Diese haben keine Konkurrenz und folglich auch weniger Anreize, Neuerungen durchzuführen. Sofern sie ohne die permanente Kontrolle durch den Wettbewerb aktiv werden, besteht die Gefahr, daß wertvolle Ressourcen vergeudet werden.

Die Ordnungspolitik, auf der Deutschlands wirtschaftliche Stärke letztlich gründet, wurde in den vergangenen Jahren mehr und mehr ausgehöhlt. Seit 1989 ist die Staatsquote (der Anteil der Staatsausgaben am Sozialprodukt) bedingt durch die Vereinigung Deutschlands von 45,3 % auf 51,5 % gestiegen. Dieser Trend muß umgekehrt werden. Wenn wir fortfahren, uns der Wirtschaftspolitik der früheren DDR zu nähern, geraten wir ins weltwirtschaftliche Abseits. Freilich besteht Hoffnung, daß die Kassen(not)lage des Finanzministers und eine energische Initiative der Bürger die dringliche Privatisierungswelle letztlich doch noch auslösen wird. Je früher eine solche ordnungspolitische Wende zu mehr Markt erfolgt, desto besser.

Claus-Friedrich Laaser

Mehr Kompetenzen für die EG?

„Mehr Kompetenzen für die EG?" – das haben sich nicht nur die Bürger Dänemarks gefragt, als sie 1992 in einer Volksabstimmung die Ratifizierung des Vertrages von Maastricht abgelehnt haben. Auch in anderen Mitgliedstaaten der EG wird vielfach befürchtet, daß mehr Zentralismus zu Wohlfahrtsverlusten führt. Sind die Befürchtungen gerechtfertigt? Oder sind die Vorteile einer Vertiefung[1] der europäischen Integration so groß, daß sie die Bedenken mehr als aufwiegen? Um eine Antwort auf diese Fragen zu finden, werden in Abschnitt I die Kompetenzen der EG – nicht nur jene, die sie nach dem Vertrag von Maastricht erhalten soll – dargestellt. In Abschnitt II wird anhand der ökonomischen Theorie des Föderalismus erörtert, welche Staatsaufgaben zentral, welche dezentral erfüllt werden sollten. In Abschnitt III wird dieser Beurteilungsmaßstab an den tatsächlichen Aufgabenkatalog der EG angelegt.

I. Welche Aufgaben nimmt die EG wahr?

Gemessen an den Vertragswerken erfolgte die Vertiefung der Gemeinschaft in drei Stufen. Als die Gründungsmitglieder der EG (damals noch EWG genannt) Belgien, Niederlande, Luxemburg, Frankreich, Italien und Bundesrepublik im Jahre 1957 den EWG-Vertrag unterzeichneten, sahen sie den Zweck der Gemeinschaft in der Errichtung eines gemeinsamen Marktes und der schrittweisen Annäherung der Wirtschaftspolitik (Art. 2 EWGV). In Art. 3 EWGV sind diese Ziele näher konkretisiert: Die EG sollte den freien

---

[1] Eine *Vertiefung* der Integration bedeutet, daß wirtschaftspolitische Zuständigkeiten gänzlich oder teilweise zur EG-Ebene hin verlagert werden. Demgegenüber bedeutet die *Erweiterung* der europäischen Integration die Assoziierung oder Aufnahme weiterer Mitglieder.

Warenverkehr zwischen den Mitgliedstaaten garantieren, nach außen eine gemeinsame Handelspolitik betreiben (also eine sogenannte Zollunion bilden), nach innen die Hindernisse für den freien Personen-, Dienstleistungs- und Kapitalverkehr beseitigen, den Wettbewerb in der Gemeinschaft vor Verfälschungen schützen, eine gemeinsame Agrar- und Verkehrspolitik betreiben und einiges andere mehr.

Der Aufgabenkatalog im ursprünglichen EWG-Vertrag liest sich – wenn man ihn mit den klassischen, d.h. ökonomisch begründbaren Staatsaufgaben vergleicht – so übel nicht. Die „vier Freiheiten" (des Waren-, Personen-, Dienstleistungs- und Kapitalverkehrs) waren ein wichtiger Schritt zu einer freihandelsorientierten Wirtschaftsverfassung. Freilich, nicht alles, was die EG in den Jahren nach 1957 wirtschaftspolitisch unternommen hat, bestätigte diesen ersten Eindruck. Zwar sind die Zölle im Inneren abgebaut worden. Aber trotz Teilnahme an verschiedenen Zollsenkungsrunden des GATT mit nennenswerten Zollsenkungen blieben Handelshemmnisse gegenüber Dritten bestehen, denn es kamen nichttarifäre Handelshemmnisse – wie mengenmäßige Beschränkungen – hinzu, übrigens sogar zwischen EG-Partnern. Von freiem Personen-, Dienstleistungs- und Kapitalverkehr innerhalb der EG konnte bis zum Binnenmarktprogramm von 1985 keine Rede sein. Durch die Kontrolle regionaler und sektoraler staatlicher Beihilfen versuchte die EG-Kommission zwar ab Mitte der siebziger Jahre, den Wettbewerb in der EG vor Verzerrungen zu schützen, die Überwachung regionaler Beihilfen wurde aber der Regionalpolitik der EG untergeordnet. Die gemeinsame Agrarpolitik nahm die Gemeinschaft rasch nach Abschluß des EWG-Vertrags, nämlich Anfang der sechziger Jahre, in Angriff und sie wurde bald zum Markenzeichen der EG-Politik, wenn auch nicht zu deren Meisterstück. Denn die sogenannte Agrarmarktordnung hatte mit „Markt" nichts, dafür mit Protektion um so mehr zu tun. Die gemeinsame Verkehrspolitik – mit liberalisiertem grenzüberschreitendem Verkehr und Marktzutrittsrechten im binnenländischen Verkehr der Mitgliedstaaten für Anbieter aus anderen Mitgliedstaaten (der sogenannten Kabotage) – kam nicht voran. Hier bedurfte es erst des Untätigkeitsurteils des Europäischen Gerichtshofs gegen den Europäischen Rat (im Jahre 1985), bis sich überhaupt etwas rührte.

Die zweite Stufe der Integration wird durch die Unterzeichnung der Einheitlichen Europäischen Akte (EEA) von 1986 markiert. Mit der EEA wurde zum einen die Vollendung des Europäischen Binnenmarkts bis zum 1. 1. 1993 rechtlich verankert.[2] Zum anderen wurden der EG aber auch diverse Kompetenzen außerhalb des Binnenmarktprogramms zuerkannt: So wurde der EG im Bereich der indirekten Steuern, der Rechts- und Verwaltungsvorschriften, der Sozialpolitik und der Maßnahmen zur Kohäsionspolitik (der Angleichung der Pro-Kopf-Einkommen zwischen den Mitgliedstaaten) eine Harmonisierungskompetenz erteilt. Wichtigstes Instrument der Kohäsionspolitik wurde die EG-Regionalpolitik über den Europäischen Fonds für regionale Entwicklung (EFRE) sowie weiteren Fonds, die zusammen die sogenannten ,,Strukturfonds" bilden. In der Forschungs-, Technologie- und der Umweltpolitik erhielt die EG Kompetenzen zum eigenständigen Tätigwerden.[3] Außerdem bestimmte die EEA, daß in zahlreichen Politikbereichen das Prinzip der Einstimmigkeit durch jenes der qualifizierten Mehrheit im Ministerrat abgelöst wurde.[3a]

---

[2] Das Binnenmarktprogramm stellt einen wichtigen Fortschritt zur Verwirklichung der im EWG-Vertrag festgeschriebenen ,,vier Freiheiten" dar: Es soll durch die Abschaffung der Grenzkontrollen sowie von nichttarifären Handelshemmnissen, die Deregulierung wichtiger Dienstleistungsmärkte (durch freien Marktzutritt für Unternehmen aus anderen Mitgliedstaaten) und die Öffnung nationaler öffentlicher Ausschreibungen bis zum 1. 1. 1993 Defizite bei der Schaffung des Gemeinsamen Marktes schließen.

[3] Dabei ist zu berücksichtigen, daß durch die EEA in einigen Bereichen lediglich schon bestehende Zuständigkeiten der EG nachträglich vertraglich sanktioniert wurden: Erste Schritte zu einer Umwelt- sowie Forschungs- und Technologiepolitik der Gemeinschaft gab es Anfang der siebziger Jahre, der EFRE wurde bereits 1975 eingerichtet. Bis zur EEA hatte es für die entsprechenden Gemeinschaftspolitiken jeweils Einzelentscheidungen des Ministerrats bedurft. Vgl. Henning Klodt, Jürgen Stehn, Claus-Friedrich Laaser, Rainer Maurer, Axel D. Neu, Rüdiger Soltwedel, Die Strukturpolitik der EG. Institut für Weltwirtschaft, Kieler Studien, 249, Tübingen 1992.

[3a] Vgl. Hans.-H. Glismann, Ernst-Jürgen Horn, ,,The Single European Market: From the Customs Union to the Integrated Market". In: John Longair (Ed.), Regional Integration in the World Economy: Europe and North America. Joint Canada-Germany Symposium, Kiel, March 1 – 2, 1990. The Conference Board of Canada, Report 64 – 90, Ottawa, November 1990.

Der im Februar 1992 in Maastricht von den Mitgliedstaaten unterzeichnete Vertrag über die Europäische Union leitet die dritte Stufe der Integration ein. Er führt zu weiterer Zentralisierung, da er eine Währungsunion und eine koordinierte Wirtschaftspolitik vorsieht. Insbesondere die Geld- und Währungspolitik soll der EG anvertraut werden. Bis 1999 sollen die nationalen Währungen durch den ECU abgelöst sein. Die Wechselkurse zwischen den Währungen der Mitgliedstaaten sollen zuvor unwiderruflich fixiert werden. Für die Bestimmung des Wechselkurses des ECU gegenüber anderen Währungen soll der EG-Ministerrat zuständig sein.

Der Maastrichter Vertrag sieht zudem vor, daß die Strukturfonds um den Kohäsionsfonds erweitert werden. Aus ihm sollen den ärmeren Mitgliedstaaten Mittel für Infrastruktur- und Umweltprojekte zugeteilt werden. Dabei soll die EG ein Mit-Planungsrecht bei transnationalen Verkehrs-, Kommunikations- und Versorgungsinfrastrukturprojekten erhalten. Weitere neue EG-Zuständigkeiten betreffen die gemeinsame Handelspolitik gegenüber Drittländern, ein Rahmenprogramm für die Umwelt, eine flankierende Berufsbildungspolitik, in der Sozialpolitik den Erlaß von Mindestbedingungen beim Gesundheitsschutz, bei der Sicherheit der Arbeitnehmer und bei den Arbeitsbedingungen, ein Mandat für industriepolitische Maßnahmen sowie für mehr marktnah ausgerichtete Forschungsförderung.

Im Laufe der Zeit hat die EG somit immer mehr Kompetenzen an sich gezogen. Dabei sind die Zuständigkeiten der EG durch die reine Aufzählung wohl noch nicht umfassend beschrieben. Denn viele Beobachter – und deren Meinung wird von Beamten aus dem Stab der EG-Kommission geteilt –, verweisen darauf, daß sich mit dem Auftrag zur Schaffung des Binnenmarktes die Kommission praktisch für alles, was irgendwie wirtschaftlich bedeutsam ist, zuständig fühlt. Insofern muß die hier zu beantwortende Frage vielleicht nicht lauten: „Mehr Kompetenzen für die EG?“, sondern „Wirklich so viele Kompetenzen für die EG?“

II. Welche Aufgaben sollte die EG wahrnehmen?

1. Subsidiarität und fiskalische Äquivalenz

An welcher Referenz soll man sich orientieren, wenn man die Aufgaben der EG beurteilen will? Bewertungsmaßstab ist das *Subsidiaritätsprinzip:* Demnach sollte die EG nur tätig werden, wenn und soweit ein Ziel besser als auf der Ebene der Mitgliedstaaten erreichbar ist. Das Subsidiaritätsprinzip ist der Kern der ökonomischen Theorie des Föderalismus. Sie fragt danach, welche Ebene am besten bestimmte staatliche Leistung anbieten sollte, also welche Vorteile ein mehrstufiger Staatsaufbau haben kann und wie die Rollenverteilung in ihm aussehen sollte.

Das Subsidiaritätsprinzip ist zwar im Vertrag von Maastricht erwähnt (in Art. 3b), freilich ist die Norm ohne große Durchschlagskraft. Denn es bezieht sich nur auf künftiges Handeln der EG. Die der EG bereits übertragenen Aufgaben stehen nicht mehr zur Diskussion. Und: Die EG-Kommission hat auch schon ganz deutlich gemacht, wie sie Art. 3b interpretiert wissen will, nämlich nur als Maßstab dafür, wer eine einmal durch den EG-Vertrag zugeteilte Kompetenz ausüben darf, nicht aber dafür, ob die Zuteilung selbst richtig war.

Eine solche Deutung des Subsidiaritätsprinzips ist ökonomisch fragwürdig. Staaten sind kein Selbstzweck, sondern ein Mittel, um den Bürgern Schutz vor Übergriffen auf Leib, Leben und Eigentum durch äußere und innere Feinde zu bieten. Auch die EG als überstaatliche Organisation ist ein Zweckverband.[4] Er soll die materielle Wohlfahrt der Bürger in Europa durch Öffnung der Märkte erhöhen. Insofern müssen alle Kompetenzen, die der EG durch den Maastrichter Vertrag, aber auch durch den EWG-Vertrag und die

---

[4] Manche Staatsrechtler sind übrigens der Auffassung, daß die EG durch den Vertrag von Maastricht durchaus schon zu mehr geworden sei als ein Zweckverband. Immerhin bedarf es aber auch noch nach dem „Vertrag über die Politische Union" expliziter Beschlüsse des Ministerrats, also der Regierungen der Mitgliedstaaten. So sieht etwa der Kronberger Kreis die Rolle der Mitgliedstaaten durch den Vertrag von Maastricht sogar gestärkt. Vgl. Kronberger Kreis, Einheit und Vielfalt im Europa. Für weniger Harmonisierung und Zentralisierung, Frankfurt/Main 1992.

EEA nach dem Willen der Regierungen und Parlamente der Mitgliedstaaten übertragen worden sind, auf ihre Zweckmäßigkeit hin überprüft werden.

In der ökonomischen Theorie des Föderalismus ist es auch gerade die Übertragung von Zuständigkeiten, für die das Subsidiaritätsprinzip ein Referenzsystem liefert. Es besagt, daß eine Aufgabe normalerweise von der jeweils untersten Ebene wahrgenommen werden sollte und nur in begrenzten Ausnahmefällen, auf die noch einzugehen ist, von der höheren Instanz. Der Vorrang für Dezentralisierung ist dabei kein Werturteil, sondern ökonomisch fundiert: Vor Ort liegen meist bessere Informationen über den jeweils zu regelnden Sachverhalt vor.[5] Auch kann so den räumlichen Präferenzunterschieden der Bürger für staatliche Leistungen besser Rechnung getragen werden. Weiterhin sind der Verwaltungs- und der Kontrollaufwand niedriger, wenn die Kommunikationswege kurz und die Zahl der Entscheidungsträger gering sind. Ferner kann auf möglichst niedriger Ebene das *Prinzip der fiskalischen Äquivalenz* am besten verwirklicht werden. Je enger der räumliche Verbund von Zahlern, Nutzern und Entscheidern ist, um so höher ist die Ausgabedisziplin. Mangelt es an einem solchen Verbund, herrscht Finanzierungsillusion. Öffentliche Mittel werden dann verschwendet. Wenn etwa eine übergeordnete Körperschaft Mittel zu einem öffentlichen Bauprojekt zuschießt, ist die Neigung auf unterer Ebene, die entsprechenden Ausgaben zu tätigen und Folgekosten zu übersehen, viel größer als ohne solche Finanzspritzen von oben. Vorteil dezentraler Kompetenzzuweisung ist last not least, daß so Politikwettbewerb ermöglicht wird. Eine erfolgreiche Wirtschaftspolitik einer Körperschaft kann nachgeahmt, Fehler können vermieden, Folgekosten verfehlter Politik können in Grenzen gehalten

---

[5] Häufig wird hiergegen eingewendet, allein schon der bessere Überblick erfordere eine Aufgabenwahrnehmung auf höherer Ebene. Substanz hat dieser Einwand nur in dem einen Ausnahmefall, der unten angesprochen wird, nämlich bei Spillover-Effekten, wenn Nutzen und/oder Kosten der Aktivität einer Gebietskörperschaft auf andere Körperschaften ausstrahlen. Ansonsten denke man nur daran, daß sich die höhere Ebene die Informationen über die Probleme vor Ort, die dort geläufig sind, erst aufwendig beschaffen muß und häufig nur auf der Basis der Informationen entscheidet, die von unten nach oben geleitet werden.

werden, wenn nicht alles auf zentraler Ebene einheitlich entschieden und geregelt wird.[6]

Nun wird freilich nicht jede Staatsaufgabe auf kommunaler oder regionaler Ebene am besten gelöst. So ist es zweckmäßiger, wenn der Zentralstaat z.B. das „Bürgerliche Gesetzbuch", das Strafgesetzbuch oder das Handelsgesetzbuch entwirft, statt daß „das Rad an mehreren Orten erfunden werden muß". Dies spart Kosten. Auch kann das staatliche Gewaltmonopol nur funktionieren, wenn überall in den genannten Bereichen die gleichen Gesetze gelten. Es wäre vermutlich auch zu teuer, wenn jede Kommune ihren eigenen Rechnungshof hätte. Bei derartigen Aktivitäten sind Skalenerträge (Kostenvorteile der Massenproduktion) entweder aufgrund von Unteilbarkeiten bei den eingesetzten Instrumenten oder Lerneffekten zu verzeichnen. *Nachweisbare Skalenerträge* sind ein Grund für Zentralisierung. Mit zunehmender Zentralisierung steigen allerdings die Informations-, Kommunikations- und Durchführungskosten. Es gibt also einen Punkt, ab dem diese Mehrkosten die Skalenerträge überkompensieren. Aus diesem Grund wäre z.B. der Europäische Rechnungshof überfordert, wenn er nicht nur das Haushaltsgebaren des auf seiner Ebene angesiedelten Fiskus, sondern jenes der Gemeinden Bärental, Mausgesees und all der anderen zu überwachen hätte. Die Beispiele zeigen, daß differenziert werden muß zwischen Regelungs-, Planungs-, Entscheidungs-, Durchführungs- und Kontrollkompetenzen. Bei Regelungs- und bei Kontrollkompetenzen fällt es im allgemeinen leichter, Beispiele für Skalenerträge zu finden. Schwieriger ist dies bei den anderen Kompetenzarten. Oder sollte es tatsächlich vorteilhaft sein, Führerscheine in Bonn oder Brüssel auszustellen? Dieses Beispiel mag etwas überzogen wirken. Es verdeutlicht aber, daß der Vorteil dezentraler Durchführungskompetenzen klar auf der Hand liegt.

Wo Kosten und/oder Nutzen staatlicher Aktivitäten räumlich streuen, ist Zentralisierung ebenfalls erwägenswert. Man denke etwa

---

[6] Vgl. Henning Klodt, Jürgen Stehn et. al., a.a.o, S. 8 – 21, sowie Claus-Friedrich Laaser, Rüdiger Soltwedel, Alfred Boss, Henning Klodt, Harmen Lehment, Jörg-Volker Schrader, Jürgen Stehn, Gesamt-europäische Integration und ihre Auswirkungen auf die nationale Wirtschaftspolitik. Institut für Weltwirtschaft, Kieler Studien, Tübingen, erscheint demnächst, S. 6 – 14.

an eine grenznahe Autobahn, deren Bau und Unterhalt die Steuerzahler eines Staates finanzieren, die aber in starkem Maße auch von den Bürgern des Nachbarlandes benutzt wird. Bei solchen *,,Spillover-Effekten"* profitieren auch die Bürger anderer Regionen, ohne dafür zu zahlen. Eine Unterversorgung könnte die Folge sein. Möglich sind auch externe Kosten (z.B. bei grenzüberschreitender Umweltbelastung). Spillover-Effekte rechtfertigen ebenso wie Skalenerträge eine Kompetenzverlagerung nach oben, also eine Abkehr vom Subsidiaritätsprinzip. Sind nicht aber – so wird mancher fragen – Spillover-Effekte oder Skalenerträge häufig anzutreffen? Hat nicht jede staatliche Maßnahme Drittwirkungen? Folgt daraus nicht die zentrale Lösung fast aller Staatsaufgaben? Nun, ganz so ist es nicht. Meist reichen zentrale Regeln aus, damit es zu einem räumlichen Ausgleich von Kosten und Nutzen kommt. Nur in seltenen Fällen ist ein zentrales Angebot nötig.[7]

2. Öffentliche Güter

Die Theorie des Föderalismus fußt auf der Theorie öffentlicher Güter, die staatliches Angebot aus Marktversagen ableitet. Zu fragen ist daher nicht nur: ,,Welche Staatsebene soll aktiv werden?" Zu fragen ist auch, ob es sich überhaupt um eine staatliche Aufgabe handelt. Nach der ökonomischen Theorie soll sich der Staat auf das Angebot öffentlicher Güter beschränken: Ihr Kennzeichen ist, daß sie ohne Rivalität zwischen den Nutzern konsumiert werden können, und daß niemand vom Konsum des Gutes ausgeschlossen werden kann. Da die meisten Nutzer freiwillig nichts für ein Gut ohne Ausschlußmöglichkeit zahlen, ist privates Angebot unrentabel. Wo aber Ausschluß möglich ist, ist staatliche Aktivität nicht gefragt.

---

[7] Beim Bau und Unterhalt der erwähnten Autobahn würde es ausreichen, wenn die EG Richtlinien darüber aufstellt, wie sich die betroffenen Mitgliedstaaten über die Aufteilung der Kosten zu einigen haben, und die Planung und Ausführung dann den Mitgliedstaaten überläßt.

Was sind nun klassisch öffentliche Güter? Innere und äußere Sicherheit zählen sicher dazu. Denn das Aufstellen von Regeln, die ein geordnetes Miteinander sichern, erfordert die Unabhängigkeit vom Eigeninteresse. Wer Regeln zu seinen persönlichen Gunsten formulieren, auslegen und durchsetzen könnte, würde dies tun. Die Güter „Recht und Ordnung" sowie „innere und äußere Sicherheit" sind daher klassisch öffentlich.[8] Auch der Schutz des Wettbewerbs und der Offenheit der Märkte zählt dazu. Denn Wettbewerber hat eigentlich niemand gern, weil sie unbequem sind. Aber Wettbewerb nutzt letztlich allen in Form höherer Produktivität, niedrigerer Kosten, besserer Qualitäten sowie neuer Gütern und Ideen. Ihn zu schützen ist eine ebenso wichtige wie schwierige staatliche Aufgabe.[9] Ökonomisch begründbar ist vielleicht auch noch die Förderung der Grundlagenforschung, weil deren Ergebnisse nicht unmittelbar nutzbar sind und weil – ist das Geheimnis erst einmal gelüftet – jeder an den Ergebnissen partizipieren kann. Das gilt aber schon nicht mehr bei anwendungsbezogener Zweckforschung, zumal das Patentrecht geistiges Eigentum vorübergehend schützt. Zudem ist bei Wettbewerb ohnehin kein Forschungsdefizit zu erwarten.

3. Ordnungs-, Prozeß- und Umverteilungspolitik

Hilfreich für die Zuweisung von Aufgaben an die einzelnen Ebenen ist auch die Einteilung der Wirtschaftspolitik in Ordnungs-, Prozeß und Umverteilungspolitik (nach Walter Eucken). *Ordnungs-*

---

[8] Freilich sind Staatsdiener und politisch Verantwortliche ebensowenig gegen Versuchungen gefeit wie jeder andere Bürger auch, wie so manche Verquickung von staatlicher Aufgabenwahrnehmung und privaten Interessen zeigt. Es bedarf daher einer ständigen Kontrolle, wie sie einer Demokratie mit Gewaltenteilung eigen ist.

[9] Da der Staat das Gewaltmonopol innehat, versuchen natürlich Interessengruppen immer wieder, Wettbewerbsbeschränkungen zu ihren Gunsten beim Staat zu erhalten. Daher bedarf es sowohl einer strengen Selbstbindung als auch offener Märkte nach außen, damit der Wettbewerbsdruck des Weltmarkts wirken kann.

politik ist die Schaffung eines stabilen rechtlichen Rahmens für die – ansonsten unbeeinflußten – Markttransaktionen Privater. Durch *Prozeßpolitik* versucht der Staat, das Marktgeschehen direkt zu beeinflussen, weil die politischen Akteure glauben, weiser zu sein als Marktteilnehmer. Durch *Umverteilungspolitik* werden die Verteilungsergebnisse des Marktes korrigiert, um für ein Mehr an sozialer Gerechtigkeit – was immer das sein mag – zu sorgen.

Ordnungspolitik sorgt für Wettbewerb und Offenheit der Märkte, also für öffentliche Güter. Denn sie setzt allgemein gültige Spielregeln; der Staat ist unabhängiger Schiedsrichter. Die ordnungspolitische Kompetenz sollte auf einer möglichst zentralen Ebene angesiedelt werden. Denn die Spielregeln sollten für alle potentiellen Spieler gelten. Die Regeln, was als „Foul" anzusehen ist, sollten für alle gleich sein, und Verstöße sollten gleich geahndet werden. Die Garantie der Offenheit ist eine der ganz zentralen Aufgaben – und die EG ist dafür eigentlich noch nicht einmal eine hinreichend zentrale Ebene.[10]

Bei der *Prozeßpolitik* ist dagegen vielfach fragwürdig, ob sie eine öffentliche, geschweige denn zentrale Aufgabe ist. Prozeßpolitik ist interventionistisch. Das ist dort unumgänglich, wo öffentliche Güter angeboten werden. Wo es aber um private Güter geht, kann das höhere Wissen von Politikern bezweifelt werden. Je höher zudem die Entscheidungsebene ist, desto wahrscheinlicher sind Effizienzverluste durch Staatseingriffe. Oder ist die Annahme realistisch, daß bei Forschungsausgaben Politiker und Bürokraten ohne eigenes Risiko, aber auch ohne persönliche Gewinnanreize Investitionsrisiken und künftige Gewinnchancen besser einschätzen können als private Unternehmen, die ihr eigenes Kapital einsetzen können? Und weiß man in Brüssel tatsächlich am besten, wie die Wirtschaft Ostfrieslands in Schwung zu bringen ist?

Bei der *Umverteilungspolitik* ist die Zuordnung auf Entscheidungsebenen schwerer. Ohne den Konsens der Geber geht es aber nicht. Denn sonst wird die wirtschaftliche Entwicklung gehemmt.

---

[10] Daher besteht auch die Aufgabe des internationalen Zoll- und Handelsabkommens GATT darin, möglichst für alle Staaten gleiche Bedingungen für Freihandel zu schaffen.

Geht sie über die ethisch gebotene individuelle Nothilfe hinaus, werden zudem auf der Nehmerseite die Anreize zur Selbsthilfe beeinträchtigt. Je weniger anonym umverteilt wird, um so weniger werden Anreize auf Geber- und Nehmerseite zerstört. Dies spricht für eine möglichst dezentrale Lösung (auch auf privater Basis). Dagegen spricht jedoch die relativ geringe geographische Reichweite bei der Bekämpfung individueller Not. Gleichwohl ist eine zentrale Kompetenz problematisch, weil dies zu egalitärer Umverteilung statt gezielter Armutsbekämpfung verführt. Dadurch wird letztlich auch die Versorgung Bedürftiger geschmälert.

Fassen wir zusammen: Subsidiaritätsprinzip und Verbundprinzip legen normalerweise eine dezentrale Lösung nahe. Die EG ist nur für spezielle Aufgaben die richtige Ebene, ein Zweckverband gewissermaßen, der für die Erledigung fest umrissener Aufgaben gegründet wurde. Diese liegen im Bereich der Ordnungs-, kaum aber in der Prozeß- und Umverteilungspolitik.

III. EG-Politik – zuviel Prozeßpolitik, zuwenig Ordnungspolitik

1. Bisherige Aufgaben der Gemeinschaft

Um es vorwegzunehmen: Die EG nimmt schon jetzt zahlreiche Aufgaben wahr, bei denen sie keine komparativen Vorteile besitzt. Zugleich sind dort, wo die EG gefordert ist, deutliche Defizite zu verzeichnen. Dies ist etwa bei der Handelspolitik der Fall. Hier sind zentrale Kompetenzen sinnvoll, um für Offenheit der Märkte und Nichtdiskriminierung zu sorgen. Der interne Abbau der Handelshemmnisse war für die EG-Partner wohlfahrtssteigernd, denn vom Freihandel profitierten letztlich alle, die Konsumenten direkt über niedrigere Preise und ein reichhaltigeres Güterangebot und die Produzenten zumindest indirekt: Denn Wettbewerb erzwingt höhere Produktivität und Strukturwandel eröffnet künftige Gewinnchancen. Selbst kurzfristige Verlierer gewinnen auf lange Sicht, da Offenheit immer wieder die Chance des Neuanfangs bietet.

Die interne Integration war aber immer schon mit einer Abschottung gegenüber Drittländern verbunden. Die EG hat so nicht nur zu handelsschaffenden, sondern auch zu handelsumlenkenden Wirkungen geführt. Dem intensiveren Warenaustausch im Binnenmarkt stehen Marktanteilsverluste von Produzenten aus Drittländern gegenüber. Zwar überwiegen die handelsschaffenden Effekte, aber die vollen Vorteile des Freihandels werden nicht realisiert. Die EG hat wohl an den Zollsenkungsrunden des GATT teilgenommen, gleichzeitig aber nichttarifäre Handelshemmnisse ausgebaut. Auch hat sie Entwicklungsländern Zollpräferenzen eingeräumt, aber nicht dort, wo diese nennenswerte Exportchancen haben. Der berüchtigte Art. 115 EGV ermächtigt die Mitgliedstaaten, sich z.B. durch Mengenbeschränkungen abzuschotten. Davon wurde immer wieder Gebrauch gemacht. Die Importbeschränkungen für japanische Kraftfahrzeuge und Unterhaltungselektronik sind dafür ebenso Beispiele wie das auch von der EG mitunterzeichnete internationale Multifaserabkommen. Es sieht eine „freiwillige Selbstbeschränkung" für Textilimporte aus Entwicklungsländern vor. Jüngst wurden konkurrenzfähige Stahlimporte aus den jungen Reformstaaten Osteuropas, insbesondere aus der tschechischen und der slowakischen Republik, kontingentiert. Die EG verfolgt also nur nach innen, nicht aber nach außen Freihandelsziele.

Positiv zu beurteilen sind die Binnenmarktaktivitäten, um freien Kapital-, Dienstleistungs- und Personenverkehr zu verwirklichen. In der Verkehrspolitik erzwang das Binnenmarktprogramm die überfällige Deregulierung der bis dahin strikt regulierten Verkehrsmärkte (insbesondere in der Bundesrepublik). Nunmehr ist es zudem wenigstens Unternehmen möglich, mit ausländischen Versicherungsgesellschaften Verträge abzuschließen. Die Bereitstellung von Infrastruktur wie Straßen und Krankenhäuser dürfte wegen des stärkeren Wettbewerbs langfristig billiger sein, da sich bei öffentlichen Ausschreibungen nun Unternehmen aus allen EG-Staaten beteiligen können. Insofern führt das Binnenmarktprogramm zu mehr Marktoffenheit. Gleichwohl: warum soll diese an den Außengrenzen der EG enden? Wenn auch mit dem Vertrag über den „Europäischen Wirtschaftsraum" (EWR) praktisch das Binnenmarktprogramm auf die EFTA-Staaten[11] ausgedehnt wird, bleiben

---

[11] Das sind die skandinavischen Länder Finnland, Norwegen, Schweden und Island, dann Österreich sowie die Schweiz und Liechtenstein. In der Schweiz ist allerdings in einer Volksabstimmung Ende 1992 die Ratifizierung des EWR-Vertrages abgelehnt worden.

doch immer noch genügend europäische Staaten – vor allem die jungen Reformstaaten Mittel- und Osteuropas – vor der Tür.[12]

Sündenfall der EG ist die Agrarpolitik, die an Eingriffen in den Marktmechanismus kaum noch zu überbieten ist. Die Vorgabe des EWG-Vertrages, einen gemeinsamen Agrarmarkt zu schaffen, hätte man durchaus als ordnungspolitischen Auftrag verstehen können. Doch hat man sich für Prozeß- bzw. Umverteilungspolitik und gegen den Marktmechanismus entschieden. Durch eine Fülle an protektionistischen – teils sogar widersprüchlichen – Mitteln wird ein Berufsstand zu Lasten der Steuerzahler, Verbraucher und ausländischer Anbieter bevorzugt. Selbst die von der EG-Agrarpolitik verursachte Finanzklemme im gemeinsamen Haushalt erzwang keine Wende. Vielmehr wurde sie mit zunehmender Eingriffsintensität (z.B. durch national zugeteilte Produktionsquoten oder Flächenstillegungsprogramme) beantwortet.[13]

Schutz des Wettbewerbs durch Kontrolle über regionale und sektorale Beihilfen, Verhinderung eines Subventionswettlaufs, ist ebenfalls eine ordnungspolitische Aufgabe, die zentral gelöst werden sollte. Die Kompetenzen der EG sind hier mit dem Subsidiaritätsprinzip vereinbar; Beihilfenkontrolle ist ein zentrales öffentliches Gut, weil von Wettbewerbsneutralität letztlich alle profitieren. Allerdings verfolgt die EG dieses Ziel nicht konsequent. Sie legt nämlich an regionale Subventionen unterschiedliche Maßstäbe an, je nachdem, ob ein reicher oder ein armer Mitgliedstaat sie vergibt.[14] Sie setzt also ungleiche Spielregeln. Die Beihilfenkontrolle ist prak-

---

12 Mit der ČSFR, Polen und Ungarn hat die EG Ende 1991 zwar Assoziierungsabkommen für den Warenhandel geschlossen, aber die Zugeständnisse sind wiederum dort am geringsten, wo Anbieter aus diesen Ländern solchen aus der EG Marktanteile abnehmen könnten, wie im Agrar-, Textil- und Stahlbereich. Vgl Rolf J. Langhammer. Die Assoziierungsabkommen mit der ČSFR, Polen und Ungarn: wegweisend oder abweisend? Institut für Weltwirtschaft, Kieler Diskussionsbeiträge, 182, März 1992.

13 Vgl. Jörg-Volker Schrader, EG-Gipfelbeschlüsse zur Agrar- und Haushaltspolitik: Schritte in die falsche Richtung. Institut für Weltwirtschaft, Kieler Diskussionsbeiträge, 143, September 1988.

14 An Beihilfen der reichen Mitgliedstaaten werden sehr viel strengere Maßstäbe angelegt als an solche aus ärmeren.

tisch der Regionalpolitik der EG unterworfen, die ebenfalls ärmere Mitgliedstaaten begünstigt. Damit verliert sie aber ihren Charakter als supranationales öffentliches Gut. Die EG ist so nicht mehr Garant von Neutralität. Hinzu kommt, daß die Agrarsubventionen nicht der Beihilfenkontrolle unterliegen und daß die EG zwar Forschungsbeihilfen der Mitgliedstaaten kontrolliert, nicht aber ihre eigenen.[15]

Eine eigenständige Regionalpolitik – parallel zu jener der Mitgliedstaaten – betreibt die EG seit 1975, als sie den Europäischen Fonds für Regionale Entwicklung (EFRE) einrichtete. Im Laufe der Zeit haben ihre regionalpolitischen Aktivitäten stark zugenommen. Regionale Strukturpolitik ist typische Prozeßpolitik. Dabei dürften die Informations- und Kommunikationskosten zwischen den zu fördernden Regionen und Brüssel besonders hoch sein. Eine zentrale Instanz kann der Vielfalt regionaler Probleme kaum Rechnung tragen. Zudem sinken auf nachgelagerter Ebene die Anreize, eine gute Wirtschaftspolitik zu betreiben, wenn Alimente von oben gezahlt werden.

Die EG betreibt auch Kohle- und Stahlpolitik.[16] Der Gründungsvertrag der EGKS von 1952 betont zwar in klar formulierten Worten die wichtige Rolle des Freihandels, sieht aber auch marktinkonforme Maßnahmen wie Strukturkrisenkartelle und nationale Produktionsquoten vor.[17] Letztere wurden im Stahlbereich in den siebziger und achtziger Jahren mehrfach angewandt, wann immer sich ausländische Anbieter als wettbewerbsfähiger erwiesen. Auch hier wird also letztlich Prozeßpolitik betrieben.[18]

---

[15] Vgl. Claus-Friedrich Laaser, Rüdiger Soltwedel et. al., a.a.O., S. 47 f.

[16] Die Kohle- und Stahlpolitik ist als ein Vorläufer der eigentlichen EWG anzusehen, denn die Europäische Gemeinschaft für Kohle und Stahl (EGKS) wurde schon 1952 gegründet, also 5 Jahre vor der EWG.

[17] Vgl. Hugo Dicke, „Europa 1992: Von der Gemeinschaft der Zwölf zu einer Assoziation der Vielen?". In: Bert Rürup, Ulrich Steger (Hrsg.), Arbeit 2000: Soziale, ökonomische und politische Trends für Unternehmen. Frankfurt am Main 1992, S. 19–35.

[18] Vgl. Henning Klodt, Jürgen Stehn, et. al., o.a.O., S. 115 ff.

2. *Die neuen Aufgaben der EG nach Maastricht*

Der Kern der neuen Aufgaben der EG nach dem Vertrag von Maastricht ist die *Währungsunion*, die sich theoretisch durchaus begründen läßt. Mit dem Geld ist es wie mit der Sprache: Je mehr Menschen dieselbe sprechen, desto leichter ist die Kommunikation. Befürworter der Währungsunion schätzen die eingesparten Transaktionskosten (wegen des Rechnens in einer Währung, wegfallender Umtauschkosten und nicht mehr erforderlicher Kurssicherungskosten) auf rund 2 vH des Bruttosozialprodukts der Gemeinschaft. Auch erhoffen sie sich davon eine stabilitätsgerechtere Finanz- und Lohnpolitik. Denn Fehlverhalten bei der Finanz- und Lohnpolitik sei dann nicht mehr über die nationale Notenpresse korrigierbar.[19]

Diese Hoffnung erscheint allerdings zu optimistisch. Die Einheitswährung kann vielmehr dazu führen, daß sich die Löhne EG-weit trotz beträchtlicher Produktivitätsunterschiede angleichen. In peripheren Regionen kommt es dann zu Arbeitslosigkeit. Im jetzigen System können solche Kostennachteile durch Abwertungen kompensiert werden. Aber das geht bei einer Einheitswährung nicht mehr. Dann verlieren Randregionen an Wettbewerbsfähigkeit und an Wachstumschancen. Und weil sich die EG das Ziel der Kohäsion auf die Fahnen geschrieben hat, führt die höhere Arbeitslosigkeit letztlich zu mehr Transferzahlungen, die von den zentralen Regionen finanziert werden müssen und das Wachstum beeinträchtigen. Insofern ist denkbar, daß die niedrigeren Transaktionskosten durch die schlechteren Wachstumschancen überkompensiert werden. Daß dieses Szenario kein Schauermärchen ist, zeigt die deutsch-deutsche Währungsunion. Hier ist es genauso gekommen. Ein zweiter Grund spricht gegen die Währungsunion: Denn der Vergleich des Geldes mit der Sprache geht noch weiter. Menschen kommunizieren in einer bestimmten Sprache nicht deshalb, weil sie ihnen aufgezwungen wird, vielmehr deshalb, weil sie ihnen bestimmte Vorteile bietet. Genauso ist es mit dem Geld. Eine Währung wird einer anderen vorgezogen, weil sie die Funktion als Recheneinheit

---

[19] Vgl. Olaf Sievert, „Geld, das man nicht selbst herstellen kann", Frankfurter Allgemeine Zeitung vom 26. 9. 1992, S. 13.

und Wertaufbewahrungsmittel besser erfüllt. Tut sie dies nicht mehr, dann wird sie bei künftigen Transaktionen durch eine wertstabilere ersetzt und wertet ab. Durch eine Währungsunion wird der Währungswettbewerb – ein wichtiger Inflationsschutz – praktisch beseitigt. Den niedrigeren Transaktionskosten würden dann auch höhere Kosten wegen geringerer Geldwertstabilität gegenüberstehen.

Eine Inflationsbeschleunigung ließe sich vermeiden, wenn das Europäische System der Zentralbanken absolut auf Geldwertstabilität verpflichtet wäre. Trotz vieler politischer Beteuerungen ist ein strikter Stabilitätskurs aber nicht garantiert. Denn erstens fehlt es dem Maastrichter Vertrag an einer konkreten Definition von Geldwertstabilität. Der Rat der Europäischen Zentralbank hat hier einen Ermessensspielraum. Die Erfahrung zeigt, daß in anderen Mitgliedstaaten das Ziel der Geldwertstabilität weniger hoch im Kurs steht als in der Bundesrepublik. Daher wird das Ergebnis wohl ein Kompromiß, sprich: weniger Geldwertstabilität als gewohnt sein. Zweitens ist die persönliche Unabhängigkeit der Mitglieder des Rats der Europäischen Zentralbank durch den Vertrag nicht völlig gesichert.[20] Insofern spricht vieles für eine geringere Wertstabilität des ECU[21].

Um der Währungsunion bis 1999 beitreten zu können, haben sich die Mitgliedstaaten auf *Konvergenzkriterien* geeinigt: Die Inflationsrate soll nicht mehr als 1,5 Prozentpunkte über dem Durchschnitt der drei stabilsten Währungen liegen und der Zinssatz für Staatsschuldverschreibungen um nicht mehr als 2 Prozentpunkte über jenen in diesen Ländern. Der Wechselkurs soll sich innerhalb der Bandbreiten des EWS bewegen. Das staatliche Budgetdefizit soll maximal 3 vH und der Schuldenstand des Staates maximal 60 vH des Bruttoinlandsprodukts betragen. Vor allem die *Verschuldungsregeln* sollen die Funktionsfähigkeit der Währungsunion sichern. Sie sollen verhindern, daß einzelne Mitgliedstaaten die Geldpolitik

---

[20] Letztlich können die Regierungen, indem sie ihre Vertreter in den Rat nur auf Zeit wählen, ihre eigenen stabilitätspolitischen Vorstellungen in die Geldpolitik der Europäischen Zentralbank einfließen lassen. (Kronberger Kreis, a.a.O.).

[21] Vgl. Claus-Friedrich Laaser, Rüdiger Soltwedel et. al., a.a.O., S. 18 ff.

drängen, den Realwert der staatlichen Schulden durch unerwartete Inflation zu senken. Zusätzlich wird der Europäischen Zentralbank verboten, Staatsdefizite zu finanzieren; die EG darf nicht für nationale Verbindlichkeiten haften („no-bail-out"-Klausel).

Laxe Kreditpolitik einzelner Mitgliedstaaten könnte in der Tat die Stabilität des ECU gefährden. Insofern sind zentrale Disziplinierungsmechanismen sinnvoll. Entscheidend ist allerdings die „no-bail-out"-Klausel. Bei einer gemeinsamen Währung können sich die Mitgliedstaaten nicht der Notenpresse zur Finanzierung bedienen. Übermäßige Staatsschulden würden daher zu einem Risikoaufschlag bei Staatsschuldverschreibungen und höheren Zinszahlungsverpflichtungen führen. Im Zeitablauf wirkt das disziplinierend auf die Staatsausgaben. Wäre sichergestellt, daß weder die Notenbank noch die anderen Mitgliedstaaten mit Krediten einspringen, bedürfte es keiner zusätzlichen Budgetregeln. Ihre Existenz zeigt, daß man die non-bail-out-Klausel offensichtlich für nicht durchsetzbar hält. Ist dem aber so, dann stehen auch die Budgetregeln nur auf dem Papier.[22] Überdies regen sie zu Steuererhöhungen an und so – im Gegensatz zu zusätzlichen Krediten – zu einer dauerhaft höheren Staatsquote, da die Steuerzahler – anders als die Kapitalanleger – übergroße Ausgabenfreude weniger rasch bestrafen können. Die Budgetregeln führen also vermutlich per saldo zu einer höheren Belastung der Bürger in Europa.[23]

Mehr Kompetenzen der EG sind auch in der *Forschungs-, Technologie- und Industriepolitik* vorgesehen: Die Forschungsförderung der EG soll anwendungsorientierter werden. Dadurch sollen Branchen wie die Mikroelektronik, die Automobilindustrie und die Biotechnologie gefördert und gegenüber der Konkurrenz aus Japan und den USA wettbewerbsfähiger gemacht werden. An der Effizienz dieser Politik sind erhebliche Zweifel angebracht. Sie werden im Beitrag von Klodt in diesem Band näher behandelt.

Auch die *arbeitsmarkt- und sozialpolitischen Kompetenzen*, die die EG durch den Vertrag von Maastricht erhalten soll, sind öko-

---

22 Vgl. Claus-Friedrich Laaser, Rüdiger Soltwedel et. al., a.a.O., S. 24 ff.

23 Siehe den Beitrag von Astrid Rosenschon und Norbert Leineweber „Abgabenpolitik in den Ländern der EG – Abgabespirale ohne Ende?", in diesem Band.

nomisch fragwürdig. Vorgesehen ist, daß die im Jahre 1989 gegen die Stimme des Vereinigten Königreichs verabschiedete Sozialcharta beschleunigt in Aktionsprogramme umgesetzt werden soll. Angestrebt werden Mindeststandards der Arbeitsbedingungen und eine Harmonisierung des Arbeitsrechts. Dies führt letztlich zu höheren Arbeitskosten in den ärmeren EG-Ländern. Hintergedanke der reicheren Mitgliedsländer (bzw. deren Gewerkschaften) ist, ,,Schmutzkonkurrenz" aus den ärmeren abzuwehren.

Zunächst: Mit Schmutzkonkurrenz haben relativ niedrige Arbeitsplatzstandards nichts zu tun, sie reflektieren vielmehr ein relativ niedriges Einkommensniveau. Den relativ niedrigen Arbeitskosten – für Löhne, die Ausstattung des Arbeitsplatzes – steht also eine relativ niedrige Produktivität gegenüber. Reichere Mitgliedstaaten können sich aufgrund höherer Produktivität entsprechend höhere Standards leisten. Einer Marktintegration in Europa stehen Unterschiede bei den Arbeitskosten also nicht im Wege. Mit steigender Produktivität können sich die ärmeren Länder auch höhere Arbeitsplatzstandards leisten, ohne ihre Wettbewerbsfähigkeit zu gefährden. Ein Teil des Produktivitätsfortschritts kann dann statt für Barlohnzuwächse für eine Verbesserung der Arbeitsbedingungen verwendet werden.[24]

Arbeits- und sozialrechtliche Mindestnormen hingegen beeinträchtigen die Wettbewerbsfähigkeit der ärmeren EG-Länder. Werden dort die Arbeitskosten stärker angehoben, als die Produktivität zunimmt, steigen die Lohnstückkosten auf ein Niveau, das über dem der reicheren Länder liegt. Die ärmeren Länder büßen so Wettbewerbsfähigkeit ein, der Nettokapitalimport nimmt ab, der Aufholprozeß verlangsamt sich, es kann sogar zu einer Divergenz der Pro-Kopf-Einkommen kommen, die hohe Regionaltransfers nach sich ziehen wird. Durch zentrale Harmonisierung werden somit Marktzutrittsbarrieren zugunsten der hochregulierten reichen Länder errichtet, die Integration wird also durch Harmonisierung nicht

---

[24] Mit steigendem Einkommen verändert sich die Aufteilung des auf die Arbeitnehmer entfallenden Teils der Wertschöpfung zugunsten nicht-pekuniärer Leistungen wie z.B. Sicherheit, Schutz, Freizeit, Umweltqualität.

– wie behauptet – gefördert, sondern behindert.[25] Langfristig kommt das allen Mitgliedstaaten teuer zu stehen.

Nach den Beschlüssen von Maastricht sollen die Strukturfonds um den sogenannten *Kohäsionsfonds* erweitert werden. Aus diesem sollen Umwelt- und Infrastrukturprojekte in Portugal, Spanien, Griechenland und Irland finanziert werden. Zudem erhält die EG-Kommission bei transeuropäischen *Verkehrs-, Kommunikations- und Versorgungsnetzen*, insbesondere bei über den Kohäsionsfonds finanzierten Projekten, ein *Mitplanungsrecht*. Für eine zentrale Kompetenz mögen einige Argumente sprechen, die konkrete Lösung ist aber ökonomisch fragwürdig: Die Koordinierung grenzüberschreitender Infrastrukturprojekte (z.B bei Autobahnen und Eisenbahnlinien) ist in der Tat sinnvoll, weil hier Spillover-Effekte vorliegen. Aber: Solche Projekte betreffen immer nur zwei oder höchstens drei Staaten direkt, nie aber alle EG-Länder. Daher wäre es völlig ausreichend, wenn die EG nur Regeln setzte, die eine Einigung zwischen Nachbarländern ermöglichen. Dies wäre mit weniger Verwaltungskosten und beträchtlichen Zeitgewinnen verbunden.

Sinnvoll ist grundsätzlich auch, daß die EG die bessere Anbindung ärmerer Länder an überregionale und internationale Verkehrsnetze fördert. Denn dadurch werden Handel und Wachstum gefördert und Regionaltransfers obsolet. Aber es wäre sinnvoller, den zu fördernden Ländern ungebundene Transfers zu zahlen. Denn vor Ort weiß man meist besser, woran es fehlt, und die Mitplanung durch die EG verursacht auch hier zusätzliche Kosten, nicht zuletzt in Form von Zeitverzögerungen. Wenn schon zugunsten der ärmeren Länder umverteilt werden soll, dann sollte das so geschehen, daß ein gegebener Transfer den höchsten Ertrag abwirft oder ein angestrebter Ertrag mit den niedrigsten Kosten erzielt wird.

---

[25] Vgl. Claus-Friedrich Laaser, Rüdiger Soltwedel et. al., a.a.O., S. 68 ff.

3. Fazit

Wie die Analyse gezeigt hat, ist die Zuweisung vieler Aufgaben an die EG ökonomisch fragwürdig. In besonderem Maße gilt das für jene Kompetenzen, die sie durch den Vertrag von Maastricht erhalten soll. Zwar gibt es mehrere Aufgaben, bei denen zentrales Handeln sinnvoll erscheint. Besonders wichtig ist hierbei die Garantie der Marktoffenheit. Wo die EG jedoch ordnungspolitische Funktionen wahrnimmt, vermischt sie dies meist mit prozeß- und umverteilungspolitischen Zielen. Dies steht der Effizienz ihrer Ordnungspolitik im Wege. Eine aus der ökonomischen Theorie des Föderalismus heraus ableitbare Kompetenzzuweisung ist daher nur eine notwendige, nicht aber hinreichende Bedingung für rationale Wirtschaftspolitik. Wo die EG explizit prozeßpolitisch tätig wird, liegt meist weder eine staatliche, geschweige denn zentralstaatliche Aufgabe vor. Zweifelsohne hat die EG zu viele Aufgaben an sich gezogen. Anstelle von neuen Kompetenzen für die EG wäre Dezentralisierung angebracht, eine Rückbesinnung auf die eigentlichen Aufgaben des Zweckverbands. Ohne ein Umdenken könnte das ursprüngliche Ziel der EG – die Marktintegration – auf der Strecke bleiben. Denn mit der fortschreitenden Vertiefung erhöht die EG die Barrieren für eine Erweiterung um weitere europäische Staaten, deren Einbeziehung in den Gemeinsamen Markt wohlfahrtssteigernd wäre.

Bodo Risch

Harmonisierung der Wirtschafts- und Sozialpolitik in der EG?

Gerade zu dem Zeitpunkt, an dem die Europäische Gemeinschaft einen ihrer größten Erfolge feiern kann – die Vollendung des Binnenmarktes zum 1. Januar 1993 –, steckt sie in einer tiefen Orientierungskrise. Mit den Maastrichter Beschlüssen vom Dezember 1991 sollte der neue Schwung der Gemeinschaft genutzt werden, um gleich auch das Ziel der Politischen Union unter den zwölf Mitgliedsstaaten zu verankern. Nach dem Nein der Dänen, dem nur knappen Ja der Franzosen, der ungewissen britischen Haltung und den wenig ermutigenden Meinungsumfragen in anderen Ländern ist deutlich geworden: Die politisch Verantwortlichen haben hier einen Weg beschritten, den die Bürger Europas in der überwiegenden Mehrheit offenbar nicht als den Königsweg zu „ihrem" Europa des 21. Jahrhunderts ansehen.

Warum konnte das Binnenmarkt-Vorhaben weithin erfolgreich sein und akzeptiert werden, nicht jedoch der Sprung in die Politische Union? Der unerwartet heftige Gegenwind mag einmal an der mangelnden öffentlichen Vorstellung und Diskussion des Maastrichter Vertrages liegen. Dieses Entlastungsargument ist beliebt bei Politikern, erscheint jedoch bei dem verbreiteten Unbehagen als zu vordergründig. Andere tieferliegende Schichten in der Wahrnehmung des europäischen Einigungsprozesses dürften wichtiger sein, auch wenn sie oft nur emotional diffus begründet sein mögen. Berührt ist die Kernfrage, in welchem Umfang Politik- und Lebensbereiche „verbrüsselt" und auf der Ebene der Gemeinschaft harmonisiert und zentralisiert werden sollen.

Die Einheitliche Europäische Akte, mit der im Februar 1986 der Binnenmarkt aufs Gleis gesetzt wurde, besteht im wesentlichen aus zwei bahnbrechenden Neuerungen: Der Zielbestimmung (Verwirklichung der klassischen „vier Freiheiten" nach Artikel 8 a) und den dazu gebotenen Mitteln (Vorschlagsrecht der Kommission und Ratsentscheidungen, die in der Regel mit qualifizierter Mehrheit getroffen werden, Artikel 100 a). Hinter diesem leicht faßlichen Konzept steht ein liberaler Integrationsansatz: Zusammenwachsen der Märkte durch die ungehinderte Bewegung von Arbeit, Kapital, Dienstleistungen und Waren. Es handelt sich mithin um einen Ansatz, der offene Märkte, Freiheit und Wettbewerb betont und damit zugleich hinnimmt, daß in den einzelnen Mitgliedstaaten die Voraussetzungen unterschiedlich sein können, unter denen die Bürger Europas miteinander Verträge abschließen.

Der Maastrichter Vertrag verfolgt demgegenüber einen anderen Ansatz. Einmal ganz abgesehen davon, daß er als Kompromiß notwendigerweise jedem Staat etwas bieten mußte und schon von daher unverdaulich und mitunter widersprüchlich ist, setzt er auf Politik- anstelle von Marktintegration: So wie in den 70er Jahren EG-Kommissar Davignon ganze Industriezweige nach Brüsseler Ratschluß auf Vordermann bringen wollte, so gründet das Konzept zur Politischen Union auch jetzt wieder auf einem Politikerkartell mit einer politisch gewollten Harmonisierung ,,von oben“, die gerade nicht auf die Marktkräfte setzt. Die Befugnisse der Gemeinschaft sollen bedeutend ausgeweitet werden (allein 20 Aufgabengebiete werden in Artikel 3 EGV von a) bis t) genannt), während dem Europäischen Parlament kaum Kontrollrechte zugebilligt werden. Auch das Subsidiaritäts-Prinzip ist nicht hinreichend präzisiert worden, um als Kontergewicht wirksam werden zu können.

Es ist der absehbare Machtzuwachs einer entrückten Europäischen Gemeinschaft ohne zureichende ,,checks and balances“, der viele Menschen an dem so vorgezeichneten Weg in die Politische Union zweifeln läßt. Mit der Verlagerung von mehr Aufgaben auf einen völkerrechtlichen Zwitter, der ein Vexierbild von Staatenbund, Bundesstaat und supranationaler Organisation ist, würde unweigerlich eine neue Runde europaweiter Harmonisierung eingeleitet. Die oft eher gefühlige Sorge vieler Wähler, die ,,nationale Identität“ zu verlieren, mag unzutreffend und übertrieben sein und ,,aus dem Bauch“ kommen. Doch ist Europessimismus nicht unbegründet, und die Zukunft der Gemeinschaft könnte sich daran entscheiden, in welchem Umfang die Wirtschafts- und Sozialpolitik harmonisiert wird, ohne dadurch den Rückhalt in der Bevölkerung zu verlieren. Sich bei der Harmonisierung zu beschränken, bedeutet zugleich, den Wettbewerb als sozialen Such- und Ausgleichsprozeß ebenso zu bejahen wie die nationalen Eigenarten und Unterschiede der Bürger Europas.

Binnenmarkt durch Nicht-Harmonisierung

Die Vollendung des Binnenmarktes zu Beginn der 90er Jahre ist als eine der größten wirtschaftspolitischen Innovationen des ausgehenden 20. Jahrhunderts gepriesen worden. Wichtig ist, daß die breite Zustimmung zu diesem Schritt gerade nicht auf wirtschaftspolitischer Harmonisierung beruhte, nach dem Motto: Erst müssen die jeweiligen nationalen Angebotsbedingungen angeglichen werden, bevor der Marktzugang für Ausländer möglich werden kann. Wann immer die EG diesen Ansatz der Totalharmonisierung ,,von oben" verfolgte, kam sie mit der Öffnung der Märkte und der Integration Europas nicht oder nur schleppend voran.

Die Erfahrung lehrte gerade das Gegenteil, nämlich daß erst durch ein anfängliches Hinnehmen von Ungleichheit ein Abbau der Ungleichheit im Zuge der Marktintegration erfolgt. Die natürliche Regung der Menschen scheint dagegen zu sein, zunächst einmal gleiche oder zumindest sehr ähnliche Wettbewerbsbedingungen schaffen zu wollen, damit es Startgleichheit gibt. Aber wo liegt der optimale Grad der Harmonisierung, zumal bei technischen Vorschriften, etwa wenn es um die Brennbarkeit von Nikolausbärten geht (eine Realsatire aus der EG-Kommission)? Erfolgt die Angleichung auf einem niedrigen Niveau, wird in den wirtschaftlich fortgeschritteneren Ländern ,,Dumping" gerufen. Wird dagegen ein hohes Niveau angesteuert, fallen Anbieter in den ärmeren Ländern aus dem Markt, da sie die hohen Eintrittshürden nicht überspringen können. Ist zudem im EG-Ministerrat ein einstimmiger Beschluß gefordert, dann können tatsächlich elf Jahre vergehen, bis es eine EG-weit gültige Norm für Fieberthermometer gibt.

Erfolgreich war das Binnenmarkt-Projekt deshalb vor allem aus zwei Gründen: Die überwiegende Mehrheit (vier Fünftel[1]) der Be-

---

[1] Fünfter Bericht der Kommission über die Durchführung des Weißbuches, Kom (90) 90, Seite 4.

schlüsse wurde mit qualifizierter Mehrheit im Rat gefällt, und es gab einen Schwenk hin zu einem „neuen Integrationskonzept". Dieses ersetzte die Totalharmonisierung aus Brüssel durch sektorale Mindestnormen, die in jedem Land gültig sind, im Verein mit einer gegenseitigen Anerkennung der bestehenden nationalen Regelungen. Das hierdurch begründete Ursprungslandprinzip liegt praktisch allen wichtigen Richtlinien der Gemeinschaft zugrunde, die seit 1988 verabschiedet worden sind. Bezeichnenderweise war es nicht die Kommission, sondern der Europäische Gerichtshof in Luxemburg, der mit dem Cassis-de-Dijon-Urteil dem Ursprungslandprinzip zum Durchbruch verholfen hat.[2] Der eigentliche Startschuß zum Binnenmarkt fiel damit nicht am 1. Januar 1993, sondern bereits am 20. Februar 1979.

Für den Binnenmarkt bedeuten diese Regeln eine integrationspolitische Sternstunde. Die Mindestharmonisierung schließt nicht aus, daß darüber hinaus jeder Staat, wenn er es wünscht, ein höheres Niveau an Standards, Vorschriften und Auflagen aufrechterhält. Nur darf dies nicht den Freiverkehr im Binnenmarkt beeinträchtigen. Es ist daher ein liberales Konzept, das auf Wettbewerb zwischen Regelungssystemen setzt und zur Marktintegration führt, gerade weil die Harmonisierung nicht zur Vorbedingung gemacht wird. Freilich bedeutet das Ursprungslandprinzip auch, daß nationale Regulierungen, die wie in Deutschland sehr dicht und teilweise wohl auch zu dicht sind, angesichts des neuen Wettbewerbs „von außen" zu überprüfen sind.[3]

---

[2] Die Ursprünge dieser EuGH-Rechtsprechung lassen sich sogar bis auf das sogenannte Dassonville-Urteil von 1974 zurückverfolgen. Siehe hierzu Ulrich F. Kleier, Freier Warenverkehr (Artikel 30 EWG-Vertrag) und die Diskriminierung inländischer Erzeugnisse, Recht der internationalen Wirtschaft, Heft 8 (1988), Seite 623 bis 632.

[3] Die von der Bundesregierung eingesetzte Deregulierungskommission, die 97 konkrete Vorschläge für weniger Vorschriften und Auflagen in ausgewählten Bereichen gemacht hat, stützte ihre Argumentation ganz wesentlich auf den Deregulierungsbedarf, der sich für Deutschland aus dem Europäischen Binnenmarkt ergibt. Vgl. dazu auch Jürgen Basedow, „Deregulierung – ein Muß im EG-Binnenmarkt", Wirtschaftsdienst, Nr. 7 (1991), Seite 370 bis 376.

Das Binnenmarkt-Konzept mit seinen 282 Richtlinien stellt daher keine Politik des großen Sprungs dar, sondern eine Politk der Annäherung durch überschaubare Tippelschritte – und es war gerade deswegen erfolgreich. Marktprozesse sind einmal als „game of skill and chance", als Spiel aus Können und Zufall, beschrieben worden. Unter diesen Vorzeichen eröffnete der Binnenmarkt jedem einzelnen Mitspieler die Chance, zu den Gewinnern zu gehören.[4]

Kehrtwendung nach Maastricht

In dem Maße jedoch, in dem an der Wende zu den 90er Jahren der Binnenmarkt ein Selbstläufer wurde, erhielten gegenläufige Kräfte Auftrieb. Deutlich wurde nämlich mehr und mehr, daß der neue Standortwettbewerb die Politiker und unabhängigen Gruppen, vor allem Gewerkschaften und Verbände, unter massiven Anpassungsdruck setzte. Denn durch das Ursprungslandprinzip werden gleichsam die Standort- und Produktionsbedingungen anderer EG-Länder direkt im Inland wirksam – eine völlig neue Situation, waren doch früher stets die Bedingungen des Bestimmungslandes für den Marktzutritt ausschlaggebend.[5]

Die sich ausbreitende Vorstellung, es müsse mehr Harmonisierung „top down" in Europa geben, hat verschiedene Wurzeln. Eine der wohl am wenigsten beachteten, aber wichtigsten: Schon Anfang der 90er Jahre, sogar etwas vor dem Zeitplan des Binnenmarkt-Weißbuches, waren alle Kapitalverkehrskontrollen unter den zwölf Mitgliedstaaten abgeschafft. Zehn Jahre zuvor waren sie noch an

---

[4] Da dies so ist und sich durch den Binnenmarkt die wirtschaftlichen Rahmenbedingungen grundlegend verändert haben, ist es besonders schwierig, den Anpassungsbedarf für die Unternehmen im vorhinein abzugreifen. Prognosen sind schwierig, besonders wenn sie die Zukunft betreffen (Mark Twain) – das gilt natürlich ganz besonders für den Strukturbruch nach „1993".

[5] In Deutschland galten für Ausländer also stets DIN-Normen und TÜV-Zertifikate, deutsche Berufsabschlüsse mußten erworben werden, oder deutsches Wettbewerbsrecht war verbindlich usw.

der Tagesordnung gewesen. Die unmittelbar fühlsame Abstimmung mit dem Girokonto, die nun über die nationale Wirtschaftspolitik möglich wurde, entmachtete die nationalen Geldpolitiken und signalisierte zugleich ein gnadenloses Urteil über den jeweiligen wirtschaftspolitischen Kurs der Regierungen. Der freie Kapitalverkehr mit dem damit einhergehenden Abstieg von Wirtschaftspolitikern und Zentralbankern dürfte eine der wesentlichen Ursachen gewesen sein, zügig den Weg nach Maastricht zu beschreiten.[6]
Wie die Neue Politische Ökonomie lehrt, streben verschiedene Interessenten nach einer verstärkten europaweiten Harmonisierung[7]:

– Die Kommission und deren Beamte erwarten vom Aufgabenzuwachs mehr Macht, Status und Beförderungsaussichten. Klar ist auch, daß auf neue Aufgaben neue Finanzmittel folgen müsen. Gleich nach „Maastricht" wurde deshalb das „Delors-II-Paket" mit zusätzlichen Mittelforderungen – 42 Milliarden ECU bis 1997 – vorgelegt. Dies ist ein Zuwachs von etwa zwei Dritteln gegenüber dem Gesamthaushalt von 1992.[8]

---

[6] The Economist, Into the Void, 11. Juli 1992, Seite 10. „Maastricht" könnte hier genauso gut synonym für den allgemeinen Schritt hin zu einer Re-Regulierung auf europäischer Ebene stehen. Natürlich waren auch andere Gründe wichtig bei dem Versuch, Europa ein neues Rechtskorsett zu geben. Zu der historischen Umbruchsituation 1989/90 zählen zum Beispiel die deutsche Wiedervereinigung und die angestrebte unwiderrufliche Westverankerung der Bundesrepublik sowie der absehbare Zustrom neuer EG-Mitglieder. In dem Bemühen, die Gemeinschaft sowohl zu vertiefen als auch zu erweitern, sollten so rasch wie möglich die Konditionen der „finalité politique" auch für neue Mitglieder fixiert werden.

[7] Die Neue Politische Ökonomie befaßt sich mit den Anreizmechanismen und Eigeninteressen von Politikern, Bürokratien sowie anderen (staatlichen und privaten) Organisationen. Vgl. hierzu und zum folgenden Roland Vaubel, Die Politische Ökonomie der wirtschaftspolitischen Zentralisierung in der Europäischen Gemeinschaft, Beiträge zur angewandten Wirtschaftsforschung der Universität Mannheim, Nr. 456–91, Mannheim 1991.

[8] Die zusätzlichen Mittel entsprechen etwa 85 Milliarden DM. Nach dem Finanzierungskonzept der Kommission beliefe sich die jahresdurchschnittliche Zuwachsrate der EG-Ausgaben von 1992 bis 1997 auf nicht weniger als 10,5 Prozent. Vgl. dazu näher die Stellungsnahme des Deutschen Industrie- und Handelstages, Finanzrahmen ohne konkrete Aufgabenplanung, Bonn 1992.
Auf dem EG-Gipfel in Edinburgh im Dezember 1992 wurden die Kommissions-Forderungen deutlich zurückgestutzt: Von 1993 bis 1999 darf der Haushaltsrahmen der Gemeinschaft um knapp ein Viertel (rund 29 Mrd. DM) erweitert werden.

- Die Abgeordneten des Europäischen Parlaments sehen ebenfalls die Chance einer Statusausweitung und einer tatsächlichen Einflußnahme auf politische Entscheidungen, und zwar zu Lasten der nationalen Parlamente.
- Politiker der Mitgliedsregierungen können durch Absprachen in Brüssel verhindern, daß durch die Binnenmarktintegration die von ihnen gesetzten staatlichen Regulierungen leerlaufen. Ein Politikerkartell auf EG-Ebene kann hier ein wirksames Gegengewicht schaffen. „So government of states by states ist promoted" (Kommentar des Londoner „Economist").
- Die nationalen Interessengruppen auf der Produzentenseite, also Gewerkschaften und Arbeitgeber, wollen im gemeinsamen Markt mit Ursprungslandprinzip verhindern, daß sie einem verstärkten Wettbewerb niedrigerer Lohn- und Lohnnebenkosten ausgesetzt sind. Denn das unterliefe ihre Tarifabsprachen mit ihrem weithin allgemeinverbindlichen Charakter. Für Großunternehmen kommt der Reiz hinzu, durch Lobbytätigkeit in Brüssel Kommissionsentscheidungen zu ihren Gunsten beeinflussen zu können – deren Ratschläge werden von EG-Beamten sogar gerne gehört, da die Brüsseler Zentrale viel zu weit von den Märkten entfernt ist, um sich selbst ein zutreffendes Bild der Wettbewerbs- und Angebotsbedingungen machen zu können.

Alle diese Gruppen ziehen einen zusätzlichen Nutzen daraus, daß weitere Aufgaben in Brüssel zentralisiert und damit auf die nächst höhere Entscheidungsebene verlagert werden[9]: Es gibt mithin – in einer Art zurückschwingender Pendelbewegung – eine starke Tendenz, die Harmonisierung der Wirtschafts- und Sozialpolitik in Brüssel voranzutreiben. Schon aus eigenem Interesse, jenseits aller sonst noch bedeutsamen Sachargumente, sind viele daran interessiert.

---

[9] Aus der Sicht eines Bürgers aus Nordrhein-Westfalen bedeutet dies, daß die siebte (!) Verwaltungsebene gestärkt wird, nach Gemeinde, Kreis, Regierungsbezirk, Landschaftsverband, Bundesland und Bund. In diesem Zusammenhang ist auch Adolph Wagners „Gesetz der wachsenden Ausdehnung der Staatstätigkeit" von 1863 erwähnenswert; wachsende Staatsausgaben haben zudem regelmäßig die Anziehungskraft des übergeordneten Haushalts (Popitzsches Gesetz) gestärkt.

Auch unter diesen Vorzeichen stellen die Maastrichter Verträge die gleichsam offizielle Blaupause für die EG-Wirtschaftspolitik zu Beginn des 3. Jahrtausends dar. Die wichtigsten Merkmale dieses real existierenden politischen Kompromisses sind [10]:

- Die Gemeinschaft erhält wesentlich mehr Aufgaben auf mehr Gebieten als zuvor – vom Außenhandel über Verkehr, Landwirtschaft, Wettbewerb, Forschung und Entwicklung bis hin zum Katastrophenschutz und Fremdenverkehr. Die Kommission wie die nationalen Regierungen werden damit durchgreifend gestärkt. Die Kontrolle der Brüsseler Exekutive durch die Mitgliedstaaten und die anderen Organe der Gemeinschaft bleibt unzureichend.
- Aus dem Vertrag geht nicht deutlich hervor, welche Kompetenzen letztlich die Gemeinschaftsorgane haben oder an sich ziehen können. Das Subsidiaritätsprinzip, nach dem die Gemeinschaft nur regeln soll, was auf der Ebene der Mitgliedstaaten nicht ausreichend erreicht werden kann, ist zwar Teil des Vertrages, läuft aber in der gewählten wolkigen Formulierung politisch leer.
- Anders als noch in den Römischen Verträgen sieht die Vertragsrevision eine Reihe von Interventionsmöglichkeiten vor, die die vielbeschworene Offenheit der Märkte verletzen. Dies gilt zum Beispiel (mit Verfassungsrang!) für die Handelspolitik gegenüber Drittstaaten, die Förderung von Forschung und Entwicklung sowie für die Regional- und Industriepolitik.

Ein solchermaßen angelegtes Vertragswerk muß geradezu zwangsläufig zur Folge haben, daß politische Entscheidungen in Brüsseler Gremien stärker zentralisiert werden. Allein schon die jeweiligen Eigeninteressen und die schwache Kraft des Subsidiaritäts-Prinzips drängen dabei in diese Richtung.

Gleichwohl: Es sprechen – mit etwas Abstand betrachtet – auch ökonomische Gründe dafür, Entscheidungskompetenzen auf die

---

10 Vgl. Juergen B. Donges u.a. (Kronberger Kreis), Einheit und Vielfalt in Europa, Frankfurt 1992, S. 19.

EG-Ebene zu verlagern. Gemeinschaftsweite Regelungen sind theoretisch sinnvoll, wenn

- ohne sie die Marktintegration behindert würde, insbesondere die „vier klassischen Freiheiten" nicht zum Zuge kämen,
- grenzüberschreitende externe Wirkungen nicht verursachungsgerecht zurechenbar wären und
- öffentliche Güter nicht ausreichend und zu teuer angeboten würden.

Das erste Kriterium sichert die Funktionsfähigkeit des Binnenmarktes. Danach ist es zum Beispiel sachgerecht, die nationale Subventionsvergabe zu beschränken, eine europaweite gegenseitige Anerkennung von technischen Prüfzertifikaten sicherzustellen oder für eine EG-weite-Zulassung von Pkw zu sorgen. Im zweiten Fall geht es unter anderem, aber nicht nur, um den Regelungsbedarf im Umweltschutz, im dritten um Asyl, innere Sicherheit und Verteidigung. Unter Binnenmarktverhältnissen sind daher in einer Reihe von Bereichen Brüsseler Vorgaben sinnvoll, in anderen sind indes Zweifel angebracht. Insgesamt ist der ökonomisch begründbare Harmonisierungsbedarf bei Vorschriften und Auflagen, Steuern und anderen Maßnahmen weitaus geringer, als vielfach behauptet wird[11]. Viele der Gemeinschaft zugeschriebenen Aufgabenfelder wären ohnehin schon überflüssig, wenn man das Subsidiaritäts-Prinzip tatsächlich ernst nähme[12]. Um so erhellender ist es daher, die ökonomische Meßlatte an den politisch reklamierten Handlungsbedarf anzulegen. Was spricht dann im einzelnen für oder gegen europaweite Regelungen in der Wirtschafts- und Sozialpolitik?[13]

---

[11] Siehe hierzu mit weiteren Einzelheiten Vaubel (1992) sowie Donges u.a. (Kronberger Kreis), Seite 31 ff.

[12] Vergleiche in diesem Zusammenhang Deutscher Industrie- und Handelstag, Anmerkungen und Vorschläge zur Regelung der Subsidiarität in der EG, Bonn/Brüssel 1992a.

[13] Zu anderen Politikfeldern, vor allem der Handels-, Technologie- und Industriepolitik der EG, vergleiche die anderen Beiträge in diesem Band.

Wirtschaftspolitik à la carte nationale

Auf dem Prüfstand steht vor allem die Steuer- und Budgetpolitik der EG-Mitgliedstaaten, wenn es um pro und contra eines weitergehenden Harmonisierungsbedarfs in der Wirtschaftspolitik geht. Die Einnahmen- und Ausgabenpolitik der öffentlichen Hand ist der wichtigste Teil der Wirtschaftspolitik, umfaßt doch die Staatstätigkeit in der Gemeinschaft zwischen 40 und 58 Prozent des Sozialprodukts (Vereinigtes Königreich bzw. Dänemark in 1991). In diesem Zusammenhang sind vor allem zwei Fragen zu stellen: (1) Wie weit sollte eine Angleichung der Steuersysteme erfolgen? (2) Sind bindende Regeln für Budgetdefizite, wie im Maastrichter Vertrag vereinbart, tatsächlich nötig?

Einer der drei Schwerpunkte des Binnenmarkt-Vorhabens war es, die steuerlichen Grenzen in der EG zu beseitigen. Sie bestanden im wesentlichen ja ohnehin nur noch wegen der statistischen Meldepflichten, der spezifischen Verbrauchsteuern sowie wegen der Mehrwertsteuer, die mit unterschiedlichen Sätzen (zwischen Null und 38 Prozent) nach dem Bestimmungslandprinzip erhoben wurde. Damit es – angesichts dieser stark voneinander abweichenden Sätze – nicht zu erheblichen steuerbedingten Verzerrungen der Wettbewerbsfähigkeit kam, wurden Ausfuhren von der Mehrwertsteuer freigestellt, Einfuhren dagegen mit dem nationalen Satz belastet.

Um Steuergrenzen zu beseitigen, hätte man den Grenzausgleich zwar einfach aufheben und die Steuerangleichung dem Wettbewerb und Wechselkursänderungen überlassen können. Aber ein solcher abrupter Übergang zum Ursprungslandprinzip hätte erhebliche Verwerfungen bei den grenzüberschreitenden Lieferungen zur Folge gehabt. Denn die exportierenden Unternehmen hätten nunmehr Waren und Dienstleistungen mit der inländischen Mehrwertsteuer in Rechnung stellen müssen und nicht mehr ohne wie zuvor. Obendrein hätte der Fiskus in Ländern mit Handelsbilanzüberschüssen mehr als beim Bestimmungslandprinzip eingenommen. Will man diese Umverteilung vermeiden, ist ein vergleichsweise kompliziertes Clearing-Verfahren zwischen den Finanzverwaltungen erforderlich. Da in der Einheitlichen Europäischen Akte bei Steuerfragen einstimmige Ratsentscheidungen gefordert sind und vor allem in südlichen EG-Mitgliedstaaten ein überproportionaler Anteil der

Steuereinnahmen auf die indirekten Steuern entfällt, hat man sich im Ministerrat am Ende darauf geeinigt, das Ursprungslandprinzip nur bei den Privatkäufen einzuführen, es im kommerziellen Warenverkehr aber beim bisherigen Bestimmungslandprinzip zu belassen.[14]

Zu der Einigung in letzter Minute, die jedoch nur formal die Grenzen fallen läßt, zählen ein einheitlicher Mindestsatz von 15 Prozent und ein oder zwei ermäßigte Sätze in Höhe von mindestens 5 Prozent. Hinzu kommt eine Fülle von Ausnahmeregelungen für einzelne Mitgliedstaaten und Warengruppen. Die Einigung auf Mindestsätze war offenbar das Maximum an Kompromißfähigkeit, das beim zähen Ringen der nationalen Schatzmeister zu erreichen war. Der ursprüngliche Kommissions-Vorschlag mit von-bis-Spannen (14 bis 20 Prozent Normalsatz, 4 bis 9 Prozent reduzierter Satz) plus Übergang zum Ursprungslandprinzip erwies sich als nicht konsensfähig und wurde zurückgezogen. Die Regierungen mit hohen Steuersätzen hätten mit Sicherheit ihr Veto eingelegt.

Die Lehre aus dem mißratenen Versuch, auf das Ursprungslandprinzip überzugehen: Das Kartell von Politikern schließt nicht nur einen effektiven Wettbewerb der Steuersysteme aus, sondern die EG-Harmonisierung führt sogar tendenziell zu einer Steuererhöhung. Die Länder mit hohen indirekten Steuern stehen vor dem Dilemma, entweder die Wettbewerbsfähigkeit der Exportwirtschaft aufs Spiel zu setzen oder – unter sonst gleichen Bedingungen – ein höheres Staatsdefizit in Kauf zu nehmen. Eigentliche Ursache des Dilemmas ist ein Mangel an Sparwillen auf der Ausgabenseite der staatlichen Budgets. Um unter diesen Voraussetzungen und wegen der Einstimmigkeitserfordernis die „Binnenmarktoptik" dennoch zu retten, haben die Niedrigsteuerländer einen höheren Mindestsatz konzidiert, als es ohne Harmonisierung der Fall gewesen wäre. Die Folge ist, daß der Druck leerer Kassen auf die Ausgabenseite deutlich gemildert wurde. Andererseits könnten Steuern mit dem Hinweis auf einen Brüsseler Konsens leichter erhöht und

---

14 Im Kern ist also nur das Verfahren der Steuererhebung dahingehend geändert worden, daß die Steuergrenzen in die Unternehmen hinein und zurückverlagert wurden. Zu dem damit verbundenen Regelungsbedarf vgl. eingehend Matthias Winter, Die Umsatzsteuer im EG-Binnenmarkt ab 1993. Bonn 1992.

der steuerbedingte Verwaltungsaufwand den Unternehmen angelastet werden.

Mindestsätze sind bei dem „Kompromiß“ über die indirekten Steuern nur deswegen vereinbart worden, weil in Zukunft private Direktkäufe über die Grenze nach dem Ursprungslandprinzip zugelassen werden. Der steuerbedingte Wettbewerb gerade zwischen grenznahen Standorten sollte dadurch entschärft werden. Mit dem vereinbarten Plafonds von 15 Prozent dürfte dies weitgehend gelingen, obwohl manche Mitgliedstaaten schon diese Regelung für zu großzügig halten. Hinter dem Mindestsatz steht also die Angst der Regierungen aus Hochsteuerländern vor Einnahmeausfällen – begründet wird er aber mitunter auch damit, daß es sonst möglicherweise zu einer (regionalen) Unterversorgung mit öffentlichen Gütern kommen könnte, wenn die Grenzen bedingungslos für Privatkäufe geöffnet werden. Da jedoch auf EG-Ebene die Systeme der indirekten Besteuerung weitgehend gegen Steuerwettbewerb immunisiert worden sind und außerdem hohe Einsparpotentiale in den Staatsbudgets bestehen, bevor tatsächlich das Angebot öffentlicher Güter eingeschränkt werden müßte, hat dieses Argument wenig für sich, was seine praktische Bedeutung anbelangt.

Die Furcht von Regierungen, daß es im Binnenmarkt-Wettbewerb zu einer Erosion von Steuerquellen kommen kann, bezieht sich ebenfalls auf die direkte Besteuerung von Einkommen und Gewinnen. Je mobiler die Produktionsfaktoren Arbeit und Kapital, desto größer wird der Wettbewerbsdruck auf Hochsteuerländer durch Standortverlagerungen. Es ist also nicht nur der grenzüberschreitende Austausch von Waren und Dienstleistungen, der zu Steuerkonkurrenz und Anpassungsdruck bei der Besteuerung führt, sondern auch die anderen beiden der vier Binnenmarktfreiheiten haben ähnliche Wirkungen. Indes dürfte nur auf mittlere Sicht zu erwarten sein, daß in merklichen Größenordnungen Arbeitnehmer mobil sind und Unternehmenssitze an Orte niedriger Besteuerung verlagert werden. Doch um auch hier schon vorausgreifend den Streß für einzelne Mitgliedstaaten abzubauen, hat die Kommission den Ruding-Vorschlag begrüßt, einen Mindestsatz in Höhe von 30 Prozent bei der Unternehmensbesteuerung einzuführen.[15]

---

[15] Vgl. Kommission der Europäischen Gemeinschaft, Euroinfo, April 1992, S. 1 f. zu den Vorschlägen der sogenannten Ruding-Kommission.

Alles in allem gibt es somit wenig Grund, eine Steuerharmonisierung auf EG-Ebene anzustreben, es sei denn das Interesse der Regierungen, den Status quo aufrechtzuerhalten und einen Steuerwettbewerb auszuschließen. Denn sonst wären schmerzhafte Kürzungen auf der Ausgabenseite der öffentlichen Haushalte unausweichlich. Bei genauerer Betrachtung der Einnahmen- und Ausgabenstruktur geht es bei den beschlossenen Mindestsätzen nicht um die Wahrung des Äquivalenzprinzips, d.h. nicht um die Sicherung eines ausreichenden Steueraufkommens für ein bestimmtes Angebot an öffentlichen Gütern. Mit den Ziel, die nationalen Steuerquellen auch in Zukunft kräftig sprudeln zu lassen, geht es vielmehr vor allem darum, bei mobilen Produktionsfaktoren die Abwanderung aus dem eigenen Steuergebiet zu bremsen und die grenzüberschreitenden Privatkäufe zu kappen.

Außerdem ist noch zu berücksichtigen, daß um so weniger für eine Harmonisierung spricht, je mehr die Lenkungsfunktion von Steuern in den Vordergrund gerückt wird. Und das tun fast alle Politiker. Schließlich gibt es zwischen den EG-Mitgliedstaaten sehr unterschiedliche Auffassungen über eine ,,optimale" Steuer- und Abgabenstruktur. Je mehr auf EG-Ebene angeglichen wird, desto weniger ,,optimal" können offenbar die jeweiligen nationalen Belastungsvorstellungen verwirklicht werden. Betrachtet man darüber hinaus die nationalen Abgaben im Verbund, wird der Harmonisierungsbedarf gar noch geringer. Das Beispiel Dänemarks ist hier besonders illustrativ: Bedeuten die höheren dänischen Umsatzsteuersätze wirklich einen Wettbewerbsnachteil, wenn zugleich die Sozialversicherungsbeiträge extrem niedrig sind?

Während das Politik-Kartell im Binnenmarkt-Programm den wünschenswerten Druck auf Steuer- und Staatsquote ausgeschlossen hat, indem entweder substantiell gar nichts verändert oder aber eine Mindestharmonisierung vereinbart worden ist, wird mancherorts vermutet, daß die Budgetregeln von Maastricht eine entscheidende Wende einleiten würden[16]. Nach jenen Regeln können nur jene Länder an der Wirtschafts- und Währungsunion teilnehmen,

---

[16] Vgl. hierzu Heinrich Matthes, Maastricht und das deutsche Interesse. Wirtschaftsdienst, Nr. 10 (1992), S. 514 f.

deren Staatsdefizit maximal 3 vH und deren staatlicher Schuldenstand maximal 60 vH des Bruttoinlandsprodukts beträgt[17]. Argumentiert wird: Die Mitglieder des Währungsclubs würden die Staatsquote nicht mehr erhöhen, vielleicht sogar senken. Denn eine zunehmende Staatsquote bedeutete bei einem Schuldendeckel unweigerlich Steuererhöhungen. Diese würden Abwanderungen von Kapital und Arbeitskräften nach sich ziehen, über die Landes,,grenzen" hinweg zu vermehrten Steuerarbitrage – Käufen Privater (für die das Ursprungslandprinzip gilt) führen, so die Steuerbasis erodieren, was letztlich steuerpolitische Disziplin erzwingen würde! Man erhofft sich sogar, daß – ist der Währungsclub erst mal installiert – die Steuern durch Standortwettbewerb sinken.

All dies mag unter der Annahme zutreffen, die Mitgliedsländer der EG hätten ihre Aufnahmeprüfung in den Währungsclub bereits bestanden. Dann könnte ein zentraler Schuldendeckel in der Tat disziplinierend wirken. Jedoch: Tatsächlich sind die meisten EG-Länder noch Lichtjahre von der Erfüllung der Eintrittskriterien entfernt. Und gerade im Übergangsprozeß zur Währungsunion können die Budgetregeln das genaue Gegenteil einer steuerpolitischen Disziplinierung bewirken. Die Erfahrung zeigt, daß in der Politik sogenannte einnahmeverbessernde Maßnahmen populärer sind als Ausgabekürzungen, um ein Budgetdefizit herunterzufahren. Es ist also zu vermuten, daß aufgrund der Budgetregeln die Steuern in den – gemessen am Maastrichter Vertrag – überschuldeten Ländern zunächst einmal kräftig steigen werden. Zu massiver Steuerflucht dürfte es wohl nicht kommen, da die Finanzpolitik mit Schwerpunkt die immobilen Faktoren höher belasten würde (also die breite Masse der Arbeitnehmer). Selbst beim ,,scheuen Reh" – dem hoch mobilen Kapital – kann ein Fiskus stärker zupacken, sofern dies EG-weit in Mode gekommen ist. Die Gefahr diesbezüglicher Kartellabsprachen ist wohl nicht von der Hand zu weisen. Auch dürfte der Mechanismus der Grenzarbitrage – für private Direktkäufe gilt das Ursprungslandprinzip – den Steuerappetit nur wenig zügeln. Denn das interessanteste Arbitrageobjekt, nämlich Automobile, hat man aus dieser Regel ausgespart.

---

[17] Art. 104 c, Absatz 2 EGV in Verbindung mit Artikel 1 des ,,Protokolls über das Verfahren bei einem übermäßigen Defizit".

Hier muß nach wie vor der im Bestimmungsland gültige Mehrwertsteuersatz entrichtet werden. Außerdem ist die Phantasie der Finanzpolitiker, Steuerschlupflöcher zu verstopfen, groß.

Alles in allem: Wer sich von den Budgetregeln langfristig Steuer- und Ausgabedisziplin erhofft, überspringt gewissermaßen die Übergangsphase, in der es ganz anders kommen kann. Zudem ist ohnehin mit einer Aufweichung der Budgetregeln zu rechnen, um dem absehbaren Defizit an Clubmitgliedern vorzubeugen. Sofern auf lange Sicht – also nach Gründung der Währungsunion – der Schuldendeckel tatsächlich einen weiteren Anstieg der Staats- und Steuerquoten verhindern sollte, gilt zu beachten, daß dies ein zentralistischer Eingriff in nationale Freiheiten ist. Sollte man Bürger, die eine höhere Staatsquote wünschen, daran hindern, eigene Erfahrungen mit einer solchen Politik zu machen?

Sozialpolitik – zählt nur die Absicht?

Während der rund dreißig Jahre, die seit der Unterzeichnung der Römischen Verträge vergangen waren, hatte die „soziale Dimension" der Europäischen Wirtschaftsgemeinschaft kaum eine Rolle gespielt – obwohl auch schon in dieser Zeit die Verschränkung der nationalen Märkte in Europa ganz bedeutend vorangekommen war. Mit der neuen Dynamik des Binnenmarkt-Programms wurde das unvermittelt anders gesehen, und eine verstärkte soziale Harmonisierung und Absicherung rückte in der zweiten Hälfte der achtziger Jahre auf der politischen Agenda ganz nach oben. Einen ersten Höhepunkt des Versuchs, die Vollendung des Binnenmarktes sozial zu flankieren, bildete die Gemeinschaftscharta der sozialen Grundrechte der Arbeitnehmer vom Dezember 1989, die dann im Vertragswerk von Maastricht (unter Ausschluß Großbritanniens) fortgeschrieben wurde.[18] Die Sozialcharta hatte im wesentlichen appellatorischen Charakter. Aus der Sicht der Bundesrepublik enthält sie einen Katalog zweifellos wünschenswerter, aber bereits

---

[18] Die verschiedenen Dokumente „vor Maastricht" sind zusammengefaßt in Europäisches Parlament (Hrsg.), Die Soziale Dimension des Binnenmarktes. Informationsbüro für Deutschland, Bonn 1991.

weithin realisierter Maßnahmen. Aufgeführt sind zum Beispiel das Recht auf freie Berufswahl, die Koalitionsfreiheit, Freizügigkeit und bezahlter Jahresurlaub.

Im Vertrag zur Politischen Union (Art. 117 ff. EGV sowie Protokoll und Abkommen über die Sozialpolitik) wurde dann der Inhalt der Sozialcharta konkretisiert. Der Rat erhielt nunmehr begrenzte Befugnisse, insbesondere zur Verbesserung der Arbeitsumwelt Sozialvorschriften schrittweise zu harmonisieren.[19] Auch hier ist also eine Verlagerung von Kompetenzen auf die nächsthöhere Ebene festzustellen, trotz mancher gewundener Einschränkungen in den Vertragstexten. Was ist von der angestrebten „Abstimmung der Sozialordnungen" zu halten? Welche Nebenwirkungen wären zu erwarten, wenn die wohlklingenden Absichtserklärungen in die Tat umgesetzt würden?

Zunächst: allen Menschen in der Europäischen Gemeinschaft (und natürlich auch darüber hinaus) ist sehr zu wünschen, daß sie einen möglichst hohen sozialen Schutz, etwa im Krankheitsfall oder bei Arbeitslosigkeit, ausreichende Erholungszeiten sowie ein „gerechtes" Entgelt erhalten. Niemand wird ernsthaft gegen solche sympathisch-menschenfreundliche Vorstellungen streiten wollen. Doch sollte man „die Ziele eines heißen Herzens mit einem kühlen Kopf verfolgen" (Alfred Marshall). Vor allem ist zu bedenken, daß eine gutgemeinte nicht notwendigerweise auch eine gute Politik ist (vom Standpunkt der Betroffenen aus).

Ein hohes Niveau an sozialen Leistungen setzt regelmäßig eine entsprechend hohe Leistungsfähigkeit der betreffenden Volkswirtschaft voraus. Denn erst muß am Markt verdient werden, was dann zum Nachteilsausgleich an diejenigen verteilt werden kann, die im Leistungswettbewerb zurückgefallen sind. Marktwidrig durchgesetzte Umverteilungsansprüche führen dazu, daß nicht die eigentlich zu Begünstigenden sich besser stehen, sondern diese ganz aus

---

[19] Vgl. Art. 118 a EGV, der auch die Einschränkung „unter Berücksichtigung der in den einzelnen Mitgliedstaaten bestehenden Bedingungen und technischen Regelungen" enthält. Gemäß Art. 189 c EGV fallen die Entscheidungen im Rat hier mit qualifizierter Mehrheit, also mit 54 von 72 (gewichteten) Länderstimmen.

der offiziellen Volkswirtschaft herausfallen.[20] Dies gilt nicht nur für das tatsächlich ausgezahlte Arbeitsentgelt, sondern auch für alle anderen Leistungen, die Lohnersatzfunktionen haben, wie bezahlter Urlaub, Lohnfortzahlung im Krankheitsfall oder auch Kündigungsschutz.

Die sozialen Leistungen in der Europäischen Gemeinschaft unterscheiden sich erheblich von Land zu Land. Einmal sind sie das Ergebnis unterschiedlicher Entwicklungsniveaus – man vergleiche nur Portugal und Dänemark. Würde die Gemeinschaft ein hohes Mindestniveau an Schutzvorschriften EG-weit durchsetzen, entspräche dies nicht der gegebenen Differenzierung der Leistungseinkommen, so daß ein hoher Beschäftigungsstand in den peripheren (und durchweg ärmeren) Mitgliedstaaten nicht erreichbar wäre.[21] Hohe vorgegebene Mindestnormen bedeuten zum anderen, daß die Arbeitnehmer, soweit sie weiter beschäftigt bleiben, gezwungen sind, einen größeren Teil ihres Arbeitsertrages zur sozialen Absicherung aufzuwenden, als sie es sonst vielleicht getan hätten. Ein hohes Schutzniveau mag zwar den Vorstellungen der Arbeitnehmer in den reicheren Ländern entsprechen, nicht aber jenen in den ärmeren bzw. aufholenden Ländern. Vermutlich wird dort ein höherer Barlohn einem höheren Risikoschutz vorgezogen. Ganz abgesehen davon könnten sich andere Präferenzen in den ausgehandelten Kollektivverträgen niederschlagen, so daß es einer hoheitlichen (EG-) Regelung gar nicht bedürfte.[22]

Ökonomische Erfahrung legt also nahe, mit der Harmonisierung von Sozialvorschriften in einem so unterschiedlich strukturierten Raum wie der Europäischen Gemeinschaft vorsichtig zu sein. Die Differenzierung der Leistungseinkommen ist ebenso ausgeprägt wie die der nationalen Präferenzen. Selbst in Ländern mit vergleich-

---

[20] Beispiel ist hier die Lohnpolitik der Gewerkschaften in den neuen Bundesländern. Deren durchgedrückte Lohnforderungen (immer in Relation zur Produktivität) stellen gleichsam ein Beschäftigungsverbot dar.

[21] Dies gilt um so mehr, als ohnehin schon die Arbeitslosigkeit vom Zentrum der EG zur Peripherie ansteigt. Der Grund hierfür liegt in den Reallöhnen, die zwar vom Zentrum zur Peripherie hin sinken, doch um weniger als die Produktivität.

[22] Vgl. hierzu Donges u.a. (Kronberger Kreis), S. 50.

barem Pro-Kopf-Einkommen wie der Schweiz und Schweden weichen die Wertskalen weit voneinander ab. Sozialvorschriften sollten daher seitens der EG, wenn es denn sein soll, nur auf niedrigem Niveau angeglichen werden. Ein hohes Niveau gefährdet den Beschäftigungsstand in den ärmeren Regionen. Die interregionale Verteilung der sozialen Vergünstigungen wäre dann zwar „gleicher", die Struktur der Arbeitslosigkeit aber „ungleicher". Der gut gemeinte soziale Fortschritt hätte recht unsoziale Folgen.

Zu berücksichtigen ist in diesem Zusammenhang nicht zuletzt die Interessenlage der Gewerkschaften und Arbeitgeber reicherer Länder, also auch Deutschlands. Diese neigen dazu, EG-Mitgliedstaaten mit schwach ausgebautem Wohlfahrtsstand und niedrigem Lohnniveau „soziales Dumping" zu unterstellen. Eine solche – auf unlauteren Wettbewerb abstellende – Argumentation ist jedoch einseitig mit protektionistischem Beigeschmack: die Standortvorteile der Bundesrepublik wie gute Infrastruktur und Ausbildung der Arbeitnehmer gelten als fair, nicht dagegen die Standortvorteile der anderen Handelspartner, die nun einmal in günstigeren Lohnkosten und Sozialvorschriften liegen. Da der Standortwettbewerb in einem echten Markt ohne Binnengrenzen härter wird und auch die Lohn- und Lohnnebenkosten auf dem Prüfstand stehen, hat vor allem die Arbeitnehmerseite in reicheren Ländern ein vitales Interesse daran, auch die Sozialvorschriften in der EG auf einem mittelhohen Niveau zu harmonisieren. Der Wettbewerbsdruck niedriger Lohnkosten kann so abgefedert, die erstrittene Verteilungsposition wirksam verteidigt werden.[23]

---

[23] Siehe hierzu Karl-Heinz Paqué, Der Wohlfahrtsstaat im Wettbewerb. Braucht der EG-Binnenmarkt eine „soziale Dimension"? In: Joachim Starbatty (Hrsg.), Europäische Integration: Wieviel Wettbewerb – wieviel Bürokratie? Essen, 1990, S. 204 f. Unter denselben Vorzeichen ist die gewerkschaftliche Lohnpolitik in Deutschland nach der Wiedervereinigung aufschlußreich: Angesichts eines großen Potentials kostengünstiger Arbeitskräfte im Osten, das den Lohnanstieg im Westen hätte dämpfen können, setzten die Gewerkschaften in den neuen Bundesländern eine rasante Lohnangleichung durch. Die Folge: Arbeitslosigkeit in Ostdeutschland, Stabilisierung des Tarifkartells im Westen und kompensatorische Transferzahlungen in den Osten in bislang ungekanntem Ausmaß.

Eine Angleichung der Sozialpolitk in der EG hätte wohl noch zwei weitere Folgen: der Transferbedarf innerhalb der Gemeinschaft nähme zu, und wahrscheinlich gäbe es auch mehr Protektionismus gegenüber Drittländern.

In dem Maße, in dem die Unterbeschäftigung in den Ländern mit rückständiger Entwicklung anstiege, würden unweigerlich die Forderungen nach einem zwischenstaatlichen Finanzausgleich stärker. Er wäre als die Kompensation dafür anzusehen, daß diese Länder ihre Märkte weiterhin offen halten und beim Binnenmarkt mitmachen. Im Grunde jedoch ist es – wie oben ausgeführt wurde – eine Ausgleichszahlung der reicheren Länder an die ärmeren dafür, daß der Anpassungsdruck auf deren Tarifkartell gemindert wird. Für diese Sicht spricht auch, daß schon zur Vollendung des Binnenmarktes die Mittel des EG-Strukturfonds, die für die Regionalpolitik eingesetzt werden, auf rund 30 Milliarden DM verdoppelt wurden. Der Maastrichter Vertrag sieht obendrein noch einen sogenannten Kohäsionsfonds vor, der nach den Edinburgher Beschlüssen eine weitere Mittelaufstockung um mehr als 30 Mrd. DM bis 1999 bringen soll. Bereits jetzt verschlingen die Maßnahmen des Strukturfonds mit weitem Abstand den zweithöchsten Etatposten der EG, nach der gemeinsamen Agrarpolitik.

Weitere Folge einer harmonisierten Sozialpolitik: Die Gemeinschaft entwickelte sich vermutlich noch schneller in Richtung „Festung Europa"[24]. Abschottung gegenüber Drittländern begleitet ohnehin oft sozialpolitische Maßnahmen, zumal sie die staatlichen Budgets (vorerst) nicht belastet. Soweit eine harmonisierte Sozialpolitik die Arbeitskosten in den ärmeren Ländern der EG in die Höhe treibt, werden tendenziell Handelsströme zugunsten derjenigen Drittländer außerhalb der EG umgelenkt, die vergleichbare Produkte mit niedrigeren Kosten herstellen. Betroffen wären vor allem die neuen Mitglieder der EG, die die Süderweiterung in die Gemeinschaft geführt hat, denn deren Faktorausstattung ähnelt derjenigen vieler aufholender Schwellen- oder gar Entwicklungsländer. Naheliegend ist, daß die reicheren Länder der EG den ärmeren einen verstärkten Außenschutz für Konkurrenzprodukte aus

---

[24] Vgl. Donges u.a. (Kronberger Kreis), S. 48.

Drittländern anbieten, um zusätzliche Transferforderungen abzuwehren.

Harmonisierung in der EG – weniger wäre mehr

Für die Wirtschafts- und Sozialpolitik folgt aus alledem: In Teilbereichen ist ein Harmonsierungsbedarf auszumachen – aber er ist bei weitem nicht so groß, wie gelegentlich schon aus vorbelasteter Interessenlage heraus unterstellt wird. Das Terrain für den Kern angleichender Maßnahmen ist überschaubar. Schritte in Richtung einer Mindestharmonisierung wären vor allem geboten, um

– die Funktionsfähigkeit des Binnenmarktes zu sichern, wozu auch ein zureichendes Maß an Verbraucherschutz gehörte,
– grenzüberschreitende externe Effekte im Umweltbereich zu unterbinden,
– die Geldwertstabilität fiskalpolitisch zu flankieren, wenn zu dem Binnenmarkt eine Wirtschafts- und Währungsunion hinzutreten soll.

Weniger dürfte es nicht sein, weil es sonst wohl zu Reibungsverlusten bei der Vollendung des Binnenmarktes käme. Mehr sollte es jedoch auch nicht zu sein.[25] Denn die Europäische Gemeinschaft wird auch am Beginn des dritten Jahrtausends kein föderativer Staat wie etwa die Bundesrepublik Deutschland sein. Sie bleibt vielmehr ein Verband von Staaten, mit jeweils eigenen wirtschafts- und sozialpolitischen Entwicklungen, Strukturen und Wertvorstellungen. Es war ein Trugschluß der Maastricht-Unterhändler anzunehmen, daß in Europa schon der Boden für eine Politische Union bereitet war bzw. diese allgemein begrüßt würde. Aber es gibt kein europäisches Staatsvolk, kein ,,volonté générale" und keine europaweite öffentliche Meinung – die EG legitimiert sich ausschließlich von

---

[25] Aus finanzwissenschaftlicher Sicht wird gelegentlich noch eine Mindestharmonisierung der Steuerquellen befürwortet, um so deren Nachhaltigkeit für ein ausreichendes Angebot an öffentlichen Gütern zu sichern. Aber die unterstellte Annahme eines armen und effizient wirtschaftenden Staates ist allzu unrealistisch – bei dessen Inanspruchnahme von zwei bis drei Fünftel der gesamten volkswirtschaftlichen Leistungkraft.

ihren Mitgliedstaaten her.[26] Da in einem sprachlich und identitätsmäßig dermaßen zersplitterten Europa das Demokratieprinzip kaum zu realisieren ist, bleibt auch die Rolle des Europäischen Parlaments bei der Kontrolle von Rat und Kommission beschränkt. Denn die Legitimationskette geht nicht vom Wähler direkt zur Europäischen Union, sondern wird über die Mitgliedstaaten mediatisiert.

Man kann die Idee einer stärkeren Bundesstaatlichkeit in der Gemeinschaft begrüßen und vorantreiben wollen. Doch die politischen Diskussionen in der jüngeren Vergangenheit haben nachdrücklich belegt, daß diese nicht oder nicht mit überzeugenden Mehrheiten wirklich gewünscht ist. Wenn diese Diagnose zutrifft und auf absehbare Zeit gültig wäre, dann sollten Gesetzgebungskompetenzen auf EG-Ebene zurückgestutzt, das Subsidiaritäts-Prinzip materiell geschärft und lediglich eine Minimal-Harmonisierung in der Wirtschafts- und Sozialpolitik angestrebt werden.

---

[26] Vergleiche hierzu näher Wernhard Möschel, Fünf Optionen für Europa. Frankfurter Allgemeine Zeitung vom 12. September 1992, S. 13. Andere verfassungsrechtliche Aspekte beleuchtet Wolfgang Philipp, Ein dreistufiger Bundesstaat? Zeitschrift für Rechtspolitik, Heft 11 (1992), S. 433 bis 438.

Astrid Rosenschon und Norbert Leineweber

Zur Abgabepolitik in den Ländern der EG – Abgabespirale ohne Ende?

Im folgenden wird kurz skizziert, wie sich Niveau und Struktur der Abgaben (Steuern und Sozialbeiträge) in den Ländern der heutigen EG während der letzten beiden Dekaden verändert haben. Im Anschluß wird gefragt, wie sich die Abgaben in näherer Zukunft voraussichtlich entwickeln werden. Es wird gezeigt, daß durch den am 7. Februar 1992 in Maastricht unterzeichneten „Vertrag über die Europäische Union" in der Konsequenz weitere Abgabeerhöhungen programmiert sind.

Konvergenz der Abgabequoten auf immer höherem Niveau

Im Jahr 1989[1] war die Abgabequote – d.s. die Abgaben in vH des Bruttosozialprodukts – in allen Ländern der EG mit Ausnahme des UK deutlich höher als im Jahr 1970 (Tabelle 1). Während der ungewichtete Durchschnitt der Abgabequoten im Jahr 1970 31,4 vH betragen hat, lag er 1989 bereits bei 40 vH. In Dänemark hat die Abgabequote eine Rekordmarke von knapp 50 vH erreicht.

Vergleicht man die Entwicklung im Zeitraum 1980–89 mit jener in den siebziger Jahren, so fällt ein nach Ländergruppen unterschiedlicher Tempowechsel auf: Während in den relativ wohlhabenden Ländern der EG die Abgabequoten weniger stark gestiegen sind als in der Vorperiode – in der Bundesrepublik und den Niederlanden stagnierten sie sogar –, haben sie in den ärmeren Südländern der EG (Portugal, Griechenland, Spanien sowie Italien) und in Irland beschleunigt zugenommen. In Spanien ist – allerdings von einem relativ niedrigen Niveau aus – die Abgabe-

---

[1] Als Referenzjahr wurde 1989 gewählt, da sich im Jahr 1990 die Konjunktur weltweit abschwächte. Ausnahme war die Bundesrepublik, die – einigungsbedingt – einen kräftigen Boom erlebt hat.

quote besonders kräftig angehoben worden: Im Zeitraum 1980 – 89 ist der gesamtwirtschaftliche Abgabesatz um durchschnittlich 4,2 Prozentpunkte je Jahr (Tabelle 2) erhöht worden (1970 – 1980: 3,6 vH). In Italien war das Tempo der Abgabesatzerhöhung während der achtziger Jahre rund doppelt so hoch wie in der Dekade zuvor; im Jahre 1989 erreichte die Abgabequote Italiens mit 37,8 vH fast das Niveau der Bundesrepublik (38,1 vH), obwohl das reale Pro-Kopf-Einkommen in der Bundesrepublik um etwa 40 vH höher ist als in Italien[2].

Tabelle 1
Abgaben in den Ländern der EG

	Abgaben in vH des nominalen BIP (BSP)			Abgabequoten in vH des ungewichteten Durchschnitts		
Land	1970	1980	1989	1970	1980	1989
Dänemark	40,4	45,5	49,9	128,7	125,0	124,8
Bundesrepublik	32,9	38,0	38,1	104,8	104,4	95,3
Frankreich	35,1	41,7	43,8	111,8	114,6	109,5
Niederlande	37,6	45,8	46,0	119,7	125,8	115,0
Belgien	35,7	44,4	44,3	113,7	122,0	110,8
Italien	26,1	30,2	37,8	83,1	83,0	94,5
Luxemburg	30,2	41,0	42,4	96,2	112,6	106,0
UK	36,9	35,3	36,5	117,5	97,0	91,3
Irland	31,2	34,0	37,6	99,4	93,4	94,0
Spanien	16,7	23,8	34,4	53,2	65,4	86,0
Griechenland	25,3	28,4	33,2	80,6	78,0	83,0
Portugal	23,1	28,7	35,1	73,6	78,8	87,8
Nachrichtlich: ungewichteter Durchschnitt	31,4	36,4	40,0			

Quelle: OECD (Hrsg.), Revenue Statistics of OECD-Member Countries, Paris 1991; OECD (Hrsg.), Economic Outlook.

2 Daraus sollte freilich nicht gefolgert werden, daß sich die Bundesrepublik eine höhere Abgabequote leisten sollte.

Tabelle 2
Durchschnittliche jährliche Abgabesatzerhöhungen[a] in den Ländern der EG

Land	1970 – 1980	1980 – 1989	1970 – 1989	Nachrichtlich: durchschnittlicher jährlicher Zuwachs des realen BIP (BSP) in vH	
				1970 – 1980	1980 – 1989
Dänemark	1,20	1,03	1,12	2,24	2,21
Bundesrepublik	1,45	0,03	0,78	2,74	1,86
Frankreich	1,74	0,55	1,18	3,30	2,32
Niederlande	1,99	0,05	1,07	2,90	1,63
Belgien	2,20	– 0,03	1,14	3,30	1,82
Italien	1,47	2,53	1,97	3,77	2,22
Luxemburg	3,10	0,37	1,80	2,59	3,54
UK	– 0,43	0,37	– 0,06	1,96	2,75
Irland	0,86	1,12	0,99	3,92	1,74
Spanien	3,61	4,18	3,88	3,50	2,89
Griechenland	1,16	1,75[b]	1,44	4,71	1,68
Portugal	2,19	2,26	2,23	4,74	2,53
Nachrichtlich: ungewichteter Durchschnitt	1,49	1,05	1,28	3,31	2,26

[a] Jahresdurchschnittliche Veränderung der volkswirtschaftlichen Abgabequote in vH.
[b] Im Zeitraum 1980 – 1987 betrug die durchschnittliche jährliche Abgabesatzerhöhung 4,05 vH. 1988 sind die Verbrauchsteuern kräftig gesenkt worden.

Quellen: OECD (Hrsg.), Revenue Statistics of OECD-Member Countries, Paris 1991; OECD (Hrsg.), Economic Outlook. – Eigene Berechnungen.

Innerhalb des betrachteten Zeitraums 1970 – 1989 haben sich die nationalen Abgabequoten auf immer höherem Niveau einander angenähert. Während im Jahr 1970 die niedrigste Abgabequote 53,2 vH des ungewichteten Durchschnitts und die höchste 128,7 vH betragen hat, ist die Spanne im Jahr 1989 auf einen Minimalwert von 83 vH und einen Maximalwert von 124,8 vH zurückgegangen (Tabelle 1). Bemerkenswert ist, daß mit der steigenden Abgabebelastung und dem abgabepolitischen Konvergenzprozeß der wirtschaftliche Aufholprozeß der ärmeren Länder ins Stocken geraten ist. In den Südländern der EG sowie in Irland war der Wachstumspfad während der achtziger Jahre deutlich flacher als in der Dekade zuvor; in Griechenland, Irland und Italien ist das Entwicklungstempo sogar unter den ungewichteten Durchschnitt der EG-Länder abgesackt (Tabelle 2). Freilich ist die Abgabepolitik nur eine unter mehreren Ursachen für Wachstumsschwäche und regionale Disparitäten.

Abgaben in den ärmeren Ländern der EG – gemessen am Entwicklungsstand überhöht

Absolut betrachtet sind die Abgabequoten in den ärmeren Ländern der EG zwar (noch) niedriger als in den reicheren. Dies bedeutet aber nicht, daß die subjektiv empfundene Abgabelast – sie ist für die Ausweichreaktionen der Bürger maßgeblich – in der ersten Ländergruppe weniger hoch ist als in der zweiten. Das subjektive Opfer hängt vermutlich nicht nur vom Abgabesatz ab, sondern auch von seiner Relation zum realen Einkommen. Bei Armut dürfte das Teilen mit dem Staat wohl schwerer fallen als bei Reichtum. So wird der Bürger eines Landes, in dem existentielle Not herrscht, einen Abgabesatz von z.B. 50 vH vermutlich als drückender empfinden als jener, der in einer modernen Wohlstandsgesellschaft lebt. Freilich: Die subjektiven Nutzen, die das Einkommen stiftet, bzw. die Opfer, die das erzwungene Teilen mit dem Staat verursacht, lassen sich nicht direkt messen und vergleichen. Man kann darüber nur spekulieren. Hier wird – das ist freilich nicht mehr als eine plausible Annahme – ein proportionaler Zusammenhang unterstellt: Es wird gemutmaßt, daß die Abgabelast im Land A höher ist als im Land B, wenn die relative Abgabequote des Landes A im Vergleich zu B höher ist als das Verhältnis, in dem die realen Pro-Kopf-Einkommen zueinander stehen – und zwar in dem Maße, in dem die relative Abgabequote das relative Einkommensniveau übersteigt.

Ein bilateraler Vergleich (Tabelle 3) der an den Pro-Kopf-Einkommens-Verhältnissen relativierten Abgabequoten für die Jahre 1970, 1980, 1985 und 1989 zeigt, daß die so gemessene Abgabelast meist umso höher ist, je niedriger das Einkommensniveau ist. (Die Länder sind nach ihrem Rang in der Einkommenshierarchie geordnet). So war das relativierte Belastungsniveau in Portugal – dem sogenannten „Armenhaus Europas“ – im Jahr 1989

Tabelle 3

Relatives Abgabeniveau im Verhältnis zur relativen Einkommensposition[a] 1970, 1980, 1985, 1989[b]

verglichen mit / Von	Dänemark		BRD		Frankreich		Niederlande		Belgien		Italien		Luxemburg		UK		Irland		Spanien		Griechenland		Portugal	
Dänemark	–		111,7	117,2	91,6	94,3	86,5	81,7	79,9	81,7	94,5	105,5	82,6	68,7	66,4	78,0	53,4	58,6	90,4	75,6	35,0	42,3	29,0	30,7
			117,9	124,3	87,8	96,4	80,7	81,6	74,6	86,7	92,5	91,7	68,0	79,7	75,0	86,2	49,3	54,5	61,3	59,1	33,5	36,7	27,3	28,4
BRD	89,5	85,4	–		82,0	80,5	77,5	69,8	71,6	69,8	84,6	90,1	73,9	58,6	59,5	66,6	47,8	53,2	81,0	64,6	31,3	36,1	26,0	26,2
	84,8	80,4			74,5	77,5	68,4	65,6	63,2	69,7	78,5	73,7	57,6	64,1	63,6	69,3	41,8	43,8	51,9	47,5	28,4	29,5	23,1	22,8
Frankreich	109,2	106,0	121,9	124,2	–		94,6	86,6	87,2	86,7	103,2	119,9	90,1	72,8	72,4	82,7	58,4	62,1	88,7	80,1	38,2	44,8	31,7	32,5
	113,8	103,8	134,3	129,1			91,9	84,7	85,0	90,1	105,4	95,2	77,4	82,7	85,4	89,5	56,2	56,6	69,8	61,3	38,1	38,1	31,0	29,5
Niederlande	115,0	122,4	129,0	143,3	105,7	115,3	–		92,4	100,0	109,2	129,1	95,4	84,0	76,6	95,4	61,7	71,7	104,4	92,5	40,4	51,7	33,5	37,6
	123,9	122,6	146,1	152,5	108,7	118,1			92,4	106,4	114,6	112,3	84,9	97,7	92,9	105,7	61,1	64,7	75,9	72,4	41,4	45,0	33,8	34,8
Belgien	125,2	122,5	139,8	143,3	114,7	115,5	108,2	100,0	–		118,3	129,1	103,4	84,0	83,0	95,5	66,9	71,8	113,2	92,5	43,8	51,7	36,3	37,6
	133,9	115,3	158,2	143,4	117,7	111,0	108,2	94,0			124,0	105,6	91,1	91,8	100,6	99,3	66,1	62,8	82,1	68,1	44,9	42,3	36,5	32,8
Italien	105,9	94,7	118,2	111,0	96,9	89,4	91,6	77,4	84,5	77,4	–		87,4	65,0	70,2	73,4	56,6	55,5	95,7	71,6	37,1	40,1	30,7	29,1
	108,0	109,2	127,5	135,7	95,0	104,7	87,5	89,1	80,7	94,7			73,4	86,9	81,0	94,0	53,3	59,2	66,2	64,5	36,2	40,1	29,5	31,0
Luxemburg	120,8	145,6	135,2	170,5	111,0	137,3	104,8	119,0	96,7	118,9	114,4	153,8	–		80,3	113,6	64,7	85,4	109,4	110,1	42,2	48,7	35,1	44,7
	147,2	125,6	173,5	156,0	129,3	120,8	118,8	102,4	109,7	108,9	136,2	115,1			110,4	108,1	72,6	68,0	90,1	74,1	49,3	46,1	40,7	35,6
UK	150,7	128,3	168,3	150,1	138,1	121,0	130,5	104,8	120,4	104,7	142,4	135.3	124,6	87,9	–		80,6	75,1	136,3	96,6	52,7	54,1	43,7	39,3
	133,3	116,0	157,3	144,3	117,2	117,7	107,7	94,6	96,6	100,7	123,4	106,4	90,5	91,9			65,7	63,2	81,7	68,5	44,6	32,2	36,3	33,0
Irland	186,9	170,5	209,0	199,6	171,3	160,9	162,1	139,2	149,9	139,5	176,8	179,9	154,6	117,1	124,1	133,0	–		169,2	129,0	64,9	72,2	54,3	52,4
	202,3	183,5	239,3	228,5	178,0	176,5	163,7	149,6	151,5	159,3	187,5	168,2	137,8	147,0	152,0	158,2			124,2	108,4	67,8	67,4	55,3	52,1
Spanien	110,4	132,4	123,6	155,0	101,3	124,9	95,7	108,3	88,5	108,1	104,6	139,7	91,4	90,8	73,2	103,2	59,1	77,6	–		38,7	55,9	32,1	40,6
	163,3	169,3	192,4	210,5	143,5	163,1	131,6	138,3	121,7	146,7	151,3	155,0	110,8	134,9	122,4	146,0	80,6	92,2			54,6	64,1	44,4	48,1
Griechenland	285,8	236,4	319,1	276,7	261,2	223,2	247,4	193,1	228,0	193,4	269,9	249,3	236,1	162,3	189,5	184,6	154,2	138,7	258,1	178,6	–		82,8	72,6
	298,3	272,5	352,3	338,9	262,1	262,3	241,4	222,2	222,7	236,6	276,4	249,4	203,1	216,9	224,2	235,1	147,3	148,4	183,0	164,2			81,5	77,4
Portugal	344,6	325,3	385,7	381,3	316,3	307,1	289,1	266,8	275,3	265,8	325,0	344,6	284,4	223,6	228,5	254,1	184,1	191,0	311,5	246,1	120,8	137,6	–	
	366,5	351,5	432,8	439,0	322,7	339,4	295,8	286,8	273,3	305,8	338,7	322,6	249,3	280,7	275,2	303,5	181,0	191,8	225,0	208,6	122,8	129,2		

[a] Reales BIP je Einwohner, in US-Dollar gemessen.

[b] Die Werte für diese Jahre sind in der Tabelle wie folgt angeordnet: 1970, 1980,
1985, 1989

Quellen: Siehe Tabelle 1 – Eigene Berechnungen

3,5 mal so hoch wie in Dänemark, das an der Spitze der Einkommenshierarchie stand. Verglichen mit dem der Bundesrepublik Deutschland war es gar 4,4 mal so hoch. Bemerkenswert ist auch, daß das relative Abgabeniveau Portugals auch über jenem von Griechenland, Spanien und Irland lag. In Griechenland – dem zweitärmsten Land der EG – war die Abgabebürde 2,7 mal so hoch wie in Dänemark und 3,4 mal so hoch wie in der Bundesrepublik Deutschland. Ebenso wie in Portugal war auch in Griechenland die Belastung höher als bei den unmittelbaren „Nachbarn" in der Einkommenshierarchie – dem relativ reicheren Spanien oder Irland. So betrug die Abgabequote in Griechenland 96,5 vH von jener, die in Spanien realisiert war – bei einem relativen Einkommensniveau Griechenlands im Vergleich zu Spanien von nur rund 60 vH.

Während im Zeitraum 1970–1980 in Griechenland, Portugal und Italien der Lastindikator wegen des überdurchschnittlich hohen Wirtschaftswachstums deutlich zurückgegangen ist, ist er im Verlauf der achtziger Jahre kräftig gestiegen.

Es gibt nur wenige Abweichungen vom Grundmuster einkommensüberproportionaler Abgabequoten: So war das Abgabeniveau in der Bundesrepublik Deutschland weniger hoch als im reicheren Nachbarland Dänemark[3]; in Italien war es niedriger als in den relativ reicheren Niederlanden und in Belgien und im relativ ärmeren UK[4] war es niedriger als in Luxemburg und in den Niederlanden.

---

[3] Allerdings ist in der Bundesrepublik Deutschland die Abgabestruktur wachstumshemmender als in Dänemark. Dies wird weiter unten gezeigt.

[4] Vor allem während der sechziger Jahre sind die Abgaben im UK kräftig angehoben worden, so daß trotz der anschließenden Korrekturen das relativierte Belastungsniveau immer noch höher war als in Dänemark, der Bundesrepublik Deutschland und Frankreich. In den siebziger Jahren ist das UK ans Ende der Wachstumshierarchie innerhalb der EG abgerückt, durch die konsequent angebotsorientierte Politik der Regierung Thatcher hat die Entwicklungsdynamik dann wieder erheblich zugenommen. Sollte jenen Ländern, die abgabepolitisch stark überzogen haben, das Schicksal des UK während der siebziger Jahre unmittelbar bevorstehen? Dies käme den „Drahtzieher-Nationen" beim Weg zur Währungs- und Politunion wohl sehr teuer zu stehen.

Zwischenbilanz – Wuchert die Schattenwirtschaft in den ärmeren Ländern der EG?

Das – gemessen am Einkommensproporz – deutlich überhöhte Abgabeniveau in den Südländern der EG sowie in Irland und der stürmische Anstieg der Abgabelast lassen vermuten, daß dort die Untergrundwirtschaft besonders üppig blüht und zudem die höchsten Zuwachsraten aufweist. Als Beleg für diese These wird mitunter auch die Volksmentalität herangezogen. So wird den Bürgern südlicher Regionen eine geringere Abgabemoral und ein höherer Abgabewiderstand attestiert als den Bürgern nördlicher Regionen.[5] Indiz für die boomende Schattenwirtschaft in den peripheren Regionen der EG könnte – neben den horrend hohen Lastindikatoren (Tabelle 3) – vor allem auch sein, daß dort das Tempo der wirtschaftlichen Entwicklung besonders stark nachgelassen hat (Tabelle 2).

Vor allem in Griechenland hat sich der Wachstumspfad exorbitant abgeflacht: Während der siebziger Jahre führte Griechenland (nach Portugal) den Wachstumsgeleitzug innerhalb der Länder der heutigen EG an, die Wachstumsrate betrug durchschnittlich jährlich stattliche 4,7 vH. In der Folgeperiode ist Griechenland mit einem Zuwachs von nur noch 1,7 vH auf den vorletzten Platz (vor den Niederlanden) abgerückt. Aber auch in Irland und Italien ist – bei deutlich nachlassender Entwicklungsdynamik in den meisten EG-Ländern – der Konvergenz- in einen Divergenzprozeß umgeschlagen. Wenngleich die Wachstumsrate Portugals in den achtziger Jahren mit 2,5 vH immer noch über dem Durchschnitt der EG-Länder lag (2,3 vH), hat dort das Tempo der wirtschaftlichen Entwicklung gegenüber den siebziger Jahren überdurchschnittlich stark nachgelassen.

---

[5] So ganz überzeugend ist dieses Argument nicht, da laxe Abgabemoral Folge einer überhöhten Abgabebelastung sein kann. Diese drückt sich nicht in den absoluten, sondern in den relativierten Abgabequoten aus.

Abgabestruktur verschlechtert sich

Unter Wachstumsaspekten ist nicht nur das Niveau der Abgaben bedeutsam, sondern auch deren Struktur. Ökonomisch steht außer Zweifel, daß Steuern, die an der Einkommensentstehung anknüpfen, das Wachstum mehr beeinträchtigen als Steuern, die das Konsumieren belasten. Denn Einkommensteuern dämpfen die Spar- und somit Investitionsneigung, weil Sparen doppelt belastet wird. Denn die Steuer zehrt sowohl am ersparten Einkommen als auch an den daraus fließenden Vermögenserträgen. Hingegen verzerren Steuern auf den Verbrauch die intertemporale Allokation nicht[6] – zumindest dann nicht, wenn sie nicht laufend erhöht werden.[7] Zudem verstärkt die Progression der Einkommensteuer den wachstumsdämpfenden Effekt der ökonomisch verfehlten Bemessungsgrundlage: Denn wenn der Staat einen immer höheren Teil des zusätzlichen Einkommens für sich beansprucht, sinkt die Rentabilität einer zusätzlichen Investition nach Steuern. Ferner beeinträchtigt die Progression die Bereitschaft, innovativ zu sein, Risiko zu tragen und sich beruflich weiter zu qualifizieren. Hingegen dürften im Hinblick auf die Arbeitsanreize Einkommen- und Konsumsteuern als gleich schädlich einzustufen sein: Erstere kürzt das verfügbare nominale Einkommen bei unveränderter Preisentwicklung, letztere das Realeinkommen durch einen Anstieg der Preise; in beiden Fällen gewinnt Freizeit gegenüber Arbeit an Attraktivität. Auch dürfte der Einfluß beider Abgabearten im Hinblick auf das Ausmaß schattenwirtschaftlicher Aktivitäten als äquivalent einzustufen sein; hier dürfte wohl vor allem die Gesamtbelastung maßgeblich sein.

Den Sozialbeiträgen dürfte von der Wirkung her wohl eher Einkommen- denn Konsumsteuercharakter beizumessen sein, da sie an der Einkommensentstehung anknüpfen, nicht an der Ein-

---

6 Das heißt, daß die Entscheidung, ob heute oder morgen konsumiert werden soll, durch Konsumsteuern nicht verfälscht wird. Daher sind es auch die Investitionsentscheidung nicht, die unmittelbar vom Spar- und Konsumverhalten abhängen.

7 Steigen sie „quasi-automatisch", ist es natürlich vorteilhaft, Ausgaben heute statt morgen zu tätigen – insbesondere bei langlebigen Gebrauchsgütern wie Häusern oder Spülmaschinen.

Tabelle 4
Abgabestrukturen[a] in den Ländern Europas

	Steuern auf die Einkommen[b]		Sozialversicherungsbeiträge		Einkommens- und Lohnabhängige Abgaben[c]		Steuern auf den Verbrauch[d]		Steuern auf das Vermögen		Andere Abgaben[e]	
	1970	1989	1970	1989	1970	1989	1970	1989	1970	1989	1970	1989
Dänemark	51,2	59,5	4,0	2,4	55,2	61,9	38,8	33,0	6,0	4,3	–	0,8
Bundesrepublik	32,3	35,0	30,3	36,3	62,6	71,3	31,8	25,6	4,9	3,1	0,7	–
Frankreich	18,3	17,4	36,3	43,9	54,6	61,3	38,1	28,7	3,5	5,0	3,8	5,0
Niederlande	33,4	28,8	35,1	41,0	68,5	69,8	27,8	26,1	3,3	3,8	0,4	0,3
Belgien	31,4	37,6	30,5	34,2	61,9	71,8	35,1	25,5	3,0	2,7	–	–
Italien	17,4	37,1	37,8	33,2	55,2	70,3	38,7	26,9	6,0	2,3	0,1	0,5
Luxemburg	43,3	41,1	28,6	26,2	71,9	67,3	20,5	24,4	6,6	8,3	1,0	–
UK	40,4	38,9	13,9	17,6	54,3	56,5	28,8	30,9	12,4	12,6	4,5	–
Irland	27,1	35,1	8,2	14,5	35,3	49,6	52,4	44,3	12,2	4,8	0,1	1,3
Spanien	20,2	32,9	37,4	34,6	57,6	67,5	35,9	28,7	6,5	3,8	–	–
Griechenland	11,8	18,3	30,0	31,6	41,8	49,9	48,2	45,0	9,3	3,4	0,7	1,7
Portugal	23,7	26,4	23,9	26,3	47,6	52,7	44,6	45,1	4,2	1,5	3,6	0,7
Nachrichtlich: ungewichteter Durchschnitt	29,2	34,0	26,3	22,5	55,5	62,5	36,7	31,9	6,5	4,6	1,2	0,9

[a] Anteil von Abgabekategorien an den gesamten Abgaben in vH.
[b] Lohnsteuer, veranlagte Einkommensteuer, Körperschaftsteuer, nicht veranlagte Steuern von Ertrag.
[c] Steuern auf die Einkommen und Sozialversicherungsbeiträge.
[d] Umsatzsteuern, spezifische Verbrauchsteuern, sonstige ,,Transaktionssteuern'' wie etwa Grunderwerbsteuer und Börsenumsatzsteuer.
[e] Lohnsummensteuern u.ä.

Quellen: Wie Tabelle 1.

kommensverwendung. Vor allem aber ist wichtig, daß die Sozialbeiträge „quasi-progressiv" sind. Denn die Sätze sind nahezu kontinuierlich angehoben worden und ein Ende der Beitragssatzdynamik ist nicht absehbar. Mit dem permanenten Anstieg geht eine Dämpfung der Sparaktivität einher. Dadurch werden Sachkapitalbildung und Wachstum beeinträchtigt.

In allen EG-Mitgliedsländern – mit Ausnahme von Luxemburg – war die Abgabestruktur im Jahr 1989 wachstumshemmender als im Jahr 1989 (Tabelle 4). Denn der Anteil der Steuern auf die Einkommen sowie der Sozialbeiträge an den gesamten Abgaben hat kräftig zugenommen, und der Anteil der Verbrauchsteuern ist entsprechend gesunken. Im Jahr 1989 betrug der Anteil der einkommens- und lohnabhängigen Abgaben im Durchschnitt der EG-Länder 62,5 vH (1970: 55,5 vH), in Belgien hat er gar eine Rekordmarke von 71,8 vH erreicht. Hingegen sind die Steuern auf den Verbrauch im Durchschnitt von 36,7 vH auf 32 vH zurückgegangen.

Während Luxemburg im Jahr 1970 die schlechteste Abgabestruktur unter den Ländern der EG aufzuweisen hatte, hat sich diese im zeitlichen Verlauf deutlich verbessert. Gleichzeitig hat sich die jahresdurchschnittliche Wachstumsrate des Bruttosozialprodukts während der achtziger Jahre im Vergleich zur vorangegangenen Dekade deutlich erhöht (Tabelle 2). Daß Luxemburg auf den ersten Rang der Wachstumshierarchie gerückt ist, dürfte freilich vor allem am Zustrom von Steuerfluchtkapital liegen, der dem Finanzdienstleistungssektor zu einer kräftigen Expansion verholfen hat.

Im Jahre 1989 war die Abgabestruktur in Belgien am wachstumsfeindlichsten. An zweiter Stelle stand die Bundesrepublik Deutschland. Ihrem relativen Vorteil beim Abgabeniveau stand damit ihr relativer Nachteil bei der Abgabestruktur gegenüber. Auf dem dritten Platz rangierten die Niederlande.

Dänemark, das unter den Ländern der EG die höchste Abgabequote aufweist, schneidet aus abgabestruktureller Sicht relativ gut ab. Mit 61,9 vH war der Anteil der einkommens- und lohnabhängigen Abgaben an den gesamten Abgaben in Dänemark niedriger als in der Bundesrepublik Deutschland (71,3 vH), in den Niederlanden (69,8 vH), in Belgien (71,8 vH), in Italien (70,3 vH), in Luxemburg (67,3 vH) sowie in Spanien (67,5 vH). Dies liegt vor allem an den Sozialbeiträgen, die in Dänemark extrem niedrig sind, weil der Steuerfinanzierungsanteil von Sozialausgaben erheblich höher ist als in anderen Ländern der EG. In diesem Zusammenhang sollte bedacht werden: Wer aus wettbewerbspolitischen Gründen eine Harmonisierung von Verbrauchsteuern fordert, muß alle finanzpolitischen Determinanten der preislichen Wettbewerbsfähigkeit ins Kalkül einbeziehen. Den relativ hohen Verbrauchsteuern in Dänemark stehen außergewöhnlich niedrige Sozialbeiträge gegenüber. So gesehen besteht kein Grund zu einer Verbrauchsteuersenkung. Müßte Dänemark im Zuge einer EG-weiten Harmonisierung die Verbrauchsteuern jedoch senken, liefe dies in der Konsequenz darauf hinaus, daß eine schädliche Abgabe durch eine noch schädlichere ersetzt werden würde – mit allen negativen Folgen für das Wachstum.

In Italien, Irland, Griechenland, Spanien und Portugal waren ebenfalls die einkommens- und lohnabhängigen Abgaben stark im Vormarsch, und das Gewicht der Steuern auf den Verbrauch hat abgenommen. Besonders kräftig gestiegen ist der Einkommensteueranteil in Italien (von 17,4 vH auf 37,1 vH) und in Spanien (von 20,2 vH auf 32,9 vH) – allerdings bei sinkender Beitragsquote. Der Einkommensteueranteil von Italien war damit bereits höher als jener in der Bundesrepublik Deutschland (35 vH), der von Spanien lag nur wenig darunter. Das ist insofern erwähnenswert, als die Erhebung von Einkommensteuern erheblich komplizierter und teuerer ist als die von allgemeinen und spezifischen Verbrauchsteuern. Normalerweise bevorzugen daher die Regierungen ärmerer Länder die Besteuerung des Verbrauchs gegenüber jener des Einkommens, um die Erhebungskosten möglichst niedrig zu halten. Der ökonomische Grundsatz der Erhebungsbilligkeit scheint also in Italien und Spanien besonders unbeliebt zu sein.

Weitere Abgabeerhöhungen sind programmiert

Mehrere Gründe sprechen dafür, einen weiteren Anstieg der Lasten zu prognostizieren, obwohl das Abgabeniveau ohnehin schon sehr hoch ist. Diese Entwicklung ist durch verschiedene Bestandteile des in Maastricht ausgehandelten „Vertrags über die Europäische Union" programmiert. Sie steckt gleichsam in den „Genen" der Wirtschaftspolitik.

Ein Kriterium für den Eintritt in die ab dem Jahr 1999 geplante Währungsunion ist eine staatliche Schuldenquote – Schuldenstand des Staates in vH des BSP – von maximal 60 vH. Regierungen von Ländern, die dieses Kriterium derzeit nicht erfüllen, werden wohl aller Erfahrung nach eher die Steuern erhöhen als die Ausgaben senken, um „dabei" sein zu können. Im Jahre 1992 betrug die Schuldenquote in Belgien 133 vH, in Irland 109 vH, in Italien 108 vH, in Griechenland 87 vH, in den Niederlanden 80 vH, in Portugal 65 vH und in Dänemark 62 vH (Tabelle 5). Unter jenen Ländern ist die Staatsquote in Italien, Griechenland und Portugal im Zeitraum 1985 – 1992 sogar weiter gestiegen. Da eine ausgabepolitische Moderation dort nicht zu erkennen ist und zudem überdurchschnittlich hohe Staatsdefizite „erwirtschaftet" werden, sind dort besonders kräftige Abgabeerhöhungen zu erwarten. Dies verstärkt die Flucht in die Schattenwirtschaft und lähmt das ohnehin schon stark gedämpfte Wachstum. Es ist zu erwarten, daß sich der Divergenzprozeß verstärkt. Dies zieht letztlich Steuererhöhungen in jenen Ländern nach sich, die die Regionalpolitik der EG finanzieren.

In Belgien, den Niederlanden und Irland – Länder, die das 60 vH-Kriterium ebenfalls nicht erfüllen, ist zwar eine ausgabepolitische Wende eingetreten. Angesichts des hohen Niveaus der Schuldenquote ist es aber fraglich, ob innerhalb der vorgegebenen Zeit das Verschuldungskriterium eingehalten werden kann, zumal alle drei Länder im Jahr 1992 ein Finanzierungsdefizit erzielten. Die Ausgabekürzungen reichten also nicht aus, um den Anstieg der Schuldenquote zum Stillstand zu bringen (in Belgien und den Niederlanden) bzw. die Schuldenquote zügig zu reduzieren (in Irland). Wahrscheinlich wird auch in diesen Ländern weiter an der Abgabeschraube gedreht werden. Vermutlich wird aber auch die Obergrenze für die Staatsschuld in näherer Zukunft heraufgesetzt werden. Denn es dürfte wohl für viele der genannten Länder illusorisch sein, den Schuldenstand bis zum Jahr 1999 auf 60 vH des BSP zurückzuführen.[8] Gleichwohl: Dieses Ziel wird den Regierungen

---

[8] Die Zielerreichung würde beispielsweise für Belgien bedeuten, daß die Bürger im Zeitraum 1993 – 1998 zusätzlich zur ohnehin hohen Abgabelast rund ein Fünftel ihrer Nettoeinkommen an den Staat abtreten müßten, damit dieser seinen Schuldenberg entsprechend abtragen kann. Oder anders: Die Bürger müßten jährlich 2 1/2 Monate ohne Entgelt arbeiten – und das sechs Jahre lang –, damit Belgien bei der Währungsunion ,,dabei" sein darf – es sei denn, der Schuldenberg wird bei unveränderter Abgabebelastung durch drastische Einschnitte bei den Staatsausgaben abgetragen.
In diesem Zusammenhang: Die Relativierung der Staatsschuld am BSP vermittelt einen falschen Eindruck von den Lasten, die letztlich die Bürger – jetzt oder später – tragen müssen. Neben den Abschreibungserlösen, die dem Kapitalerhalt dienen und somit zur Umverteilung an den Staat erst gar nicht zur Disposition stehen, sind im BSP die an den Staat bereits abgeführten Zwangsabgaben enthalten. Wenn der Staat zusätzliche Mittel benötigt, um den Schuldenberg abzutragen, dann kommt ja wohl nur das verfügbare Einkommen als Finanzierungsgrundlage in Betracht. In der Bundesrepublik liegt dieses bei 60 vH des BSP. Bezogen auf das verfügbare Einkommen betrug die staatliche Schuldenquote im Jahr 1992 somit 75 vH; d.h., die Bürger müßten neun Monate lang gratis arbeiten, um den Staat von seinen Schulden zu befreien. (Näheres zur Staatsverschuldung bei Norbert Leineweber, in diesem Buch.) Es wird vermutlich nicht mehr lange dauern, bis ein Jahr unbezahlter Arbeit der Preis für das Streichen der Staatsschuld sein wird. Zudem: In dieser Rechnung sind die ungedeckten Wechsel auf die Zukunft aufgrund langfristig nicht einhaltbarer Rentenversprechen nicht berücksichtigt. (Näheres dazu bei Alfred Boss, in diesem Buch.)
Mitunter wird argumentiert, man dürfe die Staatsschuld nicht dramatisieren, da den Verbindlichkeiten ja Vermögenswerte gegenüberstünden. Dabei wird übersehen, daß der Wiederverkaufswert des Volksvermögens wohl erheblich niedriger sein dürfte als der Buchwert. Vermutlich wird beispielsweise das Angebot eines Lärmschutzwalls oder eines Springbrunnens keinen Markterlös abwerfen.

Tabelle 5
Schulden-, Defizit- und Staatsquoten in den Ländern der EG in vH des Bruttosozialprodukts

	Schuldenquote			Defizitquote			Staatsquote		
Land	1980	1985	1992	1980	1985	1992	1980	1985	1992
Dänemark	33,5	65,7	62	–3,3	–2,0	–2,1	56,2	59,3	58,0
Bundesrepublik	32,5	42,2	44	–2,9	–1,1	–3,4	48,3	47,5	50
Frankreich	37,9	45,5	49	–0,0	–2,9	–2,4	46,1	52,2	50,3
Niederlande	45,9	69,6	80	–4,0	–4,8	–3,5	57,5	59,7	54,6
Belgien	79,9	122,7	133	–9,2	–8,6	–5,5	50,7	53,7	49,5
Italien	58,5	84,1	108	–8,5	–12,5	–11,3	41,7	50,8	53,5
Luxemburg	13,8	14,0	7	–0,4	+5,3	+1,9	54,8	51,7	48,5
UK	54,6	53,1	39	–3,4	–2,7	–4,6	44,8	46,1	41,3
Irland	78,0	117,5	109	–12,2	–11,8	–1,9	50,8	53,2	42,8
Spanien	18,5	47,3	48	–2,6	–7,0	–4,9	32,9	42,6	44,0
Griechenland	27,7	57,9	87	–2,9	–13,5	–14,6	30,5	43,7	48,3
Portugal	37,1	69,5	65	·	–10,1	–5,4	25,9	43,5	46,9
Nachrichtlich: ungewichteter Durchschnitt	43,1	65,8	69,3	4,5	6,0	4,8	45,0	50,5	50,5

Quellen: Wie Tabelle 2, Bundesministerium der Finanzen (Hrsg.), Finanzbericht 1993.

zunächst als willkommenes Argument für weitere kräftige Abgabeerhöhungen dienen.[9]

In jenen Ländern, die das Verschuldungskriterium derzeit erfüllen – das sind die Bundesrepublik Deutschland, Frankreich, Luxemburg, das Vereinigte Königreich und Spanien –, könnte die Marke von 60 vH als eine Art Zielgröße interpretiert werden. Anders gewendet: Vergleichsweise günstiges Abschneiden beim Schuldenstandsindikator kann der Verharmlosung der Staatsverschuldung in der öffentlichen Diskussion Vorschub leisten. Höhere kreditfinanzierte Ausgaben wären die Folge, die auf mittlere Sicht Abgabeerhöhungen nach sich ziehen würden. Bei einem Vergleich der Staatsquoten im Jahre 1992 mit jenen des Jahres 1980 kann man eigentlich nur Luxemburg und dem Vereinigten Königreich Ausgabedisziplin attestieren. Diese schlägt sich auch in der Abnahme der Schuldenquoten nieder, die ohnehin deutlich niedriger sind als in den anderen Ländern der EG.

In der Bundesrepublik Deutschland ist das Drehen an der Abgabeschraube derzeit und wohl auch bis auf weiteres das Lieblingsspiel der Politik. Zu Beginn des laufenden Jahres ist die Mehrwertsteuer in der Bundesrepublik Deutschland von 14 vH auf 15 vH angehoben worden – und zwar mit dem Argument, Europa (wer ist das eigentlich?) wolle dies so. Weitere Steuererhöhungen sind geplant. Zudem soll eine Pflegeversicherung mit einem Beitragssatz von – zunächst[10] – 1,7 vH des beitragspflichtigen Bruttoarbeitsentgelts eingeführt werden. Ferner ist ein Ende der Beitragssatzdynamik weder bei der Arbeitslosen- noch der Gesetzlichen Krankenversicherung, noch der Rentenversicherung absehbar.

---

9 Dadurch verschlechterte sich letztlich die mittelfristige Einnahmeperspektive dieser Staaten, so daß ein künftiger Anstieg der Schuldenquote programmiert wäre. Die kurzfristige ,,Verbesserung" des Indikators für finanzpolitische Soliditität wird letztlich durch eine langfristige Verschlechterung erkauft, es besteht also ein zeitlicher Trade-off.

10 Angesichts der demographischen Entwicklung in der Bundesrepublik Deutschland ist auch hier eine Beitragssatzdynamik programmiert. Zudem wird eines der wichtigsten Sparmotive – nämlich den Kindern oder sonstigen Angehörigen im Alter nicht auf der Tasche zu liegen – zerstört. Wenn man pflegebedürftigen und mittellosen Menschen helfen möchte, wäre es effizienter gewesen, die Sozialhilfe aufzustocken.

Hinzu kommen automatische Steuererhöhungen aufgrund der Progression der Einkommensteuer. Die Politik wird vermutlich auch bei der akribischen Suche nach „Gerechtigkeitslücken" bald fündig werden, was in der Konsequenz wohl auf „Einnahmeverbesserungen" hinauslaufen dürfte (z.B. Arbeitsmarktabgabe für Selbständige, wenn es zu einer großen Koalition kommt).

In Spanien werden die Abgaben vermutlich ebenfalls steigen. Bei der Staatsquote ist eine Trendwende dort nicht erkennbar. Im Jahr 1992 ist dort die Mehrwertsteuer bereits kräftig von 12 vH auf 15 vH[11] angehoben worden. Das ist immerhin ein Zuwachs von 25 vH. Die Schuldenquote lag mit 48 vH im Jahre 1992 zwar unter der Obergrenze von 60 vH. Doch betrug die Defizitquote – Staatsdefizit in vH des Bruttosozialprodukts – knapp 5 vH, während der Vertrag von Maastricht eine maximale Defizitquote von 3 vH vorsieht. Vermutlich wird sich – wie in der Vergangenheit auch – die Regierung Spaniens für höhere Abgaben und gegen staatliches Sparen entscheiden, um ihr Defizit bei der Defizitquote (vorübergehend) abzubauen. Wird das Verschuldenskriterium aufgeweicht, dürfte dies vermutlich die Ausgabefreudigkeit der spanischen Regierung zusätzlich stimulieren, was weitere Abgabeerhöhungen nach sich zieht.

Zumindest für Länder mit relativ hoher Inflationsrate dürften auch die Konvergenzkriterien bei den Inflationsraten abgabeerhöhend wirken, da durch Erfolge bei der Inflationsbekämpfung die Bedienung der Staatsschuld erschwert wird. Für den Eintritt in die Währungsunion sieht der Maastricht-Plan vor, daß die Inflationsrate maximal 1,5 vH vom Durchschnitt der drei stabilsten Länder nach oben abweichen darf. Im Jahre 1992 waren dies Dänemark (2,2 vH), Frankreich (2,8 vH) und Belgien (2,9 vH); die derzeitige

[11] Dieser „Druck" auf die Regierung Spaniens, die Mehrwertsteuer heraufzusetzen, war insofern unnötig, als das System des Grenzausgleichs nach dem Bestimmungslandprinzip beibehalten worden ist. Da so Unterschiede in den Mehrwertsteuersätzen außenhandelsneutral sind, ist wohl zu vermuten, daß der „Kollektivzwang" seitens der EG für die Regierung Spaniens ein willkommenes Argument war, um ohne größere öffentliche Diskussion weiter an der Steuerschraube drehen zu können. Bei der Erhöhung der Mehrwertsteuer in der Bundesrepublik ab 1.1.1993 von 14 vH auf 15 vH dürfte dies wohl ähnlich gewesen sein. Die EG scheint zu einem Steuererhöhungskartell zu degenerieren.

Obergrenze betrüge somit 4,1 vH. Demgegenüber lag die Inflationsrate in Griechenland bei 15,2 vH, in Portugal bei 9 vH, in Spanien bei 5,9 vH, im Vereinigten Königreich bei 5,6 vH, in Italien bei 5,3 vH und in der Bundesrepublik bei 4,2 vH.

Alles in allem wird der Weg in die Währungsunion wohl mit kräftigen Abgabeerhöhungen gepflastert sein. Manche mögen argumentieren, die Nettoneuverschuldung der EG-Länder fiele entsprechend niedriger aus; die Finanzierungsstruktur würde sich somit verbessern, weil mit der Mittelumschichtung Zinssenkungen einhergingen, was Investitionen und Wachstum stimulieren würde. Wer so argumentiert, übersieht, daß mit der Gewichtsverlagerung – weniger Kredite, mehr „ordentliche" Einnahmen – eine Schwächung der Sanktionsmechanismen im politischen Prozeß einhergehen dürfte. Denn Kapitalanleger können einen Mangel an Ausgabedisziplin viel wirksamer bestrafen als Steuer- und Beitragszahler, weil ihre Ausweichmöglichkeiten höher sind und eine steigende Zinsquote auf mittlere Sicht eine ausgabepolitische Wende erzwingt. Mit einer Erhöhung der Zwangsabgaben, denen die Financiers legal kaum ausweichen können, dürfte somit ein Anstieg der Staatsausgaben einhergehen. Ein niedrigeres Zinsniveau dürfte sich daher nur vorübergehend einstellen, während die Abgaben wohl dauerhaft höher sein werden. Somit führen die Budgetregeln von Maastricht in der Konsequenz zu einer Verschlechterung der wirtschaftlichen Zukunftsperspektiven der EG.

Eine steigende Abgabelast in den Ländern der EG ist auch deshalb zu erwarten, weil der EG durch den Vertrag von Maastricht zusätzliche Kompetenzen übertragen worden sind, vor allem im Bereich der Forschungs-, Technologie-, Industrie-, Verkehrs-, Arbeitsmarkt-, und Sozialpolitik (vgl. Claus-Friedrich Laaser, in diesem Buch). Wird der Vertrag von Maastricht ratifiziert, wie es den Anschein hat, dann dürfte die Einführung einer eigenen Europasteuer wohl nur eine Frage der Zeit sein. Die Annahme einer kompensatorischen Senkung nationaler Abgaben dürfte wohl unrealistisch sein. Zudem sollen die Ausgaben für die Regionalpolitik stark aufgestockt werden (nach dem sog. „Delors-II-Paket"), ohne daß dem vermutlich Einsparungen an anderer Stelle (vor allem in der Agrarpolitik) gegenüberstehen. Ferner dürfte eine Harmonisierung spezifischer Verbrauchsteuern wohl auch auf eine Steuererhöhung hinauslaufen. So hat man sich schon bei der Mehrwertsteuer zwar auf einen Mindest-, nicht aber auf einen Höchstsatz geeinigt (vgl. Bodo Risch, in diesem Buch). Absehbar ist auch, daß im Zuge einer Verbrauchsteuerharmonisierung der „Steuerkosmos“ reichhaltiger wird. Denn vermutlich werden manche Länder neue Verbrauchsteuern mit der Begründung einführen, daß die Regierungen anderer EG-Länder deren Abschaffung „fiskalisch nicht verkraften können“ und man ja den Wettbewerb nicht verzerren wolle.

Zudem: Eine Polit-Union bedeutet Zentralisierung von Aufgabe-, Ausgabe- und Einnahmekompetenzen. Zentralisierung wiederum bedeutet, daß für den einzelnen Bürger de Zusammenhang zwischen Ausgabeprogrammen und individueller Abgabebelastung noch weniger erkennbar ist als zuvor. Zunehmendes Anspruchsdenken und noch mehr Finanzierungsillusionen der Bürger werden die zwangsläufige Folge der geplanten Polit-Union sein. Es wird eine Ausgabelawine losgetreten werden, die von steigenden Defizit- und Abgabequoten begleitet sein wird. Daher wird sich die These, der Vertrag von Maastricht erzwinge eine „solidere“ Finanzpolitik, auf längere Sicht selbst ad absurdum führen. Im übrigen ist es eine ökonomisch falsche Sichtweise, die Solidität der Finanzpolitik an der Struktur der Staatseinnahmen zu messen. Eine solide Finanzpolitik ist vielmehr jene, die das Sozialprodukt nicht überbeansprucht – sie drückt sich in einer niedrigen und stabilen Staatsquote aus. Als alternatives Eintrittskriterium hätte eine Staatsquote von beispielsweise 30 vH (wie in der Schweiz) im Jahre 1998 und danach ökonomisch wohl mehr überzeugt als die Verschuldungsregeln, zumal bei einer solchen Konsolidierungsstrategie eine kräftigere Entlastung der Kapitalmärkte zu erwarten gewesen wäre.

Kurzum: Wegen des Maastricht-Vertrages wird die EG wohl zu einem ausgabefreudigen Abgabeerhöhungskartell degenerieren. Die Leistungen der – durch Volksabstimmung kaum legitimierten – „Architekten des gemeinsamen europäischen Hauses“ dürften wohl künftig an einem deutlich steileren Trend in den Staatsausgaben- und Abgabestatistiken erkennbar sein. Vermutlich wird eine weitere Abflachung des Wachstumspfads damit einhergehen. Und dies in einer Zeit, in der der Osten über enormen Kapitalhunger klagt. Ein weltweiter Destabilisierungsprozeß wird so die indirekte Folge überhasteter politischer Integrationsvorhaben sein. Ist dies ein für die Allgemeinheit tolerabler Preis dafür, daß ganz wenige Individuen als politische Integrationsfiguren in die Geschichtsbücher eingehen möchten?

Henning Klodt

Technologie- und Industriepolitik – Aufgabe für die EG?

1. Europäische Technologie- und Industriepolitik nach Maastricht

In der wirtschaftspolitischen Diskussion ist seit einigen Jahren ein merklicher Kurswechsel zu verzeichnen. Immer drängender wird die Forderung, der Staat müsse gezielt in die Märkte eingreifen, um die internationale Wettbewerbsfähigkeit zu stärken und die Position der eigenen Unternehmen auf den Weltmärkten zu verbessern. Dies signalisiert eine deutliche Abkehr von den politischen Leitideen der achtziger Jahre, als unter den Schlagworten der „Reagonomics" und des „Thatcherismus" die Zeichen auf Subventionsabbau und Deregulierung standen. Vielleicht werden die neunziger Jahre einmal mit dem Schlagwort „Clintonomics" belegt werden, doch der Meinungsumschwung geht weit über den Kreis der U.S.-Administration hinaus. Mittlerweile mehren sich in allen westlichen Industrieländern die Stimmen, die dem Staat eine größere Rolle bei der Gestaltung der Wirtschaft zuweisen wollen.

Mit den Beschlüssen von Maastricht hat die neue Welle des Interventionismus auch die EG erreicht. Während es beim 1985 verabschiedeten Programm zur Vollendung des europäischen Binnenmarkts noch vorrangig um Liberalisierung und die Beseitigung von Handels- und Mobilitätsbarrieren ging, steht gegenwärtig eindeutig die Ausweitung des Staatseinflusses auf die Wirtschaft im Vordergrund. Den gesamten Maastrichter Vertrag zur Europäischen Union durchzieht der Tenor, den wirtschaftlichen und sozialen Zusammenhalt in der Gemeinschaft durch eine Zentralisierung wirtschaftspolitischer Kompetenzen zu fördern.[1] Die konkreten For-

---

[1] Für eine ausführliche Analyse der EG-Politik vgl. Henning Klodt, Jürgen Stehn et. al., Die Strukturpolitik der EG. Kieler Studien, 249, Tübingen 1992.

mulierungen des Vertragstextes sind allerdings meist recht vage und unverbindlich gehalten, so daß vielfältige Möglichkeiten für die Umsetzung in die Praxis bestehen.

Besonders umstritten ist die Ausgestaltung der wirtschaftspolitischen Kompetenzen der Gemeinschaft im Bereich der Industriepolitik. In Art. 130 des Vertrags zur Europäischen Union werden die Gemeinschaftsorgane ganz allgemein dazu verpflichtet, bei ihrer Politik industriepolitische Aspekte zu berücksichtigen. Sie sollen dabei insbesondere Maßnahmen ergreifen,

- mit denen die Anpassung der Industrie an strukturelle Veränderungen erleichtert wird,
- mit denen ein günstiges Umfeld für Unternehmen in der Gemeinschaft geschaffen wird,
- mit denen die bessere Nutzung des industriellen Potentials der Forschungs- und Technologiepolitik gefördert wird.

Anhand der Aktionsprogramme, die von der Kommission zur Umsetzung der Maastrichter Beschlüsse vorgelegt worden sind, läßt sich nachvollziehen, daß die Industriepolitik der Gemeinschaft gezielt auf die Förderung sogenannter Schlüsselindustrien ausgerichtet werden soll. Dazu zählt die Kommission etwa den Flugzeugbau, die Mikroelektronik und den Automobilbau. Die Vorschläge zielen vorrangig darauf ab, die Konkurrenzfähigkeit europäischer Unternehmen gegenüber den Vereinigten Staaten und Japan zu verbessern. Dabei wird in erster Linie nicht auf eine Stärkung des innergemeinschaftlichen Wettbewerbs gesetzt, sondern auf Protektionsmaßnahmen in Form von Subventionen und Außenhandelsschranken.[2]

In Einklang mit diesen Bestrebungen ist die EG-Kommission bemüht, ihre Forschungs- und Technologiepolitik stärker auf marktnahe Forschungsprojekte auszurichten. Den Anlaß dazu gibt die Diskussion um das vierte gemeinschaftliche Rahmenprogramm für Forschung und technologische Entwicklung, in dem die Grundlinien der Gemeinschaftspolitik für die Jahre 1994 bis 1998 festgelegt werden. Bislang hatte die EG stets betont, daß sie nur solche

---

[2] vgl. Henning Klodt, „Europäische Industriepolitik nach Maastricht". Die Weltwirtschaft, 1992, Heft 3, S. 263–273.

Projekte fördert, die in die „vorwettbewerbliche" Phase fallen, um möglichst wenig in den marktwirtschaftlichen Wettbewerb einzugreifen. Diese Einschränkung soll künftig nicht mehr gelten[3]. Darüber hinaus ist auf dem EG-Gipfel von Edinburgh im Dezember 1992 beschlossen worden, die Mittel für die gemeinschaftliche Forschungs- und Technologiepolitik kräftig aufzustocken, und zwar sowohl für das gegenwärtig laufende dritte als auch für das vierte Rahmenprogramm.

Die Forschungs- und Technologiepolitik dürfte auch künftig der wichtigste Bereich sein, der von dem Primat industriepolitischer Ziele betroffen ist. Daneben gibt es Anzeichen dafür, daß in Teilbereichen auch die Regional-, die Wettbewerbs- und die Umweltpolitik, ja selbst die Sozialpolitik verstärkt nach industriepolitischen Zielen ausgerichtet werden soll. Es ist also damit zu rechnen, daß die gesamte EG-Politik künftig stärker interventionistisch geprägt sein wird als in der Vergangenheit.

Nach dem ablehnenden Referendum zum Maastrichter Vertrag in Dänemark, dem „petit oui" in Frankreich und dem Beschluß der Schweizer Bevölkerung, ihr Land nicht in den Europäischen Wirtschaftsraum einzubinden, sind zunehmend Zweifel laut geworden, ob eine immer weitergehende Zentralisierung tatsächlich der beste Weg zu einem integrierten Europa darstellt. Doch die Tendenzen, die sich bei der Technologie- und Industriepolitik abzeichnen, dürften kaum davon beeinträchtigt werden, wie die weiteren Verhandlungen zur Ratifizierung und zum Inkrafttreten des Maastrichter Vertrags ausgehen werden. Die Beschlüsse von Maastricht müssen in jedem Fall als Willenserklärung der Mehrzahl der EG-Mitglieder zu den Leitlinien der europäischen Integration angesehen werden; und diejenigen Teile, die sich auf die Strukturpolitik beziehen, lassen sich notfalls auch ohne formale Vertragsgrundlage auf dem Wege von Einzelfallentscheidungen durchsetzen.

Eine ähnliche Strategie wurde in der Vergangenheit bereits mehrfach verfolgt: Mit der Verabschiedung der Einheitlichen Europäischen Akte im Jahre 1985 wurden die Vertragsgrundlagen für den

---

3 Kommission der Europäischen Gemeinschaften, „Die Forschung nach Maastricht: Bilanz und Strategie". Bulletin der Europäischen Gemeinschaften, Beilage 2/92, Luxemburg 1992.

Europäischen Fonds für Regionale Entwicklung (EFRE) sowie für die gemeinschaftliche Forschungs- und Technologiepolitik und die Umweltpolitik geschaffen. Tatsächlich wurde der EFRE jedoch bereits im Jahre 1975 gegründet; und die Wurzeln der gemeinschaftlichen Forschungs- und Technologiepolitik sowie der Umweltpolitik reichen sogar bis in die frühen siebziger Jahre zurück. Ein wichtiges Instrument für derartige vertraglich nicht vorgesehene Kompetenzerweiterungen der Gemeinschaft bietet Art. 235 EWG-Vertrag, nach dem der Ministerrat jederzeit geeignete Vorschriften erlassen kann, um die Ziele der Gemeinschaft zu verwirklichen. Selbst wenn der Vertrag von Maastricht endgültig scheitern sollte – wofür aus heutiger Sicht wenig spricht –, wäre eine Ausweitung der strukturpolitischen Kompetenzen der EG damit keineswegs ausgeschlossen.

Ihre industriepolitischen Prioritäten möchte die EG-Kommission eindeutig bei den technologieintensiven Wirtschaftszweigen setzen. Die in den Mitgliedstaaten vorherrschende konservierende Industriepolitik, die vorrangig auf eine Verzögerung der Strukturanpassung in altindustriellen Krisenbranchen setzt, wird von der Kommission scharf kritisiert. Diese Kritik kommt nicht nur in ihrer Grundsatzerklärung zur europäischen Industriepolitik zum Ausdruck,[4] sondern ist stets auch Leitlinie ihrer Überwachung nationaler Subventionsprogramme im Rahmen der Wettbewerbspolitik gewesen. Die kritische Haltung gegenüber staatlichen Erhaltungssubventionen steht in Einklang mit der Kritik, die auch aus den Reihen der Wirtschaftswissenschaft immer wieder an der nationalen Strukturpolitik geübt worden ist. Von der Wirtschaftswissenschaft ist allerdings als Alternative zur konservierenden Industriepolitik ein Subventionsabbau empfohlen worden und nicht ein Ersatz alter Subventionsprogramme durch neue.

Die wissenschatfliche Kritik an jedweder Subventionspolitik beruht letztlich darauf, daß es im Rahmen einer Marktwirtschaft vor allem Aufgabe der Unternehmen ist, Zukunftschancen und Zu-

---

4 Kommission der Europäischen Gemeinschaften, „Industriepolitik in einem offenen und wettbewerbsorientierten Umfeld: Ansätze für ein Gemeinschaftskonzept“. Bulletin der Europäischen Gemeinschaften, Beilage 3/91, Luxemburg 1991, S. 7–25.

kunftsmärkte zu identifizieren. Die für ein Land angemessene Wirtschaftsstruktur bildet sich im Wettbewerb automatisch heraus und muß nicht vom Staat geplant werden. Aufgabe der Wirtschaftspolitik sollte es demnach sein, Hemmnisse des Strukturwandels abzubauen, nicht dagegen, den Strukturwandel aktiv zu gestalten.

Die Verfechter einer strategisch orientierten Technologie- und Industriepolitik verweisen dagegen darauf, daß auch im Ausland aktiv in den Strukturwandel eingegriffen würde und daß gerade bei technologieintensiven Branchen die Gefahr einer technologischen Abhängigkeit drohe. Wenn der Staat nicht eingreift, würde Europa Gefahr laufen, zur technologischen Kolonie Japans herabzusinken, und würde in wenig lukrative Standardindustrien abgedrängt.[5] Den theoretischen Hintergrund dafür bietet die Theorie der strategischen Handelspolitik, die im Laufe der achtziger Jahre entwickelt wurde und in der gezeigt wurde, daß es in oligopolistisch strukturierten internationalen Märkten möglich sein kann, durch gezielte Markteingriffe des Staates die Wohlfahrt eines Landes zu erhöhen.[6] Von den Außenhandelstheoretikern, die diese Ansätze entwickelt haben, ist allerdings stets betont worden, daß das Aufzeigen modelltheoretischer Möglichkeiten nicht verwechselt werden dürfte mit praktischen Handlungsanweisungen für die Politik. Um eine wohlfahrtsfördernde Interventionspolitik betreiben zu können, sei der Staat auf derart umfangreiche und detaillierte Informationen angewiesen, die in der Praxis kaum zu beschaffen sein dürften. Von der Wirtschaftspolitik dagegen sind die neuen Ansätze dankbar aufgegriffen und die von wissenschaftlicher Seite erhobenen Vorbehalte eher ignoriert worden.

Es kann in diesem Beitrag nicht darum gehen, die gesamte Theorie der strategischen Handelspolitik kritisch zu würdigen.[7] Stattdessen soll gezielt auf ein Argument, das in der wirtschaftspoli-

---

[5] Seitz, Konrad, Die japanisch-amerikanische Herausforderung – Deutschlands Hochtechnologie-Industrien kämpfen ums Überleben. München 1990.

[6] vgl. Spencer, Barbara, James Brander, „International R & D Rivalry and Industrial Strategy". The Review of Economic Studies, Vol. 50, 1983, S. 707–722.

[7] vgl. Bletschacher, Georg, Henning Klodt, Strategische Handels- und Industriepolitik – Theoretische Grundlagen, Branchenanalysen und wettbewerbspolitische Implikationen. Kieler Studien, 244, Tübingen 1992.

tischen Diskussion einen besonders hohen Stellenwert hat, näher eingegangen werden – das Argument der technologischen Abhängigkeit.

2. Technologische Abhängigkeit aus ökonomischer Sicht

Die These von der technologischen Abhängigkeit besagt in ihrer schlichtesten Version, daß einzelne Länder in der Lage sind, aufgrund ihrer Monopolstellung bei bestimmten Produkten andere Länder auszubeuten, wobei unter Ausbeutung das Erzielen eines über die Stückkosten hinausgehenden Preises verstanden wird. Das ausbeutende Land ist also in der Lage, so wird argumentiert, Monopolgewinne auf Kosten des Auslandes zu erzielen. Beispiele für Monopolstellungen einzelner Länder und Ländergruppen gibt es etwa im Rohstoffbereich, wo derartige Positionen jedoch nicht technologische, sondern geologische Ursachen haben.

Soweit die Monopolposition auf der ausschließlichen Verfügbarkeit bestimmter Technologien in einzelnen Ländern beruht, stellt sich die Frage, wodurch denn die Anwendung dieser Technologien in den anderen Ländern verhindert wird. Eine Ursache dafür könnte sein, daß das technologisch führende Land die Imitation durch einen umfassenden, den gesamten Technologiebereich abdeckenden Patentschutz unmöglich macht. Eine derartige Position wäre jedoch nur eine Führungsposition auf Zeit, denn erstens ist die Laufzeit von Patenten begrenzt, und zweitens lehrt die Erfahrung, daß es immer wieder gelingt, um die Patente der Konkurrenz herumzuforschen und den Patentschutz durch eigene Innovationsleistungen zu umgehen. Im übrigen ist das internationale Patentrecht nicht so umfassend ausgebaut, daß es als unantastbare Rechtsgrundlage eines breit angelegten Ausbeutungsverhältnisses zwischen ganzen Volkswirtschaften dienen könnte.

Eine zweite Ursache könnte darin liegen, daß es dem rückständigen Land selbst bei freier Verfügbarkeit des technischen Wissens nicht gelingt, die Technik erfolgreich anzuwenden, etwa weil es den verfügbaren Arbeitskräften an der dafür nötigen Qualifikation mangelt. Diese Situation ist typisch für die Wirtschaftsbeziehungen zwischen hochentwickelten und weniger entwickelten Ländern.

Dabei geht es jedoch nicht um Ausbeutung, sondern um eine internationale Arbeitsteilung nach den jeweiligen komparativen Vorteilen. In dieser schlichten Version ist die These von der technologischen Abhängigkeit also wenig überzeugend.

In einer modifizierten Version wird argumentiert, daß in bestimmten Industrien die Kostenvorteile der Großserienproduktion (statische Skalenerträge) so bedeutsam seien, daß langfristig nur ein einziges Unternehmen in der Lage sei, im Weltmarkt zu überleben. Dieses Unternehmen könne Monopolgewinne erzielen, wenn die Konkurrenz erst einmal erfolgreich verdrängt ist. In welchem Land die betreffende Industrie letztlich überlebt, ist a priori ungewiß, denn ausschlaggebend dafür sind nicht natürliche komparative Vorteile, sondern historische Zufälligkeiten. Für die Wirtschaftspolitik ist die Versuchung groß, dem Zufall etwas nachzuhelfen und durch eine gezielte strategische Industriepolitik die Ansiedlung derartiger Industrien im eigenen Lande zu fördern.

Als Beispiel für eine Indsutrie mit hohen statischen Skalenerträgen wurde in den 70er Jahren oftmals die Automobilproduktion genannt, doch mittlerweile ist deutlich geworden, daß die stark differenzierte Weltnachfrage vielfältigen Raum für Produzenten unterschiedlicher Größe und unterschiedlicher Produktpalette läßt. Heute wird das Argument der statischen Skalenerträge vor allem im Flugzeugbau angeführt, und zwar insbesondere als Rechtfertigung für die umfangreichen Airbus-Subventionen.

Für den Flugzeugbau wird überdies mit dynamischen Skalenerträgen argumentiert, d.h. mit im Zeitverlauf eintretenden Kostensenkungen, die im wesentlichen auf Lerneffekten beruhen. Wer in einer solchen Situation als erster mit der Produktion beginnt, hat einen Kostenvorteil, der von später in den Markt eintretenden Unternehmen nie mehr aufgeholt werden kann.[8]

Die Existenz von Lernkurven im Flugzeugbau ist unter Branchenexperten unbestritten. Ob daraus folgt, daß langfristig nur ein einziges Unternehmen im Weltmarkt überleben kann, ist aber mehr

---

[8] Welche Ansatzmöglichkeiten sich aus einer derartigen Situation für eine strategische Industriepolitik ergeben, wird ausführlich erläutert von Helpman, Elhanan, Paul R. Krugman, Trade Policy and Market Structure, Cambridge 1989.

als fraglich. Die Airbus-Subventionen beispielsweise, die die Existenz eines Konkurrenten zu Boeing sichern sollten, haben letztlich nichts daran geändert, daß der Weltmarkt für zivile Passagier-Flugzeuge von drei Großunternehmen beherrscht wird. Nur heißen diese Unternehmen heute nicht mehr Boeing, McDonnell-Douglas und Lockheed, sondern Boeing, McDonnell-Douglas und Airbus-Industrie.

In einer anderen Version besagt das Argument von der technologischen Abhängigkeit, daß nationale Monopolstellungen in bestimmten Schlüsselindustrien dazu genutzt werden können, in nachgelagerten Industriezweigen ebenfalls Monopolstellungen aufzubauen. So seien etwa die Unterhaltungselektronikindustrie oder der Werkzeugmaschinenbau auf die Lieferung hochwertiger Chips angewiesen, wenn sie nicht ins technologische Abseits geraten wollten. Wer bei der Chip-Produktion eine Monopolstellung habe, könne somit auch bei jenen Produkten, für die Chips benötigt werden, eine marktbeherrschende Stellung aufbauen.

Längerfristig dürfte eine derartige Situation aber nur stabil sein, wenn die Chip-Produzenten auch bei den nachgelagerten Produkten über komparative Vorteile verfügen. Denn wenn ein ausländisches Unternehmen beispielsweise Geräte der Unterhaltungselektronik kostengünstiger produzieren kann als die Unternehmen, die im Lande der Chip-Produktion angesiedelt sind, könnten diese ausländischen Unternehmen einen Preis für die Chips zahlen, der höher liegt als der Gewinn, den die Chip-Produzenten bei der Verwendung der Chips im eigenen Land erzielen können. Wenn die Chip-Produzenten es dennoch vorziehen würden, ausländische Abnehmer bei der Belieferung mit hochwertigen Chips zu diskriminieren, würden sie also auf mögliche Gewinne verzichten.[9]

Doch all diese Überlegungen sind gegenwärtig rein hypothetisch, denn die vielbeschworene Monopolmacht japanischer Hersteller im

---

[9] Eine entsprechend negative Erfahrung mußten diejenigen Länder der OPEC machen, die ihre starke Marktposition bei Rohöl dazu nutzen wollten, auch bei verarbeiteten Mineralölerzeugnissen Monopolgewinne zu erzielen. Da diese Länder offenbar keine komparativen Vorteile bei der Mineralölverarbeitung hatten, traten derart hohe Verluste auf, daß diese Industrialisierungsvorhaben rasch wieder aufgegeben wurden.

Chipbereich entpuppt sich bei näherem Hinsehen als Schimäre: Bei Speicherchips gehen ihre Weltmarktanteile seit Beginn der neunziger Jahre dramatisch zurück, da mehrere Anbieter aus Südkorea auf diesem Markt Fuß gefaßt haben. Bei Mikroprozessoren gab es nie eine Dominanz japanischer Hersteller; hier sind seit je her amerikanische Unternehmen führend. Und der Markt für anwendungsspezifische Logikchips (ASICs) ist so heterogen, daß er allenfalls in engen Nischen begrenzte Monopolstellungen erlaubt. Schließlich kommt hinzu, daß mit zunehmender Integrationsdichte mikroelektronischer Schaltkreise die Software mehr und mehr zum entscheidenden Engpaß wird; auf dem Chipmarkt dagegen wird der Wettbewerb immer schärfer.

Anders als bei natürlichen Rohstoffen, bei denen der Zugang zu den Lagerstätten darüber entscheidet, wie viele Anbieter auf dem Markt sind, stehen die Preise auf den Märkten für Industriewaren stets unter dem latenten Druck der potentiellen Konkurrenz. Nur bei Rohstoffen sind demnach dauerhafte ökonomische Abhängigkeitsverhältnisse zwischen Ländern vorstellbar; bei Industriewaren macht die Ausnutzung von Monopolstellungen durch überhöhte Preise automatisch den Markteintritt potentieller Konkurrenten rentabel, so daß eine monopolistische Ausbeutung der Abnehmerländer sich selbst die eigene Basis entziehen würde. Die Monopolstellung eines Landes bei einzelnen Produkten schafft noch längst keine Abhängigkeitsverhältnisse, die das eine Land zur Hegemonialmacht und das andere zur Wirtschaftskolonie macht. Wirtschaftliche und politisch-militärische Macht sind eben zweierlei.

3. Die Rolle der Industrie- und Technologiepolitik im internationalen Standortwettbewerb

Der von der Mikroelektronik geprägte technologische Wandel erfordert nicht nur von den Unternehmen, sondern auch von der Wirtschaftspolitik eine Anpassung an veränderte Bedingungen. Mit der Verbreitung moderner Informations- und Kommunikationstechnologien ist die Bedeutung räumlicher Entfernungen geschrumpft. So ist es möglich geworden, ein Automobil mit deutscher Technik und italienischem Design in Spanien oder in Mexiko für den nordamerikanischen Markt zu produzieren. Globalisierung der Märkte und Internationalisierung der Produktion sind die Schlagworte.

Diese Entwicklung hat weitreichende Konsequenzen für den internationalen Wettbewerb. Traditionelle Vorstellungen, nach denen nationale Unternehmen mit ihren Exportprodukten auf den Weltmärkten konkurrieren, verlieren zusehend an Bedeutung. Der Export von ausländischen Tochtergesellschaften US-amerikanischer Konzerne ist heute schon fast so hoch wie der gesamte Export der Vereinigten Staaten.[10] Auch für japanische und europäische Unternehmen wird die Strategie der Internationalisierung immer wichtiger.

Die Entscheidungen darüber, wo investiert wird, werden heute im weltweiten Maßstab getroffen. Damit hängt auch die Frage, wo neue Einkommen und Arbeitsplätze geschaffen werden, immer mehr davon ab, wie attraktiv ein Standort für internationale Investoren ist. Wenn die Wirtschaftspolitik Wachstum und Beschäftigung im eigenen Lande fördern will, muß sie sich also dem Wettbewerb mit der Wirtschaftspolitik anderer Länder stellen. Der internationale Wettbewerb zwischen Unternehmen wird zunehmend überlagert durch den Standortwettbewerb zwischen Regionen und Ländern. Theoretisch ausgedrückt geht es beim Standortwettbewerb darum, in welchem Ausmaß es den immobilen Produktionsfaktoren eines Landes gelingt, mobile Produktionsfaktoren an sich zu binden. Je mehr mobile Faktoren attrahiert werden, desto höher ist die Produktivität der immobilen Faktoren. Höhere Produktivität wiederum ist in aller Regel gleichbedeutend mit höheren Einkommen und besseren Beschäftigungschancen.

Im internationalen Maßstab sind es vor allem die Arbeitskräfte, die als vergleichsweise immobil gelten können. International mobil ist dagegen das Kapital. Das war früher so und ist auch heute noch so. Wenn man verstehen will, warum der internationale Standortwettbewerb gerade in jüngerer Zeit so an Bedeutung gewonnen hat, muß ein dritter Faktor mit ins Bild genommen werden, und zwar der Produktionsfaktor technisches Wissen.

---

10 vgl. Kravis, Irving B., Robert E. Lipsey, Technological Characteristics of Industries and the Competitiveness of the US and its Multinational Firms. NBER Working Papers, 2933, April 1989.

Technisches Wissen galt lange Zeit als ähnlich immobil wie der Faktor Arbeit. Da die industrielle Forschung und Entwicklung auf hochentwickelte Industrieländer konzentriert war, hatten diese Länder zugleich Wettbewerbsvorteile bei der Produktion forschungsintensiver Waren. Im Gegenzug dazu wurden aus den weniger entwickelten Ländern vorzugsweise arbeits- und rohstoffintensive Güter oder auch standardisierte kapitalintensive Güter importiert. Durch die Verbreitung moderner Informations- und Kommunikationstechnologien hat sich jedoch Entscheidendes verändert. Die Transaktionskosten im internationalen Technologietransfer sind im Laufe der 70er und 80er Jahre derart drastisch gesunken, daß es heute sehr viel leichter und kostengünstiger ist als früher, Produktionsprozesse weltweit zu organisieren. Zwar nehmen die fortgeschrittenen Industrieländer immer noch eine Schlüsselposition bei der Entwicklung neuer Technologien ein, aber die Produktion der neuen Güter findet oftmals woanders statt. Die räumliche Entkoppelung von Forschung und Produktion erfordert einen intensiven grenzüberschreitenden Informationsfluß, der durch die neuen Informations- und Kommunikationstechnologien überhaupt erst möglich geworden ist. Letztlich sind es die raschen Fortschritte in der Mikroelektronik, die die Globalisierung und Internationalisierung vorangetrieben haben.

Gerade in Westeuropa erhält der Standortwettbewerb zusätzlichen Schub durch die Vollendung des EG-Binnenmarktes. Der Abbau von Grenzkontrollen, die Angleichung der institutionellen Rahmenbedingungen und nicht zuletzt die Liberalisierung des Kapitalverkehrs werden die Verlagerung von Produktionsstätten zu den kostengünstigsten Standorten weiter fördern. Die Frage, welcher Nationalität weltweit operierende Unternehmen zuzurechnen sind, wird immer unwichtiger.

Als Antwort auf diese neuen Herausforderungen sind die Unternehmen längst dazu übergegangen, international zu kooperieren. Die strategische Allianz von Siemens, IBM und Toshiba zur gemeinsamen Entwicklung des 256-M-Chips ist dafür nur ein Beispiel unter vielen. Die Technologiepolitik hinkt dieser Entwicklung allerdings hinterher, denn sie zielt immer noch primär darauf ab, die technologische Wettbewerbsfähigkeit heimischer Unternehmen gegenüber der ausländischen Konkurrenz zu stärken.

Aus der Intensivierung des weltweiten Standortwettbewerbs folgt letztlich, daß es nicht ausreicht, herkömmliche nationale Konzepte der Forschungsförderung schlicht auf die europäische Ebene zu übertragen. Die erweiterten Möglichkeiten und die reduzierten Kosten der weltumspannenden Kommunikation haben die alten Waffen der Technologie- und Industriepolitik stumpf werden lassen. Mit staatlichen Subventionen und Importbarrieren lassen sich keine Vorteile im Standortwettbewerb erzielen. Internationale Investoren sind weit mehr auf offene Märkte angewiesen als auf finanzielle Zuwendungen.

Wenn die Technologie- und Industriepolitik nicht ins Abseits geraten will, wird sie sich den neuen Herausforderungen stellen müssen und ihrerseits der Förderung von Kommunikation und internationaler Kooperation einen hohen Stellenwert einräumen müssen. Sie ist dabei nicht als Dukatenesel gefragt, sondern als Moderator und Katalysator, um Initialzündungen auszulösen und Synergieeffekte in die Wege zu leiten. Massive Subventionsprogramme zugunsten nationaler Unternehmen laufen dagegen immer mehr ins Leere.

Diese Erkenntnis ist allerdings noch nicht sehr weit verbreitet: In dem Bemühen, bei vermeintlichen Schlüsseltechnologien einen Vorsprung gegenüber dem Ausland zu erlangen, sind die großen Industrieländer in einen regelrechten Subventionswettlauf geraten. Dabei setzen alle auf die gleichen Pferde – die Kernkraft (mit abnehmender Tendenz), die Luft- und Raumfahrt (mit steigender Tendenz) sowie die Mikroelektronik (mit anhaltend hohem Gewicht). Da alle das gleiche fördern, gibt es letztlich für keines der Länder etwas zu gewinnen. Sie werden sogar ärmer, da sich der erhoffte Ertrag der Subventionierung – die Abschöpfung von Monopolgewinnen aus dem Ausland – nicht einstellen will. Aus dieser Lage gibt es nur einen Ausweg – den international koordinierten Subventionsabbau. Hier sollte die eigentliche Aufgabe einer internationalen Koordinierung der Industrie- und Technologiepolitik gesehen werden.

Joachim Jungfer

Festung Europa oder ein Valet dem Protektionismus?

1. Einleitung

Am 1. 1. 1993 ereignete sich in Europa ein Ereignis von historischer Tragweite. Der europäische Binnenmarkt soll vollendet werden und ein Raum ohne Grenzen entstehen. Als sichtbares Zeichen dieser Entwicklung sollen alle Grenzkontrollen wegfallen. Da die Außenzölle der EG zwar ständig sanken, aber die nicht-tarifären Handelshemmnisse (NTH) nach 1973 zunahmen, befürchten viele, daß der Preis der europäischen Einigung die Abschottung nach außen ist und Europa zu einer „Festung" wird. Insbesondere in den USA wird häufig darauf hingewiesen, daß die meisten regionalen Handelszusammenschlüsse zu „Festungen" wurden und keine Zunahme des Handelsvolumens nach sich zogen. Der Ausspruch des ehemaligen EG-Kommissars, Willy de Clerq: „Wir schaffen einen einheitlichen Markt nicht, um ihn an hungrige Ausländer auszuhändigen",[1] hat solche Befürchtungen verstärkt. Inwieweit sie historisch und weltwirtschaftlich gesehen berechtigt sind, soll in den folgenden Ausführungen untersucht werden.

2. Die wichtigsten Grundprinzipien des GATT zur Liberalisierung des Welthandels

Die beiden tragenden Säulen der Ausweitung des Welthandels nach dem Zweiten Weltkrieg waren die im Allgemeinen Zoll- und Handelsabkommen (GATT) vereinbarten Prinzipien der Nicht-Diskriminierung und der Reziprozität. Wird ein Zoll auf ein bestimmtes Gut erhoben und werden die übrigen Einfuhren nicht mit Zöllen

[1] Vgl. J. de Melo und A. Panagariya (1992), Der neue Regionalismus, „Finanzierung und Entwicklung", Nr. 4, S. 39.

belegt, so werden die inländischen Importeure, die ein Gut verzollen müssen, ebenso wie die ausländischen Produzenten des Gutes diskriminiert. Zudem ist zu beachten, daß die Protektion einer inländischen Branche für alle übrigen Branchen, die nicht protektioniert werden, diskriminierend wirkt.

Die Diskriminierung hat z.B. Auswirkungen auf das Gleichgewichtsniveau der Wechselkurse. „Da nach der Erhebung des Zolls in aller Regel die betroffene Einfuhr sinkt, wird die heimische Währung so weit aufgewertet, bis das außenwirtschaftliche Gleichgewicht wieder erreicht ist."[2] Dies wiederum führt tendenziell zu einer Schrumpfung des Exportsektors. Durch den aufwertungsbedingten Importdruck wird die Produktion, die nicht geschützt ist und nun verstärkter Auslandskonkurrenz ausgesetzt ist, diskriminiert. So wird z.B. die deutsche Chemische Industrie durch die protektionistische EG-Agrarpolitik diskriminiert. Da dieser Zusammenhang relativ kompliziert ist, kann er von den Benachteiligten nur sehr schwer in der politischen Diskussion vorgebracht werden.

Das Prinzip der Nichtdiskriminierung fand seine wichtigste Ausprägung in der sog. Meistbegünstigungsklausel. Diese beinhaltet, daß alle Unterzeichner des GATT-Vertrages ein Zugeständnis, das sie einem Mitgliedsland einräumen, auch allen übrigen Mitgliedsländern einräumen müssen.

Gemäß dem Prinzip der Reziprozität, oder auch Prinzip der Gegenseitigkeit genannt, müssen alle Staaten, denen handelspolitische Vergünstigungen von anderen GATT-Ländern eingeräumt werden, gleichwertige Gegenleistungen erbringen. Die Frage, was gleichwertige Vergünstigungen sind, wirft große politische Probleme auf, da es hierfür keine objektiven Grundlagen gibt. So wird in jüngster Zeit unter Reziprozität zunehmend der Ausgleich der bilateralen Handelsbilanzen verstanden. In diesem Zusammenhang wird häufig ein Handelsbilanzüberschuß als Beweis für einen nichtgleichwertigen Marktzugang gewertet, weshalb insbesondere von den Weichwährungsländern Druck ausgeübt wird, bestimmte Handelsverträge mit festgeschriebenen Mengen abzuschließen. Ein solcher Rückfall in den Bilateralismus stünde jedoch dem Geist des

---

[2] Vgl. H. Glismann u.a. (1986), Weltwirtschaftslehre, 3. Aufl., Göttingen, S. 21.

GATT entgegen, da er die Ausnutzung komparativer Kostenunterschiede stark einschränkte. Allerdings war das Prinzip der Reziprozität historisch gesehen von eminenter psychologischer und politischer Bedeutung, da es die Regierungen bei Zollsenkungen in die Lage versetzte, öffentlich bekanntzugeben, daß Lasten und Gewinne aus der Liberalisierung „gerecht" verteilt worden sind.

Für die Prinzipien der Nichtdiskriminierung und der Reziprozität gibt es im GATT jedoch Ausnahmen. Außerdem gilt es nicht für Zollunionen und Freihandelszonen. Freihandelszonen und Zollunionen wirken nur dann für die ganze Welt wohlfahrtssteigernd, wenn die handelsschaffenden Effekte die handelsumlenkenden übertreffen, also das Außenhandelsvolumen steigt. Im umgekehrten Fall erfährt die gesamte Welt eine Wohlfahrtsminderung. Nach Hine[3], der zu dieser Thematik zahlreiche Untersuchungen anführt, haben in der EG die handelsschaffenden Wirkungen die handelsumlenkenden stark übertroffen.

Das GATT kennt jedoch zahlreiche Sonderregeln, die der Entwicklung des Freihandels abträglich sind, die vielfach so vage formuliert sind, daß sie geradezu willkürlich gehandhabt werden können.[4] Das GATT verbietet auch nicht die sog. „freiwilligen" Export-Selbstbeschränkungsabkommen (ESA), die nur de jure freiwillig sind, in Wirklichkeit aber den betroffenen Ländern mehr oder weniger aufgezwungen worden sind.

3. Die Bedeutung der EG im Vergleich zu anderen Handelsbündnissen bei der Ausweitung des Welthandels

a. Die Phase zwischen 1948 und 1992

Tabelle 1 enthält alle regionalen Bündnisse, bei welchen der Anteil intraregionaler Exporte an den gesamten Exporten 4 % übersteigt. Sie zeigt, daß die Europäische Gemeinschaft und die EFTA maßgeblichen Einfluß auf das rasche Wachstum des Welthandels

---

[3] R.C. Hine (1985), The Political Economy of European Trade, Brighton, S. 53.

[4] Vgl. Glismann u.a. (1986), S. 95 ff. und H.-D. Smeets (1987), Importschutz und GATT. Bern, Stuttgart.

bis 1970 gehabt haben. Was die Zeit danach betrifft, war das Bild uneinheitlich; denn zeitweise war die Zunahme des internen Handels von einem rückläufigen Anteil am Weltexport begleitet.

Tabelle 1
Intraregionaler Export und Weltexport regionaler Handelsräume (in Prozent)*

	Gründung	1960	1970	1975	1980	1985	1990
ANZCERTA	1983	5,7	6,1	6,2	6,4	7,0	7,6
		(2,4)	(2,1)	(1,7)	(1,4)	(1,6)	(1,5)
EG	1957	34,5	51,0	50,0	54,0	54,5	60,4
		(24,9)	(39,0)	(35,9)	(34,9)	(35,6)	(41,4)
EFTA	1960	21,1	28,0	35,2	32,6	31,2	28,2
		(14,9)	(14,9)	(6,3)	(6,1)	(6,3)	(6,8)
Kanada-US-FTA	1989	26,5	32,8	30,6	26,5	38,0	34,0
		(21,9)	(20,5)	(16,8)	(15,1)	(16,7)	(15,8)
ASEAN[1]	1967	4,4	20,7	15,9	16,9	18,4	18,6
		(2,6)	(2,1)	(2,6)	(3,7)	(3,9)	(4,3)
Andenpakt	1969	0,7	2,0	3,7	3,8	3,4	4,6
		(2,9)	(1,6)	(1,6)	(1,6)	(1,2)	(0,9)
CACM	1961	7,0	25,7	23,3	24,1	14,7	14,8
		(0,4)	(0,4)	(0,3)	(0,2)	(0,2)	(0,1)
LAFTA/LAIA[2]	1960/80	7,9	9,9	13,6	13,7	8,3	10,6
		(6,0)	(4,4)	3,5)	(4,2)	(4,7)	(3,4)
ECOWAS	1975	–	3,0	4,2	3,5	5,3	6,0
		–	(1,0)	(1,4)	(1,7)	(1,1)	(0,6)
PTA	1987	–	8,4	9,4	8,9	7,0	8,5
		–	(1,1)	(0,5)	(0,4)	(0,3)	(0,2)

* Intraregionaler Handel gemessen als Anteil intraregionaler Exporte am Gesamtexport, in Klammern Anteil des regionalen Handelsraumes am gesamten Weltexport

[1] Eher eine kulturelle und weniger eine wirtschaftliche Assoziation; der Anteil des Präferenzhandels zwischen den Ländern ist minimal

[2] LAFTA wurde 1960 gegründet, aber 1980 als LAIA erneuert.

ANZCERTA: Australia-New Zealand Closer Economic Relations Trade Agreement
EG: Europäische Gemeinschaft
EFTA: European Free Trade Area
ASEAN: Association of South East Asian Nations
CACM: Central American Common Market
LAFTA/LAIA: Latin American Free Trade Area/Latin American Integration Association
ECOWAS: Economic Community of West African States
PTA: Preferential Trade Area for Eastern and South Asia

Quelle: de Melo, J. and Panagariya A. (1992), Der neue Regionalismus, „Finanzierung und Entwicklung", Nr. 4, S. 39

Häufig wird jedoch vergessen, daß sich die stärkste Zunahme des innereuropäischen Handels bereits in den 50er Jahren vollzog. 1948 wurde die Organisation für Europäische wirtschaftliche Zusammenarbeit (OEEC) in Paris von 16 europäischen Staaten und den Oberbefehlshabern der westlichen deutschen Besatzungsmächte gegründet. 1950 verpflichteten sich die OEEC-Staaten, durch einen Liberalisierungskodex den Freihandel zu fördern. Deshalb wurde noch im gleichen Jahr die Europäische Zahlungsunion (EZU) gegründet, die den Bilateralismus durch Errichtung eines multilateralen Clearingsystems beseitigte, bis 1958 die Konvertibilität durch das Europäische Währungsabkommen eingeführt wurde.

Bereits Mitte der 50er Jahre gab es Pläne zur Errichtung einer großen europäischen Freihandelszone, die aber aus politischen Gründen scheiterten. Deshalb wurden 1957 die EG als Zollunion und 1960 die EFTA als Freihandelszone gegründet. Beide wurden erst 1977 durch einen gegenseitigen Zollabbau für Industriegüter – aber nicht für Agrargüter – zu einem europäischen Freihandelsgebiet für Industrieprodukte zusammengeschlossen. Während bei der Gründung der EG gleichzeitig starke politische Ambitionen mit im Spiel waren, war dies bei der EFTA nicht der Fall. Bei letzterer gab es nur einen handelspolitischen Minimalkonsens.

Allerdings war man bei der Gründung der EG keineswegs von einem ausschließlichen Segen des Freihandels überzeugt. Da man wegen der Zollsenkungen innerhalb der EG Strukturkrisen befürchtete, wurde die Europäische Investitionsbank gegründet, die, neben regionalpolitischen Aufgaben, die notwendigen Kredite zur Strukturanpassung vergeben sollte. „Wegen der hohen Wachstumsraten des Sozialprodukts der EWG brauchte die Europäische Investitionsbank (aber, J.J.) kaum für ihre zweite Aufgabe tätig zu werden . . .“[5]

Eine besondere Rolle spielte die Bundesrepublik Deutschland, die sich stets bemühte, die Integration und die Einführung der Konvertibilität durch ihre Wirtschaftspolitik zu forcieren. Die Behauptung des sächsischen CDU-Wirtschaftsministers Kajo Schommer[6]:

---

[5] E. Dürr (1977), Wachstumspolitik, Bern, Stuttgart, S. 24.

[6] K. Schommer (1993), „Der Staat muß anpacken“, Der Spiegel, 11. 1. 1993, S. 91.

,,Das Wirtschaftswunder der fünfziger Jahre beruht wesentlich auf der behüteten Chance des Neuanfangs für die westdeutsche Industrie. Erst auf einem noch über zehn Jahre abgeschirmten westdeutschen Binnenmarkt ließ Ludwig Erhard die Kräfte des Marktes walten'', ist eine Verfälschung der Realität. Schon im April 1953 erreichte der Liberalisierungsgrad der Bundesrepublik Deutschland gegenüber den anderen OEEC-Ländern 90 v.H. während er in Großbritannien 59 v.H. und in Norwegen 75 v.H. ausmachte.[7] Statistisch gesehen besteht kein Zweifel, daß das rasche Wirtschaftswachstum der Bundesrepublik Deutschland primär dem internationalen Handel zu verdanken ist.[8] Sowohl die jährliche Wachstumsrate der Exporte als auch die der Importe betrug 1950 – 1960 ca. 17 % und war deshalb mit großem Abstand zu allen anderen Industrieländern die höchste der Welt. Die Einführung des Freihandels verhinderte von vornherein, daß Industriezweige errichtet wurden, die international nicht wettbewerbsfähig waren. Andere Industrieländer, die mit Hilfe von protektionistischen Maßnahmen wettbewerbsfähige Industrien schaffen wollten, gerieten ökonomisch immer mehr in Rückstand.

Alle Industrieländer, deren Außenhandelsquoten zwischen 1950 und 1960 stark zunahmen, hatten eine sehr hohe Kapitalproduktivität, während die Länder mit drastisch schrumpfender Außenhandelsquote, wie z.B. Neuseeland, Australien oder Norwegen, eine sehr niedrige Kapitalproduktivität aufwiesen, welche mehr als 50 % unter derjenigen der Bundesrepublik Deutschland lag.[9] Die Investitionsquoten der beiden Ländergruppen unterschieden sich dagegen kaum. Ähnlich wie die meisten lateinamerikanischen Länder verfolgten letztere eine protektionistische Politik und wiesen Zahlungsbilanzprobleme auf, obwohl sie zu den zehn höchstentwickeltsten Ländern der Welt gehörten.[10] So wurde z.B. das Neuseeländische Pfund 1950 – 60 mit einem Abschlag von ca. 17 % gehandelt,

---

[7] E. Dürr (1977), S. 124.

[8] Vgl. J. Jungfer (1982), Die Beziehung zwischen Zahlungsbilanz, Außenhandel und Wirtschaftswachstum, Gelsenkirchen, S. 202 ff. und E. Görgens (1969), Wettbewerb und Wirtschaftswachstum, Freiburg, S. 144 ff.

[9] Vgl. Jungfer (1982), Anhang, S. 1.

[10] Nach der sogenannten strukturalistischen Schule wäre dies nicht möglich.

obwohl Neuseeland noch 1953 das zweithöchste Pro-Kopf-Einkommen (PKE) der Welt besaß.

Tabelle 1 zeigt auch, daß es anderen Regionen nicht gelang, eine vergleichbare Entwicklung zu nehmen wie die EG, ausgenommen die ASEAN-Staaten nach 1970. Meist führten die regionalen Handelsvereinbarungen zwar zu einer Zunahme des innerregionalen Handels, aber wegen der Handelsumlenkung zu einer Schrumpfung des Handelsvolumens der Region. Ein Musterbeispiel hierfür sind die lateinamerikanischen Integrationsbemühungen. Staaten, wie z.B. Venezuela, Argentinien und Uruguay, die 1953 noch ein höheres Pro-Kopf-Einkommen aufwiesen als Österreich, fielen deshalb in die Kategorie der Schwellenländer zurück.

Bemerkenswert ist ebenfalls, daß 1953 u.a. Chile, Costa Rica, Mexiko, Brasilien, Kolumbien und die Dominikanische Republik ein höheres PKE besaßen als Japan.

Der Versuch Lateinamerikas, eine ähnlich erfolgreiche Integration, wie sie in Europa stattfand, in den 60er Jahren nachzuholen, scheiterte ebenso wie die meisten Integrationsversuche anderer Entwicklungsländer. Obwohl z.B. Venezuela mit Kolumbien die größte gemeinsame Grenze hat, fand bis 1967 zwischen beiden Staaten fast kein Außenhandel statt, weshalb Venezuela 1967 der LAFTA beitrat.[11] Während die europäischen Länder sukzessive die Zölle senkten, und deshalb immer mehr Wettbewerb zuließen, wollten die lateinamerikanischen Staaten Freihandel allmählich für eine Produktgruppe nach der anderen einführen. Die Lateinamerikaner begeisterten sich in zahlreichen Resolutionen für ein solches Vorgehen, konnten es jedoch nicht in die Realität umsetzen, da sie sich nicht über die entsprechende Liste oder den Zeitpunkt der Liberalisierung einigen konnten. Diese Integrationsstrategie führte natürlich zu einer starken Politisierung der Handelsgewinne und der Strukturpolitik. Außerdem wollten die weniger entwickelten Länder des Subkontinents garantierte Marktanteile – eine Idee, die grundsätzlich nicht mit dem Freihandelsgedanken vereinbar ist. Die Industriellenverbände Lateinamerikas befürworteten sogar vehement die Integration, da sie in ihr eine gewisse Garantie gegen So-

[11] Vgl. F. Pick (1967), Pick's Currency Yearbook, New York, S. 504.

zialisierungsexperimente sahen und sich von der Überlegung leiten ließen, im harten Außenhandelswettbewerb könnten nur anpassungsfähige Privatunternehmen bestehen.[12] Von der Wohlstand schaffenden Bedeutung des Wettbewerbs wenig überzeugt, verfolgten jedoch die Regierungen eine Philosophie der Wirtschaftsplanung. Gerade Planung macht den Außenhandel aber zum Spielball politischer Interessen. So nimmt es nicht Wunder, daß auch der Außenhandel der ehemaligen Ostblockstaaten äußerst gering war und die damalige Sowjetunion bis vor der Wende fast ausschließlich Rohstoffe exportierte.

In Lateinamerika vereitelten nationale wirtschaftspolitische Maßnahmen das Ziel einer regionalen Integration, da in den 60er Jahren auf Wunsch der Regierungen entgegen jeglichen Standortüberlegungen neue Industriezweige von „nationalem Interesse", wie z.B. die Automobilindustrie, entwickelt wurden. Die Festsetzung ganz unterschiedlicher Zollsätze und Regulierungen, die Multinationale Unternehmen zum Teil sogar vor inländischer Konkurrenz schützten, waren wesentliche Bestandteile der Importsubstitutionspolitik.[13] Daß bei einer solchen Industrialisierung mit „turmhohen Zöllen" (Haberler) oder absoluter Protektion keine regionale Integration möglich ist, erkannte man ebensowenig wie die zahlreichen internationalen Gremien, die seit 1960 immer noch allen Staaten der Dritten Welt, unabhängig von ihrem Entwicklungsstand, die Verfolgung beider Ziele (Importsubstitution und regionale Integration) empfehlen.

Ebenso wie in den Ostblockstaaten dominierte in den lateinamerikanischen Staaten vielfach Warentauschhandel, z.B. Autos gegen Autoteile, weil die Deviseneinnahmen schon verplant waren.

---

[12] Vgl. BddW (1968, 20. 6.), Lateinamerikanische Integrationspläne in der Krise, und A. Speeckaert (1979), L'Amérique latine – Caracteristiques structurelles des economies nationales et des groupes et sousgroupes. L'Echo de la Bourse (Sondernummer, Juli), Brüssel, S. 71 ff.

[13] Vgl. J. Jungfer (1991), Grundbedarfsstrategie oder Ordnungspolitik als Wege zur Überwindung wirtschaftlicher Unterentwicklung. Bern, Stuttgart, S. 248 ff.

Lateinamerika erstarrte im Protektionismus und wurde zum „Kontinent der Absteiger".[14]

In Anbetracht dieser Entwicklung ist es nicht erstaunlich, daß der Anteil Westeuropas, Japans und der ostasiatischen NICS (Nearly Industrialized Countries) am Welthandel ständig stieg, da letztere bereits in den 60er Jahren alle Empfehlungen für Importsubstitution ignorierten und sich nie von dependenztheoretischen Überlegungen bei der Industrialisierung leiten ließen.

b) Die EG nach 1992

Nach dem Programm der EG sollen ab 1. 1. 1993 folgende vier Grundfreiheiten verwirklicht werden:

1. Zollfreier Güterverkehr ohne Grenzkontrollen,
2. freier Handel bei Dienstleistungen,
3. freies Aufenthaltsrecht für alle EG-Bürger in allen EG-Staaten,
4. freier Kapitalverkehr.

Aufgrund dieser Beschlüsse wird die EG zu einem einheitlichen Markt, der größer ist als der von ganz Nordamerika. Es handelt sich hierbei zweifellos um ein äußerst dramatisches historisches Ereignis.

Abgesehen von der gemeinsamen Agrarpolitik und einem gemeinsamen Außenzoll besaß die Europäische Gemeinschaft bisher nicht viele Gemeinsamkeiten in der Außenhandelspolitik.

Da das Programm noch vor dem Ende der Uruguay-Runde, deren Ziel u.a. ebenfalls die Liberalisierung des Handels mit Dienstleistungen ist, beschlossen wurde, kommt der EG-Regelung besondere Bedeutung zu, da die EG zuerst die Gesetze und Standards festlegt, die diese Liberalisierung ermöglicht.

Die EG-Staaten machten zwar den größten Handel unter sich aus, trotzdem wurde er noch durch zahlreiche nationale Gesetze behin-

---

[14] E. Dürr (1993), Erfahrungen mit der Einführung von Marktwirtschaften (2), Lateinamerika, in: Ludwig-Erhard-Stiftung (Hrsg.), Grundtexte zur Sozialen Marktwirtschaft Bd. III, Marktwirtschaft als Aufgabe – Wirtschaft und Gesellschaft im Übergang von Plan zum Markt, erscheint demnächst.

dert. Nur so ist erklärbar, daß nach Forschungen von Rayment[15] in Westeuropa nur 24 % des intra-industriellen Güteraustausches[16] verarbeitete Fertigprodukte sind. Zu den restriktiven Handelsbeschränkungen zählten nicht nur Zollkontrollen, sondern auch unterschiedliche Vorschriften und Standards für Güter (insbesondere was Gesundheit und Sicherheit anbetrifft), unterschiedliche Zulassungsverfahren und unterschiedliche Rechte an geistigem Eigentum. Einige Vorschriften waren legal im Sinne des GATT, viele waren aber auch illegal, da sie zu protektionistischen Zwecken mißbraucht wurden.

Ab 1993 gilt jedoch, daß ein Gerät, das den Sicherheitsbestimmungen eines Landes genügt, sofort in jedem EG-Land zugelassen ist. Unterschiedliche nationale Standards gelten zwar weiter bei der nationalen Produktion, für den Handel innerhalb der EG gilt jedoch das Prinzip der gegenseitigen Anerkennung von Sicherheitsstandards.

Dies ist der primäre Grund dafür, daß sich die meisten Vorschriften für den einheitlichen Markt auf Standards und Zulassungsverfahren beziehen.[17] ESA (Export-Selbstbeschränkungsabkommen) konnten bisher von Land zu Land unterschiedlich abgeschlossen werden. Unterschiedliche ESA führten z.B. bei Automobilen zu starken Preisdivergenzen innerhalb der EG, die jetzt wegen des Wettbewerbs verschwinden müssen.

EG-einheitliche Formulare und Zollvorschriften werden den Warentransport nicht nur innerhalb der EG, sondern auch in die EG beschleunigen. Dies führt zu einer stärkeren Ausnutzung von Ska-

---

[15] P. Rayment (1992), Comment on Brabant and Greenaway, „Journal of Development Planning", Nr. 2, S. 65.

[16] „Intra-industrieller Handel liegt vor, wenn eine Branche bzw. eine Industrie eines Landes Güter sowohl exportiert als auch importiert. Es findet ein Güteraustausch zwischen ähnlichen oder sogar gleichen Produkten statt. Die internationale Spezialisierung findet also nicht zwischen den Sektoren (wie etwa in der Heckscher-Ohlin Wirtschaft), sondern zwischen den Subsektoren einer Branche statt." (U. Broll und B.M. Gilroy (1989), Außenwirtschaftstheorie, München, Wien, S. 25).

[17] D. Greenaway (1992), An Overview of Concerns of Non-Member Countries about the Single European Act and its Implementation, „Journal of Development Planning" Nr. 21, S. 91 ff.

lenerträgen, insbesondere in den südeuropäischen Ländern[18], zu einer Zunahme der Wettbewerbsintensität und auch zu einer Stärkung der Wettbewerbsfähigkeit der europäischen Unternehmen.

Allerdings bestehen noch einige unterschiedliche Verbrauchssteuern, z.B. für Wein und Zigaretten, die noch nicht harmonisiert worden sind, weshalb die betroffenen Waren Restriktionen unterliegen und somit keinen einheitlichen Markt ermöglichen.

Nach den Kriterien des GATT beträgt der Anteil der *Dienstleistungen* am BSP in Industrieländern 57 % und in Entwicklungsländern ca. 47 %.[19] Allgemein wird deshalb erwartet, daß der freie Handel mit Dienstleistungen einen ähnlichen Wachstumsschub wie der freie Handel bei Gütern hervorbringt. Dabei wird jedoch häufig übersehen, daß allein der Hinweis auf die Anteile von Dienstleistungen am BSP noch keine Auskunft darüber gibt, wieviel Prozent der Dienstleistungen handelbar sind. So sind z.B. die Dienstleistungen von Friseuren und Restaurants nicht handelbar. Diese Frage kann jedoch im Rahmen dieser Abhandlung nicht näher diskutiert werden, da auch methodische Unterschiede in der wissenschaftlichen Literatur bei der statistischen Zuordnung von Dienstleistungen bestehen.[20] Wie aus Tabelle 2 deutlich zu erkennen ist, bestehen innerhalb des Dienstleistungssektors erhebliche Preisunterschiede, die bei freiem Wettbewerb durch Arbitrage rasch verschwinden würden.

---

18 Vgl. J. Piniéis (1992), The Single Market, Economies of Scale, Economic Growth and the New Protectionism from Southern European Countries, „Journal of Development Planning", Nr. 2, S. 117 ff.

19 GATT (1989), International Trade, 1988–89, Vol. 1, Genf, Tabelle 19.

20 Vgl. V.N. Balasubramanyam (1991), International Trade in Services: the Real Issues, in: Greenaway, D. et al. (eds.) Global Protectionism, London, sowie J. Bhagwati (1987), Services, in Finger, M. and Olechowski (eds.), The Uruguay Round: A Handbook on the Multilateral Trade Negotiations, World Bank, Washington DC.

Tabelle 2
Preisunterschiede (in %) für ausgewählte Finanzdienste gegenüber dem Durchschnitt der günstigsten Märkte

	D	B	E	F	I	L	N	GB
Banken								
Konsumentenkredite	136	−41	39	105	–	−26	31	121
Kreditkarten	60	79	26	−30	89	−12	43	16
Hypothekarkredite	57	31	128	78	−4	–	−6	−20
Akkreditive	−10	22	59	−7	9	27	17	8
in Devisen ausgest. Wechsel	131	6	196	56	23	33	−46	16
Reiseschecks	−7	35	30	39	22	−7	33	−7
Firmenkredite	6	5	19	−7	9	6	43	46
Versicherungen								
Lebensversicherungen	5	78	37	33	88	66	−9	−30
Gebäude u. Hausrat	3	−16	−4	39	81	57	17	90
Automobile	15	30	100	9	148	77	−7	−17
industrielle Diebstahl- und Feuerversicherung	43	−9	24	153	245	−15	−1	27
allgemeine Haftpflicht	47	13	60	117	77	9	−16	−7
Maklerdienste								
Aktienhandel mit Privatkunden	7	36	65	−13	−3	7	114	123
Handel mit festverzinslichen Wertpapieren für Privatkunden	90	14	217	21	−63	27	161	36
Aktienhandel für institutionelle Anleger	69	26	153	−5	47	68	26	−47
Handel mit festverzinslichen Wertpapieren für institutionelle Anleger	−4	284	60	57	92	−36	21	–

Quelle: P. Cecchini (1988), Europa '92, Baden-Baden, S. 74.

Eine sehr große Bedeutung für die gesamte Volkswirtschaft haben *öffentliche Ausschreibungen*, da die öffentliche Hand über ein riesiges Potential an Kaufkraft verfügt. Es gibt zahlreiche Hinweise dafür, daß der öffentliche Sektor bisher nationale Anbieter bevorzugt hat. Nur in wenigen Fällen waren solche Diskriminierungen jedoch relativ transparent. Meist blieben sie trotz aller bisherigen Bemühungen des GATT im dunkeln. Deshalb wurden hier zahlreiche Gesetze erlassen, die den ganzen Prozeß des Einreichens von Angeboten und die Auftragsvergabe mehr transparent machen. Durch die Veröffentlichung zahlreicher Details sollen Verstöße stark erschwert und nachprüfbar gemacht werden. Dies wird den Wettbewerb ebenfalls erhöhen, so daß die Steuerzahler davon den größten Nutzen haben werden.

Was die Einführung des internationalen Wettbewerbs im *Transportwesen* anbelangt, ist zu erwähnen, daß als Voraussetzung hierfür zunächst die Beseitigung staatlicher Monopole durch Privatisierungen und Deregulierungen in den meisten EG-Staaten erforderlich waren. Da dieser Prozeß jedoch noch nicht in allen EG-Staaten völlig abgeschlossen ist, wird die Wettbewerbsintensität hier zwar auch beträchtlich zunehmen, dennoch bleibt dieser Sektor wegen der unterschiedlichen Standards (z.B. bei Lärm und der Emission von Schadstoffen beim Güter- und Personenverkehr) auf den Straßen und in der Luft noch lange Zeit stark fragmentiert.

Besonders erfreulich ist die Liberalisierung des Luftverkehrs innerhalb Europas, da der Luftverkehr lange Zeit ausschließlich durch Vereinbarungen zwischen den Regierungen reguliert worden war. Kapazitäten wurden „brüderlich" geteilt, Preise und Routen zwischenstaatlich ausgehandelt. Für Drittländer bestand deshalb praktisch eine völlige Zugangssperre zu diesem Markt. Die möglichen Gewinne durch die Einführung des Wettbewerbs im Transportwesen werden deshalb mit am höchsten eingeschätzt.[21]

Eine besondere Bedeutung bei der Liberalisierung des Dienstleistungssektors hat der *freie Kapitalverkehr*, denn ein freier Handel mit Finanzdienstleistungen ist ohne ihn nur schwer möglich. Zweifellos wird auch durch die geplante Einführung einer einheitlichen Währung die Wettbewerbsintensität im Dienstleistungsgewerbe später noch zunehmen. Welcher deutsche Bundesbürger wird 1993 eine auf Britische Pfund ausgestellte Lebensversicherung abschließen (weil die Regulierungen für die Kapitalanlage der Versicherungsgesellschaften in England nicht so restriktiv sind wie in Deutschland), wenn er der britischen Regierung mißtraut, daß sie trotz aller Versprechungen den Pfundkurs stabil halten wird? Das Festhalten an einer Währungsparität gegen den Markt ist bei fundamentalen Ungleichgewichten im Handel heute noch weniger möglich als früher. Finanzinnovationen, wie z.B. Devisenoptionen, ermög-

---

[21] Vgl. Greenaway (1992), S. 102.

lichen es, mit relativ geringem Kapitaleinsatz riesige Beträge zu bewegen, so daß sie die Wechselkurspolitik der Notenbank durchkreuzen oder zumindest stark behindern können. Die Tatsache, daß sowohl Spanien als auch Irland bei den Währungsturbulenzen im Herbst 1992 vorübergehend wieder Kapitalverkehrskontrollen eingeführt haben, wirkt nicht gerade vertrauensbildend.

Die Bedeutung einer einheitlichen Währung für den Wettbewerb bei Finanzdienstleistungen wird meist von den Gegnern des Vertrages von Maastricht übersehen.

Kritisch ist allerdings anzumerken, daß trotz aller Lippenbekenntnisse für die Integration der für 1993 anvisierte Fortschritt sich auf vielen Gebieten stark verzögern wird. Vielfach wurden EG-Normen noch nicht in die nationale Gesetzgebung übernommen, was in einigen Staaten noch sehr lange dauern kann.[22] So können z.B. in Spanien und Belgien die Vorschriften für das Bankwesen nicht am 1. 1. 1993 in Kraft treten. Außerdem gibt es noch diverse Sonderregelungen. Ausländische Banken bekommen in Spanien und Griechenland laut vertraglicher Vereinbarung erst im Jahre 1999 einen direkten Zugang zur Aktienbörse. Einige Abkommen, die Finanzdienstleistungen betreffen, treten in bestimmten Staaten erst 1994 oder sogar erst 1996 in Kraft.

Die Kosten von Finanzdienstleistungen, wie z.B. Lebensversicherungen, werden auch stark von den Steuern beeinflußt, die sich gegenwärtig noch von Land zu Land unterscheiden, was zu Wettbewerbsverzerrungen führen kann.

4. Die Attraktivität des EG-Binnenmarktes für die Anrainerstaaten

Mit zunehmender Integration und Erweiterung wurde die EG wegen der wirtschaftlichen Freiheit auch für die anderen in der EFTA verbliebenen Staaten (Finnland, Island, Norwegen, Österreich, Schweiz, Schweden) immer attraktiver. Der Zusammenbruch des

---

[22] Vgl. The Economist, 26. 12. 1992, S. 99 f.

Kommunismus erhöhte noch die Attraktivität der EG, da sich nun das Problem der politischen Neutralität nicht mehr stellt. Die EG bot deshalb der EFTA Gespräche über ein Assoziierungsabkommen an. In dem sog. Europäischen Wirtschaftsraum (EWR) sollen die Bürger der EFTA-Staaten ungefähr die gleichen Freiheiten genießen wie die der EG-Staaten. Der geplante EWR hätte auch für die EFTA-Staaten sehr positive Auswirkungen, denn gemessen an den zwischenstaatlichen Preisdivergenzen ist die EFTA erheblich weniger integriert als die EG.[23] Bei dem geplanten Zusammenschluß würde allerdings der Agrarsektor ausgenommen werden, weil er in den EFTA-Ländern noch viel stärker protektioniert ist als in der EG.

Der Wunsch nach einem EWR wird aber nicht von allen EG-Mitgliedern geteilt, da Frankreich, Italien und Spanien es vorziehen, die EG zu vertiefen als zu erweitern. Da die EFTA-Länder im Durchschnitt ein höheres PKE aufweisen als die EG-Staaten, wurde vereinbart, daß sie zwei Milliarden ECU von 1993 bis 1995 in den Fonds zur Hilfe der anderen EG-Staaten einbezahlen. Dies war sozusagen ihr Eintrittsgeld.

Am 6. Dez. 1992 lehnte die Schweiz jedoch den Beitritt zum EWR in einer Volksabstimmung mit 50,3 % der Stimmen knapp ab. Dies lag vor allem an den Deutsch-Schweizern, die fürchteten, ihre Identität zu verlieren. Außerdem hätte die Zustimmung der Schweiz zum EWR auch dramatische Folgen für die Wirtschaft des Landes gehabt, denn sie besitzt geradezu absurde Vorschriften über Normen und Standards von Industriegütern. Diese stellen ein enormes Handelshemmnis dar, so daß die Schweizer Preise ca. 40 % über den OEEC-Preisen liegen.[24] Das Nein der Schweiz ist jedoch nicht endgültig, da die Regierung ihren früher eingebrachten Antrag zum EG-Beitritt nicht zurückzog. Da dies jedoch wenig glaubwürdig wirkt, wird er zunächst vermutlich längere Zeit auf Eis ge-

---

23 Vgl. T. Wieser (1990), Price Differentials in the European Economic Space, Genf, EFTA Secretariat, sowie Kleppe (1992), The Single Market and Commercial Relations for Non-Member Countries: Views from EFTA Countries, ,,Journal of Development Planning'', Nr. 21, S. 147 ff.

24 The Economist, 28. 11. 1992, S. 31 und 12. 12. 1992, S. 39.

legt. Der Beitritt der EFTA-Staaten zum EWR wird dadurch aber verzögert. Da die Schweiz allein 30 % der 2 Mrd ECU leisten sollte, die jetzt fehlen, forderte der spanische Europaminister, daß die anderen EFTA-Länder den Schweizer Anteil übernehmen.

Ursprünglich wurde vereinbart, Verhandlungen mit den EFTA-Staaten erst zu führen, wenn alle EG-Mitglieder dem Vertrag von Maastricht zugestimmt haben. Da das Nein der Dänen und die Verschiebung der Abstimmung in Großbritannien jedoch eine neue Lage schufen, wollten die Dänen und die Briten die Voraussetzungen für die Gespräche mit der EFTA ändern. Frankreich und Spanien waren aber gegen einen solchen Beschluß.

Auch einige ehemalige Ostblockstaaten drängen auf Mitgliedschaft in der EG, insbesondere die Tschechische Republik, Ungarn und Polen. Deshalb schloß die EG mit ihnen Präferenzabkommen („Europaabkommen"), in welchen sie sich sogar zu Zugeständnissen bei Agrarprodukten durchringen konnte. 1992 machte die EG bei den Verhandlungen in Edinburgh den drei Staaten ein eindeutiges Angebot für günstige Aussichten hinsichtlich einer späteren Mitgliedschaft. Kurz darauf wurde es jedoch wieder zurückgezogen, weil das für die EG unverhältnismäßig hohe Zahlungen an diese Länder bedeutet hätte.[25]

Interessant ist, daß sich die ehemaligen Ostblockstaaten im Aussenhandel bereits deutlich in Richtung EG orientiert haben. Gegenüber 1987 stieg der Anteil des Handels, den Polen mit der EG aufwies, von ca. 25 % auf ca. 56 % im Jahre 1991. Ähnlich, aber nicht ganz so dramatisch, war die Situation bei Ungarn, der CSSR und Rumänien. In allen vier Staaten ging außerdem der Anteil am Handel mit der ehemaligen UdSSR um ca. ein Drittel zurück.[26]

Die Brüsseler Kommission empfahl deshalb, den Handel mit den drei Ländern schneller zu liberalisieren, als nach den labyrinthartigen Assoziationsvereinbarungen vorgesehen war. Durch den EG-Protektionismus bei Agrargütern, Textilien und Stahl, welche ca. die Hälfte der Exporte dieser Länder ausmachen, wird jedoch nicht nur das Wachstum, sondern auch die Integration mit den ehemaligen Ostblockstaaten verlangsamt.

---

[25] Vgl. The Economist, 17. 10. 1992, S. 73 und 19. 12. 1992, S. 147.
[26] The Economist, 19. 12. 1992, S. 28.

5. Die Behinderung des Welthandelswachstums durch den EG-Protektionismus

Wie bereits erwähnt, haben nach der Ölkrise die protektionistischen Tendenzen in der EG stark zugenommen und die Ausweitung des Welthandels gehemmt. Die Leidtragenden dieser Entwicklung waren primär die rasch wachsenden asiatischen Schwellenländer Hongkong, Singapur, Taiwan und Südkorea; auch Japan und in den letzten Jahren zunehmend China waren Opfer des EG-Protektionismus.

Der nachweisliche Zusammenhang zwischen der Subventionierung der EG-Agrarproduktion und dem Verlust von Weltmarktanteilen der USA drohte mehrmals zu einem Handelskrieg auszuarten.

Zu den Elementen des handelspolitischen Schutzinstrumentariums der EG zählten bisher vor allem die speziellen Schutzklauseln (Verordnung Nr. 288/82, Art. 115 EWG-Vertrag[27]), die ESA, Antidumpingverfahren sowie das sog. „neue handelspolitische Instrumentarium". Letzteres ermächtigte die Organe der Gemeinschaft zur Einleitung von Schutzmaßnahmen, um unerlaubte ausländische Handelspraktiken zu bekämpfen. Die größte Bedeutung hatten aber die ESA, die entweder für alle EG-Staaten oder auf einzelstaatlicher Ebene in bilateralen Verhandlungen eine mengen- oder wertmäßige Beschränkung des Exports vereinbarten.

Bisher war bei allen protektionistischen Maßnahmen die Meinungsbildung innerhalb der EG von äußerst kontroversen Interessen geprägt. Dies äußerte sich in der Bildung zweier handelspolitischer Flügel, die unterschiedliche Auffassungen vertreten. Zum liberalen Flügel gehören Deutschland, Dänemark und mit gewissen Einschränkungen die Niederlande. Alle anderen Länder gehören zum protektionistischen Flügel, der von Frankreich und Italien do-

[27] Art. 115 EWG-Vertrag ermöglichte die vorübergehende Inanspruchnahme von Importrestriktionen für Waren, bei welchen die gemeinsame Handelspolitik noch nicht realisiert worden war, wenn die Produktion eines Landes durch Importe aus Drittländern in Schwierigkeiten geriet.

miniert wird, so daß letztere Gruppe innerhalb der EG überwiegt.[28] Der liberale Flügel erreichte nicht einmal eine Sperrminorität zur Verhinderung von protektionistischen Maßnahmen im Rat (Art. 148, Abs. 2, EWG-Vertrag). So konnten die liberalen Länder 1984 wegen des massiven Drucks des interventionistischen Flügels nicht die Annahme des „neuen handelspolitischen Instruments" verhindern.[29] Den deutlichen Unterschied zwischen den beiden Gruppierungen kann man an der unterschiedlichen Inanspruchnahme des Art. 115 EWG-Vertrages klar erkennen. (vgl. Tabelle 3).

Tabelle 3
Genehmigte und eingereichte Anträge gemäß Artikel 115 EWG-Vertrag

	1980	1981	1982	1983	1984	1985	1986	1987
Benelux								
genehmigt:	25	17	19	22	14	4	–	1
davon: Textilien	19	16	17	16	12	2	–	1
Agrarprodukte	2	1	1	1	1	1	–	1
in % der Anträge	73	74	100	100	100	100	–	100
Dänemark								
genehmigt:	4	–	–	–	–	–	–	2
davon: Textilien	4	–	–	–	–	–	–	2
Agrarprodukte	–	–	–	–	–	–	–	
in % der Anträge	100	–	–	–	–	–	–	100
Frankreich								
genehmigt:	105	80	85	57	39	66	67	62
davon: Textilien	63	55	55	39	26	43	52	44
Agrarprodukte	2	–	1	2	–	4	–	1
in % der Anträge	84	73	76	59	68	80	78	86

[28] Vgl. G. Koopmann (1984), Nationaler Protektionismus und gemeinsame Handelspolitik der EG, in: B. Gemper (Hrsg.), Protektionismus in der Weltwirtschaft – Verstöße gegen die Spielregeln der Marktwirtschaft und das Freihandelsprinzip, Hamburg, S. 28.

[29] Vgl. T. Heukels (1984), Rechtsprobleme der autonomen Handelspolitik der Europäischen Gemeinschaft im Lichte des GATT, „Recht der internationalen Wirtschaft", Jg. 30 Heft 12, S. 978.

Tabelle 3 (Fortsetzung)

	1980	1981	1982	1983	1984	1985	1986	1987
Deutschland								
genehmigt:	1	2	2	4	–	–	–	–
davon: Textilien	1	2	2	4	–	–	–	–
Agrarprodukte	–	–	–	–	–	–	–	–
in % der Anträge	100	100	100	100	–	–	–	–
Irland								
genehmigt:	57	32	26	48	59	57	45	52
davon: Textilien	57	28	26	47	57	55	43	49
Agrarprodukte								
in % der Anträge	49	56	79	91	84	89	68	87
Italien								
genehmigt:	23	23	29	37	34	30	20	23
davon: Textilien	14	11	7	9	11	7	3	8
Agrarprodukte	–	–	–	–	2	4	2	1
in % der Anträge	52	58	53	65	69	86	91	96
Großbritannien								
genehmigt:	7	12	13	20	19	19	5	3
davon: Textilien	6	8	9	16	14	12	4	1
Agrarprodukte	1	2	2	2	4	3	1	1
in % der Anträge	23	50	65	95	76	76	83	60
Alle EG-Länder								
genehmigt:	222	166	174	188	165	176	141	157
davon: Textilien	164	120	116	131	120	119	102	105
Agrarprodukte	5	3	6	8	8	12	3	3
abgelehnt und zurückgezogen	134	89	67	65	50	35	43	25
Anträge insgesamt	356	255	241	253	215	211	184	182
Genehmigungen in % der Anträge	62	65	72	74	77	83	77	86

Quelle: M. Kelly, N. Kirmani et al. (1988), Issues and Developments in International Trade Policy, IMF Occasional Paper, Nr. 63, Washington, S. 94.

Während in den 70er Jahren sowohl die Zahl der gestellten als auch der genehmigten Anträge stark anstieg, gab es in den 80er Jahren eine gegenläufige Entwicklung. 1980 wurden noch 356 Anträge eingereicht, 1987 nur 182. Dies hatte folgenden Grund: Da die zunehmende Inanspruchnahme der Schutzklausel die Ziele und Grundsätze der gemeinsamen Handelspolitik zu gefährden drohte, prüfte die Kommission genauer, ob die Importe aus Drittländern auch tatsächlich zu wirtschaftlichen Problemen der Mitgliedstaaten führten.

1980 – 88 entfielen ca. 70 % aller genehmigten Anträge auf den Textil- und Bekleidungssektor. Die restlichen Anträge betreffen primär Industrieerzeugnisse, während der Anteil der Agrarprodukte minimal ist. Am stärksten trafen die Einfuhrrestriktionen Japan, China und die rasch wachsenden Schwellenländer Taiwan, Hongkong und Südkorea.

Bei den nicht-tarifären Handelshemmnissen (NTH) hat sich inzwischen eine fast unüberschaubare Vielfalt herausgebildet.[30]

Studien von Laird und Yeats zeigen, daß im Jahre 1986 mehr als die Hälfte aller EG-Importe NTH unterlagen.[31]

Dabei übertrifft die EG deutlich Japan und die USA.

Tabelle 4
Schutz durch Drittländern aufgezwungene Selbstbeschränkungsabkommen
Anzahl der Abkommen

Zeitraum	4/87 – 9/87	10/87 – 3/88	4/88 – 9/88
Land			
Australien	1	2	5
EG[32]	69	136	154
Finnland	–	3	3
Japan	6	13	13
Kanada	7	11	12
Norwegen	4	4	3
Österreich	–	3	3
Schweden		11	12
Schweiz	–	10	10
UdSSR	–	1	–
USA	48	65	73

Quelle: W. Gatzke (1990), Ökonomische Analyse freiwilliger Exportselbstbeschränkungsabkommen, Diss. München, S. 18.

---

30 Vgl. J.B. Donges (1981), Handelshemmnisse, nicht-tarifäre, in: Handwörterbuch der Wirtschaftswissenschaften, Göttingen, Bd. 3, S. 784 ff.

31 Vgl. S. Laird und A. Yeats (1990), Trends in Nontariff Barriers of Developed Countries, 1966 – 1986, „Weltwirtschaftliches Archiv“ Bd. 126, S. 316 ff.

32 Zur EG gehören alle Abkommen, die entweder mit der EG-Kommission direkt oder mit einzelnen Mitgliedsländern abgeschlossen wurden.

Tabelle 4 zeigt, daß die EG sogar mehr ESA abgeschlossen hat als Japan und die USA zusammen. ESA sind bei vielen EG-Staaten sehr beliebt, weil sie flexibel, je nach Konjunkturlage, eingesetzt werden können und das GATT-Prinzip des Diskriminierungsverbotes nicht zu berücksichtigen haben. Von den Exportländern werden sie viel lieber hingenommen als Zölle, da die Exporteure von den höheren Preisen profitieren. Zu den besonderen Produkten, die ESA regulieren, gehören insbesondere Stahl, Textilien, Bekleidung, Automobile, Maschinen und landwirtschaftliche Erzeugnisse.

Den EG-Protektionismus bekamen auch schon die ehemaligen Ostblockstaaten zu spüren. Ein gutes Beispiel hierfür ist die Stahlbranche. In der EG besteht eine Kapazität zur Erzeugung von 190 Mio t Stahl jährlich. 1992 wurden aber nur 140 Mio t produziert. Überkapazitäten entstanden, weil die Italiener und die Spanier durch Subventionen ineffiziente Kapazitäten geschaffen haben. Obwohl die Stundenlöhne in der Bundesrepublik 47 DM, in Frankreich 38 DM und in Großbritannien 31 DM betragen, ist die Produktivität der deutschen Stahlindustrie erheblich höher (insbesondere bei hochwertigem Spezialstahl) als im übrigen Europa. Gleichwohl hat der Großkonzern Klöckner Ende 1992 Vergleich anmelden müssen, zumal die Bürokratiekosten mit der Betriebsgröße beschleunigt zunehmen. Klöckner war natürlich schnell dabei, den Import von osteuropäischem Stahl, der 1992 nur ca. 2,8 Mio t betrug (eine Verzehnfachung gegenüber 1991), für sein Schicksal verantwortlich zu machen.[33] Die EG-Kommission erklärte den osteuropäischen Ländern, sie müßten entweder die Preise für ihre Stahlexporte erhöhen, oder sie hätten mit Antidumpingmaßnahmen zu rechnen. Der Dumpingvorwurf ist natürlich lächerlich, da die niedrigen Exportpreise ausschließlich auf die niedrigen Löhne zurückzuführen sind.[34] Inzwischen wurden den Ostblockstaaten auch Quoten für Textilien und Agrarprodukte auferlegt, so daß 40 % der Exporte Ungarns, der CSFR und Polens 1992 bereits Handelsbeschränkungen unterlagen.

Da die Japaner wegen der Antidumping-Politik der EG dazu übergegangen sind, Einzelteile aus Japan zu importieren und in

---

[33] The Economist, 19. 12. 1992, S. 62 f.

[34] The Economist, 21. 11. 1992, S. 91.

der EG zusammenzumontieren, entstanden neue Konflikte. Das berühmteste Beispiel ist die Weigerung der französischen Regierung, die in Großbritannien von Nissan hergestellten PKWs als europäische Fabrikate mit unbeschränktem Zugang zum französischen Automobilmarkt anzuerkennen. Die EG ging deshalb dazu über, europäische *Local-content-Anteile* von 80 % festzusetzen. Local-content-Vorschriften erinnern an das Chaos beim Aufbau der lateinamerikanischen Automobilindustrie,[35] die mit großen Einbußen an internationaler Wettbewerbsfähigkeit verbunden war. Local-content-Vorschriften führen zu einer Umlenkung von Investitionen aus Gebieten mit Standortvorteilen zu Gebieten mit Standortnachteilen. Daraus resultieren Wohlfahrtsverluste für die ganze Welt. Da Local-content-Vorschriften auch in den USA angewendet werden, fördern sie die Bildung von internationalen Handelsblöcken. Insbesondere die Kombination von ESA und Local-content-Vorschriften erzwingt eine solche Umlenkung von Investitionen. Studien über den intraindustriellen Handel von Regionen scheinen deshalb eine Tendenz zur Bildung von Handelsblöcken zu bestätigen.[36]

Bemerkenswert ist, daß die jährlichen Neuinvestitionen japanischer Unternehmen im Zeitraum 1985 – 89 um das Siebenfache gestiegen sind.[37] Den stärksten Zuwachs gab es in der elektronischen Industrie und beim Fahrzeugbau. Hier sind handelspolitische Konflikte zwischen den EG-Partnern vorprogrammiert, die den Einigungsprozeß stören, da innerhalb der EG kein Konsens über die Anrechnung der Produktion, die aus Joint Ventures stammt, auf Importquoten existiert.[38]

---

35 Vgl. J. Jungfer (1991), S. 308 ff.

36 J. Schott (1992), The Single Market and the Uruguay Round: Implications for the Structure of World Trade, „Journal of Development Planning" Nr. 2, S. 48.

37 Vgl. O. Waid (1991), „Think global and act local", EG-Magazin, Jg. 13, Heft 1/2, S. 37.

38 Vgl. W. Hirn und Schlote (1991), Fahrt in die Sackgasse, „Wirtschaftswoche", Jg. 45, Heft 21, S. 192.

6. Die Diskriminierung von Drittländern durch Präferenzabkommen

1966 wurden die Prinzipien der Nichtdiskriminierung und der Reziprozität offiziell zugunsten der Entwicklungsländer eingeschränkt. Da es bis 1982 nach Erscheinen des Prebisch-Berichts herrschende Lehre war, Außenhandel habe für Entwicklungsländer eher eine abträgliche Bedeutung,[39] glaubte man, ihnen einseitige Präferenzabkommen einräumen zu müssen.

Da die EG nicht allen Entwicklungsländern die gleichen Präferenzen einräumt, diskriminiert sie andere Entwicklungsländer in unterschiedlichem Ausmaß. Die Bevorzugung eines Landes geht immer zu Lasten anderer. Dies verdeutlicht die unten abgebildete Pyramide (Tabelle 5). Wer sich innerhalb der Pyramide befindet, ist besser gestellt als derjenige, welcher sich außerhalb befindet und wer oben steht, wird gegenüber demjenigen bevorzugt, der unten steht. Innerhalb der Pyramide ändern sich jedoch gelegentlich die Relationen.

Besondere Aufmerksamkeit erregte der Streit um die Diskriminierung lateinamerikanischer Bananen zugunsten afrikanischer. Ein weiteres Beispiel ist das EG-Zuckerprotokoll.[40] Die EG verpflichtete sich, Zucker aus bevorzugten Staaten zu Preisen aufzukaufen, die weit über dem Weltmarktpreis liegen.

Die Wirkungen sind äußerst problematisch: Erstens ist die EG selbst Zuckerexporteur, da sie mehr Zucker erzeugt, als sie verbraucht, und nun noch zusätzlich den zu überhöhten Preisen importierten Zucker auf dem Weltmarkt zu subventionierten Preisen exportiert. Zweitens werden die AKP-Staaten dazu verleitet, ihre Zuckerproduktion übermäßig auszuweiten, und drittens drückt der zu subventionierten Preisen exportierte Zucker der EG den Weltmarktpreis und schädigt dadurch andere Zuckerexporteure, die über natürliche Standortvorteile verfügen.

---

[39] Vgl. Weltbank, Weltentwicklungsbericht 1991, Washington, S. 41; J. Jungfer (1992), Vom Dirigismus zu mehr Marktwirtschaft – Der entwicklungstheoretische und -politische Kurswechsel der Weltbank, in: E. Görgens und E. Tuchfeldt (Hrsg.), Die Zukunft der wirtschaftlichen Entwicklung – Perspektiven und Probleme, Bern, Stuttgart, S. 261 ff.

[40] Vgl. Weltbank, Weltentwicklungsbericht 1986, S. 156 ff.

Tabelle 5
Handelsvereinbarungen der EG mit den Entwicklungsländern, nach dem Grad der Präferenz geordnet

Land	*Handelsabkommen*
AKP: Afrikanische, karibische und pazifische Länder	Abkommen von Lomé
Maghreb-Länder: Algerien, Marokko, Tunesien	Präferenz- und Kooperationsabkommen
Maschrik-Länder: Ägypten, Jordanien, Libanon, Syrien	Präferenz- und Kooperationsabkommen
Israel, Jugoslawien	Präferenz- und Kooperationsabkommen mit jedem Land
Malta, Türkei, Zypern	Assoziierungsabkommen
Andere Entwicklungsländer	Allgemeines Präferenzsystem
Bangladesch, Indien, Pakistan, Sri Lanka	Nichtpräferentielle wirtschaftliche Kooperationsabkommen mit jedem Land
ASEAN (Association of South East Asian Nations): Indonesien, Malaysia, Philippinen, Singapur, Thailand	Regionales Rahmenabkommen
Argentinien, Brasilien, Mexiko, Uruguay	Nichtpräferentielle wirtschaftliche Kooperationsabkommen mit jedem Land
Zentralamerika	Regionales Rahmenabkommen 1987
China, Rumänien	Nichtpräferentielles Handelsabkommen mit jedem Land

Quelle: Weltbank, Weltentwicklungsbericht 1987, S. 178

Anstatt wie die Weltbank und der IMF die gleichen ordnungspolitischen Reformen, welche in den ehemaligen Ostblockstaaten durchgeführt werden, auch für die ärmsten Länder der Dritten Welt zu fordern,[41] will die EG diese Länder auf Kosten der reicheren

[41] Abschaffung oder Beseitigung 1. der Industrialisierung durch staatliche Großbetriebe, 2. der Diskriminierung von Privatunternehme(r)n, 3. der negativen Realzinsen und 4. der Überbewertung.

Entwicklungsländer durch ihre diskriminierende Handelspolitik entwickeln. Im Juni 1992 veröffentlichte die EG-Kommission eine vom Europäischen Parlament verabschiedete Entschließung zur Strukturanpassung in den Entwicklungsländern,[42] in welcher sie ein Mitspracherecht für Entwicklungsländer bei der Festsetzung von „Weltmarktpreisen" (!) und den „Spielregeln des internationalen Kapitalverkehrs" (!) verlangte. Außerdem kritisierte sie den IMF und die Weltbank und forderte eine eigene EG-Institution zur ökologischen, kulturellen und wirtschaftlichen Entwicklung der Dritten Welt, da der IMF versagt habe. Diese Resolution hat große Ähnlichkeit mit früheren DDR-Lehrbüchern hinsichtlich dieser Thematik.[43] Offensichtlich hat die EG-Kommission mit der Veröffentlichung der Resolution nicht einmal das Ziel verfolgt, sich für die heftige Kritik in den Weltentwicklungsberichten an ihrer protektionistischen Agrarpolitik und an ihren diskriminierenden Präferenzabkommen zu rächen, da die Resolution ein Sammelsurium völlig absurder und volkswirtschaftlich unsinniger, marktfeindlicher Thesen enthält.

Obwohl die Weltbank sich seit 1982 zunehmend drastischer von der früher auch von ihr favorisierten Politik der Importsubstitution zugunsten einer exportorientierten Entwicklung distanziert hat,[45] empfielt die EG-Kommission der Dritten Welt sozialistische Handelsregeln von gestern – Handelsregeln, die es bereits im RGW gab, die aber keiner der ehemaligen RGW-Partner mehr wünscht.

---

[42] Europäisches Parlament (1992), Unterrichtung durch das Europäische Parlament, Entschließung zur Strukturanpassung in den Entwicklungsländern, Deutscher Bundestag, Drucksache 2786.

[43] Vgl. H. Richter u.a. (1988), Politische Ökonomie des Kapitalismus und des Sozialismus – Lehrbuch für das marxistisch-leninistische Grundlagenstudium, Berlin, S. 371 ff. und 838 ff.

[44] Vgl. J. Jungfer (1993), Gemeinsamkeiten und Unterschiede bei der Transformation von Entwicklungsländern und ehemaligen Ostblockstaaten, in: Ludwig-Erhard-Stiftung (Hrsg.), Grundtexte zur Sozialen Marktwirtschaft Bd. III, Marktwirtschaft als Aufgabe – Wirtschaft und Gesellschaft im Übergang von Plan zum Markt, erscheint demnächst.

[45] Vgl. Jungfer (1992), S. 261 ff.

7. Erstarrt Europa zur Festung?

Trotz der zunehmenden Liberalisierung der europäischen Wirtschaft wird allgemein befürchtet, daß die EG sich zunehmend gegen Importe aus Drittländern abschottet und zu einer Festung wird.

Die Frage, ob sich eindeutige Indizien aus der bisherigen Handelspolitik aufzeigen lassen, die auf eine Festung hindeuten, kann nicht klar beantwortet werden. Es gibt sowohl Gründe, die dafür als auch solche, die dagegen sprechen. Gegen eine „Festung" sprechen folgende Argumente:

1. Durch die zunehmende Wettbewerbsintensität innerhalb Europas ab 1993 werden sich die tüchtigsten Produzenten mit den besten Standortvorteilen durchsetzen. Die internationale Wettbewerbsfähigkeit wird deshalb so stark zunehmen, daß sich die EG mehr Auslandskonkurrenz leisten kann.

2. Wegen des liberalisierungsbedingten Zuwachses des Volkseinkommens der EG werden auch die Importe pari passu zunehmen.

3. Strukturanpassungen sind in einer wachsenden Wirtschaft viel leichter zu meistern als in einer stagnierenden. Außerdem erhöht das rasche Wirtschaftswachstum zwangsläufig die Mobilität der Produktionsfaktoren.

4. Da die Irrtümer der Importsubstitution und der planwirtschaftlichen Entwicklung fast weltweit erkannt worden sind, hat sich das Image der Marktwirtschaft und des Freihandels geradezu dramatisch gebessert. Lateinamerika befindet sich im Umbruch, ebenso Ostasien. China hat bereits beschlossen, alle Importe bald völlig zu liberalisieren. Es ist also damit zu rechnen, daß der Welthandel und das Weltsozialprodukt bald sehr stark wachsen werden. Die EG kann es sich in einem solchen Umfeld nicht leisten, protektionistisch zu sein, weil sie sonst Marktanteile an die aufstrebenden dynamischen Nationen verlieren wird.

5. Ökonometrische Analysen zeigen, daß die regionale Konzentration von Krisenbranchen eine wichtige Determinante des Protektionismus ist. Die Möglichkeit der Politiker, in einer Krisenregion Wahlstimmen durch Protektionismus zu gewinnen, macht

der EWR kaum noch möglich. In einem Wirtschaftsraum, der größer ist als der von Japan und den USA zusammen, lassen sich partikulare Interessen außerdem erheblich schlechter organisieren.

6. Wenn auf der Welt drei große regionale Bündnisse entstehen, (Europa, Ostasien und Amerika), können Verhandlungen zum Abbau des Protektionismus rascher voranschreiten als bei einer großen Zahl von Staaten.

7. Die Geschichte der EG zeigt, daß eine Tendenz zur Vergrößerung des Handelsraumes besteht. Polen, Ukraine, ja sogar Rußland könnten einmal der EG beitreten. Auch der Wunsch nach Frieden, der die primäre Ursache für die Idee eines vereinten Europas war, wird die Staaten zusammenführen.

Für mehr Protektionismus sprechen dagegen folgende Argumente:

1. Nur Deutschland, Dänemark und die Niederlande gehören zum Lager des Freihandels in der EG, so daß die EG bei der Festsetzung von ESA in Zukunft vom protektionistischen Lager unter Führung Frankreichs und Italiens majorisiert wird. Die liberaleren Länder müssen deshalb die restriktiven Importpraktiken der Protektionisten mit übernehmen.

2. Der Anteil des EWR am Welthandel ist so groß, daß die EG ihre Macht mißbrauchen wird und leichtfertig protektionistischen Forderungen nachgeben wird, da es kleinere Länder nicht wagen, gegen diesen Handelsriesen vorzugehen.

3. Die EG-Behörden können Normen, Standards und Zulassungsvorschriften gezielt festsetzen, so daß Japan oder die USA diese Bedingungen nicht erfüllen. Ein Beispiel hierfür ist z.B. der Handelsstreit wegen der wissenschaftlich nicht nachgewiesenen Schädlichkeit von Hormonen bei Rindern.

4. Es ist unstrittig, daß in den nächsten Jahren der gegenseitigen Anerkennung von Zulassungsverfahren eine EG-einheitliche Harmonisierung für Eurostandards folgen wird. Es besteht die Möglichkeit, daß sich hier zunehmend strengere Standards durchsetzen könnten („harmonizing up“), so daß Exporte von

Drittländern in jene EG-Länder, die früher weniger strenge Standards hatten, in Zukunft nicht mehr möglich sind.

5. Zu den wichtigen Determinanten des Protektionismus zählen neben einer hohen regionalen Konzentration von Branchen auch eine niedrige Humankapitalintensität und eine hohe physische Kapitalintensität. Da hier sowohl Unternehmen als auch Arbeitnehmer Protektion nachfragen, besteht die Gefahr, daß durch Fusionen Multinationale Unternehmen in Krisenbranchen entstehen und somit leicht organisierbare grenzüberschreitende Allianzen.

6. Die Geschichte hat gezeigt, daß mit dem raschen Wachstum der ostasiatischen Schwellenländer sukzessive die NTH zunahmen. Es ist damit zu rechnen, daß die EG bei einem raschen Wirtschafts- und Exportwachstum der ehemaligen Ostblockstaaten ebenfalls zunehmend protektionistischer wird.

7. In der Dritten Welt findet zwar in vielen Staaten ein Umbruch zugunsten einer exportorientierten Entwicklung statt, die Importbarrieren der meisten Entwicklungsländer sind aber immer noch erheblich höher, als sie jemals in der Geschichte der Industrieländer waren.[46] Dies schwächt die moralische Position der Dritten Welt gegenüber der EG, was die Forderung nach einem freien Marktzugang anbetrifft.

8. Da die EG-Kommission (und auch viele andere Gruppen in Europa) den wissenschaftlichen Fortschritt, was Importsubstitution und Freihandel anbetrifft, nicht mitbekommen haben, wird der Marktzugang in die EG für viele Produkte der Entwicklungsländer (insbesondere Lateinamerikas), zugunsten der AKP-Staaten versperrt bleiben.

Welche Argumente zutreffen werden, ist offen. Wichtig scheinen aber für die Zukunft folgende Aspekte zu sein:

1. Das Tempo der Strukturanpassung innerhalb der EG,

---

[46] Vgl. Weltbank, Weltentwicklungsbericht 1991, S. 116 ff.

2. das Ausmaß des Produktivitätswachstums durch die Liberalisierung,
3. die Verteilung der Handelsgewinne,
4. das Wachstum der Weltwirtschaft.

Bei großen Anpassungkrisen in Frankreich und Italien, geringen Produktivitätsfortschritten und schwachem Wachstum der Weltwirtschaft droht die EG eher zur Festung zu werden, im umgekehrten Falle kaum.

Grundsätzlich ist aber die Zukunft völlig ungewiß und wird neue, andere Probleme bringen. Kulessa[47] hat in einer sehr eingehenden Analyse gezeigt, daß es zwingende Gründe gibt, Umweltdumping im GATT zu berücksichtigen. Zweifellos werden jüngere Generationen hier andere Prioritäten setzen. Wie alle Dumpingvorschriften wird auch diese mißbraucht werden.

Wächst die Volksrepublik China in den nächsten 20 Jahren so weiter wie in den letzten 10 Jahren, wird sie zur größten Exportnation der Welt. Berechnungen ergaben, daß ihr PKE in Wirklichkeit mindestens dreimal so hoch ist, wie bisher geschätzt worden ist. Konsumindikatoren bestätigen dies.[48] Ein starkes China würde die Struktur der Welthandelsströme geradezu dramatisch ändern und auf die gesamte Welt einen großen Anpassungsdruck ausüben.

---

47 M.E. Kulessa (1992), Freihandel und Umweltschutz – ist das GATT reformbedürftig? „Wirtschaftsdienst“, Nr. VI, S. 299 ff.

48 Vgl. The Economist, 28. 11. 1992, S. 4 ff. und 72 f.

Werner Becker

Von der DM zum ECU

1. Das Ziel der Währungsunion

Gemäß dem Zeitplan des Maastrichter Vertrages vom Dezember 1991 soll die Europäische Wirtschafts- und Währungsunion (WWU) spätestens am 1. 1. 1999 in Kraft treten. Beim Eintritt in die Währungsunion werden die Paritäten der Währungen der teilnehmenden Länder und ihre Austauschrelation zur künftigen Europawährung, die laut Vertrag ECU heißen soll, unwiderruflich festgelegt. Die DM sowie die übrigen einbezogenen Valuten sollen dann möglichst rasch durch die Europawährung ersetzt werden. Der Einstieg in die Union kann vor dem 1. 1. 1999 vollzogen werden, wenn der Europäische Rat bei der für 1996 vorgesehenen Konvergenzprüfung zu dem Schluß kommt, daß eine Mehrzahl der Mitgliedsländer (nach dem derzeitigen Stand also mindestens sieben) sich für eine Teilnahme qualifiziert und die Gesamtlage der Gemeinschaft einen solchen – laut Vertrag irreversiblen – Schritt angebracht erscheinen läßt. Bei der nächsten Konvergenzprüfung 1998 ist das Mehrheitskriterium nicht mehr notwendig.

In der Währungsunion wird die alleinige stabilitätspolitische Verantwortung auf eine unabhängige Europäische Zentralbank übergehen, die vorrangig dem Ziel der Preisstabilität verpflichtet ist. Die DM, die sich seit der Währungsreform am 20. 6. 1948, „vom Besatzungskind zum Weltstar" (Buchtitel von Hans Roeper) entwickelt hat, würde also gemäß dem Maastricht-Fahrplan spätestens kurze Zeit nach ihrem 50. Geburtstag von einer europäischen Währung abgelöst werden.

Der Maastrichter Vertrag ist nach der Einheitlichen Europäischen Akte (von 1987) zur Schaffung des Binnenmarktes die zweite substantielle Änderung des EG-Vertrages. Er markiert zweifellos einen Meilenstein in der Integrationsgeschichte der Gemeinschaft. Der Unionsvertrag legt nicht nur den Weg zur WWU sowie die Teilnahme- und Rahmenbedingungen in relativ klar umrissenen

Konturen fest. Er sieht auch Veränderungen und Erweiterungen auf einer Vielzahl von anderen Gebieten wie der Industrie-, Umwelt- und Verkehrspolitik vor. Im politischen Bereich bleiben Integrationsfortschritte allerdings weit hinter denen im Wirtschafts- und Währungsbereich zurück. Vorgesehen ist hier u.a. der Aufbau einer gemeinsamen Außen- und Sicherheitspolitik sowie die Erweiterung der Rechte des Europaparlaments, das ein Mitentscheidungsrecht auf einer Reihe von Gebieten erhalten soll wie z.B. beim Binnenmarkt (dessen Regelungen weitgehend entschieden sind), der Freizügigkeit, der Umwelt, Forschung, Bildung und Gesundheit. Allerdings ist für das Europaparlament nur ein Vetorecht gegen die Entscheidungen des Ministerrates vorgesehen, d.h. es hat weder echte parlamentarische Entscheidungsbefugnisse noch Initiativrechte.

Mit dem Maastricht-Vertrag wird ein tragfähiges Konzept für die politische und wirtschaftliche Stärkung der EG im Innern und damit für die Übernahme von mehr globaler Verantwortung bei der Bewältigung internationaler Aufgaben angestrebt – u.a. hinsichtlich des Aufbaus in Mittel- und Osteuropa und der Entwicklung in der Dritten Welt. Er ist gleichzeitig die Geschäftsgrundlage für die Erweiterung der EG. Sein Herzstück – die Schaffung einer Währungsunion – impliziert freilich einen „qualitativen Sprung" im Integrationsprozeß, der mit Blick auf den vorgesehenen Übergang von der DM zur Europawährung ECU eine Vielzahl von Fragen aufwirft: Was waren die Vorgeschichte und Hintergründe für die politische Entscheidung des Europäischen Rates im Dezember 1991 zugunsten einer Währungsunion? Welche Rolle spielt das EWS für die Errichtung einer Währungsunion? Worin liegen deren Vor- und Nachteile bzw. die Chancen und Risiken? Welche politischen und ökonomischen Voraussetzungen müssen für die Teilnahme erfüllt sein? Wie sind die Realisierungschancen?

2. Die Vorgeschichte

Ein Blick auf die monetäre Integrationsgeschichte der Gemeinschaft verrät, daß das Thema Europäische Währungsunion keineswegs neu ist und Maastricht quasi nur den bisher am weitesten fortgeschrittenen „Blueprint" für eine gemeinsame Währung liefert. Schon bald nach dem Zweiten Weltkrieg kamen erste Vorschläge und Modelle auf den Markt.[1] Diese blieben jedoch Stückwerk, weil die Notwendigkeit für eine Währungsunion in Europa wegen des damals gut funktionierenden Bretton Woods-Systems fester Wechselkurse und der geringen innereuropäischen Wirtschaftsverflechtung noch nicht gesehen wurde. Auch war die Bereitschaft zur Aufgabe nationaler Souveränitätsrechte in der Wirtschafts- und Währungspolitik noch sehr gering. Wichtiger war es für das Nachkriegseuropa der 50er Jahre, den Wirtschaftsaustausch durch den Abbau von Zöllen und anderen Handelsbarrieren anzukurbeln und im Wege der Europäischen Zahlungsunion (EZU) die Konvertibilität der Währungen herzustellen. Ende des Jahrzehnts war das Ziel der Ausländerkonvertibilität in den meisten Ländern (West-)Europas erreicht, bei der DM wurde 1959 bereits der Übergang zur vollen Konvertibilität vollzogen.

Auf der politischen Bühne der Gemeinschaft findet das Ziel der monetären Integration erstmals in den Römischen Verträgen von 1957 seinen – noch allgemeinen – Niederschlag: im Art. 107 wird die Wechselkurspolitik als „Angelegenheit von gemeinsamem Interesse" bezeichnet. Im Mittelpunkt des Gründungsvertrags stand freilich die Errichtung eines gemeinsamen Marktes, der allerdings jahrelang über eine Zollunion kaum hinauskam und erst mit dem Binnenmarktprogramm 1993 die entscheidende Phase der Umsetzung erlebte. Den Vorschlag, eine Wirtschafts- und Währungsunion zu errichten, hat die EG-Kommission erstmals 1962 im Rahmen des Aktionsprogrammes für die zweiten Stufe der Zollunion vorgelegt.[2] Der Europäische Rat griff die Idee aber erst Ende der 60er Jahre auf, als zunehmende Spannungen im Bretton Woods-System aufkamen und dies Probleme für die auf einheitlichen Preisen basierenden EG-Agrarmarktordnungen hervorrief. Der daraufhin ent-

---

1 Lotte Müller-Ohlen, „Die Währungsprobleme der wirtschaftlichen Integration Europas", in: Weltwirtschaftliches Archiv, Band 72, 1954, S. 106–154.

2 Tietmeyer, Hans: Probleme einer europäischen Währungsunion und Notenbank in: Deutsche Bundesbank, Auszüge aus Presseartikeln Nr. 69 vom 6. Okt. 1992, S.5.

wickelte Werner-Plan[3] von 1970, der die Realisierung einer Europäischen Wirtschafts- und Währungsunion bis 1980 vorsah, scheiterte jedoch schon bald an Divergenzen in der Wirtschaftspolitik und der Inflationsentwicklung im Zuge des Zusammenbruchs des Bretton Woods-Systems und der ersten Ölpreiskrise von 1973/74.

Wiederbelebt wurde der monetäre Integrationsgedanke im Dezember 1978 mit der Entscheidung über die Gründung des EWS, die auf eine deutsch-französische Gemeinschaftsinitiative von Kanzler Schmidt und Präsident Giscard d'Estaing zurückgeht. Mit dem EWS, das im März 1979 in Kraft gesetzt wurde, sollten dem stockenden Europaprozeß neue Impulse verliehen werden. Zielsetzung des Systems ist es, eine „stabile Währungszone in Europa" zu schaffen, d.h. erstens verpflichteten sich die Partnerländer, für Preisstabilität zu sorgen, um zweitens – auf dieser Basis – die innereuropäischen Wechselkurse zu stabilisieren. Damit sollte eine bessere Kalkulationsgrundlage für den innereuropäischen Handel geschaffen werden.

Während die Anfangsjahre des EWS durch gravierende wirtschaftliche Divergenzen und zahlreiche Wechselkursanpassungen gekennzeichnet waren, leitete der Kurswechsel der französischen Wirtschafts- und Finanzpolitik im März 1983 die Konsolidierungsphase ein. Die EWS-Partnerländer betrieben danach eine Politik der „competitive disinflation" und nutzten die D-Mark zunehmend als Stabilitätsanker für ihre Geld- und Wirtschaftspolitik. Realignments der Leitkurse wurden im Zuge sinkender Inflationsraten und -differenzen seltener, in der „Stabilitätsphase" von Anfang 1987 bis Anfang September 1992 blieben die Leitkurse im EWS sogar unverändert. Diese innere und äußere Stabilität im EWS gab zusammen mit dem Binnenmarktprojekt die entscheidenden Impulse für die Wiederbelebung der Währungsunionsidee Ende der 80er Jahre und die Beschlüsse von Maastricht im Dezember 1991.

---

[3] Rat und Kommission der Europäischen Gemeinschaften, Zwischenbericht über die stufenweise Verwirklichung der Wirtschafts- und Währungsunion, „Werner-Bericht", Beilage zum Bulletin 7/1970 der Europäischen Gemeinschaften.

3. Neue Umfeldbedingungen für die Währungsunion

Im Sommer 1992 wuchsen allerdings infolge der unsicherer gewordenen Währungsunionsperspektive nach dem dänischen Nein im Maastricht-Referendum vom Juni 1992 sowie im Zeichen der anhaltenden Hochzinspolitik der Bundesbank die Zweifel der Märkte an der Konvergenz im EWS und der Bereitschaft der währungspolitisch Verantwortlichen, das Kursgefüge angesichts der abgeschwächten Konjunktur notfalls mit Zinsanhebungen zu verteidigen. Dies führte im September 1992 zu Währungsturbulenzen in Europa. Zunächst wurde die Lira Mitte des Monats im Alleingang abgewertet, kurz später schieden das Pfund Sterling und die italienische Lira aus dem Wechselkursverbund aus. Innerhalb des EWS wurden im Herbst 1992 die spanische Peseta und der portugiesische Escudo und – Ende Januar 1993 – das irische Pfund abgewertet. Die Wechselkurse des sogenannten Hartwährungsblocks – DM, FF, Beneluxwährungen und die Dänenkrone – konnten hingegen erfolgreich verteidigt werden. Dennoch haben die spekulativen Attacken auch auf den Hartwährungskern Unsicherheit über den Fortbestand des EWS genährt und die Perspektiven für die Währungsunion stark belastet.

Ungeachtet der europäischen Währungsunruhen im Herbst/Winter 1992/93 ist für die Beurteilung der Realisierungschancen eines Übergangs von der DM zum ECU wesentlich, daß sich das Maastrichter Währungsunionkonzept, das auf dem Dreistufenplan des Delors-Reports von 1989 fußt, in mehrfacher Hinsicht von vorangegangenen Initiativen unterscheidet.

Erstens wird in den EWS-Partnerländern spätestens seit der zweiten Hälfte der 80er Jahre eine klar stabilitätsorientierte Politik betrieben, die in Wirtschaft und Bevölkerung zunehmend Akzeptanz gewonnen hat. Der Primat der Preisstabilisierung wurde im Basel-Nyborg Akkord der EG-Finanzminister und Notenbankpräsidenten von 1987 ausdrücklich festgeschrieben. Die Konvergenz der geldpolitischen Philosophien fand ihren Ausdruck in der Konvergenz der Inflationsraten auf niedrigem Niveau. Ein sichtbares Zeichen hierfür ist, daß (West-)Deutschland im März 1993 in der EG-Stabilitätsliga nur auf Rang acht plaziert war (mit einer – allerdings vereinigungsbedingt erhöhten – Inflationsrate von 4,2 %).

Ein Handicap für das Funktionieren des EWS und das Vorankommen der monetären Integration in Europa war 1992 und Anfang 1993 der vereinigungsbedingt verzerrte deutsche policy mix: Die deutsche Geldpolitik sah sich gezwungen, einen straffen Kurs mit kleinen Lockerungsschritten zu fahren, um Stabilitätsgefährdungen durch laxe Fiskalpolitik und kostentreibende Lohnabschlüsse entgegenzuwirken. Dieses war mit relativ hohen (kurzfristigen) DM-Zinsen verbunden und für die EWS-Partnerländer mit einer konjunkturell drückenden (Real-)Zinslast. So betrugen die Realzinsen z.B. in Frankreich am kurzen Ende des Marktes im Winterhalbjahr 1992/93 8 % und mehr, obwohl das Land in puncto Inflationsrate, Budgetdefizit und außenwirtschaftliche Leistungsbilanz eine günstigere fundamentale Position aufwies als Deutschland und deshalb nicht abwerten wollte bzw. sollte.

Zweitens ist im Zuge des Binnenmarktprogramms 1993, d.h. der Implementierung des freien Verkehrs für Personen, Kapital, Güter und Dienstleistungen, die wirtschaftliche Verflechtung der europäischen Volkswirtschaften weiter kräftig gestiegen. Diese Tendenz dürfte im Binnenmarkt bei verstärktem Wettbewerb anhalten.

Drittens: Ein zunehmender wirtschaftspolitischer Konvergenz- und Disziplinierungszwang geht vor allem von dem in zehn der zwölf EG-Länder völlig liberalisierten Kapitalverkehr aus; nur Portugal und Griechenland haben noch temporäre Ausnahmeregelungen bis Mitte der 90er Jahre. Mit der engeren Verflechtung im Geld- und Kapitalverkehr wird die Interdependenz der Märkte in Europa größer und damit auch der geld-, finanz- und wirtschaftspolitische Abstimmungsbedarf im EWS. Die Währungsturbulenzen im Herbst/Winter 1992/93 haben deutlich gezeigt, daß unter den gegebenen Bedingungen sehr mobiler und hochvolumiger Kapitalbewegungen eine isolierte nationale Geldpolitik immer schwieriger wird und stützende Interventionen im EWS rasch Dimensionen annehmen können, die geldpolitische Orientierung und Steuerung im Ankerwährungsland erheblich stören.

Viertens ist der Maastricht-Vertrag Ausdruck eines stärkeren politischen Kooperations- und Einigungswillens innerhalb der Gemeinschaft, der den (weitreichenden) Verzicht auf nationale Souveränitätsrechte – z.B. in der Geld- und Währungspolitik – einschließt. Die Fortschritte in Richtung Politische Union sind zwar

– wie bereits erwähnt – noch bescheiden, und die Auffassungen über die künftigen politischen Strukturen der Gemeinschaft divergieren noch erheblich. Sie reichen vom Belassen des Status quo bis hin zu einem mehr oder weniger stark ausgebildeten europäischen Bundesstaat.[4] Ein wesentlicher Beweggrund für den Maastrichter Beschluß einer Währungsunion ist zweifellos gewesen, den Fortgang der politischen Einigung zu fördern. Die Chance für eine (vertragliche) Weiterentwicklung der EG in Richtung Politischer Union bietet die für 1996 vorgesehene Revision des Maastricht-Vertrages. Ob der politische Wille hierfür dann stärker ausgeprägt sein wird als beim Abschluß des Maastricht-Vertrages 1991, steht freilich auf einem anderen Blatt.

Umstritten ist, ob die Europäische Währungsunion überhaupt mit einer Politischen Union einhergehen soll oder muß. Die historische Erfahrung lehrt freilich, daß in der Regel ein zeitlicher Zusammenhang zwischen der Errichtung einer Währungsunion mit gemeinsamer Währung und der politischen Vereinigung bestand, so z.B. bei der deutschen Reichsgründung 1871 oder der Vereinigung 1990. Für die Intensivierung der politischen Integration im Zuge der Europäischen Währungsunion spricht auch, daß mit der ,,Zentralisierung" der Geldpolitik eine staatliche Kernkompetenz unwiderruflich auf die Gemeinschaftsebene übertragen werden soll und der stabilitätspolitische Erfolg des neuen geldpolitischen Regimes – bei relativ kleinem EG-Budget – wesentlich von einer flankierenden Koordinierung der nationalen Fiskal- und Wirtschaftspolitiken abhängen wird.

4. Vorteile der Europawährung

Ökonomisch gesehen ist die Schaffung einer stabilen Europawährung letztlich das logische Pendant zu einem vollständigen Binnenmarkt. Damit entfallen die währungsbedingten Transaktions- und

---

[4] Weidenfeld, Werner (Hrsg.), Wie Europa verfaßt sein soll – Materialien zur Politischen Union, Güterloh 1991;
Wildenmann, Rudolf, Staatswerdung Europas, Optionen für eine Europäische Union, Baden-Baden 1991.

Kurssicherungskosten sowie das Wechselkursrisiko bei langfristigen Investitionen innerhalb der Gemeinschaft. Dies bringt aus einzelwirtschaftlicher Sicht Kostenersparnisse und mehr Planungssicherheit. Unternehmen in Europa können damit ähnlich wie ihre Konkurrenten aus den USA und Japan optimal für einen großen einheitlichen Markt produzieren. Durch die Einführung einer einheitlichen Währung werden die Preise direkt vergleichbar, d.h. Preistransparenz und Wettbewerb nehmen zu.

Der Wettbewerb der Finanzplätze wird sich im gemeinsamen Finanzmarkt mit der Perspektive einer Einheitswährung weiter verschärfen. Dies wird der Wirtschaft neue – kostengünstigere – Finanzierungsmöglichkeiten eröffnen. Der angestrebte große Finanzbinnenmarkt mit gemeinsamer Währung ist eher in der Lage, massive Kapitalzuflüsse und -abflüsse ohne nachhaltige Auswirkungen auf den Wechselkurs der Einheitswährung, die EG-Konjunktur und -Inflationsraten abzufedern als die derzeit zersplitterten nationalen Finanzmärkte. Schließlich wird die Europawährung im internationalen Währungsgefüge als Handels-, Anlage- und Reservewährung voraussichtlich eine größere Rolle spielen als heute die DM, die hier mit weitem Abstand hinter dem US-Dollar, aber auch mit weitem Abstand vor den übrigen Währungen auf Rang zwei rangiert.

Neben diesen ökonomischen Vorteilen dürfen auch politische Argumente nicht übersehen werden. Für die Partnerländer Deutschlands ist der dominierende Einfluß der deutschen Geldpolitik auf Europa – ohne gleichzeitige Mitentscheidungsrechte – politisch auf die Dauer nicht akzeptabel. Dies ist anläßlich der Währungsunruhen im Herbst/Winter 1992/93 noch einmal ganz deutlich geworden. Für das vereinigte Deutschland gibt es zur europäischen Integration keine erstrebenswerte Alternative. Die Verankerung der deutschen Vereinigung in den europäischen Einigungsprozeß war daher von Anfang an ein sinnvolles Konzept. Das größere Deutschland konnte auf diese Weise „europäisiert" und damit für die Partnerländer politisch „verkraftbarer" werden. Aus diesem Grund ist es verständlich, weshalb Deutschland zusammen mit Frankreich zu den Hauptinitiatoren der Maastrichter Beschlüsse gehört hat. Beide Länder tragen auch weiterhin große Verantwortung für den Fortgang des Integrationsprozesses.

Die Vorteile einer einheitlichen Währung kommen freilich nur voll zum Tragen, wenn die künftige Europawährung im Innern stabil sein wird und der europäische Wirtschaftsraum nach außen uneingeschränkt offen bleibt.

5. Voraussetzungen für eine erfolgreiche WWU

a) Politische Bedingungen

Für den Fortgang der europäischen Integration ist zunächst der Abschluß des Ratifikationsprozesses für den Maastricht-Vertrag maßgeblich. Dieser ist bis zum Jahresende 1992 in zehn der zwölf EG-Staaten – planmäßig – erfolgt. Hängepartien sind Anfang 1993 noch Dänemark und Großbritannien, das erst nach der dänischen Zustimmung im zweiten Referendum im Mai 1993 das Ratifizierungsverfahren zu Ende bringen will. Umfragen signalisieren, daß die Chancen für einen positiven Ausgang des zweiten dänischen Referendums gut sind, nachdem der EG-Gipfel in Edinburgh im Dezember 1992 mit einer Kompromißlösung den Bedenken der dänischen Wähler u.a. durch die Option auf Nichtteilnahme an der Währungsunion und der angestrebten gemeinsamen Verteidigungspolitik Rechnung getragen hat.

Zweite Voraussetzung ist zweifellos die Akzeptanz der Wirtschafts- und Währungsunion in der Bevölkerung. Daß diese auch im Frühjahr 1993 keineswegs als gesichert gelten kann, liegt zum Teil an der verspäteten und unzureichenden Auseinandersetzung mit dem Thema, oft verbunden mit mangelnder Information der breiten Öffentlichkeit, abgesehen vielleicht von Ländern wie Frankreich, Irland und Dänemark, in denen ein Referendum mit intensiver öffentlicher Debatte stattgefunden hat. Für eine erfolgreiche Umsetzung von Maastricht aber ist das Verständnis, der Konsens, ja die Mitwirkung der Bürger unabdingbar. Die Politiker haben sich dieses Problems angenommen und auf dem EG-Gipfel im Dezember 1992 in Edinburgh mehr Transparenz, Demokratie und Bürgernähe in Aussicht gestellt. Erfreulich ist auch, daß sich die EG auf ein „Gesamtkonzept für die Anwendung des Subsidiaritätsprinzips"[5] geeinigt hat; es bleibt freilich die Aufgabe, die Umsetzung dieses Prinzipes, nach dem die EG nur dann tätig wird, wenn eine Lösung auf tieferer Ebene unzweckmäßig erscheint, für den Bürger nachvollziehbar und transparent zu gestalten.

Die Schwerpunkte in der öffentlichen Diskussion sind durchaus von Land zu Land verschieden. Während in Frankreich der mit der Währungsunion verbundene Souveränitätsverzicht in der Wirtschafts- und Währungspolitik im Mittelpunkt der Maastrichtdiskussion steht, überwiegt in Deutschland die Sorge um den Verlust der stabilen DM, die durch eine ebenso stabile Europawährung ersetzt werden soll.

Diese Sorge muß angesichts zweier Geldentwertungen in der ersten Hälfte des Jahrhunderts sehr ernst genommen werden. Angesichts der erwähnten Hinwendung der Partnerländer in Europa zu mehr Preisstabilität erscheint die erwähnte Befürchtung zu Beginn der 90er Jahre allerdings überzogen. Um so wichtiger ist Aufklärung über die Zusammenhänge und eine Versachlichung der oft emotional geführten öffentlichen Debatte, um die Akzeptanz von Bevölkerung und Wirtschaft zu gewinnen und Befürchtungen abzubauen. Vor allem muß deutlich gemacht werden, daß die Umstellung von der DM auf die Europawährung wertgleich, also ohne Kaufkrafteinbuße erfolgt. Sie ist also keine Währungsreform wie 1948.

b. Ökonomische Voraussetzungen

Drei Voraussetzungen sind für die Sicherung einer stabilen Europawährung essentiell und im Vertrag ausdrücklich verankert:

1. Einheitliche Geldpolitik durch eine unabhängige Europäische Zentralbank;
2. Regelwerk zur Sicherung der Budgetdisziplin;
3. Erfüllung strenger Konvergenzkriterien für die Teilnahme.

---

[5] Europäischer Rat Edinburgh 11./12. Dezember 1992, Schlußfolgerungen des Vorsitzes, EG-Nachrichten, Nr. 15 vom 21. Dez. 1992, S. 7 ff.

Ähnlich wie beim Modell der Bundesbank ist das vorrangige Ziel der neu zu schaffenden *Europäischen Zentralbank* (EZB) die Wahrung der Preisniveaustabilität. Die neue Bank ist unabhängig von politischen Weisungen und darf keine Budgetdefizite durch Geldschöpfung finanzieren. Eine solche Grundstruktur der EZB (die nur durch eine Änderung und Ratifizierung des EG-Vertrages in allen Partnerländern modifiziert werden könnte, also Verfassungsrang besitzt), ist notwendig, um das Vertrauen der Bevölkerung in die neue Währung zu gewinnen. Sie ist aber auch notwendig, weil der disziplinierende Effekt des Währungswettbewerbs in Europa mit dem Übergang zu einer einheitlichen Währung weitgehend entfällt; im globalen Bereich würde allerdings der Währungswettbewerb mit dem US-Dollar und dem Yen fortbestehen.

Die Verankerung der Unabhängigkeit ist Ausdruck der Überzeugung und Erfahrung, daß von kurzfristigen Konjunktur- und Wahlinteressen autonome Zentralbanken langfristig bessere Stabilitätsergebnisse erzielen. Ein unabhängiger Status ist auch Voraussetzung dafür, an den modernen Finanzmärkten geldpolitisch möglichst flexibel und schnell reagieren zu können. Gleichwohl wird auch eine unabhängige Europäische Zentralbank stabilitätswidrigen Wünschen, ja Pressionen von Interessengruppen und Politikern ausgesetzt sein. Ungeachtet der Rechenschaftspflichten der Europäischen Zentralbank – regelmäßige Berichterstattung gegenüber der Öffentlichkeit und den politischen Instanzen – ist der formale Unabhängigkeitsstatus zwar weitreichend. Es wird aber immer auch auf die Fähigkeit der handelnden Personen im Leitungsgremium der Europäischen Zentralbank ankommen, eine breite Öffentlichkeit und die Regierungen für die Unterstützung der Stabilitätspolitik zu gewinnen.

Die Stabilität einer künftigen Europawährung wird immer wieder in Zweifel gezogen, wie etwa im Manifest der über sechzig deutschen Professoren vom Juni 1992.[6] Natürlich kann niemand für

---

[6] Das Manifest der 60 Professoren: Maastricht – eine Gefahr für Europa, in WISU, Heft 7/1992, S. 524;
Ernst Moritz Lipp,Ulrich Ramm und Norbert Walter: Stellungnahme zum Manifest der über 60 Professoren über die Maastricht-Beschlüsse zur Europäischen Wirtschafts- und Währungsunion, in: Deutsche Bundesbank, Auszüge aus Presseartikel, Nr. 42 vom 16. Juni 1992, S. 1/2.

eine neu zu schaffende Notenbank eine absolute Garantie für künftige Stabilitätsergebnisse abgeben, aber dies kann man für bestehende Notenbanken, deren Glaubwürdigkeit prinzipiell außer Frage steht, auch nicht durchgängig tun, wie die Erfahrung in Deutschland zu Beginn der 90er Jahre gezeigt hat. Das Statut der Europäischen Zentralbank bietet jedenfalls gute Voraussetzungen für die Schaffung einer stabilen Europawährung.

Eine Europäische Zentralbank operiert freilich nicht im luftleeren Raum, sondern ist auf Flankenschutz durch andere Politikbereiche, insbesondere *Disziplin in der Fiskalpolitik* angewiesen. Bei unsolidem Budgetverhalten eines oder mehrerer großer Länder drohen nämlich höhere Zinsen für die gesamte Union, wenn die EZB im Konfliktfall hart bleibt, um ihrem gesetzlichen Auftrag gerecht zu werden. Vom EG-Zentralhaushalt sind kaum Störungen für die einheitliche Geldpolitik zu erwarten, da sein Anteil am BSP der EG – zu Beginn der 90er Jahre gut 1 % – auch künftig relativ klein bleiben dürfte. Als problematisch könnte sich hingegen die Koinzidenz von zentraler Geldpolitik und überwiegend nationaler Verantwortung für die Fiskalpolitik erweisen. Um eine Überforderung der Geldpolitik durch unsolide nationale Budgetpolitiken zu vermeiden, hat der Maastricht-Vertrag drei „Sicherungen" eingebaut:

Erstens entfällt die Möglichkeit der Finanzierung von Budgetdefiziten durch Geldschöpfung der Notenbanken. Dieses Verbot, das bereits zu Beginn der 2. Stufe der Währungsunion ab 1. 1. 1994 gelten soll, ist in historischer Betrachtung geradezu revolutionär, da der politisch bequeme Ausweg einer Reduktion der Staatsschulden über Notenpresse und Inflationssteuer für die Teilnehmer der Währungsunion versperrt wird.

Zweitens sind weder die Gemeinschaft als ganzes noch einzelne Partnerländer zur finanziellen Solidarität für ein Mitgliedsland verpflichtet, das eine unsolide Wirtschafts- und Finanzpolitik betreibt. An der Ernsthaftigkeit dieser „no bail out"-Klausel wird gelegentlich Zweifel angemeldet. Einen Disziplinierungswert erhält diese Regel freilich erst, wenn ein „Budgetsünder" im Ernstfall damit rechnen muß, im Regen stehen zu bleiben und höhere Zinskosten für die Finanzierung der Staatsverschuldung zahlen zu müssen.

Drittens wird die Verpflichtung zur Budgetdisziplin durch qualitative Budgetkriterien – Einhaltung von Obergrenzen für das laufende und geplante Haushaltsdefizit des Gesamtstaates (3 % des BIP p.a.) sowie für den Schuldenstand (60 % des BIP) – untermauert. Die Einhaltung dieser Restriktionen wird von EG-Kommission und Ministerrat überwacht. Bei Überschreiten der Obergrenzen ist ein System abgestufter Sanktionen – u.a. Bußgelder – gegenüber dem entsprechenden Land vorgesehen. Ob hierdurch ein wirksamer politischer Disziplinierungsdruck ausgeübt werden kann, wird freilich die politische Praxis erweisen müssen.

Das Zusammenwirken dieser drei „Budgetsicherungen" dürfte aus heutiger Sicht allerdings geeignet sein, die Haushaltsdisziplin in der Währungsunion zu stärken. Hierzu wird auch das – seit Beginn der ersten Stufe der Währungsunion (1. 7. 1990) eingespielte – Verfahren der multilateralen Überwachung der Finanz- und Wirtschaftspolitiken durch den Ministerrat beitragen. Hilfreich dürfte in diesem Zusammenhang auch die Vorlage von mehrjährigen Konvergenzprogrammen durch ein jedes Land sein.

Die dritte ökonomische Voraussetzung für eine erfolgversprechende Währungsunion ist das *Erfüllen strenger Konvergenzbedingungen* für den Eintritt. Laut Unionsvertrag müssen niedrige Inflationsraten, eine dauerhaft tragbare Budgetposition, Wechselkursstabilität der eigenen Währung im EWS und – als Zeichen des Marktvertrauens – die Annäherung der langfristigen Zinsen nachgewiesen werden (s. Anhang). Kritik wird insbesondere an der möglicherweise zu großzügigen Auslegung der Budgetkriterien für den Einstieg geübt, d.h. der Einhaltung der vorgesehenen Obergrenzen für das gesamtstaatliche Defizit (von 3 % des BIP) und für den Schuldenstand (60 % des BIP), die auch in der Endstufe gelten. Der Vertrag sieht ausdrücklich dann Interpretationsspielraum vor, wenn die Budgetposition sich eindeutig auf dem Weg der Besserung befindet. So würde ein Hartwährungsland wie Belgien, das die Schuldenstandrelation selbst bei einer harten Austeritätspolitik mit hohen Budgetüberschüssen nicht bis Ende der Dekade von circa 130 % des BIP (1992) auf 60 % reduzieren kann, den Zutritt zur Währungsunion schaffen, wenn das Land seinen mittelfristigen Konsolidierungskurs beibehält. Bei großzügiger Handhabung des Schuldenstandkriteriums bei einem Land entsteht zweifellos das „me too"-Problem und damit das Risiko der Aufweichung. Das Bestandkriterium entspricht dem EG-Jahresdurchschnitt von 1989, d.h. es ist willkürlich gegriffen. Seine Erhaltung ist insofern von begrenzter Relevanz für die Geldpolitik in der Union, als der Schuldenstand bereits finanziert ist und die Märkte in den folgenden Budgetjahren nicht mehr belastet. Um so wichtiger ist es, beim Kriterium „laufendes Budgetdefizit" und den übrigen Kriterien stringent zu verfahren.

Als Nachteil wird gelegentlich angesehen, daß das Kriterium der Preisstabilität nicht präziser – z.B. Inflationsrate 2 % oder weniger p.a. – gefaßt wurde. Allerdings: Wer hier absolute Preisstabilität will, der fordert für Europa mehr, als in der Vergangenheit in Deutschland oder irgendeinem anderen Land Maßstab war. Der Durchschnitt der Inflationsraten der drei „Klassenbesten" – gemessen an den Verbraucherpreisen – ist die Meßlatte plus einer Toleranzmarge von 1,5 Prozentpunkten. Raten von vier Prozent oder mehr sind für den Einstieg in die Währungsunion stabilitätspolitisch allerdings nicht akzeptabel. Hier müssen beim Einstiegstest strenge Maßstäbe gelten.

Die heutige Zusage einer Teilnahme an der Währungsunion spätestens ab 1999 gilt also nur für den Fall einer erfolgversprechenden Stabilitätsgemeinschaft. Durch den Nachweis strenger Konvergenzkriterien ist eine zeitlich abgestufte Teilnahme der EG-Länder angelegt. Es besteht freilich für jedes Land die Möglichkeit der Nachqualifikation. Die Maastrichter Beschlüsse bieten damit einen nachhaltigen Ansporn für die EG-Mitgliedsländer, die Konvergenzanstrengungen zu verstärken, um nicht aus wirtschaftlichen Gründen vom Zutritt ausgeschlossen zu werden und in Europa nur zur zweiten Klasse zu gehören. Diesem Anreiz würde sicherlich ein Dämpfer versetzt, wenn die Perspektive einer Währungsunion entfallen würde. Mehrere EG-Länder haben erhebliche fiskalpolitische Sanierungsschritte eingeleitet, um ihre Konvergenzbilanz zu verbessern, vor allem Italien. Andererseits: Im Jahr 1992 haben nur zwei Länder die strengen Eintrittsvoraussetzungen erfüllt: Luxemburg und Dänemark. Ein Grund hierfür ist, daß sich angesichts der vielfach schwachen Konjunktur zu Beginn der 90er Jahre die Budgetkriterien in mehreren Ländern verschlechtert haben. Deutschland wäre 1992 aufgrund des vereinigungsbedingt erhöhten gesamtstaatlichen Budgetdefizits gescheitert, das mit etwa 4 % des Bruttosozialprodukts über dem erlaubten Limit von 3 % liegt. Deutschland wird in der Finanzpolitik erhebliche Anstrengungen unternehmen müssen, wenn bis zum ersten Konvergenztest für den Eintritt in die Währungsunion im Jahre 1996 alle Bedingungen erfüllt werden sollen.

6. Risiken

Der Sachverständigenrat hat die Marktwirkung des Maastricht-Vertrages um die Jahreswende 1992/93 treffend charakterisiert: „Der Vertrag von Maastricht beinhaltet Risiken, sein Scheitern auch."[7] Zunächst zu den möglichen Unwägbarkeiten bei der Implementierung der Währungsunion.

Erstens liegt ein mögliches Risiko in der mangelnden Akzeptanz der Währungsunion durch die Bevölkerung. Die Aufgabe der nationalen Währungen, die ja auch nationale Identifikationssymbole sind, muß von einer breiten Schicht der Bevölkerung nicht nur der Sache nach verstanden werden, sondern auch emotional mitgetragen werden, zumal der Schritt in die Endstufe nicht mehr ohne weiteres umkehrbar ist.

Zweitens: Ungeachtet der erwähnten Budgetsicherungen bleibt das (Rest-) Risiko einer mangelhaften Unterstützung der zentral gesteuerten Geldpolitik durch die in nationaler Regie verbleibende Fiskalpolitik. Die Vereinigungsfinanzierung in Deutschland zu Beginn der 90er Jahre hat jedenfalls ein nicht nachahmenswertes Beispiel einer Überforderung der Geldpolitik durch die Budgetpolitik geliefert. Bliebe die Europäische Zentralbank bei unsolider Finanzpolitik in einem oder mehreren (großen) Ländern hart, würde sie die Konjunktur in allen teilnehmenden Staaten über höhere Zinsen treffen.

Ein *drittes Risiko* wird in der Notwendigkeit von erheblichen öffentlichen Transfers in die wirtschaftlich schwächeren Regionen der Währungsunion gesehen, um nach dem Wegfall des Wechselkurses als „Ventil" einen Ausgleich für Anpassungsarbeitslosigkeit zu schaffen. Die Risiken für die Geldpolitik wären in der Tat erheb-

---

[7] Sachverständigenrat zur Begutachtung der gesamtwirtschaftlichen Lage, Jahresgutachten 1992/93, S. 43.

lich, wenn das Beschäftigungsrisiko in erster Linie durch großzügige Transfersysteme und erst in zweiter Linie von den Tarifparteien zu tragen wäre. Daß der Transferbedarf auch nur annähernd ähnliche Dimensionen wie innerhalb Deutschlands annimmt – 1992 circa 130 Mrd DM oder 4,3 % des BIP –, ist nicht zu erwarten, denn erstens dürften die strengen Eintrittsvoraussetzungen für eine zeitlich abgestufte Teilnahme gemäß Konvergenzperformance sorgen, und zweitens dürfte – auch aufgrund historischer Erfahrungen – die grenzüberschreitende Solidarität weitaus geringer sein und bleiben als im innerstaatlichen Bereich.

Als *vierter Risikofaktor* ist schließlich die Lohnpolitik zu nennen, deren Rolle im Unionsvertrag nur ungenügend umschrieben wird.[8] Das Hauptproblem wird hier darin gesehen, daß die Nominallöhne in den wirtschaftlich schwächeren Regionen ohne Rücksicht auf Produktivitätsunterschiede angeglichen werden und so Anpassungsarbeitslosigkeit entstehen könnte. Dem läßt sich freilich entgegenhalten, daß strenge Konvergenzkriterien dafür Sorge tragen werden, daß nur stabilitätserprobte Länder mit ähnlicher Position bei Produktivität und Nominallöhnen an der Währungsunion teilnehmen. Gegen produktivitätswidrige Lohnabschlüsse in der Währungsunion spricht auch, daß eine einheitliche Währung die Lohntransparenz erhöht und die „nationalen Arbeitsmärkte im Verhältnis zueinander zu echten Wettbewerbsmärkten machen wird."[9] Damit wird die Bildung von unionsweiten mächtigen Lohnkartellen erheblich erschwert und die Verantwortung der Tarifpartner für Löhne, Preise und Beschäftigung im Vergleich zum Status quo erhöht. Außerdem wird die lohnpolitische Disziplin dadurch gestärkt, daß das einzelne Land nicht mehr auf den Wechselkurs als Instrumentvariable zurückgreifen kann, um lohnpolitische Fehlentwicklungen durch eine Abwertung der eigenen Währung zu korrigieren. Höhere Lohnkostentransparenz, aber auch die relativ geringe grenzüberschreitende Mobilität der Arbeitskräfte im großen Währungsraum und die mangelnde politische Bereitschaft zu substantiellen Transferzahlungen, lassen durchaus eine produktivitätsorien-

---

8 H. Flassbeck: Die Sprengkraft eines großen Lohnkartells, FAZ vom 21. Nov. 1992.

9 Olaf Sievert, „Geld, das man nicht herstellen kann", FAZ vom 26. Sept. 1992.

tierte Lohnpolitik erwarten.[10] Ob die stabilitätspolitische Aufgabe der Europäischen Zentralbank unter diesen Vorzeichen für die Lohnpolitik effizienter „gefahren" werden kann, müßte freilich die einschlägige Praxis zeigen.

Auch ein Scheitern des Maastricht-Vertrages – sei es im weiteren Ratifizierungsprozeß oder sei es aufgrund mangelnder Erfüllung der Eintrittsvoraussetzungen oder sei es aus sonstigen Gründen – ist mit Risiken verbunden. Erstens haben die Währungsunruhen im Herbst/Winter 1992/93 verdeutlicht, daß der Zusammenhalt im EWS ohne die Perspektive einer Währungsunion, d.h. einer auf Konvergenz und Stabilität ausgerichteten Wirtschaftspolitik in den am Wechselkursverbund teilnehmenden Mitgliedsländern, gefährdet ist. Zweitens ist zu fragen, ob im Falle eines Scheiterns der erreichte hohe Stand der europäischen Integration überhaupt aufrechterhalten werden kann und der Binnenmarkt die erhofften Wachstumsimpulse in der Zukunft überhaupt bringen wird. Ein Rückfall in nationale Problemlösungen und negative Ausstrahlungen für die realwirtschaftliche Integration sind jedenfalls nicht auszuschließen.

7. Perspektiven

Aus den Erschütterungen des EWS im Herbst/Winter 1992/93 werden mit Blick auf das Projekt einer gemeinsamen Europawährung ECU sehr unterschiedliche Schlußfolgerungen gezogen. Auf der einen Seite des Spektrums wird dem Übergang zu flexiblen Wechselkursen in Europa[11] – und dem Verzicht auf die Umsetzung von Maastricht das Wort geredet. Damit könnte zwar vorübergehend Luft für eine eigenständige Zinspolitik in den Partnerländern Deutschlands geschaffen werden. Dem Integrationsgedanken und der Entwicklung des Binnenmarktes würde man damit aber einen Bärendienst erweisen. Andere wiederum bezeichnen die EWS-Erschütterungen als „reinigendes Gewitter", d.h. Wechselkursanpassungen dienten dem – notwendigen – Ausgleich aufgelaufe-

---

10 Heinrich Matthes, Währungsunion mit der Peripherie, in: Wirtschaftsdienst, XII/1992, S. 634 ff.

11 So z.B. Rüdiger Dornbusch anläßlich des „G 7-Council Meetings" am 12./13.1.1993 in Frankfurt, s. Börsenzeitung vom 14. Jan. 1993.

ner Divergenzen in der Entwicklung der Fundamentalfaktoren.[12] Dies muß einem späteren Übergang von der DM zum ECU nicht zum Nachteil gereichen. Im Gegenteil: eine überzeugende Wechselkursbereinigung kann an den Märkten zunächst einmal eine neue Phase der Wechselkursstabilität einleiten.

Auf der anderen Seite des Spektrums stehen die Vertreter der These, daß der Wirtschaft in einer Währungsunion die EWS-Turbulenzen und die resultierenden Unsicherheiten erspart geblieben wären, und fordern daher den möglichst raschen Übergang zur Währungsunion, notfalls auch eine kleine Währungsunion.

Eine solche Union ist im Rahmen des Maastricht-Vertrages nur möglich, wenn eine Mehrheit der EG-Länder die Voraussetzungen für den Eintritt in die Endstufe erfüllt. Dies ist aber zumindest 1992/93 nicht der Fall. Vor allem könnte Deutschland nicht teilnehmen, da es das Budgetkriterium ,,laufende Verschuldung" nicht erfüllt und auch die deutsche Inflationsrate schlicht zu hoch ist.

Eine kleine Währungsunion außerhalb des Maastricht-Vertrages ist rechtlich nur bei Zustimmung aller EG-Partner möglich und hätte den gravierenden Nachteil, daß sie den Stabilitätsanreiz für die Nachzügler schwächt und das Risiko der politischen Spaltung birgt. Strikte Eintrittskriterien müßten freilich auch hier gelten und der Übergang zu einer einheitlichen Geldpolitik sorgfältig vorbereitet werden. Vor diesem Hintergrund erscheint der Maastricht-Vertrag, der eine abgestufte Teilnahme mit der Möglichkeit der Nachqualifikation ausdrücklich vorsieht, die überlegene Alternative zu sein.

Ein Übergang von der DM zum ECU auf der Basis des Maastricht-Fahrplans – Währungsunion spätestens 1999 – erscheint aus heutiger Sicht unwahrscheinlich, wenn auch nicht gänzlich unmöglich. Wesentlicher als die strikte Einhaltung von Zeitplänen ist, daß der Konvergenzprozeß fortgesetzt wird und die Perspektiven für den Fortgang der europäischen Integration klar erkennbar bleiben. Hierzu ist zunächst einmal die Ratifizierung des Maastricht-Vertrages notwendig, die nach der Kompromißlösung

---

[12] Hans Tietmeyer, Auf dem Wege zur Europäischen Währungsunion: Wo stehen wir? in: Deutsche Bundesbank, Auszüge aus Presseartikeln, Nr. 71 vom 13. Okt. 1992, S. 2.

für das dänische Dilemma – zweites Referendum im Mai 1993 – und der vorgesehenen anschließenden Verabschiedung im britischen Unterhaus wahrscheinlicher geworden ist. Entscheidend für den Übergang von der DM zum ECU wird auch sein, ob eine ausreichende Anzahl von Ländern die Konvergenzkriterien erreichen wird. Die wirtschaftliche Schwächephase in der EG zu Beginn der 90er Jahre erschwert tendenziell die Erfüllung der Bugdetkriterien. Dies darf freilich nicht zu einer Aufweichung der Zugangsbarrieren führen. Schließlich besteht eine conditio sine qua non darin, durch Aufklärung über Maastricht und mehr Transparenz in den europäischen Entscheidungsprozessen die Akzeptanz der breiten Mehrheit der Bevölkerung für die Währungsunion zu gewinnen.

Zu den essentiellen Punkten auf dem Weg zur Europawährung gehört zweifellos die Konsolidierung und Komplettierung des durch die Währungsunruhen vom Herbst 1992 dezimierten EWS. Der Wille zu einer stabilitätsorientierten Wirtschaftspolitik muß in allen Ländern, vor allem in den Abwertungsländern klar erkennbar bleiben, damit auf der Grundlage des neuen Wechselkursgefüges der Konvergenzprozeß fortgesetzt werden kann. Während Italien, das mit seinem Sanierungsprogramm 1993 voll auf die europäische Karte setzt, zum frühsten möglichen Termin in den Wechselkursverbund zurückkehren will, hat Großbritannien eine über das Jahr 1993 hinausreichende Phase der EWS-Abstinenz angekündigt.

Als eine Konsequenz der europäischen Währungsturbulenzen vom Herbst 1992 werden Reformvorschläge zur Verbesserung der Funktionsweise des EWS diskutiert, die von erweiterten Interventionsmöglichkeiten zur Verteidigung der Wechselkurse über Veränderungen der Bandbreiten bis hin zu dem Vorschlag reichen, von der Einstimmigkeitsregel für Realignments abzugehen, um Wechselkursanpassungen zu erleichtern. Um die Stabilitätsdisziplin im System zu stärken, erscheint es derzeit wichtiger, von den bestehenden Regeln – einschließlich der Vornahme von Realignments und einem flexiblen Zinsmanagement zur Stabilisierung des Kursgefüges – Gebrauch zu machen als „neue Würfe" zu beschließen.

Wird der Maastricht-Vertrag 1993 durch Dänemark und Großbritannien ratifiziert, so kann die zweite Stufe der WWU – wie geplant – am 1. 1. 1994 beginnen. Sie beinhaltet u.a. das Verbot der monetären Finanzierung von Staatsdefiziten, die Integration einer möglichst großen Zahl von Währungen in den EWS-Wechselkursverbund zu Normalbedingungen sowie die Gründung des Europäischen Währungsinstituts (EWI). Dieses Institut hat die Aufgabe, für eine zunehmend engere Koordinierung der Geldpolitik zu sorgen und die einheitliche Geldpolitik in der Endstufe vorzubereiten. Die Geldpolitik bleibt aber noch in nationaler Verantwortung.

Auf dem Weg zur Währungsunion ist nicht auszuschließen, daß das Konvergenzkriterium „zweijährige spannungsfreie Teilnahme am EWS-Wechselkursmechanismus" zu verschiedenen, heute noch nicht genau festliegenden Zeitpunkten Spekulationen auf ein „letztes Realignment vor der Währungsunion" aufkommen läßt und hieraus Spannungen für das EWS resultieren. Auch hier wird es für eine Stabilisierung des EWS darauf ankommen, den policy mix im Land der Ankerwährung nachhaltig zu verbessern und die Wechselkurse durch glaubwürdige Stabilitätspolitiken zu untermauern.

Ein Kernpunkt für den Übergang von der DM zu einer Europawährung ist freilich der Aufbau einer unabhängigen Europäischen Zentralbank, die mit dem Einstieg in die Endstufe der Währungsunion und der unwiderruflichen Fixierung der Wechselkurse der teilnehmenden Währungen die alleinige Verantwortung für die geldpolitische Steuerung übernimmt. Der Ausschuß der EG-Notenbankpräsidenten hat für die geldpolitischen Vorbereitungsarbeiten bereits Arbeitsgruppen berufen. Im Statut des Europäischen Systems der Zentralbanken (ESZB), das Bestandteil des Maastrichter Vertrages ist, ist lediglich der instrumentelle Rahmen für die einheitliche Geldpolitik abgesteckt, nicht jedoch die konkrete Ausgestaltung und das Zusammenwirken der Instrumente festgelegt worden. Positiv ist freilich, daß der Schwerpunkt auf marktorientierten Instrumenten liegen soll.

Im Zuge der Währungsunionsdebatte und des Binnenmarktprozesses ist bereits eine Konvergenz des geldpolitischen Instrumentariums in Europa in Gang gekommen, und zwar in Richtung marktorientierter Steuerung von Geldmenge und Zinsen. Dies findet seinen Niederschlag in der zunehmenden Bedeutung der Wertpapierpensionsgeschäfte für die geldpolitische Steuerung sowie in einer spürbaren Senkung der Mindestreservebelastung zu Beginn der 90er Jahre in Deutschland, Frankreich, Italien und Spanien. Der Trend zur Annäherung der Instrumente dürfte weitergehen, nicht zuletzt wegen der Strukturveränderungen im Finanzsektor im Zuge des Binnenmarktprogramms. Gleichwohl bleibt hinsichtlich der Ausgestaltung der relativen Bedeutung der Instrumente noch erheblicher Harmonisierungsbedarf, insbesondere mit Blick auf die Rolle des Rediskontkredits und der Mindestreserve. Besondere Behutsamkeit ist mit Blick auf die Wettbewerbsfähigkeit der Finanzplätze der Union bei der vertraglich möglichen Einführung der Mindestreserve geboten.

Neben der Instrumentenfrage ist auch die Frage des geldpolitischen Zwischenziels zu klären. Hier ist die Vorgabe eines – wie auch immer definierten – Geldmengenzieles wahrscheinlich zweckmäßiger als die Wahl eines – leicht politisierbaren – Zinszieles oder gar eines Wechselkurszieles zum US-Dollar, das rasch mit dem Ziel der Preisstabilisierung in Konflikt geraten könnte. Bei der notwendigen Verteilung der operationalen Zuständigkeit für die Geldpolitik auf die EZB und die nationalen Zentralbanken steht ein dezentraler Aufbau à la Bundesbank oder Bank deutscher Länder eher mit dem Subsidiaritätsprinzip des Maastricht-Vertrages in Einklang als ein zentrales Modell à la Bank of England.

Ein wesentlicher Aspekt auf dem Weg von der DM zum ECU ist, daß Mißverständnisse über die Bedeutung des Begriffes ECU ausgeräumt werden. Nach den Währungsunruhen vom Herbst 1992 ist der ECU gegenüber der DM und den übrigen Währungen des Hartwährungsblocks (Französischer Franc, Beneluxwährungen und dänische Krone) um circa 4 % abgewertet worden, was dem Stabilitätsnimbus des ECU stark geschadet hat. Um so wichtiger ist der Hinweis, daß die Bezeichnung ECU, die einer altfranzösischen Münze und gleichzeitig der englischen Abkürzung für European Currency Unit entspricht, für zwei völlig verschiedene Sachverhalte steht:

Erstens ist der ECU eine Kunstwährung, ein Währungskorb, der sich aus dem gewogenen Durchschnitt der 12 – qualitativ noch unterschiedlichen – EG-Währungen zusammensetzt und an den Märkten, z.B. für Anleihen, bereits rege Verwendung gefunden hat.

Zweitens soll ECU aber auch die Bezeichnung für die künftige Europawährung sein.

Zwischen dem heutigen ECU und der Europawährung wird es

voraussichtlich einen nahtlosen Übergang – einen rekurrenten Anschluß – geben. Mit dem Eintritt in die Währungsunion werden dann – wie erwähnt – die Umtauschkurse zwischen den teilnehmenden Währungen und ihre jeweilige Relation zum ECU unwiderruflich festgeschrieben. Dabei geht die alleinige geldpolitische Verantwortung auf die Europäische Zentralbank über und der ECU verliert seinen heutigen Charakter als Währungskorb und wird zur eigenständigen Europawährung. Wie auch immer sich der europäische Integrationsprozeß weiter entwickeln wird, der Maastricht-Vertrag hat dafür gesorgt, daß das Thema Währungsunion in den kommenden Jahren einen prominenten Platz auf der EG-Agenda einnehmen wird.

Anhang

Konvergenzkriterien für die Endstufe der Währungsunion

1. Die Inflationsrate eines Landes darf im Jahr vor der Eintrittsprüfung höchstens 1,5 Prozentpunkte über dem Schnitt der Inflationsraten der drei stabilsten Währungen liegen. Maßstab ist ein vergleichbarer Index der Verbraucherpreise.
2. Das gesamtstaatliche Budgetdefizit (einschl. Sozialversicherungen) p.a. darf 3 % des Bruttoinlandsprodukts (BIP) nicht übersteigen, der Schuldenstand nicht höher als 60 % des BIP sein.
3. Die Währung eines Mitgliedsstaates muß mindestens zwei Jahre lang vor der Eingangsprüfung am Wechselkursverbund des EWS mit der normalen Bandbreite teilgenommen haben; die Landeswährung darf dabei nicht auf Initiative des betreffenden Landes abgewertet worden sein.
4. Die langfristigen Marktzinsen eines Mitgliedslandes (gemessen an Regierungsanleihen) dürfen im Jahr vor dem Einstiegstest nicht mehr als zwei Prozentpunkte über dem Durchschnitt der entsprechenden Zinsen in den drei preisstabilsten Ländern liegen.

Klaus Schrader

Osteuropa in der Reformkrise: Hindernisse auf dem Weg zur Marktwirtschaft

I. Einleitung

Mit dem Beginn der 90er Jahre fing für die Länder Osteuropas* eine neue Zeit an: Die Diktatur des Proletariats – verkörpert durch die kommunistischen Einheitsparteien – endete ebenso wie die sowjetische Vorherrschaft in Osteuropa. Das System der zentralen Planwirtschaft, das schon seit den 80er Jahren zunehmend unter Druck geraten war, brach in diesen Ländern endgültig zusammen. Seitdem befinden sich die osteuropäischen Länder auf der Suche nach einer Wirtschaftsordnung, die ihnen zu dem wirtschaftlichen Fundament ihrer neugewonnenen politischen Freiheiten verhelfen soll. Denn die gegenwärtige Phase des Systemwechsels ist von großer wirtschaftlicher Instabilität geprägt: Die Sozialprodukte sind um zweistellige Raten geschrumpft, wobei der Zusammenbruch der Industrieproduktion einen großen Anteil hat; als Folge des Schrumpfungsprozesses steigt die offene Arbeitslosigkeit; die Inflationsraten erreichen durchweg zwei- bis dreistellige Werte, in der Russischen Föderation droht gar eine Hyperinflation; die Außenwirtschaftsbeziehungen sind durch Ungleichgewichte und starke Schrumpfungen im Handel sowie durch eine relativ hohe Verschuldung in konvertibler Währung gekennzeichnet.[1] In dieser Situation sehen die politischen Entscheidungsträger Osteuropas den Übergang zu einer prinzipiell marktwirtschaftlichen Ordnung als Lösung für die wirtschaftlichen Probleme an. Die Vorstellungen über die Ausgestaltung der gewünschten marktwirtschaftlichen Ordnung

---

* Dazu werden folgende Länder gezählt: Bulgarien, CSFR, Polen, Rumänien, die Russische Föderation und Ungarn.

[1] Vgl. Bernhard Heitger, Klaus Schrader, Eckhardt Bode, Die Länder Mittel- und Osteuropas als Unternehmensstandort. Kieler Studien, 250, Tübingen 1992.

spiegeln neue und alte Leitbilder wider: Zum einen wird eine Marktwirtschaft mit sozialen Sicherungsmechanismen als erstrebenswert angesehen, wie sie etwa in Deutschland verwirklicht ist; zum anderen möchte man sich nicht dem freien Spiel der Marktkräfte aussetzen, sondern weiterhin dem Staat Aufgaben der Wirtschaftslenkung übertragen. Während die soziale Absicherung der Bevölkerung möglichst umgehend realisiert werden soll, sollen die marktwirtschaftlichen Wirkungsmechanismen graduell und lediglich kontrolliert zur Entfaltung kommen.

Dabei wird verkannt, daß die Qualität des sozialen Netzes maßgeblich von der Höhe des Pro-Kopf-Einkommens in einer Volkswirtschaft abhängt. Die Entwicklung des Pro-Kopf-Einkommens wird wiederum entscheidend durch die ordnungspolitischen Rahmenbedingungen beeinflußt, die möglichst freizügig zu gestalten sind, wenn ein schnelles Wachstum möglich werden soll. Für die Länder Osteuropas heißt das, daß in der gegenwärtigen Ausgangssituation die soziale Absicherung darauf beschränkt werden muß, das physische Existenzminimum zu gewährleisten. Zudem muß die neue Wirtschaftsordnung wesentlich „marktwirtschaftlicher" als in den „reifen" Marktwirtschaften des Westens sein, um den wirtschaftlichen Aufholprozeß einleiten zu können. Denn im Vergleich zu den westlichen Industrieländern, die bislang noch die Belastungen ihrer Regulierungsgeflechte tragen konnten, verursacht jeder staatliche Eingriff in den Marktmechanismus in den Ländern Osteuropas aufgrund des niedrigeren Entwicklungsniveaus wesentlich höhere Opportunitätskosten. Daher muß es das Ziel jeder Reformpolitik sein, Hindernisse auf dem Weg zur Marktwirtschaft schnell und vollständig zu beseitigen. Die Idee, über eine schrittweise Einführung marktwirtschaftlicher Ordnungsprinzipien die unvermeidlichen Anpassungskosten sozial verträglich auf einen längeren Zeitraum zu verteilen, verkennt, daß diese Anpassungskosten keine statischen Größen, sondern vielmehr eine Funktion der Störungsdauer des Marktmechanismus sind.

Im folgenden soll versucht werden, prägnante Reformdefizite in den osteuropäischen Ländern aufzuzeigen, die die Funktionstüchtigkeit des Marktmechanismus beeinträchtigen. Zu diesem Zweck wird ein Kriterienkatalog verwendet, der auf den wesentlichen Bestandteilen einer marktwirtschaftlichen Ordnung basiert. Folgende

Kriterien sind in diesem Katalog enthalten: Rechtsordnung, Eigentumsfrage, Wettbewerbsregeln, Verfassung der Märkte, makroökonomische Rollenverteilung und außenwirtschaftliche Offenheit. Der Kriterienkatalog repräsentiert ein Referenzsystem für den marktwirtschaftlichen Idealzustand (das „Soll") und ermöglicht somit, Verstöße gegen die marktwirtschaftliche Ordnung (das „Ist") als solche zu identifizieren.[2]

II. Reformhindernisse in Osteuropa[3]

1. Zur Rechtsordnung

Die Qualität des Rechtssystems ist für eine Volkswirtschaft in zweierlei Hinsicht bedeutsam: Das Rechtssystem muß Sicherheit vor politischer Willkür gewähren und die marktwirtschaftliche Ordnung selbst garantieren; zudem muß es die Durchsetzbarkeit von Ansprüchen aus privaten Verträgen garantieren. Damit stellt das Rechtssystem ein öffentliches Gut dar, das als Voraussetzung für die Produktion privater Güter anzusehen ist und vom Staat angeboten werden muß. So bedarf es staatlicher Macht, um die von der markt-

[2] Verwendet wurde dieser Kriterienkatalog schon in den ordnungspolitischen Analysen von Hans H. Glismann, Klaus Schrader, „Zur ordnungspolitischen Situation in den Ländern Mittel- und Osteuropas". Die Weltwirtschaft, 1991, H. 2; Klaus Schrader, Claus-Friedrich Laaser, Kompromisse statt Marktwirtschaft – Reformdefizite in der Russischen Föderation, der Ukraine, Weißrußland und den baltischen Staaten. Institut für Weltwirtschaft, Kieler Diskussionsbeiträge, 186/187, Juni 1992.

[3] Die im folgenden verwendeten Informationen über die Reformpolitik in Osteuropa sind Untersuchungen entnommen, die am Institut für Weltwirtschaft (Kiel) durchgeführt wurden: Klaus Schrader, „In Search of the Market-Reform Policy in Successor States of the Soviet Union". In: László Csaba (Ed.), Recreating the Market. London 1993 (to be published); Bernhard Heitger, Klaus Schrader, Eckhard Bode, a.a.O.; Klaus Schrader, Claus-Friedrich Laaser, a.a.O.; Hans H. Glismann, Klaus Schrader, „Ordnungspolitik in Ost- und Südosteuropa". Orientierungen, Bd. 52, 1992, S. 32–39; Deutsches Institut für Wirtschaftsforschung, Institut für Weltwirtschaft, Institut für Wirtschaftsforschung Halle, Die wirtschaftliche Lage Rußlands und Weißrußlands. Institut für Weltwirtschaft, Kieler Diskussionsbeiträge, 193/194, Oktober 1992.

wirtschaftlichen Ordnung angebotenen Formen der wirtschaftlichen Bestätigung für jeden einzelnen rechtlich zu garantieren und den Vertrauensschutz für den Bestand dieser Ordnung zu gewähren. Diese staatliche Macht muß selbst kontrolliert werden, um die Gefahr politischer Willkür zu vermeiden, die die Rechtssicherheit permanent in Frage stellen würde. Diese Kontrolle ist vor allem in den Ländern Osteuropas wichtig, wo der jahrzehntelange Mißbrauch staatlicher Macht zu einem Mißtrauensmalus gegenüber jeglichen staatlichen Institutionen geführt hat.[4] Ein Schutz vor politischer Willkür erscheint am ehesten dann gewährleistet zu sein, wenn eine Gewaltenteilung mit gegenseitiger Kontrolle besteht, das Rechtswesen frei von staatlicher Bevormundung ist und auch staatliche Entscheidungen gerichtlich überprüfbar sind. Weiterhin muß das Rechtssystem die private Vertragsfreiheit, die den Kern einer marktwirtschaftlichen Ordnung ausmacht, garantieren. Diese Garantie erfordert das Vorhandensein von Sanktionsmechanismen für den Fall der Vertragsuntreue. Die Bereitstellung der notwendigen Rechtsinfrastruktur und des Rechtsinstrumentariums, um vertraglichen Ansprüchen Geltung verschaffen zu können, ist als originäre Staatsaufgabe anzusehen.

In der Mehrzahl der Länder Osteuropas wird mit Erfolg versucht, eine Gewaltenteilung zwischen Legislative, Exekutive und Jurisdiktion mit gegenseitiger Kontrolle zu etablieren. In Ländern wie Ungarn, Polen und der bisherigen Tschechoslowakei erweisen sich entsprechende historische Erfahrungen der Zwischenkriegszeit als hilfreich.[5] In Rumänien beeinträchtigt die starke Stellung des Staatspräsidenten die in der neuen Verfassung festgeschriebene Gewaltenteilung und eröffnet damit der politischen Willkür einen gewissen Spielraum. In den meisten osteuropäischen Ländern sind jedoch die Kompetenzen der einzelnen Gewalten relativ deutlich voneinander abgegrenzt, die Durchsetzbarkeit legislativer und administrativer Akte („Enforcement") scheint im Prinzip gewährleistet zu sein. Die große Ausnahme stellt die Russische Föderation dar, wo ein Zustand institutioneller Anarchie herrscht: Eine echte Ge-

---

4 Vgl. Hans H. Glismann, Klaus Schrader, a.a.O.

5 Vgl. Bernhard Heitger, Klaus Schrader, Eckhardt Bode, a.a.O.

waltenteilung fehlt, da der Präsident und die Regierung weitgehend auf der Basis von Dekreten statt auf der Basis parlamentarisch verabschiedeter Gesetze regieren. Allerdings ist diese Vorgehensweise insofern verständlich, da die noch zu Zeiten der kommunistischen Herrschaft gewählten Abgeordneten des Volksdeputiertenkongresses und des obersten Sowjets mehrheitlich die Reformen zu blockieren versuchen. Zusätzliche Unsicherheiten entstehen durch die unklaren Kompetenzverteilungen zwischen den einzelnen staatlichen Ebenen der Russischen Föderation. So treffen Legislativ- und Exekutivorgane der unterschiedlichen Gebietskörperschaften zum gleichen Gegenstand oftmals widersprüchliche Entscheidungen. Hinzu kommt, daß das Enforcement legislativer und administrativer Akte mangels staatlicher Autorität oftmals dem Zufall unterworfen ist. Damit fehlen Rechtssicherheit, Rechtsgarantien und Vertrauensschutz, die das Fundament jeglicher Reformpolitik bilden, in der Russischen Föderation fast vollständig – ein entscheidendes Reformhindernis, das auch in Osteuropa seinesgleichen sucht.

In allen osteuropäischen Ländern ist der Rechtsweg auch gegen staatliche Entscheidungen zumindest auf dem Papier offen. Jedoch fehlt es dieser Rechtswegegarantie so lange an praktischer Relevanz, wie das Justizwesen personell nicht erneuert ist, die Instanzenwege nicht reorganisiert und die Verfahrenskosten prohibitiv hoch sind; d.h. das Vertrauen der Bürger in die Unabhängigkeit und Effektivität der Gerichte muß erst aufgebaut werden.

Die private Vertragsfreiheit ist in den Ländern Osteuropas hauptsächlich für ausländische Investoren eingeschränkt, denen in der Regel etwa der Erwerb von Grund und Boden untersagt ist. Dabei spielen Ängste vor einem „Ausverkauf“ des Landes eine Rolle, obwohl gerade ausländisches Kapital sowie unternehmerisches und technisches Know-how zur Umstrukturierung der Wirtschaft benötigt werden. Die wenig imposante Direktinvestitionsstatistik zeigt jedoch, wie unbegründet die Ängste vor dem „Ausverkauf“ sind, der schließlich nichts anderes bedeuten würde, als daß ausländische Investoren ihr Kapital den gesetzlichen Rahmenbedingungen des Investitionslandes anvertrauen und zur Wertschöpfung in diesem Land beitragen. Dort wo die private Vertragsfreiheit garantiert ist, ergibt sich häufig das Problem der Vertragstreue, zumal das Gerichtswesen aufgrund der schon dargestellten Mängel nur bedingt wirksame Sanktionsmechanismen bereitstellt.

2. Die Eigentumsfrage

Ein grundlegendes Element einer marktwirtschaftlichen Ordnung und notwendige Bedingung für die effiziente Allokation der volkswirtschaftlichen Ressourcen ist die Existenz privaten Eigentums, vor allem an Produktionsmitteln und Immobilien. Privates Eigentum im marktwirtschaftlichen Sinne heißt, daß dem Eigentümer das exklusive Recht auf Nutzung und Übertragung seines Eigentums sowie auf Ertragserwirtschaftung durch die Rechtsordnung garantiert wird.[6] Diese Verfügungsrechte müssen zudem durch einc Bestandsgarantie für das Eigentum ergänzt werden. Sofern diese Garantien vorliegen, bestehen für den Eigentümer Anreize, möglichst rentable Verwendungen für sein Eigentum zu suchen und sein Eigentum verwendungsfähig zu halten, selbst wenn er dafür einen Teil seiner Erträge aufwenden muß. Bei öffentlichem Eigentum fehlen gerade diese Anreize, da die Verfügungsfreiheit des Nutzers relativ stark eingeschränkt und sein Einkommen weitgehend von dem wirtschaftlichen Ertrag entkoppelt ist. Die Folgen fehlender privater Anreize konnten in den Zentralverwaltungswirtschaften Osteuropas beobachtet werden: Es wurde ohne Rücksicht auf die Kosten und die Erhaltung der industriellen Substanz produziert, so daß schließlich die Produktion zunehmend schrumpfte. Daher ist es für den Wohlstand eines Landes entscheidend, daß das Privateigentum die eindeutig dominierende Eigentumsform ist. Öffentliches Eigentum sollte nur in dem Maße bestehen, wie es für die Bereitstellung öffentlicher Güter erforderlich ist.

In allen osteuropäischen Ländern ist mittlerweile die Bildung von Privateigentum erlaubt, wenn auch nicht zu erwarten ist, daß das Privateigentum in absehbarer Zeit die dominierende Eigentumsform sein wird. In der Russischen Föderation sieht allerdings das Eigentumsgesetz neben dem Privateigentum weiterhin explizit Formen

---

[6] Vgl. Ingo Böbel, Eigentum, Eigentumsrechte und institutioneller Wandel. Berlin 1988, S. 18 ff.

des staatlichen bzw. gesellschaftlichen Eigentums vor; die Dominanz des Privateigentums scheint politisch nicht gewünscht zu sein. Einschränkungen bei der privaten Eigentumsbildung sind durchweg für Ausländer vorzufinden, wovon neben dem Bodenerwerb auch die Teilnahme an der Privatisierung und das Engagement in bestimmten Sektoren – etwa dem Finanzsektor – betroffen sind. Es fällt zudem auf, daß in den agrarisch geprägten Ländern Bulgarien und Rumänien die private Verfügung über landwirtschaftliche Nutzflächen Restriktionen unterliegt: Der Weiterverkauf ist eingeschränkt (Bulgarien), bzw. eine festgelegte Höchstfläche darf nicht überschritten werden (Rumänien). Auch die Russische Föderation kennt Weiterverkaufsbeschränkungen für private Grundstücke.

Mit Ausnahme der Russischen Föderation wird in den osteuropäischen Ländern versucht, auf dem Wege der Restitution, d.h. der Rückführung enteigneten Eigentums an Alteigentümer bzw. deren Erben, an die Privateigentumsstrukturen der Zwischenkriegszeit anzuknüpfen und auf diese Weise einen Teil des bestehenden Staatseigentums zu privatisieren. Die Restitution kann sich jedoch als Privatisierungshindernis erweisen, wenn sie dinglich erfolgt und die Eigentumsansprüche mangels vollständiger Grundbücher nur in einem zeitraubenden Prozeß geklärt werden können (Bulgarien); gleiches gilt für die Ankündigung von Restitutionsmaßnahmen, ohne daß eine politische Einigung über die gesetzliche Ausgestaltung gefunden wird (Polen). Die in beiden Fällen entstehenden Unklarheiten führen zu einer Verlangsamung des Privatisierungsprozesses anstelle der gewünschten Beschleunigung mit Hilfe der Restitution.

Die Privatisierung öffentlichen Eigentums ist in allen Ländern Osteuropas vorgesehen. Im Rahmen der sogenannten „kleinen" Privatisierung – betroffen sind hier in der Regel Kleinbetriebe des Handels, des Handwerks und der sonstigen Dienstleistungen – ist in den osteuropäischen Ländern, außer in der Russischen Föderation, ein großer Teil der entsprechenden Unternehmen bereits in Privateigentum überführt worden. Jedoch sind bislang kaum Erfolge bei der sogenannten „großen" Privatisierung, die vor allem die größeren Industriebetriebe betrifft, erzielt worden. Die Gründe sind vielfältig: Ungarn und Bulgarien haben sich für die Einzelprivatisierung von Unternehmen entschieden, die sich als sehr zeitaufwendig erweist; ein Ende ist nicht absehbar, zumal in Bulgarien erst 1992 ein Privatisierungsgesetz verabschiedet wurde. Rumänien hat eine Kombination von Einzel- und Massenprivatisierung gewählt, die darauf hinausläuft, daß auf längere Frist ein Staatseigentumsfonds den Großteil der Unternehmen verwaltet; ausgewählte staatliche Regiebetriebe sind zudem von der Privatisierung gänzlich ausgenommen. In Polen wurde ein Konzept für eine Massenprivatisierung entwickelt, das bislang jedoch auf seine politische Umsetzung wartet. Schließlich ist in der Russischen Föderation nicht einmal mehr sichergestellt, daß die jeweiligen staatlichen Eigentümer tatsächlich die Verfügungsgewalt über die Unternehmen haben, die sie privatisieren wollen; außerdem ist offen, welche Gestalt die sich ständig ändernde Mischung aus Einzel- und Massenprivatisierung letztlich haben wird – von ihrer praktischen Relevanz ganz abgesehen. Lediglich die bisherige CSFR verzeichnet erste Erfolge mit ihrem allerdings recht komplizierten Konzept der Massenprivatisierung auf Voucher-Basis, wenn auch offen ist, welche Folgen die Teilung der CSFR in eine tschechische und eine slowakische Republik ab 1993 für die „große" Privatisierung haben wird.[7]

3. *Wettbewerbsregeln*

Eine effiziente Nutzung der volkswirtschaftlichen Ressourcen ist dann zu erwarten, wenn die Wirtschaftsordnung dem Wettbewerbsprinzip verpflichtet ist, also die Offenheit der Märkte garantiert und den Mißbrauch wirtschaftlicher Macht sanktioniert. Denn der Wettbewerb zwingt die Wirtschaftssubjekte zu einer permanenten Suche nach neuen Produkten, Produktionsverfahren und Produktionsstandorten, um gegenüber der Konkurrenz bestehen zu können. Der Wettbewerb kann daher im Sinne von Hayek[8] als ein

---

[7] Vgl. Hans H. Glismann, Klaus Schrader, Der Privatisierungsprozeß in Osteuropa. Kiel 1993, mimeo.

[8] Vgl. Friedrich August v. Hayek, Der Wettbewerb als Entdeckungsverfahren. Kieler Vorträge, N.F., 68, Tübingen 1968.

Entdeckungsverfahren bezeichnet werden, das Anreize zur Innovation, also zur Entdeckung neuer Gewinnmöglichkeiten gibt sowie gleichzeitig für die Kontrolle von Kosten und Produktivität sorgt. Die Konsumenten profitieren von diesem Wettbewerb, indem sie quantitativ, qualitativ und preislich bestmöglich versorgt werden. Aufgrund der Neigung von Marktteilnehmern zu wettbewerbsbeschränkenden Absprachen und Kartellen ist der Wettbewerb ein ständig gefährdetes Gut, das entsprechenden Schutzes bedarf. In westlichen Industrieländern wird versucht, diesen Schutz durch Verbote wettbewerbsbeschränkender Absprachen und durch die institutionelle Kontrolle wirtschaftlicher Macht zu gewähren. Dabei sind die Konzeptionen der Wettbewerbsaufsicht nicht einheitlich und die Kriterien für marktbeherrschende Stellungen von Unternehmen für den Tatbestand des Mißbrauchs wirtschaftlicher Macht und für das Vorliegen wettbewerbsbeschränkender Praktiken umstritten. Da der Aufbau eines institutionalisierten Kontrollsystems einen längeren Zeitraum beansprucht, ist eine einfachere und raschere Vorgehensweise gegen die vorherrschenden Monopolstrukturen in den osteuropäischen Ländern notwendig. Daher bietet es sich an, den Wettbewerb von außen im Sinne einer Niederlassungs- und Gewerbefreiheit für Ausländer sowie eines liberalen Außenhandelsregimes zuzulassen. Die eigentliche Entflechtung der Monopolstrukturen sollte im Zuge der Privatisierung vollzogen werden.

In den osteuropäischen Ländern erscheint rein formal der Marktzutritt ausländischer Konkurrenten weitgehend gesichert zu sein – ausgenommen in den Bereichen, wo sich der Staat ein Monopol sichern will (etwa Bahn, Post, Fernmeldewesen, Energieversorgung). Zutrittshemmnisse stellen sicherlich auch die für Ausländer geltenden Einschränkungen der Vertragsfreiheit und bei der Teilnahme an der Privatisierung dar (vgl. 1. und 2.). Jedoch dürfte ein generelles Hindernis für den Marktzutritt in den unvollkommenen und instabilen Rahmenbedingungen zu sehen sein – in Ungarn, der CSFR und Polen weniger als in der Russischen Föderation, Rumänien und Bulgarien. Die in allen osteuropäischen Ländern vorfindbaren Ansätze der institutionellen Kontrolle wettbewerbsbeschränkender Maßnahmen bzw. wirtschaftlicher Macht können lediglich als erste Schritte zu einer noch fernen marktkonformen

Wettbewerbsaufsicht angesehen werden. Am Beispiel der Russischen Föderation wird allerdings auf besonders eklatante Art und Weise deutlich, wie eine staatliche Wettbewerbsaufsicht marktwirtschaftliche Reformen unterlaufen kann: Die russische Antimonopolpolitik tendiert dazu, eine Monopolregulierung über Preise, Produktionsmengen und Produktqualitäten zu betreiben. Diese Vorgehensweise unterscheidet sich kaum von dem System administrativer Vorgaben zu Zeiten der zentralen Planwirtschaft. Eine Preisliberalisierung wird bei einer derartigen Monopolregulierung ad absurdum geführt, da diese Regulierung aufgrund der immer noch dominierenden Monopolstrukturen weite Teile der Wirtschaft betrifft. Die Fortschritte bei der Entflechtung dieser Monopolstrukturen hängen jedoch entscheidend von dem Fortgang der großen Privatisierung ab, die, abgesehen von der CSFR, in den osteuropäischen Ländern auf der Stelle tritt. Da anzunehmen ist, daß sich die alten Industriemonopole durch einen besonders geringen Grad an Wettbewerbsfähigkeit auszeichnen und eine Privatisierung zwangsläufig eine große Zahl an Freisetzungen von Arbeitskräften zur Folge hat, erscheint eine schnelle Zerschlagung dieser Strukturen in den meisten Ländern unwahrscheinlich zu sein. Schließlich ist nicht daran gedacht, in den oben genannten Bereichen die staatlichen Monopole aufzugeben; in Rumänien und der Russischen Föderation ist dieser Ausnahmebereich noch weiter gezogen. Das schlechte Beispiel westlicher Industrieländer scheint hier insgesamt Schule zu machen, obwohl selbst im Bereich der Infrastruktur private Angebote möglich sind und die entsprechenden Engpässe relativ schnell beseitigen könnten.

4. Die Verfassung der Märkte

Die Konsumenten- und Produzentensouveränität sind Kennzeichen freier Märkte: Während es den Käufern überlassen bleibt, einen Preis zu bestimmen, zu dem sie ein Gut nachfragen wollen, steht es auch den Verkäufern frei, Preise für die von ihnen angebotenen Güter zu fixieren. Mit Hilfe des Preismechanismus erfolgt eine Koordination von Angebot und Nachfrage, indem sich ein Gleichgewichtspreis herausbildet, bei dem der Markt geräumt wird. Das auf diese Weise entstehende System relativer Preise gibt Auskunft über die relativen Knappheiten von Gütern und Dienstleistungen, so daß die verfügbaren Ressourcen in ihre bestmöglichen Verwendungen gelenkt werden können. Wenn jedoch von staatlicher Seite – etwa durch die Vorgabe von Mindest- oder Höchstpreisen – die Souveränität von Käufern und Verkäufern beschnitten wird, kann diese dezentrale Koordination der Wirtschaft über den Preismechanismus nur noch eingeschränkt erfolgen – Allokationsverzerrungen sind die Folge. Wie die Erfahrungen der osteuropäischen Länder zeigen, ist die zentrale Koordination über ein System administrierter Preise nicht geeignet, Angebot und Nachfrage auf den Märkten in ein Gleichgewicht zu bringen. Die staatliche Planbehörde ist nicht in der Lage, die Menge an Informationen zu sammeln und zu verarbeiten, wie es im freien Spiel von Angebot und Nachfrage über die Preise möglich ist. Weiterhin kann der Preismechanismus nur funktionieren, wenn für jedes Wirtschaftssubjekt der Marktzutritt und der Marktaustritt jederzeit offen steht: Einerseits muß es den Produzenten möglich sein, die Güter und Dienstleistungen, bei denen sie ihre komparativen Vorteile vermuten, frei anzubieten; andererseits muß die Rechtsordnung über ein Konkurs- und Liquidationsrecht den Marktaustritt nicht wettbewerbsfähiger Anbieter gewährleisten, damit der Sanktionsmechanismus des Marktes wirken kann.

Trotz der mittlerweile in allen osteuropäischen Ländern durchgeführten Preisliberalisierung ist die Preisbildung auf den Güter- und Dienstleistungsmärkten zum Teil weiterhin eingeschränkt. So gibt es durchweg staatliche Höchstpreisregelungen für Güter des Grundbedarfs sowie für Mieten und Energieträger. Es wird der Eindruck vermittelt, daß diese Länder ihre Sozialpolitik über staatliche Preisvorschriften gestalten wollen, anstatt über allokationsneutrale Sozialtransfers eine soziale Grundsicherung bereitzustellen. Die Preispolitik der Russischen Föderation geht über diese Zielsetzung hinaus, da die wesentlich umfangreicheren staatlichen Preisfixierungen auch als Instrument der Antimonopolpolitik dienen (siehe 3.) und damit die freie Preisbildung noch weiter einschränken. Disziplinierend wirkt sich in diesem Zusammenhang die immer enger werdende Budgetrestriktion in den osteuropäischen Ländern aus, die den Subventionszahlungen Grenzen setzt – zumal die Vorgaben des Internationalen Währungsfonds das zulässige staatliche Haushaltsdefizit stark beschränken.

Was die Zugangsbeschränkungen zu den Güter- und Dienstleistungsmärkten betrifft, unterscheiden sich die betrachteten Länder Osteuropas nicht wesentlich von westlichen Industrieländern. Für die Aufnahme einer Gewerbetätigkeit ist in ausgesuchten Bereichen (Medizin, Rechtspflege, Handwerk etc.) der Nachweis der fachlichen Qualifikation erforderlich. Außerdem besteht obligatorisch eine Registrierungspflicht, die sich für Unternehmensneugründungen häufig als Hindernis erweist, da die alten Strukturen in der staatlichen Bürokratie ihren Ermessungsspielraum zum Nachteil der Jungunternehmer ausnutzen; in der Russischen Föderation, Bulgarien und Rumänien scheint dieses Problem am ausgeprägtesten zu sein. Weiterhin blockieren die schon genannten staatlichen Monopolrechte und Beschränkungen für Ausländer (siehe 3.) den freien Marktzutritt.

Was die Regulierungen einzelner Faktormärkte betrifft, so müssen sich zum einen Kapitalmärkte, die westlichen Standards genügen, erst noch entwickeln. Ein System von Geschäftsbanken, Wertpapierbörsen, Finanzdienstleistern und institutionellen Kapitalanlegern fehlt bislang, was sich auch für die Privatisierung erschwerend auswirkt. Es ist zu befürchten, daß der Staatseinfluß auf den Kapitalmarkt auch zukünftig dominieren soll, während der Einfluß ausländischer Marktteilnehmer schon jetzt nach Kräften eingedämmt wird, wie die Vielzahl von Beschränkungen zeigt. In allen betrachteten Ländern wird der Kapitalmarkt als ein strategischer Bereich für die gesamte Volkswirtschaft angesehen, den man möglichst (staatlich) kontrollieren möchte – das „alte" Denken in staatswirtschaftlichen Kategorien wird offensichtlich und erweist sich als gefährliches Reformhindernis. Die Arbeitsmärkte zeichnen sich ausnahmslos durch einen hohen Regulierungsgrad aus: Mindestlohnvorschriften sind die Regel, und auch die allgemeine Lohnentwicklung ist nicht das Ergebnis von Angebot und Nachfrage. So werden in der CSFR, Ungarn und bis vor kurzem auch in Bulgarien die Löhne von kartellähnlichen Tripartite-Gremien festgelegt, an denen die Regierung, die Gewerkschaften und die (Staats-) Unternehmen beteiligt sind; in Rumänien werden die Löhne im dominierenden Staatssektor weiterhin administriert; in Polen dürfen die Lohnzuwächse einen bestimmten vH-Satz der Inflation nicht übersteigen, da sonst eine progressive Steuer wirksam wird („Popiwek"). Schließlich fehlt es in den meisten Ländern an der (notwendigen) Regulierung des Marktaustritts durch ein Konkurs- und Vergleichsrecht – Ausnahmen bilden lediglich Polen und Ungarn. In Polen verhindern bislang allerdings staatliche Hilfen, daß Staatsunternehmen in Konkurs gehen müssen. In Ungarn hingegen war das im Jahr 1992 eingeführte Konkursrecht, das weder nach Eigentümer noch Unternehmensgröße diskriminierte, außerordentlich wirksam, wie die einsetzende Konkurswelle zeigte. Doch hat die ungarische Regierung angesichts dieses effektiven Sanktionsmechanismus des Marktes mittlerweile „kalte Füße" bekommen: An staatliche Kreditprogramme und an die Änderung des Konkursrechts wird bereits gedacht.

5. *Die makroökonomische Rollenverteilung*

Es ist auch zu klären, welche Rolle der Staat in einer marktwirtschaftlichen Ordnung wahrzunehmen hat, d.h. welche Aufgaben als originäre Staatsaufgaben anzusehen sind und auf welche Art und Weise diese ausgefüllt werden sollen. Hinsichtlich der Produktion von Gütern wäre es marktwirtschaftlich nicht vertretbar, wenn sich der Staat im größeren Umfang die Produktion privater Güter vorbehält. Denn mit wachsendem Staatssektor verlieren die marktwirtschaftlichen Allokationsmechanismen zunehmend an Wirkung. Daher sollte sich der Staat auf die Produktion öffentlicher Güter im engeren Sinne beschränken, die von Privaten nicht angeboten werden oder wo aufgrund negativer Externalitäten ein privates Angebot als nicht wünschenswert erscheint. Dazu gehören die innere und äußere Sicherheit, die Gestaltung des Rechtssystems, die Regelung des Geldwesens, die Sicherung des physischen Existenzminimums und in begrenztem Umfang die Bereitstellung von Infrastruktur. Bei der Finanzierung dieser Staatsaufgaben muß die Regierung um die Solidität ihrer Finanzpolitik bemüht sein, um eine wirtschaftliche Destabilisierung zu vermeiden. Daher sollte auf der Ausgabenseite des Budgets auf finanziell belastende und dazu wettbewerbsverzerrende Subventionen verzichtet werden; auf der Einnahmenseite kann ein überschaubares System von Steuern und Gebühren, das die Anreize des Steuerpflichtigen zur Einkommenserzielung nicht beeinträchtigt, mit Hilfe einer effektiven Finanzverwaltung zur Solidität der Finanzpolitik beitragen. Außerdem ist die staatliche Schuldenaufnahme zu begrenzen und dabei insbesondere eine Notenbankfinanzierung des Defizits auszuschließen, um nicht das makroökonomische Ziel der Geldwertstabilität zu gefährden. Die Verfolgung dieses Ziels ist von einer unabhängigen Notenbank wahrzunehmen, die ihre Geldpolitik ausschließlich an der Preisniveaustabilität orientiert.[9] Die Sicherung der Vollbeschäftigung, ein weiteres makroökonomisches Ziel, sollte am Arbeitsmarkt von unabhängigen Tarifparteien in möglichst dezentralen Lohnverhandlungen erreicht werden. Das Ziel des außenwirtschaftlichen Gleichgewichts kann prinzipiell durch einen frei flexiblen oder gebundenen Wechselkurs erreicht werden. Schließlich ist das Ziel eines angemessenen Wirtschaftswachstums dann am besten zu erreichen, wenn der Staat einen freizügigen Ordnungsrahmen und die notwendigen öffentlichen Güter bereitstellt. Außerdem ist für die makroökonomische Stabilität von Bedeutung, daß die gesellschaftlichen Gruppen um einen gesellschaftlichen Konsens bemüht sind.

Das Ziel der Preisniveaustabilität genießt in allen betrachteten Ländern Osteuropas keine Priorität. Die Notenbanken werden zur Finanzierung des Staatshaushalts herangezogen, wenn auch wie in Bulgarien und Ungarn die Notenbank formal unabhängig ist. Entscheidend ist nicht die Ausgestaltung des Zentralbankstatuts, sondern ein politischer Konsens über das Ziel der Preisniveaustabilität – dieser fehlt jedoch. Am eklatantesten wird gegen dieses Ziel in der Russischen Föderation verstoßen, wo die Notenbank über großzügige Kreditprogramme den maroden Staatsbetrieben die laufenden Kosten („weiche Budgetrestriktion") sowie dem Staat aus dem Budget ausgelagerte Ausgabenpositionen (etwa Wohnungsbau) finanziert.

---

9 Vgl. Gerhard Fels, Herbert Giersch, Hubertus Müller-Groeling, Klaus-Dieter Schmidt, „Neue Rollenverteilung in der Konjunkturpolitik". Die Weltwirtschaft, 1971, H. 1, S. 5–8.

Das Ziel der Vollbeschäftigung kann in den osteuropäischen Ländern so lange nicht von unabhängigen Tarifparteien verfolgt werden, wie der Staatseinfluß auf dem Arbeitsmarkt über Regulierungen (siehe 4.) und über die noch mehrheitlich staatlichen Unternehmen dominiert. Im Fall der Russischen Föderation kann zwar mangels staatlicher Autorität eine relative Unabhängigkeit der Tarifparteien beobachtet werden. Die Folge sind allerdings von den Unternehmen selbst nicht finanzierbare Arbeitskostensteigerungen, die letztlich auf den staatlichen Eigentümer bzw. die Notenbank überwälzt werden.

Das „außenwirtschaftliche Gleichgewicht" haben die osteuropäischen Regierungen durch die Vorgabe des Wechselkurses und seiner Stützung zu realisieren versucht. Diese Versuche mußten in der Regel deshalb aufgegeben werden, da nicht im ausreichenden Maße Devisenreserven zur Verfügung standen, um dem Abwertungsdruck entgegenzuwirken. Als Hauptmanko muß in diesem Zusammenhang die fehlende Konvertibilität der osteuropäischen Währungen angesehen werden (siehe 6.).

In allen osteuropäischen Ländern ist der Staat mit der Produktion privater Güter befaßt: Durchschnittlich 90 vH der Industrieproduktion befinden sich noch in staatlicher Hand – ausgenommen Polen, wo dieser Anteil bei etwa 70 vH liegt. Abhilfe kann hier nur eine Beschleunigung der Privatisierung wie auch eine steigende Zahl privater Unternehmensgründungen schaffen, die schon in den Bereichen Landwirtschaft und Dienstleistungen die staatliche Vormachtstellung in einigen Ländern gebrochen haben.

Die Staatsausgaben werden bislang in allen Ländern wenig solide finanziert: Die Notenbanken müssen die Defizite über die Notenpresse decken, die Regierungen sind nicht zur finanzpolitischen Solidität verpflichtet. Disziplinierend wirken lediglich die Vorgaben des IWF, ausgenommen in der Russischen Föderation, die ihr politisches Gewicht als militärische Großmacht einsetzt, um günstigere Konditionen zu erhalten. In den meisten Ländern hat man wenigstens damit begonnen, das Steuersystem neu zu organisieren, so daß die regulären Staatseinnahmen wohl mittelfristig zur Stabilisierung der Staatsfinanzen beitragen können – vorausgesetzt, es gelingt, auch die Effektivität der Finanzverwaltung zu erhöhen.

Der gesellschaftliche Konsens ist derzeit in vielen osteuropäischen

Ländern nicht vorhanden: In Bulgarien haben die reformfeindlichen Altkommunisten eine starke Stellung bewahrt und bemühen sich, auch aus dem schwelenden Nationalitätenkonflikt mit der türkischen Minderheit Kapital zu schlagen; die CSFR hat sich am 1. Januar 1993 in eine tschechische und eine slowakische Republik gespalten, wodurch die Konturen der Reformpolitik zur Disposition stehen; in Polen ist die gesellschaftliche Konsensfindung durch die Vielzahl der politischen Vereinigungen und durch die um soziale Besitzstände besorgten Gewerkschaften erschwert; in Rumänien dominieren nach wie vor Altkommunisten; in Ungarn hat das Bemühen um sozialen Konsens praktisch zu einem Reformstillstand geführt; in der Russischen Föderation herrscht institutionelle Anarchie, die in Randgebieten schon zu bürgerkriegsähnlichen Verhältnissen geführt hat.

6. Die außenwirtschaftliche Öffnung

Als Nagelprobe einer marktwirtschaftlichen Reformpolitik kann die Bereitschaft gelten, die heimische Volkswirtschaft nach außen zu öffnen und in die internationale Arbeitsteilung einzubinden. Die Vorteilhaftigkeit einer außenwirtschaftlichen Öffnung ist offensichtlich: Bei einem freien Güter- und Dienstleistungsaustausch sowie freien Kapital- und Arbeitskräftewanderungen kann die Bevölkerung preislich und qualitativ bestmöglich versorgt werden; zudem kann die inländische Produktion, die sich dem internationalen Wettbewerb stellen muß, Anschluß an den technischen Fortschritt wahren bzw. im Falle Osteuropas marktgerecht umstrukturiert werden. Damit die Außenwirtschaftsbeziehungen sich entsprechend den komparativen Vorteilen eines Landes entwickeln können, müssen zum einen die Märkte für Importe geöffnet werden; d.h. auf tarifäre wie nicht-tarifäre Einfuhrhemmnisse sowie auf eine Importsubstitutionspolitik muß weitgehend verzichtet werden. Zum anderen sind auch im Exportbereich Abgaben, Kontingente und Verbote – in Osteuropa Kennzeichen des überkommenen Autarkiestrebens – ebenso abzubauen wie eine gezielte Exportförderung, die komparative Nachteile verkennt. Der Außenhandel muß von den Unternehmen frei gestaltet werden können, ohne daß staatliche Außenhandelsmonopole dazwischengeschaltet sind. Darüber hinaus ist die freie Konvertibilität der Landeswährung und ein unbeschränkter privater Devisenhandel ein unverzichtbares Element der außenwirtschaftlichen Liberalisierung. Denn die Konvertibilität ermöglicht jedem Bürger die Teilnahme am Außenhandel und am Kapitalverkehr als Ergebnis seiner souveränen Entscheidung; sie ermöglicht weiterhin, daß die in den Weltmarktpreisen enthaltenen Informationen unverzerrt zu inländischen Nachfragern und Anbietern gelangen; außerdem werden die Regierungen gezwungen, internationale Standards der Kapitalmarktpolitik und anderer rechtlicher Rahmenbedingungen zu übernehmen, da der Zustand einer konvertiblen Währung wie ein Spiegel Rückschlüsse auf die Gesamtverfassung eines Landes zuläßt. Schließlich müssen die Rahmenbedingungen für ausländische Investoren attraktiv gestaltet sein, da man auf deren Kapital und Know-how insbesonders in der Transformationsphase angewiesen ist.

Die Einfuhrbeschränkungen in den meisten osteuropäischen Ländern dienen zwei Zielen: Zum einen sollen über Zölle die Staatseinnahmen gesteigert werden, zum anderen dient die Zollpolitik dem Schutz heimischer Wirtschaftszweige; d.h. in Bereichen ohne nennenswertes heimisches Angebot (in den meisten Ländern rohstoff- und technologieintensive Produkte) gibt es kaum eine Zollbelastung. Es fällt auf, daß diese Einfuhrbeschränkungen in einigen Ländern wie Polen oder der Russischen Föderation zugenommen haben – Erinnerungen an die alten Autarkiebestrebungen werden wach.

Die Eingriffe in die Ausfuhr sind unterschiedlich. Gemeinsamkeiten ergeben sich aufgrund der restriktiven EG-Importpolitik, die sich in den Exportbestimmungen der osteuropäischen Länder widerspiegeln, die versuchen, auf dem europäischen Binnenmarkt Fuß zu fassen. Hervorzuheben sind wieder einmal die russischen Exportregulierungen: Mit sinkendem Grad der Arbeitsintensität von Gütern steigt der Exportzoll, da die russische Regierung vor allem den Rohstoffexport steuern will, um ein „Dumping“ zu verhindern. Geradezu entmutigend muß für russische Exporteure der Zwangsumtausch für Hartwährungseinnahmen aus dem Export wirken, der bisher 50 vH der Erlöse betraf, aber weiter ausgedehnt werden soll. Die Außenhandelsmonopole sind in allen Ländern Osteuropas formal abgeschafft worden. Jedoch sind die Nachfolgegesellschaften weiter von Bedeutung, so insbesondere in der Russischen Föderation, wo für bestimmte Produkte nur ausgewählten Unternehmen Exportlizenzen gewährt werden.

Die volle Konvertibilität der Landeswährungen ist bislang in keinem der osteuropäischen Länder erreicht worden. In den meisten Ländern ist versucht worden, die sogenannte interne Konvertibilität, d.h. für Leistungsbilanztransaktionen, herzustellen; am weitesten fortgeschritten sind Ungarn und Polen, während der Russischen Föderation nicht zuletzt aufgrund ihrer inflationären Geldpolitik selbst dieser Schritt noch nicht gelungen ist. Probleme ergeben sich auch aufgrund der unvollkommenen Devisenmärkte: Die Interbankenmärkte und der in Ansätzen vorhandene private Devisenhandel weisen nur eine geringe Markttiefe auf, was Zweifel an dem Zustandekommen knappheitsgerechter Wechselkurse erlaubt.

Die Rahmenbedingungen für ausländische Direktinvestitionen müssen vor dem Hintergrund des internationalen Standortwettbewerbs gesehen werden. Sie scheinen nicht wesentlich attraktiver zu sein als die Bedingungen in Schwellenländern, obwohl gerade das erhöhte politische Risiko und die instabile Wirtschaftssituation eine Prämie verlangen würden; die schon genannten Einschränkungen für Ausländer (siehe 1., 2., 3.) müssen daher als kontraproduktiv erscheinen. Liberal hingegen wird die Arbeitskräftewanderung gehandhabt: Auf osteuropäischer Seite gibt es keine nennenswerten Restriktionen, während in Westeuropa schon Gedanken an ein neue „Mauer" aufkommen, um eine mögliche Einwanderungsflut aus Osteuropa zu stoppen.

III. Marktwirtschaftliche Perspektiven für Osteuropa

Die Analyse der Reformpolitik in den Ländern Mittel- und Osteuropas zeigt, daß diese zum größeren Teil noch sehr weit von einer marktwirtschaftlichen Ordnung entfernt sind. Die Konturen einer Marktwirtschaft sind in Ländern wie Ungarn, der ehemaligen CSFR – vor allem in der Tschechischen Republik – und Polen weit eher zu erkennen als etwa in der Russischen Föderation, Bulgarien und Rumänien. Auf den verschiedenen Feldern der Ordnungspolitik besteht weiterhin ein unübersehbarer Reformbedarf, der sich wie folgt zusammenfassen läßt:

In den osteuropäischen Ländern müssen sich die demokratischen Grundordnungen erst noch stabilisieren bzw. weiterentwickeln (vor allem in der Russischen Föderation und Rumänien). Es erscheint notwendig, die private Vertragsfreiheit, auch für Ausländer, weitgehend unbeschränkt zu belassen und den Rechtsweg zur Durchsetzung individueller Rechte gegenüber Staat und anderen Privaten staatlich zu garantieren. Die Erfahrungen westlicher Rechtsstaaten sollten bei der Organisation der Rechtswege und der Schulung des Justizpersonals genutzt werden. Im Fall der Russischen Föderation kommt hinzu, daß eine eindeutige Zuordnung von Kompetenzen an die Gebietskörperschaften gemäß dem Subsidiaritätsprinzip vorgenommen werden muß, um die Durchsetzbarkeit reformerischer Maßnahmen zu gewährleisten.

Das Privateigentum sollte als dominierende Eigentumsform verfassungsmäßig abgesichert werden, um sicherzustellen, daß staatliches Eigentum lediglich für die Erstellung von öffentlichen Gütern im engeren Sinne vorgehalten wird. Die Privatisierung öffentlichen Eigentums im Rahmen der ,,kleinen" Privatisierung sollte, wenn nicht schon geschehen, umgehend dezentral erfolgen; die ,,große" Privatisierung sollte ohne Teilnahmebeschränkungen und Ausnahmebereiche eingeleitet werden, wobei eine Privatisierungsmethode gewählt werden sollte, die unter den Bedingungen des jeweiligen Landes rasche Fortschritte ermöglicht.

Um die Wettbewerbsintensität auf den Inlandsmärkten kurzfristig zu erhöhen, sollte der freie Marktzugang auch für ausländische Anbieter gewährleistet werden. Es sollte vermieden werden, daß die institutionelle Sicherung des Wettbewerbs in eine Antimonopolregulierung abgleitet, die sich, wie in der Russischen Föderation, kaum von einem zentralen Kontrollsystem sozialistischer Prägung unterscheidet. Die Entflechtung der bestehenden Monopolstrukturen sollte vielmehr im Rahmen der ,,großen" Privatisierung erfolgen.

Es ist weiterhin notwendig, auf den Güter-, Dienstleistungs- und Faktormärkten die Preise gänzlich freizugeben. Sozialpolitik sollte über Transfers und nicht über Höchstpreise für Güter des Grundbedarfs und Mindestlohnvorschriften betrieben werden. Auf prohibitive Marktzutrittsschranken sollte verzichtet werden, während eine Konkursregulierung den Marktaustritt, vor allem auch von maroden Staatsunternehmen, sicherstellen müßte.

Dem Ziel der makroökonomischen Stabilisierung, von dem die Länder Osteuropas mehr oder minder weit entfernt sind, wäre näher zu kommen, wenn unabhängige, stabilitätsverpflichtete Notenbanken für die Sicherung der Preisniveaustabilität Sorge tragen würden. Der willfährige Griff der Politiker zur Notenpresse wäre durch eine Plafondierung oder gar Untersagung von Notenbankkrediten auszuschließen. Zusätzlich könnte der Zwang zur finanzpolitischen Solidität durch einen Schuldendeckel erhöht werden, und die Abkehr vom ,,soft budget constraint" für Staatsunternehmen würde in allen osteuropäischen Ländern beträchtliche Lasten vom Staatshaushalt nehmen und die Unternehmen zu einem marktgerechten Strukturwandel zwingen.

Der Druck auf die osteuropäischen Unternehmen, sich wettbewerbsgerecht umzustrukturieren, ließe sich erheblich steigern, wenn die Märkte weiter nach außen geöffnet würden und auf diese Weise eine Integration in die internationale Arbeitsteilung unausweichlich würde. Auf protektionistische Maßnahmen wäre deshalb zu verzichten und die Landeswährungen müßten voll konvertibel werden. Freilich müßten auch die westlichen Handelspartner, vor allem die Europäische Gemeinschaft, ein gleiches Maß an Offenheit gegenüber Osteuropa praktizieren.

Wenn die osteuropäischen Länder die vorhandenen Reformdefizite durch die hier skizzierten Reformmaßnahmen abbauen würden, könnte sich Osteuropa noch in diesem Jahrzehnt in eine dynamische Wachstumsregion verwandeln. Voraussetzung ist allerdings, daß die Reformen kein Stückwerk bleiben und die marktwirtschaftlichen Ordnungselemente als Bestandteile eines interdependenten Systems erkannt werden.[10] Es ist sehr wahrscheinlich, daß sich die Geschwindigkeit des wirtschaftlichen Aufholens in den einzelnen Ländern Osteuropas sehr unterschiedlich entwickeln wird. Das Land mit dem deutlichsten Bekenntnis zur Marktwirtschaft dürfte auch am ehesten das Erbe des Sozialismus überwinden und Vorbildcharakter bekommen – unter Umständen auch für die unter einem immer stärker werdenden Regulierungsdruck leidenden westlichen Industrieländer, die sich einer Art ,,schleichendem Sozialismus" ausgesetzt sehen.

---

[10] Vgl. Klaus Schrader, Claus-Friedrich Laaser, a.a.O., S. 64 ff.

Autorenhinweise

Dr. Werner Becker, Jahrgang 1950, studierte Volkswirtschaftslehre an der Johannes-Gutenberg-Universität Mainz; Abschluß als Diplom-Volkswirt; 1979 Promotion zum Dr. rer. pol.; seit 1992 für Deutsche Bank Research, Gruppe Internationale Beziehungen und Organisationen, tätig.

Dr. Alfred Boss, Jahrgang 1946, ist Leiter der Forschungsgruppe ,,Finanzwirtschaft" im Institut für Weltwirtschaft in Kiel. Er beschäftigt sich seit vielen Jahren mit Problemen der Renten- und Krankenversicherung sowie mit Fragen, die das Nebeneinander von Steuersystem und Systemen der sozialen Sicherung betreffen.

Privatdozent Dr. habil Joachim Jungfer, Jahrgang 1946, studierte Wirtschaftswissenschaften, Pädagogik und Physik an der Universität Erlangen-Nürnberg. Bevorzugtes Forschungsgebiet: Allgemeine Wirtschaftspolitik, Außenwirtschafts- und Entwicklungspolitik.

Dr. Henning Klodt, Jahrgang 1952, ist Leiter der Forschungsgruppe ,,Strukturwandel und Beschäftigung" im Institut für Weltwirtschaft, Kiel. Er hat zahlreiche Bücher und Aufsätze zum sektoralen Strukturwandel, zur Technologie- und Industriepolitik, zum Außenhandel und zum Arbeitsmarkt veröffentlicht. Seit 1989 ist er im Institut für Weltwirtschaft verantwortlich für die Strukturberichterstattung.

Dr. Claus-Friedrich Laaser, Jahrgang 1955, ist wissenschaftlicher Mitarbeiter in der Forschungsgruppe ,,Regionalforschung" der Abteilung ,,Raumwirtschaft und Infrastruktur" im Institut für Weltwirtschaft Kiel. Seine Forschungsschwerpunkte umfassen Verkehrspolitik, regionale Strukturforschung, europäische Integration und Transformation von Wirtschaftssystemen.

Dr. Norbert Leineweber, Jahrgang 1958, ist seit 1989 Hochschullehrer für Volks- und Betriebswirtschaftslehre in Hof/Saale. Der promovierte Diplom-Kaufmann war zuvor langjähriger wissenschaftlicher Assistent am Lehrstuhl für Wirtschafts- und Finanzpolitik Prof. Dr. H.C. Recktenwald (Friedrich-Alexander-Universität Erlangen-Nürnberg). Zu seinen Forschungsgebieten gehört u.a. die Politische Ökonomie, insbesondere die kritische Analyse der Staatstätigkeit und der Staatsverschuldung.

Dr. Bodo Risch, Jahrgang 1953, Studium der Volkswirtschaftslehre in Hannover, Saarbrücken und Kiel. Die Promotion erfolgte an der Christian-Albrecht-Universität zu Kiel 1982; Arbeitsschwerpunkte: Einkommenspolitik, Gewerkschaften und Konjunkturzyklen; nach Trainee-Programm im Deutschen Industrie- und Handelstag Geschäftsführer der Industrie- und Handelskammer zu Münster mit den Aufgabengebieten Volkswirtschaft, Außenhandel und EG-Binnenmarkt; seit 1991 Lehrauftrag zu Fragen des Binnenmarktes an der Westfälischen Wilhelms-Universität zu Münster.

Dr. Astrid Rosenschon, Jahrgang 1951, ist seit 1986 wissenschaftliche Mitarbeiterin der Forschungsgruppe „Finanzwirtschaft" am Kieler Institut für Weltwirtschaft. Zuvor war sie als akademischer Rat am Lehrstuhl für Finanzwissenschaft der Friedrich-Alexander-Universität Erlangen-Nürnberg bei Professor Horst-Claus Recktenwald tätig.

Klaus Schrader, Jahrgang 1962, studierte von 1982 bis 1988 Volkswirtschaftslehre an der Universität zu Köln. Seit 1988 ist er als wissenschaftlicher Mitarbeiter in der Strukturabteilung des Kieler Instituts für Weltwirtschaft beschäftigt. Der Transformationsprozeß in den mittel- und osteuropäischen Ländern stellt seinen gegenwärtigen Forschungsschwerpunkt dar.

Dr. Rüdiger Soltwedel, Jahrgang 1945, ist seit 1991 Leiter der Forschungsabteilung „Raumwirtschaft und Infrastruktur" im Institut für Weltwirtschaft Kiel; zuvor war er Counsellor for Structural Policy im Economics and Statistics Department der OECD in Paris. Er zeichnet verantwortlich für zwei umfangreiche Kieler Studien zum Deregulierungspotential (1986) und zur Regulierung des Arbeitsmarktes (1991) in der Bundesrepublik.

Professor Dr. Norbert Walter, Diplom-Volkswirt, Dr. rer. pol., Jahrgang 1944, studierte Volkswirtschaftslehre an der Johann Wolfgang Goethe-Universität in Frankfurt. Seit 1990 ist er Chefvolkswirt der Deutschen Bank-Gruppe und darüber hinaus seit 1992 Geschäftsführer der Deutschen Bank Research GmbH.

Register